THE QUEENS OF ANIMATION:
The Untold Story of
the Women Who
Transformed the World
of Disney and Made
Cinematic History
—
Nathalia Holt

アニメーションの女王たち

ディズニーの世界を変えた女性たちの知られざる物語

ナサリア・ホルト 著
石原薫 訳

THE QUEENS OF ANIMATION: The Untold Story of the Women Who
Transformed the World of Disney and Made Cinematic History
by Nathalia Holt

私のハピリー・エバー・アフター――ラーキン、エレノア、フィリッパに捧ぐ

目次

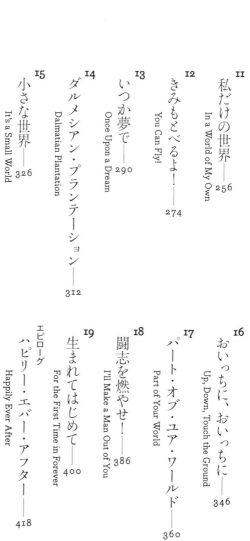

[凡例]
・原著者による補足は[　]、訳者による補足は〔　〕で示した。
・本文中で扱われている映画や映像作品において未公開のもの、書籍において未邦訳のものは、原則的に原題のママ記載し(未)と示し、読者の理解の助けになるよう日本語訳を記した。
・映画作品、書籍、新聞、雑誌は『　』、単独公開されていない短編映画、単独刊行されていない短編小説、バレエ音楽等の楽章、映画の挿入歌、テレビ番組、アトラクション名は「　」で示した。

女同士の絆は、地球上で最も恐れられ、最も厄介で、最も社会を変える力を持っている。
——エイドリアン・リッチ『嘘、秘密、沈黙。』

逆境に耐え咲く花は、珍しく、しかも美しい。
——『ムーラン』

序文

6歳の子供が舞踏会に現れたシンデレラを見たら、たぶんチュチュを着て、頭にティアラを載せるだろう。もしかしたら幼い妹の腕に、裾のフェザーが擦り切れるほど使いこまれた、肘まであるサテンの手袋をはめ、ピンク色の薄い生地に覆われて滑りやすくなったその両手を取り、部屋の中をくるくる回りながら踊るかもしれない。曲のテンポには今ひとつ合わないけれども、こうした瞬間のためにあるような子供時代の至福がそこにはある。少なくともわが家では、私がこの本のための下調べをしている間、そうだった。

その1950年のディズニー映画に、こんな場面がある。王子様がシンデレラを見つけ、ふたりは星空の下でワルツを踊り始める。うちの娘たちをうっとりさせるダンスシーンだ。バックには、子守唄と同じように誰もが知っているあの曲が流れる。この映画は、小さかった娘たちのDNAの一部になった。

私は、娘たちがこれほど『シンデレラ』に夢中になるとは思っていなかったし、そうなってほしいとも思っていなかった。彼女たちが生まれる50年以上前の映画を、こんなに喜んで観るなんて、想像だにしていなかった。それはきっと、私自身がディズニーにはまった経験がないからだろう。私はこの本を書き始めるまで、ふんわりしたドレスを着て、か弱そうに振る舞うディズニー・プリンセスたちを胡散臭いと思っていた。娘たちを男の子のことしか考えない女の子にするために、私の知らないどこかの女性蔑視勢力が送り込んできた、そう疑っていた。

　私の子供時代は、プリンセスとはほとんど無縁だった。子供の頃、アパートのあったマンハッタンのブロードウェイと86丁目の角から、西95丁目にあるタリア・シアターまでの一本道を父とよく歩いた。その一歩一歩が楽しくてしかたがなかった。まるで歩道の上を飛んでいるかのように、爪先が軽かった。父のほうはそんなことはなく、ジャズ・トロンボーン奏者で、前の晩に遅くまで仕事をしていたことも多かったので、半分居眠りしながら、つまずきながら歩いていた。私はその父の手を引いて「パパもっと速く歩いて」と急かしたものだった。劇場の入り口は周囲のビルの陰にあり、劇場名の「タリア（thalia）」が庇看板の上にすべて小文字で綴られているのが目を引いた。当時はギリシャ神話の女神《ミューズ》のことなど何も知らず、学校の先生から喜劇の女神タリアの陽気な魅力を聞かされたのは何年も後のことだ。それでもタリアは私の名前の一部なので、その劇場も私の一部のような気がしていた。

　近代建築の隆起したアーチをくぐって中に入ると、一瞬にして繭の中のような、ひんやりと暗い空気に包まれる。その古びた劇場の前方に座ったことはなく、いつも後ろの席へ向かった。放物線を逆さにしたような変わった傾斜の床のため、後ろのほうがよく見えると父は言っていた。室内の灯りが消され、映写機がブーンという元気な唸り声を上げると、胸が高鳴った。タリア・シアターでは、毎年夏になると、カートゥーン作品を多数取り上げるカートゥーン・マラソンを開催し、ウォルター・ランツ、アブ・アイワークス、テックス・エイヴリー、チャック・ジョーンズといったアーティストたちの作品、フリッツ・フレレングのワーナー・ブラザース作品、ミッキーマウスの短編とシリー・シンフォニーシリーズ、さらには1920年代の『フィリックス・ザ・キャット』の白黒サイレント映画まで、何時間も上映した。

どれをとっても私どころか、父が生まれる何十年も前の作品だったが、時代を越えた笑いのおかげで、いつ作られたかなんて考えたこともなかった。でも好きなものは、はっきりしていた。バッグス・バニー、ダフィー・ダック、ポーキー・ピッグ、そしてなにより父。私の隣でよくうつらうつらし、ワイリー・コヨーテのドタバタの間も、ゆったりとした穏やかなリズムで胸を上下させた。小さい頃の私は、プリンセスが好きではなかったし、アリエルやベル、ポカホンタスと一緒に歌ったりもしなかったが、カートゥーンはかけがえのないものだった。

父と私は必ずエンドロールが終わるまで動かなかった。それが急ぐことが嫌いな父の誇りであり、映画を作ったアーティストに対するちょっとした感謝の表明だった。初期のカートゥーンのクレジットは短かったので、私もおとなしく画面を流れる名前を眺めていたが、ふとあることに気づいた。私の愛するカートゥーンは、男性が、男性のみが作っていた。目を凝らして女性らしき名前を探したが、見事に1つもなかった。

それから何年も経ち、ある本を書くための取材で、相手の女性が1930年代から40年代にかけて働いていたという職場の話をした。刺激的な環境だったという。そこで働いていたアーティストたちは、お金や名声には興味がなく、それよりも、世界の誰も見たことのないような美しいものを作ろうとしていた。彼女が話していたのは、ウォルト・ディズニー・スタジオのことだった。その楽しかった時代の思い出話の中に、不思議なことが1つあった。その回想に、女性が大勢登場していたのだ。

歴史家が、ウォルト・ディズニー・スタジオで活躍した初期の女性として取り上げるのは、たいてい仕上げ部門の従業員だ。仕上げ部門は女性主体の部署で、アニメーターが描いた絵を、撮影用の透明シートにインクで直に描き写し、色鮮やかに彩色するのが仕事だった。仕上げ係には芸術的センスが求められたが、ディズニー・スタジオで女性が担った役割は、それだけではなかった。私は2013年にインタビューを行うまで、これほど多くの、自分の大好きなディズニーの名作に、女性が責任ある立場で携わっていたことも、彼女たちの与えた影響がほとんど忘れ去られていることも、まったく知らなかった。

もっと深く知りたいという思いから、ウォルト・ディズニーのあまたある伝記の中から1冊を手に取った。そして教わったばかりの名前——ビアンカ、グレイス、シルヴィア、レッタ、そしてメアリー――が出てこないか、次々とページをめくった。が、出てこなかった。別の伝記では、このうちふたりの女性の名が簡単に触れられていたが、その功績については何も書かれていなかった。それどころか、人を見くびったような紹介の仕方がされていた。スタジオで何十年もアートディレクターとして働いた著名なアーティストが、「その妻メアリー」と、まるで夫のついでのようにしか紹介されていなかった。彼女がスタジオに与えた影響の大きさを示唆する表現は何一つなかった。女性アーティストたちの足跡を捜し続けたが、ウォルト・ディズニー台頭の歴史に関する公式文献は山ほどあるのに、一緒に働いた女性たちの残した貢献は無視されたままだった。私はがっかりして、伝記からこぼれ落ちた彼女たちの体験を直に聞こうと思い立ち、女性たち本人を捜し始めた。

２０１５年、調査を始めたのが遅すぎたかもしれないと心配になった。スタジオでの生活を断片的に覚えているアーティストは数人見つかったが、私が捜していた女性たちの大半は他界していた。彼女たちの経験や功績の物語は、彼女たちと共に失われてしまったのだろうか？　ノートや調査資料を片付け始めながらふと考えた。人がこの世を去った後、誰がその人のことを記憶し続けるだろう。突然答えが浮かんだ。この女性たちのことを知るには、彼女たちが愛した人々を見つけることだ。女性たちの家族や友人が思いのほか簡単に見つかったときもあれば、なかなか見つからないときもあったが、私が連絡をとると、ほぼ全員が親切に電話越し、または直接会って、囁くように大切な思い出を話してくれた。そして手紙や日記、ラブレター、写真などを見せてくれた。私がここに記録する人々の歴史は、ウォルト・ディズニー・スタジオで働いたほんの一握りの女性たちのものにすぎないが、彼女たちのことを誰かが記憶していたからこそ、私はその口伝えの物語を再構築し、つまびらかにできる。そうしてついに、想像していたよりもずっと心奪われる、それでいて胸の張り裂けるような物語がかたちをなし始めた。

今なら、「これが恋かしら」〔『シンデレラ』の挿入歌〕の曲に合わせて幸せそうに踊る娘たちに、その甘いリフレインとみずみずしい映像がどのようにして生まれたのか、どれだけ多くの女性アーティストが、スタッフロールにその名はなくとも、娘たちの恋い焦がれる魔法のような場面を作るのに努力したか、伝えることができる。この不朽の名作に込められた芸術性は、これまで何十年も生き続け、この先も世代から世代へと受け継がれていくだろうが、それを担った女性たちの物語や彼女たちの底知れぬ苦労は、今初めて明かされる。

1935
ビアンカ・マジョーリー入社

1936
グレイス・ハンティントン入社

1937
『白雪姫』公開

1938
レッタ・スコット、シルヴィア・ホランド入社

1940
『ピノキオ』『ファンタジア』公開
メアリー・ブレア入社

1941
『ダンボ』公開

1942
『バンビ』『ラテン・アメリカの旅』公開

1944
『三人の騎士』公開

1946
『南部の唄』公開

1950
『シンデレラ』公開

1951
『ふしぎの国のアリス』公開

1953
『ピーター・パン』公開

1959
『眠れる森の美女』公開

1961
『101匹わんちゃん』公開

1977
『くまのプーさん 完全保存版』公開

1989
『リトル・マーメイド』公開

1991
『美女と野獣』公開

1994
『ライオン・キング』公開

1995
『ポカホンタス』公開

1998
『ムーラン』公開

2013
『アナと雪の女王』公開

I

若かりし日

One Day When We Were Young

会議出席者の前に立ったビアンカ・マジョーリーは、血の気が引き、手のひらに汗がにじみ、心臓がバクバクするのを感じた。大きく息を吸い込み、しゃべろうと口を開けたが、何の音も出てこなかった。それどころか口の中が乾いてザラつき、まるで唾液が降参してお腹の奥に引っ込んでしまったかのようだった。それは1937年1月25日のことだった。できることならビアンカ自身がどこかに隠れてしまいたかった。ウォルト・ディズニー・スタジオで働き始めて2年、ストーリー部門のシナリオ会議ほど恐ろしいと思うものはなかった。脚本家がメンバーの前で自分のアイデアを提案する場だ。怖いのは能力がないからではない。ビアンカの考えたキャラクターや生き生きとした筋書き《プロット》は、いずれ映画に採用される運命にあった。それに、内気な性格のせいでもない。いつもは穏やかな口調も、いざというときには、仕事に情熱を抱く人の朗々とした声に変わった。問題は女に生まれたということ。ここでは男しか求められていなかった。

その会議にはできる限り欠席した。体調に関するありふれた言い訳を使うこともあれば、自動車事故をでっち上げることもあった。道路に散乱したガラスの破片と、タイヤの焦げた臭いの話をセットにして。会議には毎回出席する義務はなく、そんなアリバイはほとんど無用だったが、自分が提案する側となると話は別だ。自分の案を発表する番になったとき、ビアンカは、太平洋の氷のように冷たい水に飛び込んだつもりで臨もうと考えた。さっさと終わらせよう。頭から飛び込んで、あとは冷たさで体が麻痺するのに任せよう。

だが1月のこの日、会議室は北極以上に冷え切っていた。ウォルトは『白雪姫』に心酔していた。だからワンシーンでも変更を提案すれば、たとえ必要なことでも、部屋中の怒りを買うことは、誰もがわかっていた。無言のまま立ち尽くすビアンカの耳に、窓の外の無邪気な笑い声が聞こえた。ビアンカは一瞬、ガラスの向こう側の女性たちに混じって、何の悩みもなく芝生でのんびり過ごす自分を想像した。私もあんなふうになれる。この部屋を出て行きさえすれば。

紙屑と化したビアンカの絵

ウォルト・ディズニー・スタジオでは、アイデアがあっても、脚本が書けても、それだけでは十分ではなく、ストーリー部門のスタッフは、メンバーの前で自分の案を演じてみせなければならなかった。ビアンカは、この演技をするのが大嫌いだった。でも他の脚本家が演じるのを見るのは好きだった。ディック・ランディーなどは、道路を渡ってくるドナルドダックをそっくりの声で真似し、座っているビアンカの前まで来ると、コメディグループの三ばか大将よろしくもんどり打って倒れ、次の瞬間、ミニーマウスのファルセットで屈託なく笑った。「あらドナルド、楽しそうなお散歩ね? うふふ」。部屋は爆笑に包まれ、ビアンカも涙を流すほど一緒に大笑いした。時には口紅を塗って女装したメンバーが大声で歌いながら、骨ばった膝を限界まで持ち上げ、フレンチカンカンを踊ることもあった。場がどっと盛り上がり、子供のようなおふざけは愉快そのもので、ビアンカはこの仲間の一員であることを誇りに思った。

その一方で、時には目も当てられないようなことも起こった。男たちは、見込みがないと感じたアイデアを出した発表者には卑猥な言葉と、くしゃくしゃに丸めた紙を投げつける。そういう瞬間に、ビアンカは同僚たちの攻撃性を感じた。準備してきた案を発表しただけのその不運な人にとって、そこはもはや針のむしろだ。中でも自分に対しては、どんな才能豊かな脚本家の自信をも揺るがすような、とくに口汚い非難の言葉を浴びせてくる、とビアンカは感じていた。自分に特別な魅力があったなら、きっと悪いところも大目に見てくれるに違いない。歌やダンスが上手だったら。絶世の美女だったら。それが贅沢なことなら、せめてミッキーマウスの陽気な声を真似ることができたなら。男になることが一番の願いになることもある。シナリオ会議に出席する、週に数時間の間だけでも。

そんな考えが頭をよぎり、ビアンカはメンバーの前で震えながら、自信満々に振る舞おうとした。深呼吸して恥ずかしがり屋な性格を脇に追いやり、準備してきたストーリーボード［コンセプトスケッチを物語の順番通りに並べ、コルクボードに画鋲で止めたもの］を木製イーゼルに載せ、同僚たちのほうに向けた。そこには躍っている花や動物が描かれている。すかさず反対の声が上がり始めた。ビアンカは自分の考えを説明しようと、気づけば声を張り上げていたが、そのもの柔らかな声はかき消されてしまう。激しい攻防のさなか、無言でイーゼルに近寄り、力任せにビアンカの絵をコルクボードから引き剝がしたのは、ウォルト・ディズニーだった。辺りに画鋲が飛び散った。ウォルトは一言も発しないまま、紙の束を真っ二つに破いた。部屋は静まり返り、紙屑と化したビアンカの絵が床に落ちた。紙片の下から笑顔の花が覗いていた。

それは、最も恐れていたことが現実になった瞬間だった。ビアンカは一目散にその場から逃げ出した。猟師に追われた白雪姫が必死に森の中へ逃げたように。男性たちが追ってくるのがわかった。足音はどんどん大きくなり、罵り声も続いた。ビアンカは、自分専用のオフィスがあることを、今ほどありがたいと思ったことはなかった。部屋へ逃げ込み、鍵を掛け、顔を覆ってそれまでこらえていた恥ずかしさと屈辱の涙を流した。呼吸が落ち着いた頃、ドアの向こうから怒号が、続いて同僚たちがしつこくドアを叩く音が聞こえた。その中で突然ひとりの声がはっきりと耳に飛びこんできた。すぐカッとなることで有名な熱血漢、〝ビッグ・ロイ〟・ウィリアムズだった。「そんなことをしても無駄さ！」。ノックの音が急に怒りを増したようだった。ビアンカは部屋の隅に身を潜めた。鼓動が激しく打ち、パニックで呼吸がどんどん早くなっていく。なすすべがなかった。自分を何度も擁護してくれた、尊敬するウォルトにアイデアを否定されたのに、それだけでは足りないのだ。彼らは、自分に徹底的に屈辱を味わわせようとしている。この涙は、その残虐さに油を注ぐだけなのだ。

ドアの木枠は曲がり始めていた。あれだけ大勢の男に押されたら、合板と釘は太刀打ちできない。バリっという大きな音と共に木枠が砕け、ドアが放たれ、男たちが一斉にビアンカの聖域に雪崩れ込んだ。ビアンカは頭を両腕に埋め、怒声を遮断しようと耳をふさいだが、無駄だった。男になって耐えるしかなかった。「これだから女性は使えないんです」。ウォルトはこの一件を指して言った。「ちょっとの批判も耐えられないんですから」

ビアンカとウォルトの歩み

ビアンカがウォルター・イライアス・ディズニーに初めて会ったのは、まだ不器用な17歳の頃だった。ふたりは、イリノイ州シカゴにある同じマッキンリー高校に通っていた。アメリカ赤十字社の救急隊が着る淡褐色の作業服に身を包んだウォルトを見つけると、ビアンカは恥ずかしそうに近づき、寄せ書きを書いてもらおうとイヤーブック〔高校や大学の卒業アルバムのようなもの〕を手渡した。ウォルトは16歳だったが、アメリカの戦争努力に貢献したいがために17歳と偽り、嘘の誕生日を告げて赤十字に志願した。3人の兄が凛々しく海軍服に身を包み、水兵帽を粋に斜めに被った姿で休暇に帰ってくるのを見て、自分も兄たちのようになりたくてしかたがなかった。あいにくそれは叶わなかったが、ヨーロッパで救急車を運転し、時おり車の幌にいたずら描きをしながら第一次世界大戦の終わりを迎えた。ビアンカのイヤーブックにも、同じようにささっと漫画を描き、ニコッと笑って立ち去った。ほんの束の間の、どちらにとってもどうってことのない出来事のはずだったが、その記憶は消えることなく、互いの未来を揺るがす運命的な出会いとなった。

ビアンカは、1900年9月13日に、ビアンカ・マッジオーリとしてローマで生まれ、1914年に家族と共にシカゴに移住した。高校に入るとすぐに、フランス語の先生に、アメリカナイズされたブランシュ・マジョーリーという名前を与えられたが、自分のことをブランシュだと思ったことはなかった。他人の名前であり、20年後に、そんな名前は捨てるべきだと説得したのは、ほかならぬウォルトだった。

ビアンカは、シカゴ・アカデミー・オブ・ファイン・アーツで構図や美術解剖学、油絵を学び、ニューヨークへ移ってからも、デッサンや彫刻の勉強を続けた。その後、ヨーロッパ各地でファッションの仕事に就いた。ローマとパリで暮らしたが、ファッションの世界は華やかなだけで生活はままならず、1929年、期待が外れたのと、少しの孤独を感じ、ニューヨークに戻ると、百貨店J.C.ペニーのカタログのアートディレクター兼ブロシュアデザイナーとして働き始めた。

ビアンカ・マジョーリー、イタリアにて、1929年（ジョン・ケインメーカー提供）

その最初の夏、スクエアケーキを切り分けるようにマンハッタン島を縦横に走る路面電車に乗りながら、ビアンカはうだるような暑さを味わっていた。ショートボブの髪にシフトドレスという装いは、オシャレなフラッパー〔この頃に流行し、伝統的な女性観を覆すファッションや生活スタイルを好んだ新しい女性〕そのものであり、流行の先端をいく新しい職場にぴったりだった。だがビアンカも他の人々も、自国に迫っていた危機に、まったく気づいていなかった。

1929年10月29日、自分のデスクで、カタログに載せるドロップウエストドレスの女性のイラストを描いていると、女性社員が叫んだ。「株式市場が崩壊したって！　皆が通りに出てる！」。ビアンカは窓へ駆け寄り、6番街と52丁目の角を見下ろしたが、普段と違う様子はなく、いつもその時間に行き交う車や人の量と変わらないように見えた。「ここじゃなくて」職場の女性が言った。「男の人は皆ウォール街へ行ったわよ、自分のお金を取り返しに」。

確かに見回すと、職場には女性しかいなかった。この1週間、株式市場が崩壊寸前だというニュースで持ちきりだった。ビアンカは株を持っていなかったし、1200キロ離れたシカゴの実家にまで影響が及ぶとは想像もしていなかったが、緊迫した空気に不安になった。数日前、職場の男性が「状況はきっと改善する、銀行家も市場の回復に楽観的だ」と言って彼女を一安心させたのも束の間、のちにブラックチューズデーと名付けられたその日、ただならぬことが起こっていたことは、金融システムに詳しくないビアンカにも理解できた。

1929年、世界未曾有の金融危機のさなか、泥沼から這い出し、成功をつかんだ少数の起業家たちがいた。そのひとりがビアンカのかつてのクラスメイト、ウォルト・ディズニーだった。その前年、約7分のアニメーション作品『蒸気船ウィリー』に登場したキャラクター、ミッキーマウスが大当たりした。それは、動きと音を同期させたミッキーマウス初の短編アニメーション映画だった。手描きしたネズミの冒険マンガに音楽と効果音をつける——普通の人がやったら、ぎこちないだけで、生きているようにも滑稽にも、見えなかっただろう。でもウォルトには、物語とサウンドトラックを融合させる天賦の才能があった。ミッキーとミニーが山羊のしっぽを手廻しオルガンのハンドルよろしく回し、おっぱいを飲む子豚たちを引っ張ってきゅうきゅう鳴かせ、牛の歯をポンポン叩いて音楽を奏でた。動きに同期したサウンドがシーンに命を吹き込む様子は、観る人がそれまで経験したことのないものだった。

そのアニメーションは、トーマス・エジソンが夢みていたものだった。1800年代後半、エジソンは自作の蓄音機の音と、同じく自作の映写機の映像を融合させることを思いついたが、その方法がわからなかった。晩年、「トーキー」の登場によってついに具現化されたものを見ることができたが、その出来にはさほど感激しなかったようだ。「トーキー映画がアメリカで成功することはないだろう」とエジソンは1927年に『フィルム・デイリー』紙に語っている。「アメリカ人はサイレントドラマのほうが好きだ」。観客動員数ではまださイレント映画の独壇場だったが、映画界では歴史的革命が起ころうとしていた。

最初に変わったのはマイクだった。マイクが誕生した19世紀末まで、音が作り出す波は、人が叫んだあらん限りの大声や、思い切り鳴らした楽器の音が聞こえる距離までしか届かなかった。そのような音波が持つエネルギーは、すぐ消散する。マイクは、磁界を利用して、音が作るエネルギーをより強力なもの、つまり電流に変換する。そうすることで、エネルギーは失われるどころか、録音され永久保存できるようになった。

１９２０年代には、そのエネルギーを貯蔵する画期的な技術のおかげで、フィルムに記録(録音)できるようになった。その原理は、マイクによって作られた音声電流をアンプで増幅させ、光弁を通す。光弁は、カメラの光源とフィルムとその間に置かれた薄い金属片《ミラー》で構成される。その金属片が電気によって、原音のテンポとボリュームに従って振動し、角度を変える。その結果、光の屈折の変化によって開口部を通る光の量が変化する。こうして「音」が「光」に変換される。その光をフィルムの端の細い部分に感光させることで、それまで流れ去るだけだった音に、永続性を与えられるようになった。ウォルト・ディズニーがニューヨークの録音スタジオでＲＣＡ77型マイクに向かい、ミッキーマウスに高いファルセットの声を授けたとき、その音は、フィルム上の波線に転換されていたのだ。

ウォルトは、自分の声をいたずらネズミの動きにすんなり合わせることができたが、『蒸気船ウィリー』のために雇った16人編成のオーケストラは、アニメーションのペースについて行くことができなかった。ウォルトに相談された録音技師たちは、「クリックトラック」を開発してその問題を解決した。音楽や効果音をフィルムのテンポに保つ技術だ。フィルムの端に直接、小さな丸い穴を抜いていくと、小さなボールが弾んでいるように見える。アニメーションのテンポに合わせて、このボールがビートを打つように弾み、メトロノームの役割を果たす。指揮者は、それを見ながらオーケストラの演奏を動きに同期させた。何千個もの穴を手で抜くのは容易ではなかったが、このおかげで音楽と絵を可能な限り合わせることができるようになった。この技術はのちに「ミッキーマウシング」と呼ばれるようになった。

〝偉大なる実業家ミッキー〟

『蒸気船ウィリー』に、パット・パワーズが製造したシネフォンという音響装置を使用するには、ウォルトの貯金を使い果たしてもまだ足りなかった。総額4986ドル69セントの費用を支払うために、ウォルトはスタジオと自宅を抵当に入れ、ムーン社1926年製ロードスターを売却した。しかしその博打を打った価値はあった。1929年末には、週500ドル稼ぎ、正式にウォルト・ディズニー・プロダクション・リミテッドを設立した。

ミッキーマウスの人気は、絶望の時代に楽観的なメッセージを発信したことで火がついた。1935年に『ニューヨークタイムズ』に「ミッキーマウス、経済評論家になる」という記事を書いたL・H・ロビンスはこう評している。「世界のスーパーセールスマン、〝偉大なる実業家ミッキー〟に改めて拍手喝采を贈る。失業者に職を見つけ、倒産しかけた企業を立て直すミッキー。アメリカでも海外でも、ミッキーが駆け抜けた場所には、太陽が雲間から顔を出し繁栄をもたらした」

初めての女性ストーリーアーティスト

1934年2月のある夕方、ビアンカは7番街を歩いていた。冬の低い太陽が通りを眩しいほどに照らし、マンハッタンの家々がシルエットのように闇に包まれていた。この5年間、定期収入を得られているだけでも幸運だと思う反面、仕事にも人生にも充実感がなかった。その晩、友人たちと会う約束だったが、突然独りになりたくなった。そして映画館に駆け込み、上映していたニュース映画を観た。

それが終わると、観客が帰ったり入ったりして、短編アニメーションの上映が始まった。ビアンカはうわの空だったが、爆笑で我に返った。考えてみれば、こんなに大勢の観客が笑うのを聞いたのは久しぶりだった。その日、愉快なニュースがなかったのはまちがいなかった。その後、スクリーンいっぱいによく知っている名前が映し出された。「A Walt Disney Comic」。もちろん彼の功績は知っていたが、こうして灯りの消えた劇場に座っていると、彼が創造したものへの畏敬の念でいっぱいになった。尊敬と嫉妬が入り混じり、なんとしても自分でアニメーションキャラクターを作り、世に出したいという衝動に駆られた。自分の絵がスクリーンに映され、何百万もの人に賞賛されたら、どんな気持ちがするのだろう。帰宅後、ステラという求職中の女の子の漫画を描き始めた。現実でもファンタジーでも逃れようのないテーマのように思える世界恐慌にはばまれ、ステラの職探しはいつも失敗する。台詞は吹き出しにして書いたが、ステラの自虐的なジョークが多くなった。ユーモアの裏に隠れたステラの苦悩には、迷走する世界で自分の居場所を見つけたいというビアンカ自身の欲求が込められていた。

1934年4月1日、ビアンカは、ウォルト・ディズニーに手紙を送った。ニューヨークに会いに来てほしいことと、漫画を描いたことを伝え、「わたしは150センチくらいしかないので、かみついたりしません」と冗談を添えた。自分のことを覚えてくれているのか、実際のところウォルトにどんな助言を期待しているのかわからなかったが、投函した後は、その日が来るのを心待ちにせずにはいられなかった。ハリウッドにいたウォルトが手紙を受け取るまで10日、それから返事を書くのにもう3日かかったが、待った甲斐はあった。それは、ビアンカの人生を一変させる手紙だった。

面白いことが好きなウォルトらしく、手紙は、ビアンカに「かみついてもらえないのは残念だ」、とした後、漫画を送ってくれれば力になれるかもしれないと申し出ていた。

ふたりの間に手紙のやり取りが始まり、ビアンカはウォルトの優しさと寛大さに感激したが、ビアンカの漫画に関しては、ウォルトの努力虚しく、なかなか進展がなかった。1935年元日、ビアンカは、J.C.ペニーを辞める決意をした。もう一度アーティストに戻って、若く楽天的だった学生時代の自分を蘇らせたかった。そして自分の創造力を刺激しようと、中国、韓国、日本への旅行を計画し、稼いだお金を貯金し始めた。1ドル1ドルが来たる自由な日々の象徴だった。ところが2月にはその計画を保留にし、代わりにロサンゼルスへ向かった。そしてウォルトと、ウォルトのお気に入りの場所、ハリウッドまですぐの郊外に立つチューダー様式の建物「タム・オシャンター」で会った。傾斜した屋根、鉄製のシャンデリア、石造りの暖炉に囲まれ、レストランというより、まるで映画のセットのようだった。

趣のあるその場所で、ウォルトは白雪姫の物語を語り始めた。意地悪な女王や、忠実なこびとたち、ハンサムな王子がありありとビアンカの目に浮かんだ。そのお伽話は知っていた。少なくとも子供の頃の記憶のように、ぼんやりとは。だがウォルトのナレーションは、まるで新しい物語を聞いているかのように響いた。白雪姫の話をするのが大好きだったウォルトは、聞いてくれる人がいれば、誰彼となく繰り返し語って聞かせていた。それでもしばらくすると、ビアンカが遠路はるばる国を横断してやって来た目的、つまり「アーティストとしての働き口」に話を戻した。

ビアンカは、おそるおそるポートフォリオをテーブルの上に出した。スケッチや物語のアイデアがきれいにファイルされている。ウォルトが見ることを想像して、何度もアレンジし直したのだ。だが心配には及ばなかった。大判のバインダーをべりっと開いたウォルトは、ひと目でビアンカの才能に圧倒された。繊細なラインで象った柔らかな色の花は、スタジオの誰の画風とも違っていた。ビアンカはアニメーションの描き方を勉強したことがなく、アニメーター志望でもなかったが、ストーリーのアイデアには目を見張るものがあった。スタジオのストーリーアーティストはすべて男性だったが、ビアンカの腕を高く買ったウォルトは、ストーリー部門で6か月間見習いとして雇うことを申し出た。

ビアンカはためらった。自分の人生にこれほど早く転機が訪れるとは予想していなかった。とはいえその申し出は、まさに自分が切に望んでいたものだった。ただお金のためではなく、自分の情熱に従って働きたい。そして一生懸命に作ったものが観客を笑顔にするのを見たい。ビアンカは、考えさせてほしいと返答した。翌日はバレンタインデーだった。ビアンカは、思案するのをやめて、さっさとウォルトに返事をしようと決意した。そこで、自分たちだけに通じる冗談を交えて、茶目っ気たっぷりの手紙を書いた。「あなたはわたしが思い描いていた以上の人でした。なによりすばらしいのは、あなたがまったく変わっていなかったことです。眉がずいぶんつり上がったけれど、おかげでわたしは陽気な気分になれました」。そしてウォルトの申し出を受け、できるだけ早くスタートしますと書いて送った。

ふたりの手紙を見ると、互いへの尊敬とカジュアルな友情は感じられるが、ロマンスはないことがわかる。ウォルトは1925年に、仕上げ部門で働いていたリリアン・バウンズという女性と結婚している。ビアンカは、手紙の中で、結婚相手が見つかってよかったとウォルトを祝福し、35歳で独身の自分を笑った。ビアンカは結婚にまったく興味がなく、働く自由がほしかった。ウォルトはその独立心を強みとして評価した。

エンターテインメントに携わった経験が皆無だったビアンカは、ウォルト・ディズニー・スタジオで働き始めるまで、ハリウッドの制作会社の内側については、基礎的なことしか知らなかった。仕上げ部門を覗いたときは、部屋いっぱいに女性スタッフがいるのを見て驚いた。ざっと100人ほどがそれぞれの机に覆いかぶさるようにして作業をしていた。ほとんどが25歳以下だった。女性たちは、アニメーターが描いた映画の各シーン（1秒ごとに20～30枚必要）の線画を、インディアインクを使ってセルと呼ばれるセルロースの透明シートに描き写す（「トレス」と呼ばれる作業）。インクが乾いたら、シートをそっと裏返し、輪郭線の内側を、想像できる限りのあらゆる色合いを使って彩色する。仕上げ部門の女性たちは、スタジオの中では集中して仕事をしていたが、休憩時間にはよく、平屋と2階建の社屋が立ち並ぶ一角を離れ、芝生に出て、ヤシの木の下で仲睦まじげに羽を伸ばした。彼女たちはいかにも若くて悩みがなさそうだった。ビアンカが入ったストーリー部門の雰囲気はそれとはまったく違って、互いのどんな弱点も見逃すまいとしているのがはっきりと感じとれた。

ストーリー部門の職場は、ハリウッドのハイペリオン・アベニューに面した、L字型の古びた建物にあり、手狭だった。ビアンカも、上級職の証である自分専用の部屋を与えられるまでは、ビッグ・ロイのあだ名で知られるジョセフ・ロイ・ウィリアムズと、ウォルター・ケリーと一緒の席に押し込められた。個性の強いふたりは、新入りの女性社員をからかって、ビアンカがスケッチに集中しようとすると、その鼻先でサッカーボールをパスし合って面白がった。仕事の内容は変わらなかったが、ビアンカの給料はふたりより格段に少なかった。ビアンカの初任給は週18ドルだったが、周りのほとんどの男性は週75ドルから85ドル稼ぎ、それ以上のスタッフもいた。1932年にディズニーに入社した若いアニメーター、アート・バビットは、週給288ドルという高給取りだった。

バビットはしばらくの間、独身住まいの自室で女性のヌードモデルを雇い、ディズニーのアニメーターたちのためのデッサン教室を開いていた。それを知ったウォルトの計らいで、その課外活動はスタジオで行われるようになり、以来、ディズニー人体デッサン教室として今も続くスタジオの伝統になっている。ビアンカはこの教室が大好きだった。シカゴの美術学校に通っていた頃のようだった。花盛りのモデルたちをスケッチしながら、この仕事で大事なのは、一にも二にも描くことなのだと改めて肝に銘じた。

ビアンカは、スタジオの歴史からいって、これ以上ないタイミングで入社している。1936年2月、度重なる遅延を経て、アニメーターたちはついに初の長編アニメーション映画『白雪姫』に着手していた。その企画は、1934年2月のある日の仕事終わりに、唐突に始まった。その日、ウォルトは、仕事を終えて帰ろうとしていた信頼するスタッフ全員を呼び止め、夕食代として各自に50セントずつ渡し、食べたら急いで戻ってくるように告げた。アーティストやアニメーターが午後7時半に会社に戻ると、暗い防音スタジオに1つだけスポットライトが灯っていた。何が始まるのか見当もつかないまま、緊張した面持ちで席に座り、社長が今度は何を企んでいるのだろうかと噂し合った。舞台に上がったウォルトは、白雪姫の物語を語るだけでなく演じてみせた。白雪姫になって跳び回るときは子供のような高い声になり、魔女になって意地悪く笑うときは低いガラガラ声になった。パフォーマンスが終わったときには、観客はすっかり心を奪われていた。彼らは自分たちの将来を理解した。それは若いお姫様の物語だった。

ウォルトの芝居はスタジオの伝説になった。その晩居合わせたアニメーターたちは、ウォルトの演じた白雪姫がいかに感動的だったか、それから何十年にもわたって語ることになる。その魔法の夜にはまだ入社していなかったビアンカも、タム・オシャンターでウォルトに聞かされた物語に魅了された。その作品の制作が本格的に始まったちょうどそのタイミングで、ビアンカは入社したのだった。

ところが、そのスタートに比べて、日々の制作作業はそれほどロマンチックなものではなかった。シナリオ会議は長くきつかった。脚本のあらゆる点が議論され、修正された。たとえば、カエルたちが靴の中に飛び込んで、こびとのドーピーを追いかけるシーン1つに3週間、5回もの長い会議を重ねたが、結局シーンはカットされた。ビアンカが関係した中にも、コンセプト自体の変更を伴う大きな脚本修正があった。たとえば、白雪姫の周りで森が恐ろしい生き物のように暴れだすというウォルトのアイデアが反映された。いばらは森を駆ける白雪姫をつかむ手になり、風は白雪姫を前へ後ろへと吹き飛ばし、自然界が彼女に背を向けたという不安を観る人に与える。他にも、ドーピーが階段を駆け下りるときの細かな動きなど、ディテールを何度も繰り返し議論することもあった。

『白雪姫』の制作が進む中、ビアンカはストーリーボードと呼ばれる最新の技法について知った。ストーリー部門の長であるテッド・シアーズがその発明にかかわった。ビアンカは、1931年からその指導的立場に就いているテッドを一番慕っていた。スタジオ屈指のギャグマンで、ジョークやコメディのネタを書くにはまさに適任だったが、絵のほうはからっきしだめだった。ビアンカは尊敬していたが、恐れてもいた。時に容赦ない批判をすることがあり、会議でひときわ大きな声でヤジを飛ばすのをしばしば耳にした。

そのテッドの声が最大音量に達したあるシナリオ会議があった。白雪姫の服について議論していたときだ。その会議は、同じ目的で開催された25回のシナリオ会議の1つに過ぎなかった。こうした会議は、たいてい夕方7時頃に行われ、この日、部屋に詰め込まれた大勢の脚本家とアニメーターが次々と自分のアイデアを出し合うのを、ウォルトは脇に座り黙って聞いていた。アニメーターのマイロン（通称グリム）・ナトウィックがスケッチを数枚コルクボードに貼った。彼の描いた鉛筆画の白雪姫は、まつげが濃く長く、ドレスをたくし上げて形の良いふくらはぎを見せ、深紅の唇を尖らせていた。ウォルトは最初から白雪姫を無邪気な子供としてイメージしていると話していたため、セクシーな大人の女性として描かれた絵は目障りでしかなかった。スタッフらが挑発的なポーズについて大声でわめきたて、ナトウィックはすごすごとスケッチを引っ込めた。最終的に、白雪姫の服の1つは農民のドレスに決まり、裾に継ぎはぎをつけ、飾りのない茶色の木靴を合わせることになった。地味な衣装と慎み深いふるまいの白雪姫は、まさに健全さの極致だった。

ウォルト・ディズニー・スタジオでは、この時代のどの制作会社でもそうだったが、脚本家がストーリーのアイデアを考え、密に相談しながらアニメーターがスケッチを描いた。ビアンカのような脚本家の多くは、キャラクターやシーンの最初のラフを作成する上で、美術を学んだ経験が不可欠だと感じていた。ストーリーが固まり始めると、脚本家とアニメーターは、作品に関するあらゆるアイデアをスケッチで表現するため、膨大な量のスケッチが、良し悪し関係なく溜まっていく。その量にテッドは業を煮やしていた。スケッチがそこらじゅうに散乱した状態では、演技の流れが合っているのかどうか、チェックしようがなかった。1933年の短編アニメーション『三匹の子ぶた』に取り組んでいたとき、テッドはキャラクターごとの性格やその人格形成を区別することができないでいた。そのときストーリー部門のひとり、ウェブ・スミスが画鋲をガバッとひとつかみし、場面と台詞を順番通りに壁に貼り出し始めた。ウェブが終えたときには、作品全体の流れが一望できるようになっていた。このおかげで、場面の順番の入れ替えや、カットや追加の判断が格段に楽にできるようになった。大量のスケッチが描かれる『白雪姫』では、このストーリーボードがなくてはならないものになっていた。

ビアンカはストーリーボードを整理する作業が好きで、時間を忘れて担当の場面を並べ替えていた。この工程の間のストーリー部門は、緊張感はあったが、男性スタッフらが一緒に過ごす時間が多く、部活のような空気を漂わせていた。そこにビアンカが登場すると、夏の通り雨のように湿気を流し去り、空気を涼やかにした。コメディギャグやドタバタアクションが中心の会議において、ビアンカの提案は、人間関係の複雑さ、繊細な感覚や遊び心を物語にもたらし、新鮮だった。

ビアンカが手掛けた初期の作品の1つに、1936年3月に公開された短編『子ぞうのエルマー』がある。他の動物の子供にいじめられた子象が、間一髪のところで長い鼻を使って仲間の窮地を救い、認められるまでを描いている。ビアンカは、エルマーの脚本と、はつらつとした顔や丸い耳の原案を描きながら、男性ばかりのスタジオになじむ難しさを実感していた。エルマーがその鼻でしたように、自分もアーティストとしての才能でハッピーエンドを迎えられたらと願った。

女性たちの希望をくじくスタジオ

ビアンカが男ばかりのアニメーションの世界に溶け込もうと必死だった頃、スタジオは、彼女に続こうとする他の女性たちの希望をくじこうとしていた。応募した女性全員にスタジオが送った定型の断り状が何よりの証拠だ。「映画のためのカートゥーン制作にかかわるクリエイティブな作業は、若い男性社員の仕事と決まっていますので、女性社員が行うことはありません」。続いて、女性の配属先である仕上げ部門について説明しているが、この下っ端の仕事にも期待しないよう釘を刺している。「ハリウッドに来ることはお勧めできません。女性の就職希望者に対して求人は本当に少ないのです」

幸いにもその手紙は、ロサンゼルス、ロレーヌ大通り419番地には届かなかった。広大な白いコロニアル様式の家の前には、弧を描く車寄せに沿って、オークの木が枝を垂れていた。外から見るといかにも裕福そうだが、一歩中に入れば一家が斜陽にあることが見て取れた。ハンティントン家はかつては大金持ちだったが、ほとんどのアメリカ人同様、1929年の株式崩壊で貯蓄を失い、日々の支払いにも苦労していた。ハーウッド・ハンティントンとその妻の間には、チャールズ、ハリエット、グレイスの3人の子供がいた。1936年、グレイス・ハンティントンは、空想に耽る23歳だった。飛行機が好きで、自分で操縦するスリルを味わってみたくてうずうずしていた。また物を書いたり絵を描いたりすることも好きで、その情熱を活かせる仕事を見つけ、十分なお金を稼いだら、いつか自分の飛行機を手に入れたい、せめてフライトレッスンを受けたいと夢見ていた。だが両親は、ただ結婚してくれることを願っていた。

日中は、親の言いつけに従って社交界に出入する毎日だったが、夜は書き物をするとっておきの時間だった。まずビスタ・シアターで短編アニメーションと映画を1本観て〔当時は1枚のチケットでニュース映画、短編アニメーション、2本立て映画が観られた〕、寄り道してコーヒーを飲んでから帰る。それから若い勢いでそのまま朝7時まで寝ずにノートを物語で埋め尽くす。グレイスが目指していたのは、家からわずか8キロのウォルト・ディズニー・スタジオで働くことだった。

どれも完成した物語とは言い難かったが、自分ではこれ以上直せないところまで来たので、とにかく何かを提出してみることにした。自分が最高だと思う作品を選び、友人を介してテッド・シアーズに読んでもらうことができた。ビアンカが恐れ、尊敬する脚本家だ。グレイスは、面接をしてもらえると知った瞬間、まるでロンドンの空を飛び回るウェンディ・ダーリングのように体がフワッと軽くなった気がした。J・M・バリーの『ピーター・パンとウェンディ』は愛読書の1つだった。グレイスは無邪気にも、ディズニーで働く夢が叶うかどうか、すぐにわかると思っていた。自分の目指していた部門が、会社の部署というより秘密結社に近いことも知らずに。シアーズはグレイスを推薦することはできたが、スタジオの中枢であるストーリー部門には、ウォルト本人から招かれない限り、誰も入ることはできなかった。

グレイスはその翌週、ウォルトに会った。面接は1時間半続いたが、時間は飛ぶように過ぎた。グレイスが考えた物語について詳しく聞かれ、素材に関するさまざまなアイデアについて議論した。しかしまもなくウォルトは、恐れていた言葉を口にした。「私がストーリー部門に女性を入れたくないのはご存じだろう。そもそも優秀なストーリー担当を育てるには何年もかかる。ストーリーマンならぬストーリーガールが誕生しても、彼女が結婚して教育の成果を発揮する間もなくスタジオを見捨ててしまえば、彼女の教育にスタジオが使った資金は十中八九水の泡になる」

自分の周りにいる既婚女性のことを考えたら、頷くしかなかった。母親、友人、隣近所——みな専業主婦だった。夫とキャリアの両方を持つ女性はひとりもいなかった。そう気づいた途端、グレイスは悔しさで真っ赤になり、初めて応募した仕事だったが、何がなんでも手に入れてやる、と心に誓った。ウォルトが言ったように、ここ以外に働けるチャンスはもうないかもしれない。

ウォルトは、グレイスの憤りに気づいたようだった。刺の消えた口調で、女子でも書く力があれば、結婚しても家で仕事を続け、引き続きアイデアを提供することもできるかもしれない、と言った。これは口から出任せではなく、本気で言っていたことがこの後、証明される。

グレイスには、まだ越えねばならない大きなハードルが1つあった。もし採用されれば、男の世界に入り込むふたり目の女性になるのだが、だからといって職場の熱狂的な性差別主義が改まるわけではない。「女性がこの仕事になじむことは難しい」とウォルトはグレイスに言った。「男性スタッフはあなたに腹を立てるだろうし、職場には口汚い言葉が飛びかっている。それが彼らの息抜きだ。ギャグを考えるためにはリラックスしなければならない。だからあなたはその息抜きを邪魔してはいけない。あなたがそんな状況に簡単にショックを受けたり傷ついたりすれば、事態は悪化するだけだ」

ウォルトはそう言いながら相手の顔を注意深く観察した。目を丸くして驚くのを待った。グレイスを試したのだ。工夫を凝らした気晴らしと、不快な怒鳴り声が交互に繰り返されるような職場で、ほんとうにやっていけるのかどうかを判断するための、ウォルトなりのテストのはずだった。だが予想に反して、その言葉は、グ

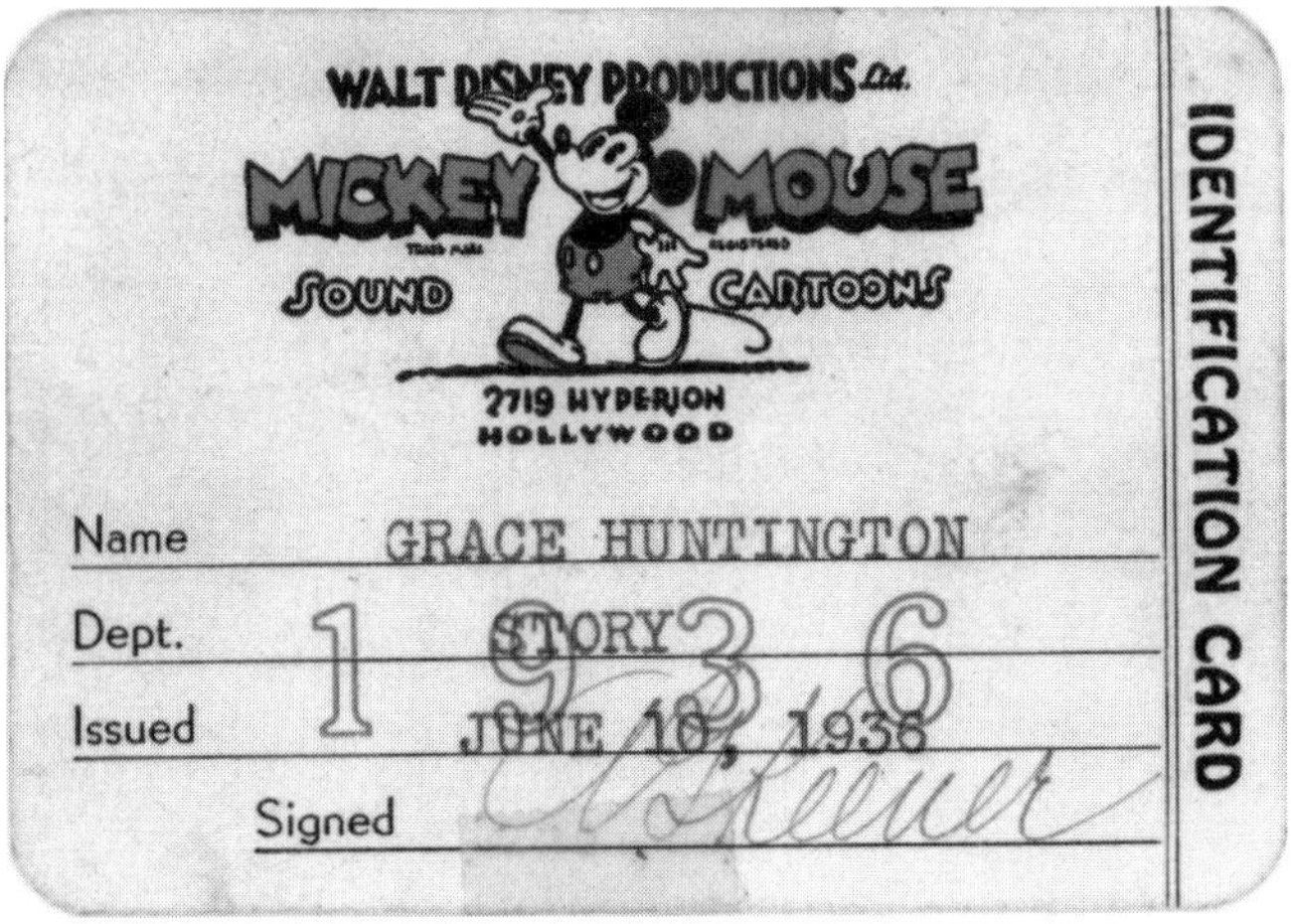

グレイス・ハンティントンの社員証、1936年（バークレー・ブラント提供）

レイスの耳に心地良く響いた。彼女は、女性であることがずっと不自由でたまらなかった。「あなたのやりたいことは女らしくない」「女には難しすぎる」、そう言われるたびに、男に生まれたかったと思って生きてきた。それが今、女性はこうあるべきだという社会通念を捨て、真っ向から男の世界に飛び込むチャンスを、ウォルト・ディズニー本人が与えてくれている。窮屈な環境から解放されたい自分にうってつけの仕事ではないだろうか。

そのちょうど1週間後にストーリー部門に加わったグレイスは、全視線が自分に向けられるのを感じた。これほど注目を浴びたのは人生で初めてだった。男性たちの好奇と用心の混じった目で見られると、自分が宇宙人になったような気がした。グレイスは不安を払いのけた。見たければ見ればいい。何が起きても、何をされ、何を言われても、この仕事は続けてみせる。

ビアンカは、部屋の向こう側の新入社員と視線を交わし、笑いかけながら、この先待ち受けている試練のことを教えてあげられたら、と思った。でもビアンカ自身、身に染みてわかっていた。ウォルト・ディズニー・スタジオで初めてシナリオ会議に出る恐怖は、どれほど覚悟しても避けられないのだ。

2

口笛吹いて働こう

Whistle While You Work

なぜ机の下に豚が？　グレイスは信じられない気持ちで、生きている本物の家畜を見つめた。泥のついたピンク色の鼻を、くしゃくしゃの紙の山に突っ込んでいる豚の横で、ゴミ箱がひっくり返っている。部屋を眺め回し、説明になりそうなものを探したが、他におかしなことは何もなかった。ストーリー部門の男性たちは自分の席に着いていて、農場からの侵入者のことなど知らぬげに涼しい顔をしている。グレイスは両手を腰に当て、部屋中に呼びかけた。「ちょっと、どういうことですか？　机の下に豚がいるんですけど！」

その声に振り向いた男性たちの顔は無表情だったが、次の瞬間、静かだった部屋がどっと沸いた。ストーリーマンもアニメーターも、人気芸人の舞台のオチでも観たかのように、手を叩いて爆笑していた。グレイスは呆気にとられて男たちを見回したが、やがて引きつった笑顔で笑い始めた。しつこくからかわれようが平気なふりをして。あまり神経質だとやっていけない、とウォルトが言ったのはこういうことに違いない。グレイスは、張り付いたような笑顔で、豚の茶色い目をじっと見つめた。

女性はシナリオ会議には出られません

グレイスが溶け込もうと必死になっていたスタジオは、ハリウッドのすぐ東にあるシルバーレイクと呼ばれる地区のハイペリオン・アベニュー2719番地にあった。外から見たウォルト・ディズニー・スタジオは、アットホームな雰囲気で、威圧感を感じさせなかった。白塗りのレンガ塀に囲まれ、赤い粘土の屋根瓦を載せた白い漆喰の建物が数棟かたまって建っている。本館の上には、「ウォルト・ディズニー・スタジオ、ミッキーマウス・アンド・シリー・シンフォニー・サウンド・カートゥーンズ」と踊るようにペンキで手書きされた看板が掲げられ、そのてっぺんで、カートゥーンのミッキーマウスが歓迎するように手を上げている。ミッキーマウスの名声にもかかわらず、「マウス・スタジオ」には、悪意のない近隣住民の勘違いによって、よく塀越しに野良猫が投げ込まれた。だが子猫たちは、グレイスと違ってすぐに新しい家に落ち着いた。スタジオのスタッフに可愛がられ、芝生で昼寝をして過ごしていると、ウォルトさえもかがんで撫でていった。

スタジオは、猫の数以外の点でも成長していた。1936年には、『ポピュラーメカニクス』誌に求人広告を出している。「ウォルト・ディズニーがアーティストを募集」と太字で打ち出し、「ミッキーマウスとシリー・シンフォニーの生みの親、ウォルト・ディズニーが男性アーティストにまたとないチャンスを提供します。委細は、年齢と職業をお書きの上お問い合わせください」と続いた。

求人広告自体は初めてではなく、同様の広告を数年前から出していたが、この人気雑誌の広告には大勢の若い男性が反応し、その全員がグレイスと同時に仕事を始めた。アニメーションで身を立てるのは並大抵のことではなかった。楽しそうに見えても、競争は熾烈だった。アニメーターはどんどん雇われた。見習いとして採用され、別館と呼ばれる裏の建物に詰め込まれたが、その大半がほんの数か月しかいられないことを、本人たちもわかっていた。正社員として採用されたければ、実力を証明するしかない。それも短期間のうちに。一定のペースで絵を量産する能力も求められたが、本当に必要とされたのは、キャラクターの描写力だった。自分の描く絵に命を吹き込めるかどうかが、最終的にスタジオでやっていけるかどうかの決め手になった。このプレッシャーによって、別館の雰囲気は、正社員の間でさえ殺伐としたものになった。悪ふざけやいたずらはその緊張感を和らげる方法の一部で、若いスタッフは容赦なかった。長時間一緒に過ごすため、親睦は一気に深まったが、シナリオ会議では互いを苦しめ合った。ウォルトは脚本家との少人数の会議を頻繁に行ったが、アニメーション部門とストーリー部門の両方のメンバーが参加する大規模なシナリオ会議も行われていた。

グレイスが初めて出席したシナリオ会議は、ビアンカが心配したとおり苦痛そのものだった。いつもの開催場所である録音スタジオの建物に入ろうとしたところ、警備員に呼び止められた。

「すみません、シナリオ会議中です。関係者以外入れません」

「私はここの脚本家で、その会議に出席することになっているんです」と、グレイスは困惑しながら説明した。

「女性はシナリオ会議には出られませんよ。男性だけの会議ですので」と警備員は不機嫌そうに言い、顔を背けた。

「そんなことはありません。私は最近入ったばかりなんです。通していただけますか」。そう言ってドアに向かおうとした。「それに、女性ならストーリー部門にもうひとりいます！」

時おり、鎧を着てシナリオ会議に出たかったというグレイス自身によるスケッチ
（バークレー・ブラント提供）

「いや、女性は仕上げ部門にしかいませんよ」と、警備員は雑草が生い茂った先の建物を指差した。「申し訳ないが、女性を通すわけにはいきません」

グレイスは、怒りが沸々とこみ上げるのをかろうじて抑えながら言った。「入りますよ。会議がもう始まるし、参加しないといけないので」。そう言ってわざと足を踏み鳴らしながら警備員の脇を通り過ぎた。警備員はその大胆さに驚いて手も足も出なかった。

顔を紅潮させたまま、グレイスは両開きのドアを通り抜け、通路を下った。入館に手間取ったわりに早く到着したが、すでに50人の男性スタッフが部屋の中に入っていた。空いている席を探していると、男性たちが名前を呼んだり口笛を鳴らしたりしてグレイスの気を引こうとした。まるで不良高校生の集団がスタイルのいい女性を見つけたときのように。口笛はグレイスを慌てさせ、ますます不安にさせ、外の警備員よりも手強い、目に見えない排除の壁がそこにあるのを感じさせた。男たちの尖った唇や開いた口を無視して、空いている列の真ん中に座った。脚本家とアニメーターが続々と部屋に入ってくる間も、体を硬直させたままじっと座っていた。もうひとりの女性が来たら、警備員の鼻を明かせると思って待ったが、どの列も男性でいっぱいになり、結局75人のスタッフが集まった。席はすべて埋まったようだ。ただ2つ、グレイスの両隣を除いて。

温められる『バンビ』

グレイスが孤立と屈辱を味わわされていたとき、ビアンカは孤独を堪能していた。シナリオ会議はできるだけサボるようにしていたが、それは、プライドや恐怖のためばかりでなく、他の場所にいたほうが時間を有効に使えると思ったからだった。

行き先は時に意外な場所だった。ある日、待ちに待った電話が来た。いよいよ赤ちゃんが生まれるという。サンディエゴ動物園の飼育係に、妊娠したシカが産気づいたらビアンカに連絡してほしいとウォルトから頼んであったのだ。分娩時間は普通12時間以上かかり、そのときが来たという。ビアンカは、それまでやっていたことを投げ出し、車で南に向かって2時間半走った。到着すると、草の上に横たわったオジロジカの子宮から、ちょうど小さな蹄が出始めたところだった。すぐにスケッチ帳と鉛筆を取り出し、雌鹿の長い首の曲線をたどり始めた。ところが、鉛筆を握る手がふっと緩んだ。子鹿がこの世に姿を現した瞬間だった。ビアンカは、母鹿が生まれたてのわが仔の体をなめるのを、うっとりとした気持ちで眺めた。茶色に白い斑点模様の子鹿は、母親の足元で弱々しく濡れた体を震わせていた。

10分もしないうちに、赤ちゃん鹿は早くもその新しい脚を使おうと試みたが、よろよろと頼りなさげによろめき、再び倒れた。子鹿の必死さが可笑しかった。ビアンカは、その状況に笑いの要素があるとは想像していなかったが、生まれたての子鹿の愛らしさと、その最初の歩みの滑稽さとが相まって、自分の笑いのツボにはまったのは確かだった。ビアンカは、状況の愛おしさによって可笑しさが増すことに気づいた。そして母と息子の最初の出会いを観察しながら、子鹿の震える脚を何度もスケッチし、大量にメモをとった。この瞬間の中に、次の企画の重要なシーンがある気がして、何一つ見逃すまいとした。

スタジオは『白雪姫』と格闘しつつも、初の長編映画への挑戦が吉と出るのか、それともわざわざ観ようと思う人の少ない、ただの長い映画で終わるのか、予想がつかなかった。そのためウォルトは、その先を見据えていた。ビアンカはその新しい企画の最前線にいた。検討していたのは、1923年にウィーンの新聞に連載されたフェーリクス・ザルテンの小説『バンビ』の映画化だった。ウォルトは、すでに別の映画製作者が買い取っていた権利を取得しようとしており、ビアンカは、物語の可能性を探り始めていた。この本には、今まで読んだことのないような森の美しい描写があり、それがたとえようもなくビアンカの心を和ませた。もちろんそれは、人間が登場するまでの話だ。

1936年当時、美しく希少なものを破壊する人間の能力は増大しつつあった。ザルテンの小説は、ビアンカに芸術的なインスピレーションを与えたが、ナチス支配下のドイツでは焚書の対象になっていた。それは、著者がユダヤ人であるというだけでなく、比喩的に反ユダヤ主義に触れているためだった。鹿たちが人間社会との平和的共存の可能性について、こう問い合う場面がある。「あれ［人間］はぼくたちを追っかける［verfolgen

＝「迫害する」の意味もある）ことを、いつまでたってもやめないのかしら?・」〔フェーリクス・ザルテン『バンビ――森の生活の物語』高橋健二訳、岩波書店、1986年。強調は訳者による〕

多くの読者がこの本をヨーロッパにおけるユダヤ人迫害に関する寓話だと解釈した。本全体をとおして疎外化のテーマが繰り返し描かれている。ザルテンの小説では、ユダヤ人コミュニティが経験したような民族離散を、蝶さえもが経験する。バンビは、この翼の生えた生き物のことを「住み良い場所をどこも奪われ、どんどん遠くに行き場を求める美しき敗者たち」と表現している。

この本が平和のメッセージをもつがゆえに、ビアンカはこの企画を大切に思うようになっていた。生きがいを求めてスタジオに入ったビアンカだったが、ウォルト・ディズニー・スタジオの主力作品である短編アニメーションには、さまざまな点で期待を裏切られていた。下品なジョークや偏見的なものの見方、先の読めるギャグ。そこに自分が足せるものはほとんど何もないと感じたり、短編のために何時間もかけて考えたアイデアが無視されたりすることも多かった。だが、仕事環境への不満と、充実感のなさとは裏腹に、スタジオでの評価は高まりつつあった。ビアンカが手掛けたシリー・シンフォニーの短編『子ぞうのエルマー』は劇場で大人気を博した。商品販売事業の責任者、ケイ・カーメンの報告書をウォルトから見せられたが、そこには、キャラクターが「根づいた」ため「『子ぞうのエルマー』をもう1作やってはどうか」と書かれていた。

周囲に溶け込もうとする1頭の象が、仲間からの拒絶に耐え、身体的な欠点とからかわれた体の一部を自分の武器に変える物語は、思いがけず成功を収めた。『子ぞうのエルマー』は、シリー・シンフォニーの他の短編とは違っていた。ビアンカは、これまでスタジオが試みたことのない方法で、苦悩や切なさを物語に注入した。ドタバタ喜劇の要素はなくさないが減らした結果、ストーリー部門として、今後の作品に生かすべき教訓を得た。それは、悲しみが笑いのかたちを変えるということであり、喜劇的な場面を感情の要素でわずかに色付けすると、笑いの量は減っても、そこにより本質的なユーモアが生まれる。それは重要なメッセージだったが、ウォルトがビアンカの短編のような作品をもっと作るかどうかはまったく定かではなかった。

『白雪姫』の魔女の入社

居心地の悪かった最初の数か月が過ぎた頃から、スタジオでグレイスが孤立することは徐々になくなっていった。友達ができ、自信が増し、シナリオ会議では、制作中の短編に対しても、最もエネルギーが注ぎ込まれていた作品『白雪姫』に対しても、大きく貢献できるようになっていた。

グレイスとビアンカの活躍に背中を押されたのだろう、ウォルトは女性社員をもうひとり雇った。１９３６年夏、ドロシー・アン・ブランクという女性がストーリー部門に迎えられた。彼女が特異な人材なのは一目でわかった。というのは、ほとんどの脚本家がプロットを組み立てるときに使用するスケッチや絵を描くことができなかったからだが、その欠点を補って余りある文才があった。ドロシーは、雑誌『カレッジユーモア』や『レッドブック』でジャーナリストとして働いたのち、ハル・ホーンという広告マンに雇われた。ホーンは、『ミッキーマウスマガジン』という子供向けの雑誌を発行していたが、売れ行きが一向に伸びず、それを気の毒に思ったウォルトと兄のロイは、１９３６年に著作権使用料を免除していた。

ニューヨーク市の5番街にあったホーンの事務所は、収集癖のある人には天国のような場所だった。数部屋にわたって、壁面から室内に至るまでぎっしりと箱が詰め込まれ、箱には名刺サイズのインデックスカードが入っていた。それは「ギャグファイル」といって、600万種類のジョークのコレクションであり、ホーンが時おりコメディアンや漫画家に貸し出していた。すべてホーンの思いついたネタだったが、とくに面白くはなかった。新鮮味のない一発ギャグの他、山のようなジョークが「バカ女」や「ぐうたら」といったカテゴリーに分類されていた。ホーンの事業の失敗と彼が失った5万ドルの私財を補償するためだろう、ウォルトは、2万ドルもの大金を払ってこのギャグファイルを買い取ることに同意した。この頃のウォルトは、お金で笑いを買うことが当たり前になっていた。ストーリー部門でも、通常の給料では無理だと思ったのか、1ギャグにつき5ドル払って、脚本家にもっと面白いネタを書かせようとしていた。

こうしてニューヨークからロサンゼルスへ運ばれることになったギャグファイルだったが、それと一緒について来たのがドロシー・アン・ブランクだった。ウォルトはまだ気づいていなかったが、膨大なジョークコレクションよりも、ドロシーのほうがはるかに貴重な戦力になった。インデックスカードはすぐにドロシーとスタジオの司書、リリアン・グラニンガーによってカードカタログ形式で整理され、きれいに引き出しに片付けられた。その一角は、「100万個のジョークの部屋」と呼ばれるようになった。

ホーンの作る笑いは固くわざとらしかったため、インデックスカードのジョークは早々と用無しにされたが、ドロシーのことはそう簡単に無視できなかった。ストーリー部門で女性は珍しい存在ではなくなっており、ドロシーが他の脚本家に引けをとらないことは明らかだった。彼女には、自分の価値を知る人が持つ余裕と自信があり、『白雪姫』の制作にも何のためらいもなく飛び込んでいった。1936年の終わりには、『白雪姫』の箱書き〔各シーンの概要〕を彼女独特の簡潔なスタイルで書き直し、大きな影響力を及ぼしている。そして何より、トリートメントと呼ばれる、作品全体の脚本の基になるあらすじを任されるようになっていた。

『白雪姫』に対するウォルトのこだわりは、ドロシーにもひしひしと伝わった。ウォルトは、シナリオ会議でも1つ1つのシーンを細部にわたって掘り下げた。だがその一方で、社員の生活を脅かす問題――資金が底を突いたこと――はスタッフに隠していた。スタジオはこの作品にすでに100万ドルという当時の映画にしては多額の予算を投じていたが、それでもまだ足りなかった。巷ではこの作品を「ディズニーの道楽」と呼ぶ者もいて、「失敗するに決まっている」と噂されていた。ウォルトは、この長編映画でスタジオの財政難に終止符を打てると信じ、ロイとともに密かに銀行の担当者と会い、価値ある投資であることを納得させようとしていた。

ドロシーは、雇用主の悩みを知らなかったが、不要なシーンを捨て、本当に必要なものだけを残す作業に没頭し始めた。ウォルトの指示で台本を削り、無駄な台詞を省いた。また、場面に付随して画面に映し出される、タイトルカードと呼ばれるキャプションの文章も作成した。映画の終わり近くで、巡る季節の中で、白雪姫が眠りから覚めるのを7人のこびとが待つ場面で、ドロシーは次のように書いた。「死んでもひときわ美しい白雪姫を土の中に埋める気にはなれませんでした」。背景が雪に変わる。「そこでガラスと金で作った棺におさめ、いつもそばでお祈りしていました」。ドロシーの文章は、最小限の文字で物語を展開させる。作品の最後のタイトルカードは、ドロシーの案をもとにウォルト自身がシンプルに書き直した。「白雪姫をずっと捜し続けていた王子様は、美しい乙女がガラスの棺の中で眠っているという噂を耳にしました」

絵が描けないドロシーは、ストーリー部門の中で異質な存在だった。同じ部署のアーティストが机に向かい、紙に鉛筆でスケッチを描いている間、ドロシーはタイプライターに向かっていることが多かった。改行するたびにガチャンと大きな音を立てたが、アーティストたちが絵を描きながら絶えずお喋りに花を咲かせ、いつも騒然としているこの部署では耳に止まらなかった。脚本家の中でタイプを打てる人はほとんどおらず、グレイスも2本の指でつつくのが精一杯だった。ドロシーのタイプライターは、スペース的には有利に働いた。ほとんどの脚本家は、自分専用の部屋を持つ贅沢を許されず、時おり肘がぶつかりそうになりながらネズミの耳やプリンセスのドレスを描いていた。ドロシーは、部屋を見渡せる角の一番いい場所を陣取り、なんとはなしに同僚たちの顔に目をやりながらアイデアを探した。

そんな折、ひとりのストーリーマンがしょっちゅう自分のほうを見ていることに気づいた。3年前からウォルトの下で働いているジョー・グラントだった。もともと風刺画家として雇われたが、ストーリー部門に異動した。文才があったからというよりも、複雑なプロットや洗練された台詞のヒントになるような絵が評価されたからだった。そのジョーがドロシーの姿に夢中になっていた。近くに座ってはよく自分のことを描いているなとドロシーは思っていた。自分をじいっと見つめては、スケッチ帳に目を戻すのを何度も繰り返していたからだ。

普通の新入社員だったら、その視線をやり過ごすに違いない。職場に波風を立てたくないし、からかわれても嫌だ。だが、ドロシーは怖いもの知らずだった。「何をしているんですか?」。見られていることに気づき、単刀直入に尋ねた。

「刺激をもらっているんです」とジョーは笑顔で答えたが、それで納得するドロシーではなかった。

「でも、どうして私を描いているんですか?」と尋ねた。

「『白雪姫』のキャラクターの顔のモデルにと思って」

「どのキャラクター？」

「意地悪な女王」とジョーは素直に答えた。

あまりに予想外の答えにドロシーは吹き出した。ジョーも一緒になって笑った。しばらくしてドロシーは言った。「でも醜い老婆のほうじゃなくて良かった！」

このジョーのおかげで、ドロシーのキャプションだけでなく、顔も作品の一部として永遠に残ることになった。眉のアーチ、アーモンド形の目、そして長くまっすぐな鼻のどれもが、美しいのに意地悪でうぬぼれた継母の顔に生かされている。

マルチプレーンカメラが生み出す奥行きと現実感

アニメーターたちは、それぞれの席で何度も机に鏡を立て、自分の表情を確認しながらアニメーションにリアリズムをもたらした。そして描いたラフスケッチを撮影してもらい、そのフィルムをムビオラへ持っていく。ムビオラとは、初期の機械で、映画編集者が個々のショットを見て、作成した動きが自然な動きに見えるかどうかをチェックするのに使う。一方、ストーリー部門は『白雪姫』のプロットを何度も見直し、より焦点のはっきりしたストーリーにするために、場面を容赦なくカットし、作曲家と協力して楽譜と物語を合わせ込んでいった。だが、何をどうやっても、アニメーターが作った映像は平面的だった。つまり、奥行きや立体感がなかった。

1930年代半ば当時、アニメーションのほとんどがセルに手描きでキャラクターを描き、そのセル画を一度に1枚ずつ背景画の上に重ねる方法で制作されていた。アニメーション用の撮影カメラは、重ねたセル画の上方向から撮影する。1ショットは、映画の1コマに過ぎず、コマごとに背景をごくわずかに後方にずらしていくと、順番につなげて見たときに前進しているように見える。だが、歩いたり話したりするキャラクターに比べると、背景はあまり変化しない。背景は通常、長いロール紙にペイントし、キャラクターの後ろで引いてずらす。遠近感がなく、ディテールもほとんど描き込まれていない。カメラがズームインすると、画像が歪むため、シーンのリアリティがますます失われる。このことは、スタジオにとって否定しようのない問題だった。

解決策は、演劇の舞台がヒントになった。キャラクターが風景の前だけでなく、その中でも移動できるようなセットを作ればよいのだ。演劇で、背景パネルなどの大小の道具が俳優の手前から奥までのさまざまな位置に配置されるように、アニメーションでも、背景要素の間に奥行きを持たせる。1937年の初め頃に、マルチプレーンカメラという新しいアニメーション技術が発明されたおかげで、それが可能になった。このカメラは、高さおよそ3・5メートル、梁が架けられ、巨大なガラス板を置くための金属製の長い可動式枠が複数設置されている。

マルチプレーンカメラでは、2次元のフラットな状態の背景画ではなく、シーンの要素を、前景、中景、遠景に分けられる。前・中・遠景を別々の長いガラス板に描き、ガラス板を別々の可動式枠に設置すると、それぞれの背景が独立して上下左右に動かせる。そしてガラス板の層を見下ろすようにてっぺんに設置されているのが、この装置の目、つまりビクター16ミリムービーカメラだ。背景画は、ガラス板に油絵具で手描きすることもあり、床に最も近い固定台のガラス板は、空の色に彩色されることが多かった。カメラに近いガラス板には何もせず、透明のまま、アーティストが描いたセル画を慎重に載せた。この仕掛けによって、上から撮影すると、シーンに奥行きと現実感が加わり、ガラスとプラスチックに描かれたフラットな絵が立体的な世界に生まれ変わった。

スタジオの映像研究室では、ウィリアム（通称ビル）・ギャリティら技師がこの新しい装置を極限まで試しながら、カメラの動きやシャッターのタイミングなどの改良を加えた。確実に革新的な装置だったが、世界初ではまったくなかった。

マルチプレーンカメラは、ドイツの映画製作者、シャルロッテ（通称ロッテ）・ライニガーが1926年の長編アニメーション作品『アクメッド王子の冒険』のために、初めて開発したとされている。ライニガーの作品は、影絵のアニメーションだった。黒い板紙を人や花、動物、妖精などの形に切ってキャラクターを制作した。そして細部まで精巧なそのシルエットを、映画撮影用カメラの前に垂直に吊るしたガラス板に取り付けた。出来上がった映像は非常にリッチで、彼女の作るお伽話の映画には、観る人を霧の森の奥深くへ、魔法の馬に乗って雲の中へ、草原の池の水面下へといざなう力があった。

ライニガーの発明は、カリフォルニアで新たな展開を見ていた。ウォルトが試すよりも早く、ライバルでかつての友人、アブ・アイワークスが自作のマルチプレーンカメラを作り始めていた。アイワークスとウォルトは、1919年にミズーリ州カンザスシティで出会った。そこでミッキーマウスの短編とシリー・シンフォニーのアニメーターを務めたアイワークスは、ウォルトの作品のキャラクター造形において重要な役割を果たした。ところが1930年には、ウォルトの元を離れて自分のスタジオを設立し、1933年には古いシボレーのシャシーをベースにマルチプレーンカメラを作っていた。ライニガーのように層を前後にではなく、上下に重ねた構造だったが、仕組みは同じだった。アイワークスは、奥行きのある短編アニメーションを作る能力には長けていたものの、ミッキーマウスほどの成功は得られず、1936年にスタジオを閉鎖した。

ウォルトは、『白雪姫』にリアリティを与えるための活路をマルチプレーンカメラに見出していた。だが、いきなり長編作品に導入するわけにもいかないため、それに先立って試し撮りをした。その実験の場が短編アニメーション『風車小屋のシンフォニー』だった。1937年に公開されたこの作品は、明確なプロットも中心的なキャラクターもなく、まさに『白雪姫』に注ぎ込みたかったさまざまな改良を試すための練習台だった。マルチプレーンカメラを初めて導入しただけでなく、複雑なライティングや水の表現、動物のリアルな描写、ムードやサスペンスの効果などでも遊んでいる。その結果は驚くべきもので、アカデミー賞の短編アニメーション部門の最優秀賞を受賞した。ウォルトの会社は、マルチプレーン技術の特許を申請し、機能性を高めた新しい装置で『白雪姫』の撮影に乗り出した。

クレジットされなかったスタッフたち

1937年の冬、スタジオの財政はいよいよ逼迫し、その不安定な資金状況が全従業員の生活を脅かしていた。『白雪姫』の製作費は予想をはるかに超えていた。すでに148万ドル、今なら2500万ドル以上に相当する額を費やしており、スタジオの未来は、観客が1時間半のアニメーションをわざわざ観たいと思ってくれるかどうかにかかっていた。

12月に入り、ビアンカをはじめとするスタジオのスタッフ全員が初演の夜をドキドキしながら待っていた。この作品の前評判の高さは、彼らにとってもまったく経験のないものだった。短編はこの半分も注目を浴びたことがなかった。マスコミや一般の人々がどのような反応を示すのか不安だった。

12月21日火曜日、彼らの人生は一変する。アニメーターとストーリーアーティストはデスクや廊下に集まり、その夜の出来事を想像して盛り上がっていた。あらかじめチケットを購入していた数百人がイベントに参加することになっていた。仕上げ部門の150人の女性の中で観にいく人はほとんどいなかったが、女性たちはこの映画のために1500色の特色を作るなど、この歴史的作品を実現するために長い時間を費やした。彼女たちは、自分のお化粧以上に慎重に、白雪姫の頬と唇を手で色付けした。

それでもスタジオの女性スタッフがすべて、その晩、除外されたわけではなかった。仕上げ部門の元スタッフだったウォルトの妻リリアンの他に、その姉で当時の仕上げ部門の長だったヘーゼル・スーウェルが出席した。ヘーゼルは作品のアートディレクター〔監督、プロダクションデザイナーの下で、作品のビジュアルスタイルを方向付ける〕のうちのひとりを務め、熟練した目で『白雪姫』に使用する色を慎重に指定した。グレイスも幸運にもチケットを持っており、イベントを前に、ソワソワと落ち着かなかった。

幸運な従業員たちは、映画が始まる午後8時45分より前に、カーセイ・サークル・シアターに到着した。特別な催しの際に設置されるアーク灯の明かりで白塗りの外壁が光っていた。てっぺんには、白く縁取られた青い鐘楼と何キロ先からも見えるネオンサインがある。ものすごい人だかりで、通りは3万人のファンで埋め尽くされていた。どう見ても1500席の劇場に入れる見込みがないとわかった群衆は、このイベントに参加できる喜びをただ味わいたくて、レッドカーペットに沿って階段状に座り、渓谷のようなものを形成した。前売り券は、カーセイ・サークル始まって以来の売り上げを記録し、チケットが取れなかった人も、家でじっとしているより、路上に集まることを選んだようだった。

劇場の周りだけでも一見の価値があった。ウォルトは、ロサンゼルスのコンクリートの一角をお伽の世界に生まれ変わらせていた。こびとの村が作られ、こびとの家には鎧戸付きの窓や、回転する水車、花が並ぶ小道まであった。

映画スターたちが劇場に流れ込み始めた。マレーネ・ディートリッヒとダグラス・フェアバンクス・ジュニアがにこやかに群衆に手を振り、まばゆい光の中でカメラマンにポーズをとった。9歳のシャーリー・テンプルが両脇にこびとのキャラクターをひとりずつと後ろに5人従えて到着した。シャーリーとこびとのコスチュームを着込んだ男性たちは同じような背格好で、肩を並べてレッドカーペットを歩いた。ずんぐりとしたドナルドダックがカメラに手を振り、ミッキーとミニーはつんと立った鼻を不器用にぶつからせながらハグとキスをして、群衆を喜ばせた。

スタジオからやってきたアーティストと脚本家の一団は、やきもきしながら上映を待っていた。彼らは自分たちの手で描いた25万枚の絵がつくり出したシーンをすべてそらで覚えていた。映画が始まると、タイトルに続いて画面にメッセージが現れた。それは社長からの感謝の言葉だった。「本作品を製作することができたのは、ひとえにスタッフの忠誠心と創意工夫のおかげです。心からの感謝を贈ります」。謝辞の下にはウォルト・ディズニーの署名があった。これはある意味、この後に続く数フレーム、すなわちオープニングクレジットを補うものだった。

実際には数百人が作品にかかわっているにもかかわらず、67名の名前しか表示されなかった。クレジットされないことに対するスタッフの不満は、その後ますます切実なものとなり、彼らは会社に対して自分たちの努力を認めるよう要求し始めることになる。女性も数多く『白雪姫』の制作に携わったが、その中でクレジットされているのは、ヘーゼル・スーウェルとドロシー・アン・ブランクだけである。ヘーゼルはアートディレクターとして、ドロシーはストーリー部門の唯一の貢献者として認められた女性だった。

だが、恨みは物語が進むにつれて消えていった。とくに、王子が白雪姫を連れて丘を登り、雲の切れ間からピンク色と金色の夕日を背景にお城が姿を現す最後のシーンで、グレイスは観客の反応を見ようと劇場を見渡した。映画館の暗がりの中、映写機の間接光に照らされた人々の顔には、濡れて輝く頬があった。それまでアニメーションで泣いている人を見たことも聞いたこともなかったが、このときは劇場中の人々が慌てて目頭を押さえ、作品にスタンディングオベーションを贈った。

3

星に願いを

When You Wish Upon a Star

スタジオにいることが耐えられなくなったときの——そういうときが多かったが——ビアンカの避難先は、ロサンゼルス公共図書館と決まっていた。ロサンゼルスのダウンタウン、フィフス・ストリートに沿って並ぶデパートやホテルや銀行に挟まれ、そこだけ浮いているような違和感がある。ここ30年の市の急速な発展がその景観に現れている。晴天の多い温暖な気候のおかげで、年間を通して撮影ができる南カリフォルニアに、1900年代初頭、映画製作者がこぞって集まり始めた。それと同時にロサンゼルス盆地全体に広がり始めたのが、油井やぐらの金属の森だった。

最初の石油ブームは1893年、現在ドジャー・スタジアムがある近辺で、試掘者が油脈を掘り当てたことをきっかけに始まった。1923年には、世界の原油の4分の1がこの地域で生産されていた。新たな労働力の流入は、都市の急激な発展をもたらす。1920年から30年の間に、人口は倍増して100万人を超え、ロサンゼルスはアメリカで5番目に大きい都市になった。急速な成長は高層ビル群の出現にも見られ、アールデコ様式のオフィスビルと、傾斜の緩い赤い瓦屋根が特徴のスペイン植民地復興様式の住宅が急ピッチで建設された。

ビアンカは、ある朝早く、ダウンタウンの建設現場をいくつも横目に見ながら車を走らせていた。ロサンゼ

ビアンカ・マジョーリー、1938年(ジョン・ケインメーカー提供)

ルス鉄道の「イエローカー」、パシフィック電鉄の「レッドカー」と愛称で呼ばれる市の路面電車から大勢の人が歩道に降りている。国内最大規模を誇るこの路線網は、ニューヨークよりも利用者が多く、午前中の道路をふさいでいる。ビアンカが向かっている図書館は、拡大する都市に残る希少な緑地だ。形よく剪定されたニオイヒバの並木と、光を反射する3つの長い水盤に沿った道に導かれるように進むと、白い石段の壮大なエントランスにたどり着いた。

この図書館を街の他の建物とまちがえることはけっしてない。建設された1926年当時、アメリカは古代エジプト文明ブームの真っ只中だった。その4年前に、ナイル川の西岸、エジプトの王家の谷でツタンカーメン王の墓が発掘されたからだ。若いファラオ、ツタンカーメンのミイラと彼が地上に残した財宝の発見は、20世紀における考古学の快挙だった。

西洋はすぐさまツタンカーメン熱に沸き、芸術、ファッション、映画、装飾品、さらには建築にまで影響が及ぶ大流行が起こった。ロサンゼルス中央図書館は、古代エジプトの神殿をモデルに建てられ、塔の先端には、モザイクタイルで飾られた黄金のピラミッドがきらめき、空から眺めるとよく見える。西向きのエントランスの上、石のファサードには、ラテン語の文字で「*Et quasi cursores vitai lampada tradunt*」と刻まれている。「リレー走者のように、生命の松明を受け渡す」という意味だ。ピラミッドの頂上には、艶やかな金合金をまとう、この言葉を体現したもの、つまりトーチを天に掲げる手がある。

ビアンカはこの言葉の下を通って図書館に入った。そこは、いくつもの意味において彼女の神殿だった。静かで、敬意にあふれ、女性が大勢いる。何もかもがスタジオとは正反対だった。ビアンカは階段を上りきり、そこに鎮座する黒大理石のスフィンクスを一撫でしてから、書架へ向かった。ただ仕事から逃げているように見えるかもしれないが、ビアンカにはそこにいる理由があった。次の長編映画は『バンビ』ではなく『ピノキオ』でいく、とウォルトが発表したばかりだった。

動き出す『ピノキオ』

数か月前にようやく『バンビ』の権利を手に入れたウォルトだったが、アニメーターから上がってきたラフスケッチにがっかりした。鹿は「小麦粉の麻袋」のように描かれ、造形が甘く立体感もなかった。ウォルトは、カートゥーンのようなタッチではなく、よりリアリティのある絵で、環境保護主義的な物語のメッセージを伝えたいと考えていた。それには明らかにもっと時間が必要だった。

ビアンカは『ピノキオ』の翻案に集中した。ずらりと並ぶ書棚の間に座り込んだり、児童書コーナーの静かな一角に机を見つけ、そこで物語のトリートメントを書くこともあった。ハイペリオン・アベニューのスタジオにももちろん書庫はあったが、イラストレーターの作品集がおもで、その多くは、ウォルトがヨーロッパへ家族旅行に出かけた際に自分で選び、アメリカに持ち帰ったものだった。スタジオがヨーロッパのお伽話を中心に制作していたことを考えると、アーティストたちがリチャード・ドイルやガスパール・デュゲ、ポール・ランソン、J・J・グランヴィルなどの作品からインスピレーションを得ていたとしても意外ではなかった。スタッフは、そうした豪華本を自分の席に持ち帰り、傷だらけのおんぼろ机の隅に立てかけて、目ぼしい絵を模写し自分のスケッチに取り入れた。数百冊の貴重な蔵書の中には、フィクションは比較的少なかったため、ビアンカはストーリーのアイデアが必要になると、新しい情報源を求めて、いそいそとスタジオを出てダウンタウンのお気に入りの建物へ向かうのだった。

図書館の小説コーナーを探したが、すでに手元にあったウォルトの私物、カルロ・コッローディによる『ピノッキオの冒険』に匹敵するものは何も見つからなかった。最初にイタリアの雑誌で連載され、1883年に1冊の本として出版されたこの物語は、『ピノキオの冒険』として英語圏の読者の間で大人気となった。

ビアンカは何度も読み返したので、その物語——哀れな木彫り師といたずら好きな操り人形の物語——のことを何でも知っていた。ウォルトは1年以上前からなんとなくこの本を検討していたが、英語訳を何種類か持っていたにもかかわらず、ビアンカに新たな解釈を求めた。ストーリー部門で唯一イタリア語の原文が読め、長編映画としての可能性を評価できるビアンカはありがたい存在だった。図書館は静かで、読書や仕事をするにはもってこいの場所だ。ビアンカはすぐに文章に没頭し、母国語の台詞を翻訳しながらノートに鉛筆を走らせた。

ところが小説に深く入り込むうちに、映画化の可能性に疑問を持ち始めた。ピノキオは、多くの点で共感しにくいキャラクターだった。そもそも無情でしょっちゅうわがままを言い、木工職人のゼペットが足を彫り上げるや、自分の創作者を蹴るような悪童だ。オリジナルの連載版は、自ら犯した過ちのためにネコとキツネに首を吊られるピノキオの生々しい死で終わる。「息が詰まり、それ以上は何も言えなかった。目を閉じ、口を開け、両足をだらんと伸ばした。それから大きく身ぶるいをしたかと思うと、凍ったように動かなくなった」〔カルロ・コッローディ『ピノッキオの冒険』大岡玲訳、光文社、2016年〕。この最初の連載を終えると、カルロ・コッローディ、本名カルロ・ロレンツィーニは、この操り人形の話はこれでしまいにするつもりだったが、編集者のグイド・ビアジは違った。連載は人気が高く、ビアジは続きを書くよう懇願した。生意気な人形を生き返らせ、20回の連載で償いの道を与えること、そして最後は、トルコ石のように青い髪を持った仙女が、心を入れ替えた木彫りの子供を本物の子供に変えることを提案した。編集者だけでなく読者からのリクエストも受けたロレンツィーニは、半年後、連載を続けることに同意し、最後は次の言葉で物語を締めくくった。「ちゃんとした人間の子になれて、ほんとうによかった!」〔同右〕

ビアンカはすばらしい物語だと思った。この木の人形の生命に対する欲求には、想像以上に心を動かす強いものがあった。可能性ははっきりと感じたものの、プロットには何かが欠けていた。後半の20章で、ピノキオは人間の子供になることを夢見るが、その動機は説明されていない。最初に書かれた16章までわかるように、ピノキオは人間の子供ができることがほとんどできる。人間の子供と同じように食べ、走り、歌い、いたずらもする。ウォルトへのメモを書きながら気づいたが、むしろ木彫りの関節や操り糸を目立つように描かない限り、アニメーションでは、ピノキオと人間の子供との区別がつかないだろう。

人形のままで何でもできるのに、なぜ本当の子供になりたいのだろうか。ビアンカは不思議に思った。必要なのは、人形が生命を欲する理由づけ。手に負えないキャラクターに感情移入させ、物語に大きな意味を与える鍵だ。ビアンカは考えられる理由を書き出してみた。たとえば愛のため。青年になり、好きな女の子にキスしたいという願望。もしくは、いつか大人になりたい、ずっと子供のままでいたくない、という思い。ビアンカは自分の静かな聖域で、人が生きたいと願う理由を思いつく限り挙げていった。

スクリーン・プロセスとリアルな特殊効果

1930年代には、見たこともないような装置が映画業界を席巻していた。シャッタースピードを同期させられるカメラと映写機のモーターが開発されたおかげでリアプロジェクションが可能になり、俳優の背後に、創意に富んだ背景を配置できるようになった〔スクリーン・プロセスと呼ばれる特撮技法〕。たとえば、カップルの乗った車は動かなくても、後ろや横の背景映像が流れていれば移動しているように見える。映画会社に特殊効果部門が設置されるようになり、撮影スタジオには海賊を戦わせるためのミニチュアの船、魔法のように開くワイヤー仕掛けのドア、体がなく足跡だけが雪の上に現れる仕掛けなどが作られた。

メトロ・ゴールドウィン・メイヤー（MGM）は、大手の中では一番遅くサイレントからトーキーに転向したが、1930年代後半には特殊効果で業界をリードしていた。1938年、MGMの特殊効果アーティスト、アーノルド・ギレスピーは、次回作『オズの魔法使』に取り組んでいた。同社でそれまで使われていた気の抜けたようなゴム製の竜巻は、オレンジ色の派手な三角コーンにしか見えず、破壊的な力を持つ嵐には程遠かったため破棄し、代わりに空港などで風速と風向を見るために使われていた吹き流しを観察し始めた。ギレスピーは、生まれてから一度も竜巻を見たことがなく、カンザス州に足を踏み入れたことさえなかったが、吹き流しが風をはらむのを見て、ピンとくるものがあった。それはまるで生きているかのような動きをした。これにひらめきを得て、長さ10メートルのモスリンの吹き流しを作り、それを取り囲むようにファンを数台ちょうどよいアングルに配置し、さらに撮影スタジオ全体に粉塵を飛ばした。1939年、彼が作った竜巻をスクリーンで見た観客は度肝を抜かれた。全米の映画ファンが顔を見合わせ、興奮した口調でこう言いながら劇場を後にした。「あれはどうやって撮ったんだろう?」

ウォルトも同じ疑問を抱いていた。実写映画の制作会社はどこもリアルな特殊効果を追求していたが、ウォルトはどうすればアニメーションの世界にリアリズムを取り込めるか考えていた。そこで、実写映画の制作スタジオに負けじと、『ピノキオ』では、ロバート・マーシュを特殊効果スーパーバイザーに任命した。ウォルトは、映画に新しい技術を取り入れることで、カートゥーンと一線を画すアニメーションならではの高い芸術性を生みだし、長い吹き流しと埃で作られた恐ろしい竜巻のように、リアルなシーンを作ることを目指した。

新しい技法を生み出す仕上げ部門の女性たち

視覚効果に対する情熱は、スタジオの全部門に及んでいた。女性のみの仕上げ部門では、「ブレンド」が開発された。同部門のメアリー・ルイーズ・ワイザーという女性が自ら発明し、「グリースペンシル」と名付けた鉛筆を使って始めた技法だ。普通の鉛筆がセルのツルツルした無孔質の表面を軽く引っ掻くことしかできないのに対し、ワイザーの鉛筆は、ワックスのような表面を使って色と色の境目をこすってラインをぼかし、陰影や奥行きを表現した。たとえば、キャラクターの頬に自然な赤みを加えることができる。ワイザーは、1939年にグリースペンシルの特許を出願しており、その後、この技法はスタジオ以外でも使われるようになる。1950年代には、軍事防衛や航空機管制センターで、航空機、武器、燃料などの位置情報をガラスパネルに書いて表示するための必需品となった。

他の部署から離れたその居室で、仕上げ部門の女性たちは他にも新しい技法を試みていた。たとえば、キャラクターの顔に若々しい丸みを与えるために、スポンジで軽く叩くようにセルにペイントを載せ、最後にグリースペンシルで整えたり、ピノキオの体に本物のパイン材のような艶を出すために、ラッカーを1、2滴垂らしたり、猫のフィガロの毛並みを表現するために、セルの表面を乾いた硬いブラシでこすったり、それまでスクリーンで見たことのないような新しい鮮やかな色を採用したりした。

仕上げ部門の貢献が公に認められることはめったになかったが、メンバー同士の仲間意識は強く、他の部署の女性たちが自らの孤立状態を切なく思うほどだった。とくにビアンカは、ストーリー部門での努力が一向に報われない無念さを身にしみて感じていた。

難航する『ピノキオ』

ビアンカは、なんとか『ピノキオ』の脚本に情緒的な奥行きを加えたいと思いながらも、この人形の性格に悩まされていた。どう頑張っても悪童は悪童であり、可愛げがないのが心配だった。脚本チームは、それよりピノキオのギャグを考えることに夢中だったようで、コッローディの原作には沿っていたが、ビアンカの思い描く作品像にはそぐわない、生意気な人格を作り上げていた。性格のきついピノキオと拮抗させるジミニー・クリケットなどのキャラクターは、このときは実質的にまだ作られていなかった。

ビアンカには他のプレッシャーもあった。短編『子ぞうのエルマー』が成功した誇りを胸に、エルマーの新しい脚本を書き始めていた。この短編の人気と、「子ぞうのキャラクター商品は売れる」と入れ知恵した配給業者の意見に勇気づけられた。

ウォルトは、他のアニメーションスタジオの社長と違って、早くからキャラクター商品の販売に乗り出した。1929年に、ある男が子供用のノートにミッキーマウスの顔を入れたいと、300ドル差し出したのが最初だった。ウォルトは、その商売がとくに成功すると思ったからではなく、お金が必要だったから承諾したにすぎなかった。ところが商品ビジネスは予想外に儲かった。1930年代半ばには、インガーソル・ウォーターベリー・クロック・カンパニーがミッキーマウスの腕時計を250万台販売し、他の小さな玩具や人形も動きが早く、スタジオに必要な収入をもたらした。一方、有望だと思われたエルマーは、暗礁に乗り上げていた。

有能なビアンカだったが、いくら書いても次作の脚本は承認されなかった。とくに「*Timid Rlmer*（臆病なエルマー）」は、自分としては自信があった。鼻を使ってサルをつまずかせるなど、ストーリー部門のメンバーに受けそうな楽しいギャグで主人公のほのぼのとした雰囲気を際立たせたが、それもだめだった。ウォルトはまったく興味を示さなかった。1938年初め、ビアンカは、自分が関与したものは何でも、その真価を証明する間もなく捨てられ、忘れ去られる運命にあるように思えた。

ところが6月には、ウォルトも『ピノキオ』の脚本の問題点についてビアンカと同じ考えを持つようになっていた。ウォルトも、いつまでも成長しないピノキオが同情に値せず、物語全体を害すると見ていた。ギャグ主体の脚本は、まるで子供騙しで救いようがなかった。スタッフにとってショックなことに、ウォルトはすべてを没にした。5か月かけて700メートルのフィルムを制作し、数千ドルを費やしたことなど問題ではなかった。一から作り直しだった。

ストーリー部門は追い詰められた。『白雪姫』の後、長編アニメーションの複雑さをよく理解していると自負していた脚本家も自信をしぼませた。暗いムードが漂い、目指している完成度があまりに高すぎるという拭い去れない不安の中で、ビアンカはふと1年前に書いたメモを読み返した。そして、ストーリー部門でただひとり、ほくそ笑んでいた。

リセットしても、先を見据えるウォルトの楽観に変わりはなかった。『ピノキオ』に関するすべての作業を破棄してからわずか2か月後、ウォルトは、次の大事業に投資する用意ができていた。お金はすでにスタジオの一番の不安要素ではなくなっていた。『白雪姫』公開後、半年で借金を返済したばかりか、400万ドルの利益が出ていた。ウォルトと兄のロイは、理想のスタジオを新設するため、頭金1万ドルを支払ってバーバンクの土地51エーカーを手に入れた。ハイペリオン・アベニューの社屋は、今や600人の従業員を抱えるウォルト・ディズニー・スタジオには、手狭になっていたのだ。

ハイペリオンの敷地には、アニメーター棟2棟、撮影スタジオ、仕上げ部門の別館、そしてその年に建設されたばかりの長編映画棟があったが、それでもスペースが足りなかった。窮屈なあまり、机で作業をしているアニメーター同士の肘がぶつかり合って、ミッキーマウスの頭のてっぺんからひげが生えたり、ストーリー部門では騒音レベルが新たな高みに達したりしていた。また、次の長編の制作のために、さらに多くのスタッフが入居してきていた。

『白雪姫』に導かれた4人目の女性

1938年8月には、新しい建物と広々としたオフィスが約束されただけでなく、ストーリー部門に4人目の女性がやって来た。名前はシルヴィア・モウバリー・ホランド。映画館の暗がりで『白雪姫』の魅力に心を奪われて以来、ウォルトの下で働きたいという野心を抱いた。それは人生を一変させる映画だった。劇場に明かりが灯るや否や、興奮した声で母親に宣言した。「私、これをやるわ」。そしてすぐにユニバーサル・スタジオのウォルター・ランツ・プロダクションの仕上げ部門でトレスの仕事を見つけた。シルヴィアにとっては、ウォルト・ディズニーの下で働くという何ものにも代えがたい望みを実現するための足がかりだった。

1938年の夏には、ウォルトが『ピノキオ』の次に作る映画は、ミュージカル長編だという噂がハリウッド周辺で広まった。それは、子供の頃音楽が生活の重要な一部を占めていたシルヴィアの興味を、大いに刺激した。音楽は、彼女が育ったイギリスの小さな村、アンプフィールドで、牧師を務める父親と共有した喜びだった。音楽に自分のアートを重ねるという可能性に興奮したシルヴィアは、スタジオに応募し、ウォルト本人との面接を許された。

それは極めて珍しいことだった。スタジオに雇われた女性のほとんどは20代前半で、結婚や婚約をしていなかった。研修を受け、そのうちのほんの一握りだけが採用され、仕上げ部門に配属された。1930年代のスタジオの求人広告にはこう書かれていた。「ウォルト・ディズニーで働く女子アーティスト求ム！　美術の基礎を学んだ18歳から30歳までの女子向けの安定した興味深い仕事。カートゥーンの経験は不要。研修あり、研修期間中も手当てあり。応募はディズニー・スタジオのアート部門へ。作品サンプルを持参のこと」。シルヴィアは条件から外れていた。幼い子をふたり持つ38歳の未亡人だった。それでも、その仕事はどうしても手に入れなければならなかった。

家族と仕事

子供の頃、コダックの初期のコンパクトカメラを贈られ、ワクワクしながら庭のバラやごつごつした岩、母国イギリスの田園一面に咲く野生のヘザーなどをカメラに収めた。現像は小学校のトイレで行ったため、女子トイレの洗面台からしょっちゅう現像液に浸かったプリントが見つかり、教師を困らせた。

10代になると、グロスターシャー家政学校に送られた。女性の仕事、つまり料理と教育を教える定評のある学校だった。2年通った後、ロンドンにある英国建築協会付属建築学校に編入した。女子だけの学校から女子がほとんどいない学校への転校だった。卒業後、女性として初めて王立英国建築家協会の会員になった。

仕事の滑り出しは好調だった。1925年に開催されたパリ万国博覧会のイギリス館の設計も、初期に手掛けたプロジェクトの1つだった。彼女には学歴、やりがいのある仕事、そして同じ学校だったフランク・ホランドという男性の愛情があった。ふたりは結婚し、6500キロ離れたブリティッシュコロンビア州のビクトリアへ移住し、建築事務所を開いた。シルヴィアはカナダでもすぐに評価され、女性として初めてブリティッシュコロンビア州建築協会に迎えられた。

1926年、夫婦はセオドラという女の子を授かり、セオと呼んだ。シルヴィアは自宅兼オフィスで製図台に向かい、幼い娘を乗せた揺りかごを足元で優しく揺らしながら、陽がさんさんと注ぐ住宅の図面を引いた。生きる喜びがふたりのカナダの家を満たした。フランクとシルヴィアは若く、互いを深く愛し、アーツ・アンド・クラフツ運動の影響を受けた美しい住宅を、共同で設計することへの情熱が削がれることは――わが子の成長に舞い上がったときを除いて――なかった。

妊娠と出産は、女性自身の子供時代を思い出させるものでもある。シルヴィアもそうだった。ふたり目の子供を妊娠して7か月目、イギリスにいる両親、とくに孫娘を一度も会わせたことのなかった母親に会いたくなった。旅費が高額だったため、フランクを家に残し、1歳のセオを連れてイギリスへ帰省した。

ブリティッシュコロンビアを発ったのは、ひどく寒い12月だった。気温はマイナス12度まで落ち込み、いつもは穏やかな冬の気温を大きく下回った。通りは雪に埋もれていたが、フランクは構わずシルヴィアの帰りを思って意気揚々とクリスマスの買い物に出かけた。そして体調を崩した。高熱に見舞われ、床に伏した。耐え難いほどの耳の痛みと圧迫感に襲われ、あっという間に容態が悪化した。医師の検査を受け、フランクにはすでにわかっていたことが確認された。耳の感染症だったが、医師には手の施しようがなかった。細菌は広がり、内耳に達した後、耳の後ろの頭蓋骨の一部である乳様突起にまで回っていた。人体のほとんどの硬い骨とは異なり、スポンジのように多孔性である乳様突起は、空洞（含気蜂巣）で満たされている。細菌はこの空洞に侵入し、最終的には脳にまで感染が到達する。1920年代には、この致命的な感染症の進行を止める薬も手術もなかった。

ちょうど3か月前の1928年9月、休暇から戻ったアレクサンダー・フレミングというスコットランドの細菌学者が、ロンドンの散らかった実験室で、ペニシリウム・ノタトゥムというアオカビがペトリ皿に生えているのを見つけた。そのカビは、人間の感染症の原因となる一部の菌株を殺す神秘的な能力を持っていた。その幸運な出来事はフレミングの興味を引いたが、ペニシリンとして知られる抗生物質を大量生産する方法が発見されるのは、その16年後である。フランクを助けるには遅すぎた。数週間の内に細菌は脳に達し、フランクは亡くなった。

シルヴィアは未亡人になってカナダに戻った。28歳で身重だった。帰国して間もなく男の子を出産し、ボリスと名付けた。幼児と新生児を抱えたシルヴィアは、悲しみの中でも新しい生活リズムを見出そうとした。これまでだって自分は打たれ強い、自立した人間だと思ってきた。その内なる強さを発揮して、子供たちの面倒

愛する人の死と残された者たちの悲しみを描いた
シルヴィア・ホランドの一連のスケッチの中の1枚（セオ・ハラデー提供）

を見ながら、独りになった建築事務所の今後を計画した。けれども時は味方しなかった。翌年の1929年、世界が経済危機に陥った。大恐慌の真っ只中、多くの人が新しい家を建てるどころか家を失っていた。建築家としての安定した生活は消え去った。

数年経っても、暮らし向きはほとんど改善しなかった。仕事の依頼はほとんどなく、請求書の支払いに追われた。なすすべなくシルヴィアは郊外のホランド家の家族農場に身を寄せ、そこで義父に家賃を支払った。しばらくして、これ以上状況が悪化しようがないと思われたとき、ボリスが病気になった。耳をつかんで痛みに泣くその目を見たとき、父親と同じ運命をたどるのではと恐れた。医者になんとかして助けてほしいと懇願したが、手の施しようがなかった。耳の感染症は1930年当時、小児死亡の主原因であり、抗生物質が広く手に入れられるようになるのはまだ10年以上先のことだ。それでも医者はパニックになった母親に心から同情し、自分にできる最高のアドバイスを与えた。「砂漠気候の土地に連れて行きなさい」。そして不吉な言葉を放った。「さもなければ助かりません」。翌日シルヴィアは子供たちと、命の薬、ロサンゼルスの日差しを求めて、南行きの列車に乗った。

その移住によって建築事務所を辞めることになったが、それより辛い別れがあった。南カリフォルニアでボリスが回復すると、シルヴィアは、早く仕事を見つけてまた家族一緒に暮らすのだと誓って、ふたりの子供を寄宿学校に入れた。そして1938年の晴れた夏の日、他の応募者に勝る強い決意でウォルトの前に自分のスケッチを差し出した。人には見えないだろうけれども、この何年かの間に耐えられないほどの重荷を背負ってきた。痛いほどの悲しみ、夫を失った経済的、精神的な苦しみ、最近までの息子の病気、そして子供と別れ別れになった絶望感。同じだけの打撃を受けてもなお立っていられる人はそうはいない。シルヴィアの大切なものすべての運命がこの面接にかかっているような気がした。幸運にも、ウォルトはシルヴィアの才能を一瞬で認め、その場で彼女をストーリー部門に雇うことにした。

給料は、他の女性社員と同じように男性より少なかったが、週約12ドルだった前の仕事よりはよかった。ウォルト・ディズニー・スタジオは、ハリウッドの同業者の中でも給与が高いことで知られていた。それでもまだシルヴィアが子供たちを呼び戻せるほどではなかった。家族と暮らす日常を愛しく思う気持ちが彼女を仕事へと駆り立てた。

ある日の午後、机に向かって物語のアイデアを考えていると、ウォルトが大声で叫びながら廊下を歩いてくるのが聞こえた。「馬の絵が描ける人はいませんか？」。シルヴィアは一瞬たりとも躊躇しなかった。飛び上がって「描けます！」と叫んだ。実際、ウォルトが要求して彼女がすぐにやってみなかったことは何一つなかった。シルヴィアは社長に付いて廊下を歩きながら、すばやく紙にスケッチした。あっという間に馬の絵を完成させ、ウォルトに手渡した。その素早く描いたスケッチのおかげで、スタジオの他の女性が手にしたことのないチャンスを手にした。その始まりはあるシナリオ会議だった。

隠される女性たちの貢献

ウォルト・ディズニー・スタジオのシナリオ会議に出席することは、雪解けのぬかるみに長靴を取られるのに似ていた。いったん足を踏み入れたら、そこから逃れるのは不可能に近かった。そんな会議に、グレイス・ハンティントンは１９３８年に数え切れないほど出席している。月曜から土曜まで、朝一番に行われる

シルヴィアが裏紙に描いた馬のスケッチ。日付不明（セオ・ハラデー提供）

BONG-- SWOOSH-- BONG .. SWOOSH --
BONG-BONG--- OH HELLS BELLS! I'M GOIN'
NUTS --NOT SLOWLY BUT SURELY NUTS ---
-- BONG-BONG--
--SWOOSH---LEO
I'M NEVER--BONG
--GONNA DO ANOTHER
SEQUENCE-BONG
LIKE THIS--
BONG--BONG
SWOOSH

スタジオでの忙殺ぶりを表したグレイス・ハンティントンによるスケッチ
(バークレー・ブラント提供)

ことが多く、脚本とストーリーボードが微に入り細に入り吟味された。グレイスは新しいミッキーマウスの短編に取り組んでいたが、こうして何時間かけたか知れないものが、たった8分間の娯楽作品にしかならないことが信じられなかった。

ミッキーの短編に取り組んでまる1週間経ってもまだ、ストーリーアーティストたちは、やっと仕事に着手したと言える段階だった。彼らが脚本とストーリーボードを完成させ、ウォルトの承認をもらうまで、アニメーターは作業を開始できず、企画全体が行き詰まっていた。午前9時半、ミッキーマウスの議論を再開するために、グレイスやメンバーが部屋に集まった。こうした壁にぶつかるのは、彼女にも、そこにいた男性スタッフ7人にもおなじみになっていた。

出席者がお喋りをやめると、ストーリー部門の脚本家にぴったりな名前を持つピーター・ペイジ(Page)がストーリーボードを一通り説明した。

演技をおさらいし、すべての台詞を読み上げた。ミッキーがマルハナバチの王クローディアスと出会い、その後魔法で蜂の大きさにされてしまう流れを、時おりミッキーマウスのようなキーキー声を出しながら説明した。一瞬、沈黙が訪れたが、それは嵐の前の静けさ、次の瞬間には、プロットのあらゆる部分を叩かれ、物語をずたずたにされた。

グレイスは早々と反論した。「物語の前提がそもそもまちがっています。蜂の王様が出てきますが、蜂にいるのは女王だと言われています。だからといって物語が大きく変わるわけではないでしょうが、事実とは違っています。群れの長は女王で、オスはほとんど飛び回って喜んでいるだけです」。グレイスは、皮肉な笑みを浮かべて部屋を見回し、続けた。「女王に変えるべきです。最後にピンチになるのは女王で、スズメバチの群れに捕らえられるんです。ミッキーが女王を救ったら、物語の山場としてより効果的ではないですか。ミッキーは敵軍を倒して群れ全体を救うんです」

「女王が群れを離れることはないから、その想定もまちがっているでしょう」とピーターは答えた。

グレイスは首を横に振った。「離れる必要はありません」

その後、短編についての議論は数時間続いた。グレイスは、考えているストーリーをより効果的に展開できる蜂の造形を提案した。少しだけ人間味を加え、黒い足を蜂の体からぶら下げたスケッチを描いた。男性メンバーたちは目を見張った。「服は着せないの?」

「着せません」。きっぱりと答えた。

グレイスは、成果は少なかったと思いながら会議を後にした。自分の短編の案、とくにクライマックスの戦闘シーンの絵と脚本が残ったのは嬉しかったが、他はほとんどすべて不満だった。ビアンカのように、自分の

女性アーティストとしてのスタジオの日常を描いたグレイス・ハンティントンのスケッチ
（バークレー・ブラント提供）

意見がしょっちゅう無視されることにますます苛立ちを募らせていた。彼女は控えめな性格ではなかった。会議ではずけずけものを言い、自分の絵を提案するときには、どのストーリーマンにも負けないくらい熱くなることもあった。それでも、人一倍プッシュしなければ相手にされないように感じていた。

問題は、グレイスが人の注意を引き付けられないことではなかった。社内には浮ついた空気が漂っており、職場の男性たちは、彼女の脚本のアイデアにではなく、彼女と付き合うことのほうに興味があった。その若さと美しさばかりが注目され、脚本は見向きもされないことが多かった。グレイスはビアンカに不満をこぼし、自分の気持ちをスケッチ帳にぶつけた。肥満で威圧的なミッキーマウスを繰り返し描いた。いやらしい目つきと手つきで「愛してるよ！」と言いながら、今にも机の向こうから襲ってきそうなミッキーと、怯える自分の漫画。次のコマでは、逃避願望の表れか、埃の渦と「ビュン！」という文字だけを残して消えるグレイス。

自分の時間にミッキーマウスの風刺画を描いていないときには、よく飛行機の絵を描いた。飛行機は変わらず好きだった。想像上の飛行機は雲の上を軽々と飛び、いつでも自分がコックピットに座って満足げに微笑み、尾翼には自分のイニシャルがあしらわれている。彼女は免許を取ってパイロットになることを今も夢見ていた。少なくとも紙の上では、スタジオという地上の限界を離れ、自由に空へ羽ばたくことができた。

ビアンカとグレイスが仕事にもどかしさを感じていた一方で、スタジオ全体としては新境地を開き続けていた。ウォルトは、アニメーションの特殊効果を強化するために、エアブラシ部門を新設した。その目的は、とくに場面背景にリアルな視覚効果を生み出すことだった。エアブラシは、ポンプの役割を果たす圧縮空気の噴射を利用して、カップに入れた塗料を粒子状にして吹き出し、色の霧を作る。この技法は、１８００年代後半に開発され、スプレーの柔らかなタッチが自然光の拡散を表現するのにうってつけであることに気づいたアメリカの印象派の画家によって最初に使用された。その後すぐにイラスト作家や壁画家、写真加工家が取り入れ、繊細な塗装を利用して画像のレタッチや改作を行うようになった。

ウォルトは、新しい部門のリーダーとしてバーバラ・ワース・ボールドウィンを採用した。バーバラは、部門の立ち上げに尽力し、男女25人の部署に成長させた。男性アーティストの中には、女性がリーダーを務めることに文句を言う者もいた。少しでも女性的な考えをすると怒り、バーバラが髪の毛やフケがセルに落ちないように、メンバー全員にヘアネットの着用を求めたときにはとくに苛立ちを露わにした。バーバラは、毅然とした姿勢でそうした不満を笑い飛ばし、自分のやるべきことにさっさと取り掛かった。まず、低温に保たれた専用の部屋に置かれた巨大なマルチプレーンカメラで作業を始めた。エアブラシのノズルをしっかり持ち、トリガーをいつも以上にそっと引いてガラスに直に雲を描いた。ほんのわずかなミスタッチでも絵を台無しにしてしまう恐れがあるので、スタジオでの初めてのエアブラシ作業は恐ろしく緊張した。

バーバラのチームは、特殊効果のアニメーターと密に連携しながら、マルチプレーンカメラの可能性をとことん追求し、これまで試みられたことのないさまざまなビジュアルを『ピノキオ』のために生みだした。エアブラシのおかげで、薄煙や月明かりなどの微妙なタッチを加えることが可能になった。クレオの金魚鉢は、端の部分にエアブラシを使って影を入れ、さらにカメラのレンズに特殊なガラスを重ねて映像を歪ませた。電飾用ストリングライトを黒いキャンバスに埋め込み、その表面にエアブラシでグレーの塗料を吹くと、燃える恒星の間の星屑のように輝いた。さらに、激しい波しぶきや、暗闇の中でろうそくの火がちらつく様子を再現し、ブルー・フェアリーに輝くオーラを与えた。

特殊効果の繊細さや芸術性とは対照的に、物語の闇は深かった。コッローディの原作では、ピノキオは猫の足を噛み切り、その後ジミニー・クリケットを殺してしまう。ストーリー部門は最終的に残酷な要素の大部分を取り除いたが、それでも台詞と登場人物につきまとう暗いムードは拭い去れなかった。不吉さは演出にも反映され、88分のうち76分が暗闇または水中のシーンだ。

ストーリー部門が描いた『ピノキオ』の陰気なコンセプトアートは、毎朝スタジオのスタッフが新聞で読んでいた恐ろしい記事の影響を受けていた。1938年、ビアンカは、母国イタリアを統治していた独裁者ベニート・ムッソリーニがユダヤ系イタリア人や少数民族の市民権を剝奪する人種法を制定したことを知り、恐怖におののいた。それはまちがいなく不吉な予兆だった。

ヨーロッパにゆかりのある多くの社員が落ち着かない気持ちでニュースを追った。シルヴィアもイギリスからの最新情報を求めた。1938年にミュンヘン協定〔イギリス、フランス、ドイツ、イタリアの首脳による会談で、イギリスとフランスの宥和政策によってドイツの要求を容認した協定〕に署名したネヴィル・チェンバレン首相は、つぎのように宣言した。「イギリスの首相は名誉ある平和とともにドイツから帰国した。我らが生きている限り平和だと信ずる。家に帰って、安らかな睡眠をとってください」。1万5000人が、睡眠をとる代わりにトラファルガー広場で抗議活動を行った。彼らには、チェンバレンが約束した平和ではなく、大混乱が待ち受けていることがわかりきっていたからだ。このような不穏な状況を知った『ピノキオ』のアーティストたちが、原作の暗い要素をあれほど残すことにしたのも当然かもしれなかった。

しかし陰鬱さと対照をなすのが、ピノキオのキャラクター像の無邪気な愛らしさだった。ストーリー部門による劇的な修正と、ジミニー・クリケットの果たす役割を拡大したおかげで、作品はビアンカが考えたコンセプトにいくらか近いもの、つまり、人間であることの意味を表現しようとする物語に変化した。

ビアンカが考え、シナリオ会議で熱心に訴えたキャラクター像は、原作のそれとは大きく異なっていた。彼女が作り出したのは、悪意を持って生まれたのではないが、世の中の運の悪い人々と同じように、たびたび悪に導かれるキャラクターだ。泥棒につけ込まれ、監禁され殺すと脅され、子供の人身売買にまで遭い、この上ない社会の醜さにさらされる。この世を自分なりに懸命に生きていこうとする、私たちのような欠陥ある存在にピノキオを描くことで、ビアンカは結果的に〝生きる意味〟を問うコッローディのテーマを強調した。木でできた体だろうと、生身の人間だろうと関係ない。人を人たらしめるのは肉体ではなく、お互いを大切に思う気持ちなのだと。

作品へのビアンカの貢献が公にされることはほとんどなかった。彼女以外にもそういう人は大勢いた。作品のクレジットは、その前の『白雪姫』のときと同じように憤懣《ふんまん》の元となった。『ピノキオ』に携わったアーティストや脚本家のほんの一握りだけが銀幕に自分の名を見つけた。バーバラ・ワース・ボールドウィンとメアリー・ワイザーの手によって驚くべき技術進歩がもたらされたにもかかわらず、どちらの女性の名も、他の女性スタッフの名もなかった。作品への女性たちの尽力を認めない風潮は、女性キャラクターの少なさにも現れており、さらに1つでも台詞を与えられたのはブルー・フェアリーだけだった。

1940年2月7日、ビアンカが出勤すると、男性陣が地元の新聞『ハリウッド・シチズン・ニュース』を囲んでいた。それもそのはず、今日は『ピノキオ』初演日、誰もがレビューを待ち望んでいた。

自分の席に着こうとするビアンカを、男性スタッフのひとりが呼んだ。「ビアンカ、君のことが書いてあるよ」と大声で言った。ビアンカはうろたえながら、皆が集まっているところへ行き、何の疑いもなく新聞を取った。

女性が男性の仕事の世界に居場所をみつけても、もはやニュース価値はない。しかし、女性アーティストが厳格な男の砦であるウォルト・ディズニー・スタジオに侵入したとなれば、まさにニュースだ。ことは（5年ほど）昔にさかのぼる。それまでは、スタジオの女性と言えば事務関係の秘書が数人とセル画を描く担当者だけだった。このたび世間を驚かせた女性は、若きアーティストで、こどもの頃はシカゴでウォルトとともに学校に通っていたそうである。

ビアンカはその記事を笑い、新聞を戻す前に空いているスペースに皮肉を込めて書き込んだ。「この女性とは誰でしょう?」。記者は、名前を出す必要はないと判断したようだ。

4

花のワルツ

Waltz of the Flowers

「これはカートゥーンの媒体ではありません。カートゥーンに限定すべきではないのです。ここには征服すべき世界がいくつもあります。私たちは1時間45分の映画を使って、美しいものを美しい音楽と共に作るのです。すでに喜劇ものをやり、お伽話もやっています。そればかりというわけにはいきません。次は実験的な作品をやります。私は実験する気満々です。この媒体には人を笑わせる以上の力があります。私たちは人を笑わせるのが好きですが、両立できると思っています」。1938年のあるシナリオ会議で脚本家チームを前に、ウォルトは一息ついた。「もっと意味深くて、絵画のように豊かな作品を作るんです。この話になるとつい興奮してしまって申し訳ないが、誰かの尻を叩いたり、誰かに何かを飲み込ませたりといったことから離れようとずっと戦ってきましたからね」

シルヴィアは、ウォルトの話を聞きながら、自分のアーティスト魂が再び呼び覚まされるのを感じた。大人になり、責任が増していく中で埋もれてしまった若い頃の創造の喜びが、再び浮かび上がってこようとしていた。スタジオ内で「コンサート映画」と呼ばれていた次の作品に対するウォルトの高邁《こうまい》な野望を聞いていると、まるで自分自身の心の奥底にある欲望に触れているようだった。

ウォルトが言うには、自分たちがしているのは、単なる金儲けではない。わずかな笑いと引き換えに子供たちからお小遣いを奪いとる商売ではない。自分たちなりの芸術の力で、予想のつかないような方法で、観客を感動させる使命を負っているのだと。シルヴィア同様、ビアンカもウォルトの言葉に聞き入った。それがそもそもスタジオに入った理由だったはずだ。ギャグではなく、意味のある作品をずっと作りたいと思っていた。

チャイコフスキーに魅了されるビアンカ

コンサート映画が割り込んだため、『バンビ』は再び後回しになった。森の動物をすべて生きているように見せるという課題はアニメーション部門に重くのしかかり、長期戦を余儀なくされた。

ミッキーマウスの最初のブレイクが、短編の先駆的なサウンドによるところが大きかったため、ウォルトがアニメーションと音楽という組み合わせに可能性を感じたとしても不思議ではなかった。『白雪姫』が公開される数か月前、ウォルトは、フランスの作曲家ポール・デュカスが1897年に作曲した人気のコンサート用作品『魔法使いの弟子』の権利を取得していた。その音楽を使って、魔法使いの帽子を被ったミッキーが主演する、ミッキーマウス初のフィルム2巻分、22分ものの短編アニメーションを作りたいと考えていたのだ。

それが頭の片隅にあったウォルトは、行きつけの——チリコンカンを好んで注文した——ウエストハリウッドの人気レストラン「チェイセンズ」で、有名な指揮者レオポルド・ストコフスキーがひとりで座っているのに気づいた。そこで「ご一緒にいかがですか？」と声を掛けた。ストコフスキーがテーブルに加わると、ウォルトは、クラシック音楽を使ったミッキーマウス映画のアイデアを説明し始めた。ストコフスキーは、すっかり乗り気になり、無償でその曲を指揮することを申し出た。後日、詳細を打ち合わせる中で、短編は独立した長編へと構想が膨らみ、ウォルトは、ストコフスキーがただちにフィラデルフィア管弦楽団と取り組んでくれたら、「最も有能な男たち」でプロジェクトチームを組むと約束した。

プロジェクトチームは男だけとはならなかった。ウォルトは早い段階でビアンカに作品の構成を頼んだ。本当に長編作品にするなら、ストコフスキーには交響曲1曲といわず、もっと指揮をしてもらわねばならない。ウォルトは、視覚的な可能性を念頭に置いて音楽を聴ける人を求め、最初の女性ストーリーアーティストにサウンドトラックを検討させた。

目の前の可能性にワクワクしただけでなく、普段からスタジオを離れたいと思っていたビアンカは、レコード店を訪ね、好きな作曲家であるバッハ、ベートーヴェン、チャイコフスキーの楽曲を聴かせてほしいと頼んだ。カウンターの後ろの男性は出し惜しみしたが、ビアンカがウォルト・ディズニー・スタジオで働いていることを説明すると、頼んでいないレコードまで持ってきて彼女の前に山積みにした。

その日の午後は、店の奥の部屋でレコードを聴いて過ごした。小さな閉ざされたスペースでひとり目を閉じ、想像の中で音符が駆け巡るのを感じながら、それぞれの曲の使い道を考え始めた。大量のビクターのレコードを抱え、愛車のオールズモビルに戻りながら、自分の中で何かが目覚めたのがわかった。お店に入る前とまったく違う気分だった。その興奮はスタジオに戻っても収まらなかった。スタジオでもレコードを、とくにチャイコフスキーを何度も繰り返し聴いた。

気がつくとまた聴いているチャイコフスキーのレコードがあった。1892年のバレエ曲『くるみ割り人形』だった。作品全体の完全版はなく、そこから抜粋された20分の組曲版だったが、どの曲も魅力的だった。

バレエ作品としては、1934年にロシア国外で初めて上演されたが、アメリカで製作されたことはなかった。そのため楽曲は耳新しく、ビアンカはとくに「金平糖の精の踊り」と「花のワルツ」を好んで聴いた。完全版のレコードを探したが見つからなかった。まだ市販されていなかったのだ。ビアンカは、比較的無名ながら名曲を選んでいたわけで、その上すでに使えそうなシーンもイメージしていた。彼女は腹の中で笑った。自分が考えているアニメーションをスタジオの男たちが気に入るわけがない。

妖精たちの舞いと女性アーティスト

ビアンカが曲を提案すると、ウォルトもその素晴らしさに感銘を受けた。そしてすかさずビアンカに『くるみ割り人形』に取り組むよう指示した。音楽を携えて、ウォルトは次に監督を探した。シナリオ会議でのシルヴィア・ホランドの率直さ、そして馬に始まり自分が求める動物の絵を何でも描こうとした熱心さに好印象を持っていた。ウォルトは、スタジオでこれまで女性が担ったことのない役割を彼女に任せることにした。「花のワルツ」のシークエンスのストーリーディレクターである。ストーリーディレクターは、キャラクター造形や演技のプロットなどのクリエイティブをリードする役であり、ストーリーボードと最終脚本に責任を持つ。また、シークエンスのストーリーアーティストを監督し、作品全体の監督と密に連携する。そのすべてを遂行するにはアシスタントが必要なため、仕上げ部門の女性、エセル・カルサーがその役目に昇進した。

エセルとシルヴィアには多くの共通点があった。ふたりとも幼い子がいて、夫がいなかった。強いシングルマザーは、スタジオだけでなく社会全般においても珍しかった。10歳未満の子供を持つ女性で、アメリカの労働力に加わっていたのはわずか8パーセントにすぎなかった。幸運な巡り合わせだった。ふたりは友情を育み、人生の辛苦を本当に分かちあえる相手と一緒にアートを創造する喜びを見出した。

『くるみ割り人形』のチームには、もうひとり女性が加わった。名前をメアリー・グッドリッチといい、グレイスと同様にアマチュア飛行士で、女性パイロットのための組織、ナインティナインズのメンバーでもあった。メアリーも言葉への興味が強かった。1927年、20歳のときに『ハートフォード・クーラント』紙のローカルニュース編集室に押しかけ、記者として雇ってほしいと訴えた。編集者は女性を雇うなどあり得ないと笑ったが、メアリーが飛行のレッスンを受けていると聞くと、あることを思いついた。「コネチカット州初の女性パイロット免許取得者になれたら雇いましょう」。メアリーはその挑戦を受けて立ち、わずか数か月で免許を取得した。編集者は、戻ってきたメアリーを短期間だけのつもりで雇った。しかし航空への関心は高まっており、メアリーが航空コラムの連載を提案すると同意した。こうして彼女は同紙初の航空専門の編集者になった。

メアリーは新聞社の仕事を続けながら、飛行記録に挑み続けた。26歳のときに女性で初めてキューバへの単独飛行に成功した。ところがその成功を手放しで喜ぶことができなかった。恐ろしいことに、距離感覚が狂い始めていた。ある日、着陸に向けて降下しているときに、距離を大きく読みまちがえ、着地すると思ったタイミングで、まだ地面から4メートルも離れていた。矯正レンズを使っても、パイロット免許の更新に必要な身体検査に通らないだろうことも、免許がなければ『クーラント』がこれ以上自分を編集者として雇っておかないだろうこともわかっていた。1年の間に、彼女は飛行と執筆という最も大切にしていた仕事を2つとも失った。

メアリーは心機一転、カリフォルニアに移り、ウォルト・ディズニー・スタジオに応募した。1938年、30歳でストーリーリサーチャーとして雇われた。コンサート映画の担当になりその仕事に夢中になった。『くるみ割り人形』のトリートメントを書くことになり、新聞記者の経験を生かしてストーリーボードを並べ替えたり、効果的でない部分を削ったりした。そして「これをやってからでないと取り掛かれませんでした」とトリートメントの冒頭にコメントを記した。「『くるみ割り人形』をこの手に持って、肝の部分を1つずつ取り出しました」。メンバーが一緒になって選り分ける作業をした結果、女性アーティストとして自分たちが目指したい世界観を作り上げることができた。彼女たちには何の制約も与えられていなかった。バレエのストーリーをそのまま使うようにとも、特定のキャラクターを入れるようにとも言われていなかった。『くるみ割り人形』のすべての時間を好きなように組み立ててよかった。

この親密な空気の中で、ビアンカはそれまでの苦労から少し解放されたように感じていた。3年前に提案した『*Flower Ballet*（フラワー・バレエ）』という短編アニメーションの企画では、おどけたキンギョソウやくるくる回るアザミを描いたが、それまでのいくつもの提案同様、コンセプトから先に進むことはなかった。ようやく優雅な花たちに命を吹き込み、その上、新しいキャラクターを作りだすチャンスを手にした。

『くるみ割り人形』を聴きながら、妖精たちが音楽に合わせて踊る姿が目に浮かんだ。ビアンカの鉛筆の先で、光をまとった妖精たちは花から花へと飛び移り、クモの巣を紡いだ。朝露滴るその格子模様に、夜空の星明かりが反射した。自分では上出来だと思ったが、ストーリー部門の男性陣が反対するのは目に見えている。妖精が怖いのだ。唯一、女性の姿をした『ピノキオ』のブルー・フェアリーだけが例外だった。

スタジオの男性アーティストのほとんどが妖精を描くことを拒否した。何人かが試したが、さんざんからかわれ、罵声を浴びせられて、ひとりまたひとりと脱落し、ついに全員が匙を投げた。ビアンカは彼らの打たれ弱さに呆れ、シルヴィアは自分が果敢な芸術的試みと考えているものを投げ出す心の狭さに苛立った。しかし臆病な男性陣のおかげで、コンサート映画の妖精は、女性陣の才能を最大限に体現し始めていた。

かといって、男性がすべてこのシークエンスを恐れていたわけではなかった。たとえば、ニューヨークに設立されたばかりのバレエ学校スクール・オブ・アメリカン・バレエの創立者のひとりで、ハリウッド・ブルバードの目と鼻の先に住んでいたロシア人振付師、ジョージ・バランシンは、自分が主宰するバレエ団のメンバーと共に、この映画のためのダンスの振付を考えていたが、シルヴィアのストーリーボードを見て歓喜した。

バランシンは、作曲家イーゴリ・ストラヴィンスキーと共にスタジオを見学していた。コンサート映画の一楽章が、ストラヴィンスキーのバレエ音楽作品『春の祭典』から着想を得ていたからだ。このロシア人作曲家・指揮者は、自分のバレエ曲が進化の物語に変えられたことを知って、納得がいかなかった。映画は暗闇から始まり、次にビッグバン、宇宙の拡大、そして宇宙から見た地球の誕生を描いていた［実際にその視点でカメラが地球を捉えるのは、それから何十年も後のことだ］。海から生き物が出現し、恐竜が繁栄して絶滅し、最後に人類が現れる。人類のシークエンスは、のちに創造論を信じる人々をなだめるためにカットされたが、進化論を広めたこの『春の祭典』のアニメーションは、その後も創造論者に嫌われることになる。ストラヴィンスキーも快く思っていなかった。彼の場合は、宗教ではなく作品の芸術的解釈の問題だったが、相手を気遣って率直な意見を伝えていなかった。出来上がった映画を「抗う価値のない愚行」と呼んだのは後になってからだった。

一方のバランシンは、スタジオ見学を大いに楽しんだ。そして「金平糖の精の踊り」の曲に合わせて、トウシューズを履いたプリマバレリーナのように優雅に、流れるように動く妖精たちに驚嘆した。シルヴィアのストーリーボードを見て、『くるみ割り人形』にまだ手つかずの魅力――子供を引きつける力――があることを知った。青年期に、サンクトペテルブルクのバレエ団で踊っていた頃の記憶が蘇った。彼は、シルヴィアたちが試みようとしていることをはっきりと理解した。アメリカでは誰も見たことのないロシアのバレエ作品を使って、美と歓喜を表現しようとしていたのだ。

バランシンは、このときの純粋な感動とインスピレーションをずっと心に留めていた。そして15年後の1954年12月11日、マンハッタンの真新しい芸術施設、リンカーンセンターで斬新な『くるみ割り人形』をデビューさせる。それまでのロシアでの振り付けを一変し、大人ではなく10歳の子供たちを主要な登場人物にキャスティングして、もともとのプロットにあったロマンチックな側面を減らし、若さと元気を加えた。以来、毎年12月になると、アメリカの劇場はバランシン版『くるみ割り人形』一色になり、数知れぬ子供と大人を美しいバレエの世界へといざなっている。『くるみ割り人形』に対するアメリカ人の熱狂と愛着は、ウォルト・ディズニー・スタジオの女性たちなくしては生まれ得なかった。

映画体験の新しい可能性を生み出す音響システム

ハリウッドのスタジオアーティストが作業する分には、古い蓄音機の薄っぺらな音でも十分だったが、コンサート映画に実際に使用する音楽を制作していたフィラデルフィア管弦楽団の本拠地では、細心の注意が払われていた。ウォルトは単なるサウンドトラックでは満足しなかった。候補の楽章の1つ「熊蜂の飛行」のストーリーボードを見直しながら、蜂たちのブンブンいう音を観客がすぐそばで感じられたらどんなに素晴らしいだろうと考えた。イメージしたのは、男性も女性も子供も、自分の耳を思わずぴしゃりと叩いてしまうほどのリアルな音だ。ウォルトは、そのアイデアをいたく気に入り、一時はそこに匂いも付けられないかと考えたほどだった。ファンタジーと現実の境目がわからなくなるほど没入できる映画体験の可能性を求めて。

ウォルトと音響技師たちは、それを「ファンタサウンド」と呼んだ。35ミリフィルムを使い、2台のカメラにマルチチャンネルで光学録音（音を光に変換）することで、オーケストラを囲むように配置した32本のマイクと、遠くから残響を拾うホールのマイク1本からの信号を収音することができた。しかし、録音方法を工夫したのは、解決策の半分に過ぎず、オーケストラの迫力ある音を体感するには、劇場の音響システムにも工夫が必要だとウォルトは考えた。技師たちは、スクリーンの裏にスピーカー3台と、劇場の壁と後ろにサラウンドスピーカーを設置することを決めた。マルチチャンネル音響は他の作品にも使われていたが、本当のサラウンドサウンドを導入するのは今回が初めてだった。そのため、コンサート映画は、必要な機材を巨大な箱に詰め込み、全国の劇場へ鉄道で輸送して巡回するロードショーとして公開されることが決まった。この新しい音響システムに莫大な投資が必要だったことはまちがいないが、劇場の端から端まで音を飛ばすのに、これ以上の方法があっただろうか？

音響技師や、ミュージシャン、指揮者はさまざまな録音を試みたが、すべての音を決めるのはストーリー部門だった。メロディーが劇場に響きわたるとき、それはつねにスクリーンで起こっている動きと結びついていなければいけない。サラウンドサウンドの技術的進歩は、どれもストーリー自体を高めるものでなければならなかった。最初に、スタジオでレコードを聴いたストーリーアーティストが音楽からインスピレーションを得た。次に、彼らが作成したストーリーボードが、選ばれた音楽のアレンジに影響を与えた。フィラデルフィア管弦楽団が最終的なサウンドトラックを録音すると、今度はアニメーションの動きがその音にぴったり合うように最終調整された。アートはテクノロジーに方向性を与え、テクノロジーはアートに形を与える。両者は、柔軟に作用し合いながら、絶えず互いを高めていった。

シルヴィアは、クリックトラックとマルチプレーンカメラの開発ですでにスタジオの称賛を得ていた発明家、ビル・ギャリティと協力して、花が踊るときのスピン一回転一回転のタイミングを図った。また、観客の頭上に妖精の魔法の粉を振りかけたような効果を生みだすために、そのキラキラした粉の軌道に合わせてビオラの音が左右に跳ねて聞こえるように、注意深くスピーカーの位置決めをした。

空への憧れから、宇宙への夢へ

妖精の粉の恩恵を受けなかったグレイスは、コネチカットで祖父の葬式に出席し、自宅に戻るところだった。彼女は、その出来事のためだけでなく、25歳という年齢に共通する根強い悩みのために落ち込んでいた。自分は確実に歳を取っているのに、プロのパイロットになるという夢に近づいている気がしなかった。

グレイスは、前進していなかったわけではなかった。1939年、コンサート映画の制作中だったが、商業パイロットの免許を取るためになんとかして休暇を取った。旧友が移住して民間航空検査官になったウィスコンシン州マディソンで一緒に試験を受けるため、現地へ飛んだ。そこまでは単独飛行でアメリカを半分横断しなければならないとしても、知っている誰かと一緒のほうが緊張せずに済むと考えたのだ。

その移動だけでも大変だった。このときはまだ現在の航空管制が導入される前だったため、ラジオレンジ局だけが頼りだった。この低周波送信機は、2つのモールス符号文字、「A」を表す「トン・ツー」と、「N」を表す「ツー・トン」を送信した。その信号で飛行場に近づいていることはわかったが、どの方向に向かうべきかといった情報は何も得られなかった。そのため、当時のパイロットはよく空中で迷子になり、このときのグレイスも例外ではなかった。ある地点でどうしようもなくなり、近くの飛行場に降りて、「私はどこにいるのでしょう?」という恥ずかしい質問をしなければならなかった。そこがウィスコンシン州ではなく、もっと東のペンシルベニア州だと聞いて驚いた。結局試験には合格し、商業免許を取得できてすごく誇らしかったが、その小さな紙がチャンスをもたらしてくれるかどうかはまだ期待できなかった。

商業パイロットの免許を取ったものの、グレイスを雇おうとする人はおろか、上級の訓練を受けさせてくれる飛行学校もなかった。不安な気持ちをビアンカに打ち明け、助言を求めると、ぼんやりとした温かい言葉が返ってきた。「何かを成し遂げることはそれほど重要ではないわ。あなたが幸せでさえあれば」

コネチカットから戻るパンナム機で、プレキシガラスの冷たい窓に額を押し付けながら、グレイスは、自分にとって幸せとは何だろうと考えていた。数千キロ下のロサンゼルスはお伽の国のようだった。太平洋の暗い海に縁取られ、きらめく明かりが何キロも続く夢。今、ひとりきりで太陽を追って空を飛んでいる自分を想像した。スロットルレバーを操作し、高度の限界を突き破る自分。前方の星が徐々にはっきり見えだした。

1938年、当時の一番強力なロケットをもってしても、地球の大気圏を突破することはできなかったが、いつか飛行機は地球を離れるだけでなく、人間を宇宙へと駆り立てるだろうとグレイスは信じていた。その少数のうちのひとりになれたらどんなに幸せだろう。その驚異的な未来を担うパイロットはどのようにして選ばれるのだろうか。高高度飛行の経験が必要になるのはまちがいないだろう。高度記録を更新した実績のあるパイロットを選ぶのが自然ではないだろうか。ロサンゼルス上空の雲の中で、グレイスはある計画を思いついた。私もその記録保持者になれる。宇宙を目指すひとりになれるんだ。飛行機が滑走路に降りたっても、心はまだ空の上にあった。

ヘイズ・コードとストーリー

ストーリー部門は、裸の女性をスケッチするアーティストで混雑していた。自分の席や廊下、なかには外の芝生で作業する者もいて、スケッチ帳の端が風にあおられている。コンサート映画のキャラクターは、『くるみ割り人形』の妖精も、ベートーヴェンの交響曲『田園』〔交響曲第6番〕のケンタウロスも皆、裸だ。人体デッサンを練習しておくことはアーティストの基本だが、新しい検閲法の導入によって、ハリウッド映画でのヌードの描写は禁止された。

1930年代前半、映画の俗悪な性描写は世間の激しい怒りを買った。観客はとくに『暴君ネロ』(1932年)で浴槽に浸かる裸のクローデット・コルベールや、『わたしは別よ』(1933年)でケーリー・グラント演じる男に「今度会いに来てくださらない?」と言い寄る恥知らずのメイ・ウェストなど、ふしだらな女性の描写を非難した。

1929年から34年までの倫理規定導入前《プレコード》の時代には、ハリウッド映画の猥褻な表現に目を光らせる監視役がおらず、そのため、意志の固い女性キャラクターが驚くほど性にオープンになるといった展開がよく見られた。そこで映画製作者へのガイドラインとして、36項目の禁止・注意事項が、あるクエーカー教徒によって構想され、イエズス会司祭によって起草され、最終的に元郵政公社総裁のウィル・ヘイズによってまとめられた。規制事項はカトリック神学に基づいており、ヌード、違法薬物、冒とく、性、犯罪、聖職者に対する嘲笑などの非道行為を含むシーンを制限することを目的とした。しかし規制は骨抜きで、無視しても罰せられることはなかった。

政治的圧力により、1934年になって初めて実効力を持つヘイズ・コードと呼ばれる映画製作倫理規定が定められ、ハリウッドもいよいよ無視できなくなった。脚本が承認されるまで、映画の撮影に入ることができなくなったからだ。しかしアニメーションに関しては、ルールが多少曖昧だった。制作前に脚本が承認される必要はなかったが、他の映画同様、出来上がった作品をアメリカ映画製作配給業者協会と呼ばれる業界団体が検閲し承認しなければ、劇場で上映できなかった。

ストーリー部門はこの制約をまったく気にしていなかった。アーティストにとって人体を描くことは、鉛筆を指で回すのと同じくらい自然なことだった。彼らは全員、正式な美術教育の一環として、あるいはスタジオで開催された教室でデッサンを勉強していたため、生身のモデルを前にして人体の曲線を描くことに慣れていた。

ストーリー部門では、いろいろな意味でコンサート映画を子供向けの作品とは見なしていなかった。少なくとも、子供だけが観る映画にするつもりはなかった。作ろうとしているのは、クラシック音楽をインスピレーションの源泉とする芸術作品なのだとウォルトは明言した。このアニメーション映画を〝聴いた〟人が、年齢や音楽の好みに関係なく、誰もがこの交響曲を好きになる、そういう映画にするのだと。

スタジオの恥部、サンフラワー

ストーリー部門のシルヴィアのチームは、このコンセプトを念頭に置きながら、担当する楽章『くるみ割り人形』の映像を制作した。このバレエ作品に関して発想の邪魔になるような先入観がまったくなかったおかげで、妖精の長細い体や、膨らみ始めた胸、細い腰、そしてマルチプレーンカメラの魔法によって叶った翼のチラチラとした輝きを自由に描くことができた。妖精が踊ると自然界が目覚め、季節が移り変わっていく。妖精たちは、金色、緑、藤色、ピンク、青色の体に、一糸もまとっていない。それは、妖精のはかなさと子供のような純粋さ、無邪気さを表していた。

しかし、シルヴィアたちの隣では、別の表現によって女性の体が描かれていた。シルヴィア率いる女性主体のチームは、ストーリー部門の中で『くるみ割り人形』を担当していたが、他に6つのチームが別の楽曲のアニメーションの制作にあたっていた。その1つは、シルヴィアの指示に従って妖精を描くことを拒否した男性たちのチームだった。彼らは代わりに男性のケンタウロスと、彼らが「ケンタウレット」と呼ぶ女性のケンタウロスを描いた。神話上のこの生き物に、ベートーヴェンの交響曲『田園』が古代ギリシャらしい威風堂々としたたたずまいを与える。その荘厳な音楽に合わせて、半人半馬たちは、違和感だらけのコメディタッチで男女の戯れを展開する。このキャラクターアニメーションのスタイルには、娯楽性は感じられても、芸術性は感じられない。

ケンタウレットは、ピンナップガールさながらにまつげをしばたたかせ、思わせぶりにはにかみ笑いをする。上半身は裸で、官能的な動きをした。ストーリー部門が制作したスケッチには、身づくろいしながら男性の到着を待つケンタウレットが描かれている。バラ色の頬をしたキューピッドたちと、サンフラワーと呼ばれる少なくともひとりのアフリカ系アメリカ人のケンタウレットが世話係として身づくろいを手伝っている。ディズニーの長編映画初のアフリカ系アメリカ人キャラクター、サンフラワーは、半身が馬ではなくロバのため、他のケンタウレットの半分の身長しかなく、その役割は奴隷だ。白人のケンタウレットの尾に花を編み込み、ひづめを磨いている。そのキャラクターは、1938年のある午後遅くに行われたシナリオ会議で生まれた。ひとりの脚本家がこう提案した。「ひとりはマニキュア――赤い色の――を蹄に塗るのはどうかな。こんなふうに」と言ってその仕草を真似てみせた。

「その金髪はきれいな馬だな。一緒に黒人の小さい子をはめ込んでみたらどうだろう」。ひとりのアニメーターが言った。

「君の追いかけるシーンに入れてもいいかもしれませんね。ちょっと笑えるシーンになる」とウォルトがストーリーボードを指しながら言った。「女性たちが通り過ぎたところに、スイカを持った小さい黒人の子がやって来る――女性たちは必死で逃げ回り、男性たちは見失うが、女性のひづめが見える――見つけた！　と思って飛び跳ねると、それはスイカを持った小さな黒人の子だった。とても可愛いと思うね。いろいろな笑いがあっていいと思います」

シルヴィアは、自分がストーリーディレクターとして責任を負う『くるみ割り人形』に集中していたが、それでも『田園』の改善を試みた。彼女が代案として描いた女性のケンタウロスは、性人形ではなく、わが子を抱く腕の筋肉など、女性の力強い肉体が強調されていた。老いも若きも一緒に暮らしていて、肌の色は人種的な偏りのない七色とした。けれども選ばれたのは、彼女の案ではなく、性差別的で人種差別的な表現のほうだった。

サンフラワーは、固有のキャラクターではなく、笑いを作る目的で作られた、さまざまなステレオタイプの寄せ集めだった。従順さの描写は残念ながら当時のハリウッドでは珍しくなく、アニメーションに登場するアフリカ系アメリカ人キャラクターは、一様に侮辱的な描かれ方をした［数年後の1942年、全米有色人種地位向上協会の事務局長ウォルター・ホワイトは、ハリウッドのスタジオ経営陣と交渉し、その流れを変えようとした。ハリウッド側は、「今後は黒人を赤帽やポーターなどの単純労働力としてだけでなく、彼らがこの国の日常で果たすあらゆる役割として正しく描写することを約束した」と『ヴァラエティ』誌は書いているが、その約束が守られることはなかった。多様な映画製作者の台頭によって初めてアフリカ系アメリカ人がより正確に表現されるようになった］。

セクシーなケンタウレットと従順なサンフラワーを作りだした男性たちは、同質な者同士、隔離された世界の中で仕事をしていた。彼らの多くがのちに自らの作品を批判することになる。当時の映画評論家は『田園』のアニメーションを「作品の中で唯一不満」と述べ、歴史家はケンタウロスを「作品のどん底」と呼び、大勢のアニメーターがこのシークエンスを非難している。

サンフラワーの存在はとくにスタジオの恥部として扱われるようになった。1963年にウォルトが『田園』から彼女を消し去って以降、何十年間もスタジオはその存在を否定し続けた。それにしても、最初に彼女の像が鉛筆で生みだされ、何時間ものシナリオ会議で検討され、動きがつけられ、トレスされ、彩色され、撮影された何か月もの間に、誰一人、断固としてサンフラワーの人種差別的な描写を止めようとする者はいなかった。スタジオがアフリカ系アメリカ人アーティストを雇うのは、それから10年後である。

メアリー・ブレアの歩み

サンフラワーは屈辱的な描かれ方をしたが、架空のキャラクターだ。しかし、舞台と映画で活躍したアフリカ系アメリカ人女優、ハッティ・ノエルが受けた侮辱は本物だった。コンサート映画の「時の踊り」のシークエンスのために、アニメーターの指示でキチキチのバレエ衣装を着させられると、チュチュのお腹の部分が大きく出っ張った。男性陣はその姿をモデルにして、バレエ音楽に合わせて踊るチュチュ姿のカバを描いた。写真を撮ったり、スケッチしたりしながら「はみ出したお肉」を見てクスクス笑った。

無神経に笑っていた男性の中に、新入社員のリー・ブレアがいた。彼はハッティ・ノエルの尊厳など気にもしなかったが、アニメーターという今の立場にも無関心だった。仕事は単に生活費を稼ぐ手段にすぎなかった。彼は新婚で、ロサンゼルスのシュイナード芸術学校の同窓生、メアリー・ロビンソンと結婚したばかりだった。

メアリー・ロビンソンは、1911年にオクラホマ州マカレスターで生まれた。女性が強い家系だった。祖母の家で育てられ、メアリー、母親、父親、ふたりの姉妹の他に、ふたりのおばも一緒に暮らしていた。物理的にも精神的にも女性が一家の屋台骨となり、家事と育児をし、お金も稼いだ。父親はアルコール依存症で、

メアリー・ブレア(ブレア家提供)

働いていないことが多かった。

メアリーは幼少の頃から芸術表現を何より重んじていた。家族はオクラホマ州からテキサス州に引っ越し、その後メアリーが12歳のときにカリフォルニア州モーガンヒルという小さな町に落ち着いた。母親に、わずかしかない手持ちのお金を絵具に使うわけにはいかない、と言われたときには、首を振り、手を差し出した。「お父さんがお酒にして飲んじゃうだけでしょ」。高校では学級副委員長と学校新聞の副編集長を務め、クラストップの成績で卒業した。彼女はどんなチャンスにも食らいつくタイプだった。卒業生総代のスピーチでは、この先の複雑な人生を予見するかのように、「自己の運命」について語っている。

メアリーはサンノゼ州立大学に通った

後、奨学金を得てシュイナード芸術学校に入学した。1年目の終わりに、紡績会社キャノンミルズの全国コンテストで最優秀賞を受賞した。賞金100ドルと、自分がデザインした鮮やかな青と黄色のトロイの木馬をあしらったタオルやマットが製造されるという栄誉を手にした。彼女にはどこへ行っても名声がついて回った。

メアリーに惚れ込んだのは芸術評論家ばかりではなかった。リー・ブレアというクラスメートが彼女にぞっこんになった。リーもシュイナードの奨学生であり、類稀な才能を開花させ始めたばかりだった。ロサンゼルスで開催された1932年夏季オリンピックでは、デッサン・水彩画部門で金メダルを受賞した［1948年までオリンピックに芸術競技があった］。

ふたりは、芸術にも、互いの関係を深めることにも情熱を注いだ。メアリーがリーへの手紙に書いている。「私たちは芸術を愛し、お互いを愛する芸術家です。ふたりで2つの愛を1つに溶け合わせて、幸せで豊かな美しい生活を作らなければなりません。それが私たちの未来であり、きっとそうなります。きっと幸せに暮らし、その幸せを絵に表現するでしょう」。ところが1938年には、メアリーもリーも愛する芸術を満足に追求できていなかった。芸術学校を卒業後、自分たちの絵画作品を売って得た収入はわずか週15ドル。背に腹は変えられなかった。幸運にもそこはロサンゼルス。お金のために純粋芸術から転向するアーティストを年中求める街だった。

新婚のふたりは、アニメーションスタジオを渡り歩いた。リーはアニメーターとして採用されたが、同じ学歴と経歴を持つにもかかわらずメアリーはトレスとして雇われた。ウォルト・ディズニー・スタジオでは、リーは、コンサート映画の複雑な色彩設計に取り組んだ。メアリーは街の反対側にあるハーマン・アイジング・スタジオにとどまり、ポーキー・ピッグとルーニー・テューンズの制作に携わった。夫の後任としてアートデ

メアリー・ブレア作『一日の終わり』1938年（ブレア家提供）

ィレクターに昇進し、「夫より優秀！」と男性陣の称賛を受けた。

週末になると、メアリーは頭の中からカートゥーンを追い出し、自分の作品に取り組んだ。狂ったように絵を描き、筆を水から絵具そしてコットンペーパーへと運んでいると、自然と体に力が入った。ある日の午後には、田舎の風景に不吉な黒い雲が垂れ込める様子を描き、生まれ故郷オクラホマの影と美を表現した。芸術家は誰もが苦しみを味わうのかもしれないが、1930年代にオクラホマ出身の女性が味わった苦しみを知る人は少ないだろう。彼女は描きながら、一族を支えてきた女家長たちからインスピレーションを得た。家事と家計の両方の重荷を背負って働き、感謝や励ましもなく、決められた役割から解放される機会もなかった。メアリーはオクラホマ生まれだが、故郷にもどこにも閉じ込められたくなかった。この過去から解放されたくてキャンバスに筆を走らせた。

嵐雲の下、農家の戸口に立つひとりの人物を描いた。開いているドアから漏れる室内の明かりでシルエットになって浮かび上がっている。メアリーはこの絵を『一日の終わり』と名付けた。明るい光に目を奪われるが、見逃してはいけないのが、闇の先触れだ。

夢のようなイメージの創造

コンサート映画のシナリオ会議は、活発な議論というより口論に近いものだったが、唯一「金平糖の精の踊り」の会議は比較的平和だった。少なくとも最初はそうだった。普段は怒声やカートゥーンのファルセット、小芝居などが聞こえる部屋で、ストーリーアーティストたちは黙って膝の上に手を置き、音楽の演奏に聴き入った。いつものように同席して速記で発言を記録する秘書の手も今日は止まっていた。チャイコフスキーの曲に彼らの心がどう動いたかは記録しようがなかった。

ストーリー部門の男性のほとんどがまだ妖精を避けていた中、ようやくシルヴィアの下で妖精に取り組んでもいいという男性が数名現れた。そして、初めて女性が過半数を占めるその部屋で大人しく座っていた。シルヴィアは、背もたれに寄りかかり、天井に目を据えたまま音楽に聴き入った。そのそばで、ウォルトもまたハープと、ベルの音のようなチェレスタが奏でるこの世のものとは思えない優美なアルペジオを聴いていた。チェレスタは、交響曲で使われるのは珍しいが、『くるみ割り人形』の第3楽章で多用されている鍵盤楽器だ。

シルヴィア・ホランド、アイディルワイルド・ネイチャー・センターにて、1939年
（セオ・ハラデー提供）

この会議では誰もスケッチを描いたり、ストーリーの素材を提案したりはしなかった。それはすべて後の話だ。今はただひたすら聴いた。曲はあまりに衝撃的で言葉を交わす必要がなかった。音楽が代弁してくれた。

この沈黙のシナリオ会議は、スタジオでこれまで描かれた中でも指折りの美しいストーリーボードを生みだした。スケッチは数か月で慌てて描いたものではなく、何年も前に没になった長年のアイデアを基にした。というのも、シルヴィアはビアンカの初期の踊る花と妖精のコンセプトを原案として使用したからだ。ビアンカとエセルがスタジオの外の敷地で何時間もかけて、コンクリートの隙間に生えた雑草をスケッチし、雑草が風になびく様子を紙の上に再現したものだった。

アーティストたちは、スクリーンの中の世界をできるだけ自然な動きで満たすことを目指し、冬の風に吹かれて回転する雪の結晶や、木の葉が地面に落ちるさまを研究した。ウォルトはシルヴィアがチームのメンバーと作ったストーリーにいたく感動し、それにふさわしいアニメーションの工夫も必要だと訴えた。「目を半分閉じたときに見えるものです」とあるシナリオ会議で言った。「言ってみれば想像の世界です。すると木の葉は踊っているように見えてくるし、水に浮かぶ花はスカートをはいたバレエ少女のように見えてきませんか」。そして、視覚効果部門にその夢のようなイメージにふさわしい表現方法を考えるよう指示した。この抽象的な提案を映像化するには、技術の力なしでは無理だとわかっていたからだ。

シルヴィアは、『くるみ割り人形』を芸術と自然が融合した美しい作品に仕上げようと、視覚効果部門と密に連携した。その一環として、ストーリーアーティスト数人とハーマン・シュルタイスという特殊効果部門のスタッフを連れ立って、ロサンゼルスの東にあるサンジャシント山脈のアイディルワイルド・ネイチャー・センターへ出かけた。キャビンを借りるほど長く滞在し、そこを「サマースタジオ」と呼んだ。

丘の中腹に散らばって、風になびく丈夫な木の葉や、ちょうど蕾が開き始めた野花、今にも弾けそうな種子のさや、湿った大地に群生する可憐なキノコなどを観察した。アーティストらが鉛筆を握っている間、ハーマン・シュルタイスはいくつものカメラを駆使して、アザミやポピー、松葉を接写した。

彼らは、日光を反射する露のしずくを見て、どうしたら映像で同じ効果を生みだせるだろうかと考えた。スタジオに戻ると、視覚効果部門のスタッフがクモの巣の形をした8角形の木製スタンドを組み立て、黒い背景に木の葉やクモの巣を描いたパステル画をその中央に置いた。これを写真に撮った後、今度はごく細かい金属の削りくずを構成して作った葉とクモの巣を使って別のショットを撮った。スタンドの各辺に取り付けた8つ

エセル・カルサー、「サマースタジオ」と名付けたキャビンの前で、
アイディルワイルド・ネイチャー・センターにて、1939年(セオ・ハラデー提供)

の照明を1つずつ点灯させると、削りくずが一塊ずつ順番に光った。そして2枚目のフィルムを最初のフィルムに重ね合わせると、妖精が1つずつ露を照らしているように見えた。

特殊効果アニメーションの挑戦はまだ始まったばかりだった。アニメーターと仕上げ部門の女性たちは、冬の到来の描写と彩色に取り組んでいた。ストーリーディレクターの立場で特殊効果部門と打ち合わせていたシルヴィアは、その課題の解決に乗り気なレナード・ピックリーという男性スタッフを見つけた。撮りたいのは、光輝く雪の結晶のチュチュを着た数十人の妖精のバレリーナが、冬の暗い藍色の夜空をクルクルと舞う、という厄介なシーンだ。それにはなんとかして、見た目も動きも本物の雪の結晶に見える、繊細なバレリーナの衣装を作る必要があった。それを解決したのは、革新的なストップモーション技術だった。

仕上げ部門では、本物の雪の結晶が写った写真を女性たちがなぞった。使用したのは、顕微鏡につないだカメラで撮影した写真を「フォトスタット」と呼ばれる初期の複写機で複写した写真だった。ロサンゼルスから何キロも離れた場所で、吹雪の中、カメラマンがスライドガラスに1つずつ雪の結晶を載せて、顕微鏡のレンズの下に滑り込ませ、急いで撮影した。トレス係は、その繊細な模様に驚嘆しながらセルに輪郭をトレスし、明るい白でペイントした後、雪の結晶を慎重に切り取った。次に、いくつものリールが個々に回転しながらS字型のレールを移動する装置が用意され、それぞれのリールに先程の雪の結晶を1つずつ取り付けた。レールは、カメラに映らないように黒いベルベットの布で覆われている。1コマごとに雪の結晶をレールに沿って少しずつ下へずらし、結晶が回転しながらカメラに近づくように撮影した。その結果、実際に吹雪の中で撮影されたのと同じくらいほぼ完璧な、はかない雪の結晶の映像が仕上がった。

雪は完璧でも、まだ冬の到来を告げる妖精がいなかった。場面に妖精を加えるために、雪の結晶のフォトスタットがアニメーターに渡され、アニメーターが雪の結晶の中央に小さな妖精を描いた。次に、ウォッシュ・オフ・レリーフ法というカラープリント技術を使用してセルに画像を転写した。その後、撮影済みのフィルムを再撮影できるオプティカルプリンタを使用して、柳のような妖精とストップモーションの雪の結晶とを合成した。映画の何分の1秒にしかならないセル1枚制作するのに、何時間もの骨の折れる精密な作業を要した。が、その価値はあった。出来上がったものは、それまで手描きアニメーションで実現されたどんなものにも勝り、「花のワルツ」の最後を、目を見張る華麗さで締めた。

動物を描くレッタの類稀な才能

レッタ・スコットは、友人と住んでいたハリウッドヒルズ地区のローレルキャニオンにあるアパートを出て、車でサンフェルナンドバレーへ下り、次に草の茂る乾いた丘を上り、ふしくれだった樫の木の並木を通り過ぎた。サウザンドオークスの町は小さく、ロサンゼルスの景観の小さな一点でしかないが、映画関係者を引きつけるもの――ゲーベル・ワイルドアニマルファームがあった。ファームにはエキゾチックアニマルが多数生息し、当時の映画に数多く登場している。MGMスタジオのマスコット、レオ・ザ・ライオンもそこに住んでいた。

レッタは、動物映画の可能性を探っていたわけではなく、ファームで眠ったり、伸びをしたり、檻を歩き回ったりする動物を何時間もスケッチして過ごした。そこでは囚われの身の獣たちも、レッタの絵の中では自由に野山を走り回った。

その驚くほどリアルな動物の描写は、奨学金で入学したシュイナード芸術学校で高い評価を得ていた。レッタが育ったワシントン州オマックという小さな町があるオカナガン高地の麓は、ロサンゼルス盆地とはまったく違った。子供の頃は、家族で営んでいた果樹園で、きょうだい6人でリンゴの木の間を駆け回って遊んでいると、移民2世である母親によくスウェーデン語で怒鳴りつけられた。レッタは5人娘の3番目で、下に家族全員が溺愛する7歳年下の弟がいた。

世界恐慌の煽りを受け、父親はローンの返済が追いつかず、担保にしていた農場を奪われた。仕事を求め、家族でシアトルのワシントン湖に近い賃貸住宅に移った。レッタは最初、田舎の自然に囲まれた暮らしに代わる幸せは都会にはないのではないかと心配したが、シアトルでは、学校がそれだった。学校に通ったことのなかった両親を驚かせるほどレッタは成績優秀だった。早くから美術の才能を発揮し、4年生のときに、シアトル音楽芸術財団から、義務教育期間中、美術教育を受けられる奨学金を授与された。高校を卒業すると、大学進学のためにカリフォルニアへ移り住んだ。

シュイナード在学中、カートゥーンやアニメーションに感銘を受けることはなかった。芸術家としての理想とは何の関係もない、粗雑で子供っぽいメディアだと見なしていた。そのため、1938年の卒業直前に、学長からウォルト・ディズニー・スタジオを受けてはどうかと言われ驚いた。ディズニーが『バンビ』の長編映画を制作中であることを知った学長は、すぐに動物を描くレッタの類稀な才能を思い出したという。ミッキーマウスに何の愛着もないレッタだったが、徐々にその気になっていった。もともと望んでいた道ではなかったが、大恐慌の影響がまだくすぶっているアメリカで、仕事が見つかるだけでもありがたかった。

スタジオは予想とは違っていた。ストーリー部門に配属されたレッタは、同僚アーティストの献身ぶりに驚いた。ラフな絵をささっと適当に描いているのだとばかり思っていたが、そんな人はひとりもいなかった。むしろ時間をかけて作品の美しさと完成度を高めていた。同僚の多くが自分と同じようにシュイナードの出身だったが、ウォルトの世界に温かく迎え入れられてからは、芸術はこうあらねばならないという通ぶった考えを捨てたという。

ウォルトと同じように、レッタも人を引き寄せた。彼女がいるだけで部屋中が笑顔になった。頭の上に高く盛った金髪のカール、小顔と小柄な体、そして沸き立つ熱意で実年齢の22歳より若く見えたが、話すと自信と知性が感じられた。それまでビアンカ、グレイス、ドロシー、シルヴィア、エセルがストーリー部門の男性をしつけ、女性と働くことに慣れさせてくれたおかげで、新人で女性のレッタの意見も聞き入れられた。

ところがウォルトの耳には何も届かなかった。いまだ無題のコンサート映画が気になって仕方がないようで、それ以外のことにはほとんど時間を割かなかった。1938年の終わりには、スタジオの厄介な2番目の長編のことを忘れたのか、『バンビ』のシナリオ会議への出席をいっさい取りやめていた。

女性飛行士、飛行高度記録を更新

飛行機は、プロペラのブーンというううなりと、機体の金属がカタカタ軋む音を立てながら、滑走路を猛スピードで進んだ。グレイスが操縦かんを引くと、振動は止まり、飛行機は灰色の雲の中へ滑らかに上昇した。1939年のその月曜日の午後、いつもとはまったく違う装いの彼女だった。本当ならスタジオで仕事をしている日だが、何時間もの残業の末、やっとのことで休みを取ることができた。数サイズは大きいウールのフライトスーツ、ボアの裏地付きの手袋、厚い靴下と丈夫な革のブーツを身につけていた。道連れは酸素シリンダー、流量計、そして座席を外し、手の届くところにしっかりと結び付けた航空用のブースビー・ラブレス・バルバリアン（BLB）マスクだけの単独飛行だ。外した座席は、クッション、ツールボックスなど重くて不必要だと判断したものと一緒に格納庫に置き去りにしてきた。

ちょうど2日前、BLBマスクを開発した医師のひとり、W・ランドルフ・ラブレース2世から手紙を受け取った。もともと患者に効率的に麻酔をかけるために開発された装置だったが、高度記録に挑む飛行士向けに改良された。ラブレースは、他の開発者と同じようにグレイスに断りの手紙を送っていた。その返事には、ミネソタ州の総合病院メイヨークリニックでは代謝検査室の高高度実験を行うパイロットはこれ以上いらない、と書かれていた。この頃には断られることに慣れていたグレイスだったが、空中での酸素の使用についてアドバイスを送ってくれたのはありがたかった。

バーバンクの地上は暖かかったが、高度を上げるにつれ空気は冷たくなり、標高1000フィートごとに2度下がった。寒さと視界不良にもかかわらず、グレイスは興奮していた。何年もの訓練と何か月もの準備がこの瞬間につながっていた。苦労の末、宣伝効果を期待した地元のディーラーふたりからそれぞれフェアチャイルド機を借りた。それから何時間もかけて2機の油温、油圧、吸気管圧力を比較表で慎重に評価した。きょうだいからストップウォッチを借りて、1000フィートまで上昇するのにかかる時間を正確に計り記録した。プロペラを付け替え、抵抗の少ないほうを選び、キャビンで震えながらテスト飛行を行った。ここにたどり着くまでの苦労――チャンスを得るまでの幾度もの懇願や、これまで犯した恥ずかしい失敗の数々――は、上空に上るにつれ1つずつ消え去っていくように思えた。単一エンジン単葉機の新しい高度記録に挑戦する、それをついに実現していたのだ。

ロサンゼルス盆地上空の霧を登る――グレイスの言い方を借りれば「上階に上る」――と、50分で1万9000フィートの高度に達した。酸素は薄く、低酸素症のリスクがあったが、グレイスは気分が良かった。酸素マスクには触れてもいなかった。ところが飛行機の調子はあまり良くなかった。今日に限って、フェアチャイルド機の調子が悪くなるなんて信じられなかった。グレイスは思いつく限りのことをすべて試したが、機体はどうしても1万9000フィート以上の高さに上がろうとしなかった。飛行機は限界に達し、今度は燃料が底を突きそうだった。ガソリン1ガロンの重量は6ポンドで、地上のクルーに「グレイス、お願いだからこないだより多めに積んでいって。前回はタンクにティーカップ半分の量しか残ってなかったよ！」と言われていたにもかかわらず、最低限の量しか積んでいなかった。その言葉が頭をよぎり、もう一滴も無駄にできないと方向転換した。

彼女は危険を犯さない程度に急いで降下し、サンガブリエル山脈を背にして、パサデナの上空を西へ、夕日の方向に向かった。高度を落とし、雲の中に入ると、視界は急激に悪化した。1キロ先までしか見えない。バーバンク空港が閉まる頃なのではないかと心配になった。運用時間外に着陸することは、民間航空局の規制に違反し、誰かに危険を及ぼすことにもなりかねない。過去に一度だけ危機一髪の事態になったことを思い出さずにはいられなかった。渓谷を飛行していたとき、注意不足で大きなDC－3輸送機に衝突しそうになり、間一髪で急降下して難を逃れた。今、自機より下のバーバンク上空を悪天候で旋回しているかもしれない輸送機のことを考えると、危険を犯す価値はない。燃料がほとんど残っていないことはわかっていたが、グレンデールまで飛ぶリスクを負うことにした。

ゴムタイヤが滑走路を跳ねながら飛行場を横切った。グレイスは機体を停め、車輪の前にブロックを置き、シールドされた気圧計をつかむと、目が釘付けになった。気圧計はこの後ワシントンDCに送られ、今回の挑戦の飛行高度が公式に記録される。グレイスは近くの電話へ急ぎ、バーバンク空港の友人に、自分の身に起こったことを知らせた。

友達が迎えに来るのを待つ間、整備士とおしゃべりをした。暑い7月の地上に戻った今、フライトスーツの中は汗だくだったが、下に何も着ていなかったため、家に帰るまでこのままうだるしかなかった。

友達と一緒に記者が現れ、慌ただしい空気と興奮に包まれた。張り付いた笑顔でコックピットと飛行機の前の両方で写真用のポーズをとった。だが家に帰ると、悔しさがこみ上げてきた。テスト飛行のときのように、もっと上昇してほしかった。飛行高度の新記録が達成できなければ、これまでの準備がすべて水の泡と化してしまう。孤独感に苛まれ、寝返りを打ちながら眠れぬ夜を過ごした。

次の日、『ロサンゼルス・タイムズ』紙の朝刊を開くと、首から酸素チューブとマスクをぶら下げた自分の写真と、「女性飛行士、飛行高度記録を更新」という見出しが見えた。今さらながら幸福感と達成感に満たされ、喜び勇んで母親に新聞を見せた。ところが母親は誇りではなく嫌悪の目でグレイスを見返した。苦々しい言葉に愕然とした。「あなたは注目されることしか興味がないのね」

こんなのおかしいでしょう！

機関車は走りだしたのに、誰も停車駅を作っていなかった。1939年秋現在、コンサート映画の制作はそんなふうに進んでいた。いつまでに完成させるという明確な目標がないために、アーティストの中には、これがウォルト初の未完作になるのではと疑う者もいた。実は、ウォルト自身もそう見ていた。それはよい意味でだった。コンサート映画は、題材にするクラシック音楽を替え、新しいアニメーションをつければ、ノンストップのオーケストラミックスのように永遠に上映し続けられる。そんなのどかな空想をしつつも、いつかは列車を停めなければならないことはウォルトにもわかっていた。そのため、ストーリーディレクターにライカリールを制作して見せるよう言い渡した。ライカリールとは、スチルの映像素材を並べて撮影し、サウンドトラックと組み合わせた一種のストーリーボードだ。

シルヴィアは、神経を尖らせながら2度目のライカリールをウォルトに見せた。彼女は優柔不断になっていた。コンサート映画のことではない。それは確信を持ってチームを引っ張っている。迷っているのは、ウォルトに昇給を願い出るべきかどうかだった。今尋ねるか、それともライカリールを見せてからのほうがよいのか。気に入ったら、昇給額を増やしてくれるかもしれない。ストーリーディレクターとして、また養う家族がいる身にもかかわらず、シルヴィアの給料は男性スタッフよりも大幅に安い週給30ドルだった。他のストーリーディレクターはすべて男性で、週70ドルから80ドル受け取っていた。これまで貪欲に見られるのが嫌で、昇給を要求するのをためらっていた。そのため結局今回もまた先延ばしにし、ライカリールのほうに集中することにした。なんといってもスタジオで長時間かけて制作し、その後テクニカラー〔青・緑・赤の三原色に分解した3本のフィルムを1本にまとめる撮影法〕で撮影され、サウンドと同期される工程まで注意深く見届けてきたのだ。

シルヴィアが思いとどまったのは、男性スタッフに自分のした仕事のクレジットを奪ばれ続けていたことも関係していた。作品の監督のひとりがシルヴィアのアイデアを盗み、自分のアイデアのようにウォルトに提案し続けていた。シルヴィアは、自分がやった仕事なのに、同僚が褒められるのを黙って見ているしかないことが何度もあったが、2月5日、リベンジを決行した。その日はその監督の誕生日だった。シルヴィアは、就業時間前に監督のオフィスに忍び入り、〝お祝い〟として、部屋中をトイレットペーパーで覆った。その朝、監

自分のオフィスの新しい飾りつけを眺めるシルヴィアの同僚のひとり。
天使の輪はシルヴィアが加えた（セオ・ハラデー提供）

督が出勤すると、笑いと数人の拍手で迎えられた。明るい空気の中、監督は新種の装飾に笑うしかなかった。シルヴィアも別の意味で笑った。

コンサート映画を早く完成させなければという焦りがスタジオじゅうで沸々と湧いていた。この作品に取り掛かってからすでに3年が経ち、どの部門も完成を急ぐ必要性を感じていたが、それは販促素材の制作部門でも同じだった。そこでは、ギョウ・フジカワというアーティストが働いていた。ギョウという名は、男の子が生まれると信じて疑わなかった父親によって、賢明で慈悲深い中国の皇帝に因んで付けられた。正真正銘の女の子として生まれたが、父親は断固として名前を変えようとしなかった。そうしてギョウになり、名前の由来となった皇帝の穏やかな性格と学才を兼ね備えた日系2世の女性は、カリフォルニア州バークレーで育った。サン・ペドロ高校を卒業したときには、同級生は全員結婚が決まっていた。自分も19歳で婚約し、友人たちの後に続くかと思われたが、結局婚約を破談にし、母親に恥ずかしい思いをさせた。面目を潰された母親は娘を1年間日本へ行かせたが、ギョウにとっては罰でもなんでもなかった。雪舟や歌麿、広重など世紀を越えた巨匠たちの伝統芸術を存分に味わい、また絹着物のくすんだ色合いに刺激を受け、独特の色彩感覚を養った。

帰国したときには、家庭に入って普通の暮らしを送る気がすっかり失せ、代わりにどうしてもアートの世界に入りたくなった。そこでシュイナード芸術学校に入学するための奨学金を受け、カバンに荷物を詰め込んで、その後10年間過ごすことになるロサンゼルスへ向かった。卒業後、教員になり学校に残った。ギョウの指導を受けたアーティストは数知れない。物静かだが意志の固いメアリー・ブレアもそのひとりだった。他の学生より年上に見え、賢く、デザインの才能に恵まれたメアリーがアートの世界で成功することは、ギョウの目にも明らかだった。

4年間の教員生活を経て、彼女は学校に対する愛情よりも、アーティストとしての欲求のほうが強いことに気づき、転職する。百貨店の壁画やディスプレイに取り組み、自宅でも作品づくりに勤しみ、独自のイラストスタイルを磨いた。そして友人にウォルト・ディズニー・スタジオを勧められ、販促部門で働き始めた。

ギョウの芸術スタイルはすぐに注目を集めた。シュイナードの教員として面識のあった多くのアーティストが彼女の席に集まった。新しくファンになったひとりに、スタジオのトップアニメーター、アート・バビットがいた。バビットがギョウにデートを申し込み、彼女がその場で承諾すると、瞬く間にスタジオじゅうの噂になり、あらゆる類のいらぬアドバイスや、バビットと同じ部屋に入ろうとするだけで妊娠するといった下品な警告を受ける羽目になった。アーティスト同士のデートも、それに関するゴシップも珍しいことではなかったが、ギョウは注目されるのが嫌で、しつこく噂されるならと、デートを断るほうを選んだ。

スタジオでのギョウの活躍の場は広がっていった。コンサート映画のグッズ、たとえば塩入れや陶磁器セット、ガラス製品などの商品をデザインし、タイアップの絵本のイラストを描いた。限定都市でのプレミア上映用の劇場プログラムも制作した。パンフレットが制作されることは珍しく、重要な仕事だった。コンサート映画は、クレジットなしで公開する初のアメリカ映画だった。お決まりの「ウォルト・ディズニー・プレゼンツ」さえ表示しない。オープニングクレジットを省くのは、観客に映画ではなく本物のコンサートを観にきたように感じさせるためだ。この映画はまず幕が開き、楽団員が席に着くまでのざわつき、そして演奏に備えて楽器をチューニングする音で始まる。

作品のオープニングクレジットは、長い間スタジオ内の争いの元になっていた。アニメーターたちは、クレジットのために戦わなければならないのはおかしい、一番非情な人の名前だけが銀幕に映されるのはおかしいと文句を言った。スタジオには、作品の100フィート以上を制作した人が、スクリーンクレジットを得るという慣例があったが、現実ははるかに複雑だった。とくにストーリーアーティストの貢献度をフィートで測ることなど無理な話だった。

シルヴィアは、まさにこの不当な扱いを苛立ちと共に味わおうとしていた。彼女は、ウォルトが「スウェット・ボックス・ミーティング」と名付けた会議で、ウォルトや他の監督数人と一緒に、作品をレビューしていた。「スウェット」とは、編集前の生の映像を確認しながらスタッフが大汗をかくことから命名されたが、それが狭い映写室に押し込められているからなのか、ウォルトの鋭い批判のせいなのかは誰にもわからなかった。シルヴィアはこの会議のことはとくに心配していなかった。レビューされている映像には自信があったし、いつもの励ますような調子で褒めてくれたので、ウォルトが満足していることはすぐにわかった。

会議の緊張する部分が済んで、シルヴィアは安堵した。この作品のクレジットは、最終的にはプログラムに印刷されるだけだが、内容確認のためにこのとき画面に映し出された。彼女は自分の名前が載ることを疑いもせずに、なんとなく目で名前を追っていた。ところが、リストが映し出されるうちに、自分が省かれていることに気づき、衝撃を受けた。普段は穏やかで冷静なシルヴィアだが、さすがの彼女もこの怒りは抑えられなかった。無言で席を立ち、そのまま部屋を出ていった。「シルヴィア？　シルヴィア！」男性スタッフが背後から呼び止めようとしたが、振り向かなかった。彼女が激怒しているのは明らかで、誰にも一言も返事をしなかった。心配になったウォルトが部屋を出て彼女を追い、声を掛けた。「どうしたんですか？」。シルヴィアは、怒りが込み上げるのを感じた。はらわたが煮えくり返り、しばらく答えることもできなかった。1分間の無言の沸騰状態の後、ウォルトにぶちまけた。「こんなのおかしいでしょう！」。そう叫び、自分の仕事は正当に認められるべきだと主張した。

シルヴィアは自分の名前を目にすることになり、納得できる結果となったが、そうはいかなかった人たちが大勢いる。コンサート映画では、誰の名前もスクリーンを飾らないが、だからといって、他の作品よりもクレジットを巡る争いが醜悪ではなかったとか、名前が省略されなかったということはなかった。たとえば『くるみ割り人形』の場合、プログラムに名前が載ったアーティストは22名で、このシークエンスに取り組んだ男女53人の半分にも満たない。シルヴィアは、自分の名前だけでなく、苦労を共にしたふたりの女性、ビアンカ・マジョーリーとエセル・カルサーの名前も目立つように掲載させた。プログラム全体で女性の名前はそれだけだった。

プログラムの表紙を飾る作品タイトルは、依然として決まっていなかったが、永久に「コンサート映画」と呼ぶわけにはいかなかった。名案を思いついたのは、意外にも、スクリーン上でミッキーマウスと握手することになる指揮者のストコフスキーだった。彼が提案したのは、『ファンタジア』。16世紀に初めて音楽と結び付けられた言葉で、形式にとらわれない自由形式の曲〔幻想曲〕を意味する。それは境界を打ち破る彼らの作品にぴったりだった。

戦争の影とヨーロッパの芸術家

オスカー・フィッシンガーは、この9か月間、毎日そうしてきたように、その金曜日も、スタジオに現れた。彼は『ファンタジア』のアニメーターだったが、ストップモーション、タイムラプス〔低速度撮影〕、幾何学模様の複雑なコラージュといった驚くべき技術をアニメーションに取り入れた実験的な映像制作者でもあった。彼の前衛的な短編作品は何年も前からヨーロッパの至る所で上映されていたが、唯一故郷のドイツでは、ナチス党の激しい批判を受け、党員から「退廃芸術」と呼ばれていた。1930年代、ドイツの宣伝省は、美術学校の閉鎖、美術館からの絵画の排除、焚書、映画スタジオの占拠を開始していた。フィッシンガーは、1936年にナチスを昂然と批判し、故国を逃れてアメリカへ渡った。

アジアでも緊張が高まっていた。1939年夏、10万人もの日本兵とソビエト兵がモンゴル人民共和国と満州国の国境で衝突した。8月が終わりに近づくにつれ、日本軍は戦意消失し、大損害を被った末、事実上敗北を認めた。威力を見せつけたソビエトは1939年8月23日にドイツとの不可侵条約に署名。その1週間後の1939年9月1日金曜日、ヒトラーにポーランドを侵攻させたのはこの同盟関係に他ならなかった。スタジオ、そして街の人々にとってはいつもの平日に過ぎなかったが、フィッシンガーにとっては違った。何人かの同僚によって、彼の事務所のドアに、鉤十字が画鋲で止められていたのだ。敵意からなのか冗談のつもりなのかは不明だったが、結果は同じだった。それは、まさしくそのシンボルを掲げることを拒否したために、かつてゲシュタポから尋問を受けた男にとって耐えがたい仕打ちだった。ドイツ人というだけで彼をなじった男たちは、シナリオ会議であまり発言しない彼のことをほとんど知らなかったし、それ以上知るチャンスも失った。フィッシンガーは2か月後、スタジオを去った。

フィッシンガー、シルヴィア、ビアンカ、ギョウなど、ヨーロッパやアジアとゆかりのあるスタジオのスタッフは、海外のニュースだけでなく、それに対するアメリカ国民の反応にも怯えた。孤立主義者はアメリカの革新派と保守派の両方に存在しており、また第一次世界大戦で受けた痛手と大恐慌による経済的苦境の記憶がまだ新しかったこともあり、リスクを負ってまで揉め事に進んでかかわりたいアメリカ人はほとんどいなかった。

そうした風潮もあり、大西洋と太平洋の両方で戦争が激化していても、スタジオの面々は仕事を続け、移転の準備を始めた。トラックに「ミッキーマウスと新ウォルト・ディズニー・スタジオ」と書かれた看板を取り付け、家具や箱を詰め込んだ。

ウォルトと今や1000人を数える従業員は、2年がかりで窮屈なハイペリオン・アベニューの一角からバーバンクの20万平米の広々とした新天地へと移転した。しかし、今の成功がいつまでも続くと誰もが確信していたわけではなかった。ウォルトの父、イライアス・ディズニーは、新しいアニメーション棟を内覧した後、息子を脇へ呼び尋ねた。「これは何に使えるんだ」。もし会社が倒産し、資産を整理しなければならなくなったら、この広大なスペースをどうやって売却するつもりなのか、という心配だった。「そうですね、いい病院ができますよ」とウォルトは答えた。以来その建物は、「病院」と呼ばれるようになった。

イライアスの心配は、移転が完了した1940年初めには、それほど的外れなものではなくなっていた。戦争の影響は、もはや無視できないほどスタジオのビジネスに影を落としていた。ヨーロッパでは、恐ろしい日常のなかでも、わずかな自由がある人は、近所の映画館に行き、幻想の世界に浸って現実逃避することができた。ナチス・ドイツはMickey Mausを、フランスはMickey la Sourisを、イタリアはTopolinoを温かく受け入れたが、ミッキーの冒険物語の前後に上映されるニュース映画やプロパガンダ映画はそれぞれの国で大きく異なっていた。

ミッキーの人気は続いていたが、チケットの売り上げはカリフォルニアに送金されてこなかった。戦争により、配給業者からの支払いが途絶えた。そのため、ウォルトは100万ドルの費用の削減と、従業員300人から400人の解雇を発表した。シルヴィアの心は乱れた。ウォルトに自分は週25ドル、助手のエセルは週10ドルの昇給を認められたばかりだった。何か月も悩んでようやく要求したお金は手に入れたが、アニメーターとしての未来はこれまで以上に先が見えなくなった。

海外情勢の悪化を受けて、ウォルトはニューヨーク、ブロードウェイシアターで開催される「音楽を目で見て、映像を耳で聴く」『ファンタジア』のプレミア上映で募金集めを行った。このイベントは1940年11月13日に行われ、チケットを1枚10ドルで売り出し［当時の映画のチケットとしては天文学的な価格］、収益を100％英

娘と『ファンタジア』のプレミアに出席するシルヴィア・ホランド（右）（セオ・ハラデー提供）

国戦争救済協会に寄付した。

『ファンタジア』は、スタジオが1940年にリリースした2作目の長編映画で、1作目は2月に公開された『ピノキオ』だった。『ピノキオ』はレビューで大絶賛された。『ニューヨーク・タイムズ』紙は、「『ピノキオ』は、われわれが願っていたとおり、どこを取ってもすばらしい。それ以上と言ってもよい」。ところが興行成績は振るわなかった。『白雪姫』の1・5倍以上の260万ドルの費用をかけて製作されたが、利益ははるかに少なく、年末時点で約100万ドルにすぎなかった。ウォルトが『ファンタジア』の公開に期待をかけたのは、驚異的な経営赤字のためだった。

2か月後にカーセイ・サークル・シアターで行われたロサンゼルス初演で、シルヴィアは、13歳になった娘セオとレッドカーペットを歩いた。長年の苦労がついに、それに見合う誇りと祝福に代わろうとしていた。映画の中でMC役を務める作曲家のディームズ・テイラーが、自分の手掛けたシークエンスの音楽を紹介するのを見て微笑んだ。「『くるみ割り人形』と呼ばれるバレエ作品から抜粋されたダンス組曲です」とテイラーは説明した。「あまり成功せず、最近は上演されていません」

シルヴィアが唯一残念に思ったのは、イギリスにいる家族に観てもらえなかったことだった。『ファンタジア』が海外に配給される計画はなかった。その落胆や、減給かクビになる不安はあったが、仕事でステップアップしている実感はあった。進行中の新しい企画を抱え、ウォルトに昇進とさらなる昇給を約束されたばかりだった。それが叶えば、ようやく求め続けた経済的安定が得られるはずだ。

ビアンカはプレミア上映に出席せず、完成した映画をその後も観ることはなかった。彼女の最高傑作とも呼べる作品の1つがついに銀幕に映されようとしていたにもかかわらず、彼女はうつ状態に陥っていた。同僚たち、とくに彼女の功績を妬む男性たちとさらに距離を置きはじめ、新しい自分のオフィスの静かな孤独の中で、ポートワインを瓶から直に飲むのが習慣になっていた。その証に、小さな部屋はいつもアルコールの甘い匂いで満たされていた。アルコールは心の痛みだけでなく正気をも奪い、彼女はぼんやりと憂鬱な時間を過ごした。そしてはるか遠くで広がっていた暗闇は、1940年、あらゆる人を飲み込もうとしていた。

5

リトル・エイプリル・シャワー

Little April Shower

『バンビ』に取り組むアーティストたちが、ひと束のスケッチを囲んでいた。誰が描いたのかはわからなかったが、ぞっとさせる絵だというのが全員の感想だった。筋肉質の厚みのある体と、獲物を捕らえたら離さない鋭い目つきの猟犬たちは、今にも飛びかかってきそうに見える。歯を剝き出し、牝鹿のファリーンを追い込む。そこへバンビが飛び込み、凶暴な獣を角で追い払うアクションシーン。痛みにのけぞる犬たち。どのショットも絶妙なフレーミングで、バンビの角の強さを強調している。アーティストらは顔を見合わせた。「誰が描いた？　誰の絵？」。全員が謎のアーティストを男だと思っていた。でも誰も名乗り出ない。天から降ってきたわけではないだろう。そこへ、レッタ・スコットが入ってきた。〝犯人〟は男ではなかったばかりか、ブロンドの髪を頭のてっぺんに巻き上げた若い女性だった。その頭の中には、動物をいくらでも恐ろしく見せるアイデアが詰まっていた。

ウォルト・ディズニー・スタジオはバーバンクに移転したばかりで、レッタは手遅れになる前に引っ越せてホッとしていた。というのも、『バンビ』のストーリーチームは、その前にハイペリオン・アベニューからスーワード・ストリートの小さな別館に追いやられ、そこを愛称ではなく「シロアリのテラス」と呼んでいた。壁が内側に湾曲しかけており、文字通り崩れかけていた。それに比べて、バーバンクの無駄を排したモダンデザインの3階建てのスタジオは宮殿のようだった。ウォルト自身も設計に携わり、H字を2つ並べたように建つ8棟の巨大な社屋には、窓を多めに設け、自然光をたっぷり屋内に取り入れた。アニメーターとコンセプトアーティストが1階、監督、背景、レイアウトが2階、そしてストーリー部門とウォルトの部屋が3階を占めた。

専用エレベーターで屋上へ上ると、そこは別世界だった。エレベーターを降りた真正面に、ひとりの男性が14人の裸の女性に囲まれた壁画が目に飛び込む。「ペントハウスクラブ」と呼ばれたそのスペースには、バーとレストラン、理髪店、マッサージ台、ジム、サウナ、ベッド数台、ビリアード台、カードテーブル、そして裸で日光浴する場所としてよく使われる屋根のないエリアがある。この女人禁制クラブの会費は高額でかつ厳しい入会審査があった。週給200ドル以上の人しか入れず、アニメーターの中には少数しかいなかった。スタジオは新たなエリート主義の時代を迎え、それまでハイペリオン・アベニューの今にも崩れそうな建物に皆で押し込まれ、1つの家族のように感じていた多くのアーティストが苦々しい思いをしていた。

レッタは、3階のストーリー部門で『バンビ』のスケッチを描いていた。ウォルトがようやく森を舞台にしたこの長編への関心を取り戻したのだ。「『バンビ』はうちで作る作品ではないと思っていた」と告白している。4年前、原作の小説を基に最初のトリートメントを書き始めたビアンカは、原作に込められた平和のメッセージと自然描写の美しさに気づいた。しかしそこには政治的なメッセージもあり、それはヨーロッパとアジアで戦争が激化している今、いっそう必要なものに思われた。

モンスターを創造する女性

1940年、世界中に戦禍が広がっていたが、アメリカは見て見ぬふりをしていた。『バンビ』の作者、フェーリクス・ザルテンは、つねに身の危険を感じながら生きていた。1869年に正統派ユダヤ教の宗教的指導者の孫として生まれ、生後わずか1か月で、一家は現在のハンガリー、ブダペストからユダヤ教に寛容なオーストリアのウィーンへ移住する。ウィーンは、18世紀ヨーロッパに広まった啓蒙主義に従って、1867年にユダヤ系住民に市民権を付与し始めたヨーロッパで数少ない都市の1つだった。これによって大勢のユダヤ人が社会的、経済的機会を求めてウィーンに移住した。

ザルテンは、若い頃から熱心な民族主義者で、記事やスピーチなどでパレスチナへのユダヤ人国家建設を訴えていた。1936年、ナチスは『バンビ』を「ドイツにおけるユダヤ人の扱いに関する政治的寓意《アレゴリー》」と呼び禁書にした。その見方は部分的にしか正しくない。ザルテンの作品にはそれよりはるかに深い意味が込められている。

小説『バンビ』の中で、ザルテンは同化政策の危険性を描いている。物語に登場する一部の動物は、人間に屈して人間と力を合わせれば、人間に殺されないと訴える。ところが残忍なハンターに服従した動物たちは、その通りにはならない。病弱な若い鹿、ゴーボがバンビにいう。「もう犬なんかちっともこわがることはないんだ。ぼくは犬たちととても仲よしになったんだから」〔ザルテン、前掲書〕。ゴーボは、首輪をはめている自分

『バンビ』に取り組むレッタ・スコット(ベン・ウスター提供)

は安全だと信じ込み、草原で無邪気にハンターに近寄ろうとして、撃たれて死んでしまう。ザルテンの原作では、レッタが巧みに描いた凶暴な犬たちでさえ、軽蔑するハンターに協力する動物という複雑な役割を演じる。バンビの父親は、犬たちの信念をこう説明する。「不安に満ちた生活を送り、あれを憎み、おたがいを憎み……あれのために殺し合うのだ」(同右)。1940年にスタジオがついに『バンビ』を映画化しようとしたのは、けっして偶然ではなかった。この物語は、ファシズムの台頭に対する反発であり、海外の動向を注意深く追っていたスタッフたちが痛切に伝えたい物語だった。

　脚本制作の一環としてレッタが描いた『バンビ』のスケッチを見たウォルトは、その才能に圧倒され、前代未聞の決断をした。レッタを原画マンに抜擢したのだ。女性として初めてのエリート部隊入りだった。ウォルトの言うように、ストーリー部門が会社の心臓部だとしたら、原画マンは、活力を供給する血液であり、ウォルト自身が選んだ粒選りのアーティストだ。原画マンに昇進するのは並大抵のことではない。大勢の男性スタッフと少数の女性スタッフが「動画マン」と呼ばれる仕事についていた。原画マンが描いた原画を清書《クリーンアップ》し、原画と原画をつなぐ中割りを描いてキャラクターに動きを与える動画を制作するスタッフだ。その仕事を何年か経験してからアシスタントアニメーターと呼ばれる第2原画になり、最後にシニアアニメーター、キャラクターアニメーターと呼ばれる第1原画になる。そのトップに登り詰めた人でさえ、つねに結果を残さなければ、その地位を維持することはできない。レッタは、ストーリー部門で自分の力が認められた結果として、ほんの一握りの選ばれた者だけに与えられる地位を得たことをよく理解していた。

　レッタの昇進に関する社内記事には、冗談半分にこう書かれていた。「原画マンたちの願い空しく、彼らの楽しい生活は、女子ひとりの職場侵入によって脆くも崩れた」。レッタが新しい職場に行くと、同僚の男性たちの悪ふざけで、部屋はフリルの付いたカーテンで飾られ、彼女の席にはレースのマットが敷かれていた。

　レッタは、『バンビ』の仕事だけをしていたわけではなく、必要なときは、いつでも自分から助けを買って出た。その1つが『ファンタジア』のケンタウレットの動画だった。同僚の男性アニメーターが引いた線を正確に描き写した。『田園』はもう後戻りできない段階に来ており、問題だらけのシーンに対してレッタにできることは、自分の技能を生かすこと以外、何もなかった。

　1940年、スタジオでは、女性の活躍の場が広がっていた。レッタは灯台のように、自分に続きたい女性社員のために、アニメーション部門への道筋を照らしていた。当時、動画マンや第2原画として働いていた女性は5人しかいなかった。そのひとり、ミルドレッド・フルヴィア・ディ・ロッシ〔『大アマゾンの半魚人』のギルマンをデザインしたミリセント・パトリックの旧名〕は、親しい人からは「ミリー」と呼ばれていた。ミリーは、『ファンタジア』の『禿山の一夜』に登場する恐ろしい悪魔チェルナボーグの動画を描いていた。翼の生えたコバルト色の体や白く光る目、長い爪を描きながら、ミリーはこの野獣に愛着を覚えた。ミリーとレッタ、アニメーション部門のふたりの女性は、スタジオで最も恐ろしいモンスターを描き、その後も描き続けた。

女性がそこらじゅうにいるスタジオに

女性たちがアニメーション部門で確たる地位を築き始めたことを受けて、部内の男性スタッフに言葉遣いを注意するよう求めるメモが回覧された。「女子がからかわれたり、侮辱されたりする不安のない会社にすることがウォルトのかねてよりの願いです」。特殊効果部門とストーリー部門にも同様に女性が進出していた。スタジオの全従業員1023人のうち、308人が女性だった。半分以上はまだ仕上げ部門だったが、100人以上が他の部門に散らばっていた。ウォルト・ディズニー・スタジオは、女性従業員の割合では、ハリウッドの他のどの大手スタジオよりも、そして平均すると女性が従業員の4分の1を占めていた当時のアメリカの大半の企業よりも多かった。ウォルトは、この数字をさらに増やそうと、それに向けたステップを踏みはじめたが、男性社員たちは、ウォルトの新たな採用の試みに戦々恐々としていた。

メアリー・ブレアは、1940年に採用された女性のひとりだった。ハーマン・アイジング・スタジオで3

年半働いた後、そこを逃げるようにして辞めた。理由は、同僚だったジョセフ・バーベラ〔のちのハンナ・バーベラ・プロダクションの創業者〕にしつこくつきまとわれたことだった。バーベラはメアリーに言い寄り、オフィスの真ん中だろうと構わず彼女の腰に腕を回し、離そうとしなかったという。日常的な嫌がらせに耐えかねたメアリーは、2年前からウォルト・ディズニー・スタジオで働いていた夫のリーに、なんとかしてスタジオで雇ってもらえるよう口利きを頼んでいた。

リーは、キャラクターモデル部門の仕事を見つけてきた。ストーリーアーティストやアニメーターが参考にする立体フィギュアを制作する部門で、水彩画の得意な画家には場違いな職場だった。だが結局、本来の才能が認められ、メアリーはストーリー部門に採用された。そのときストーリー部門では『*Lady*』という仮題の新作〔最終的に『わんわん物語』、原題『*Lady and the Tramp*』として1955年に公開される〕に取り組んでおり、その犬の成長物語に登場する、長い茶色の耳を持つ子犬を描くことが、スタジオでの最初の仕事になった。

初めて新しい職場を見て、メアリーは仰天した。女性がそこらじゅうにいて、ハーマン・アイジングとは大違いだった。自分の上司のシルヴィア・ホランドさえ女性だった。世話焼きなシルヴィアが苦手で「母鶏」というあだ名を付けていたビアンカと違って、メアリーは、シルヴィアにアーティストならではの共感力を感じた。シルヴィアの監督の下、メアリーは『ファンタジア』の続編の一部として企画されていた『*Baby Ballet*（ベイビー・バレエ）』に取り組み始めた。男性たちは、妖精と同じく赤ん坊を描くのも男らしくないと言って描きたがらなかった。女性たちは怖いもの知らずだったので、ふたりでそのシークエンスをデザインし、大きなベッドからさまざまな国の赤ちゃんが現れ、一緒に遊びながら踊るシーンを描いた。楽しい仕事ではあったが、メアリーは立場的にやれることはなかった。スタジオでアーティストとしての自由を謳歌する夫に対して、メアリーは立場的にやれることが少なすぎて息が詰まりそうだった。

『バンビ』の神秘的な背景画

隣で仕事をしていたタイラス・ウォンという男性アーティストも、メアリーと同じように正当に評価されない悔しさを味わっていた。タイラスは本名を黄齊耀《ウォン・ゲン・ヨー》といい、中国の小さな漁村に生まれた。1919年、9歳のときに父親とふたり、生活の安定と、もっと稼げる仕事を求めてサンフランシスコへ渡った。そのとき母親ときょうだいに愛情を込めてサヨナラを言った。ふたりにはその後二度と会うことはなかった。

移民希望者は、サンフランシスコに着くと、国籍によって選り分けられた。ウォンは西洋人やファーストクラスで来た人が即座に入市を許可されるのを、目を丸くして見ていた。自分と父親、他のアジア人、一部のロシア人、そして中南米から来た人々は、アルカトラズ島の北に位置するエンジェル島の入管へ船で送られた。

1922年にアメリカ移民局の長官は、エンジェル島について、非衛生的で人間が暮らすには不向きであり、「火災が起きたら逃げ場のない、今にも崩れそうな建物の寄せ集め」だと明言し、「衛生設備が粗末すぎる。もしこれが個人の家だったら、地元の保健当局に逮捕されるだろう」と書いている。エンジェル島は、もともと「西のエリス島」になるはずだったが、エリス島では、入島を禁じられた人は難民のわずか2パーセントにすぎず、ほとんどの人が上陸後数時間のうちにアメリカへの入国を認められたのに対し、エンジェル島では、移民希望者のおよそ3割が入国拒否され、何か月も抑留されたのちに追い返されることも多かった。

ウォンと父親が初めて経験したアメリカの人種差別は、1882年に制定された中国人排斥法が発端となっていた。移民を制限するアメリカ初の法律として、初めて特定の人種を標的にし、中国人労働者の入国を一時的に全面禁止した。

2週間後、ウォンの父親は入国を認められたが、息子をエンジェル島に置いていかねばならなかった。ひと月の拘束ののちにようやく許可が下り、息子は荷物をまとめフェリーに乗った。ついに自由の身になったが、生活は必ずしも楽ではなかった。ウォンと父親は、サクラメントの中国人コミュニティセンターで暮らし、ウォンは地元の小学校に通った。ゲン・ヨーという名前が発音しにくいという理由で、教師のひとりにタイラスという名を付けられた。学校では、他の学科に加えて英語を勉強しなければならず、苦労した。

2年後、父親はタイラスをコミュニティセンターに残し、ロサンゼルスへ出稼ぎに行った。11歳になったタイラスは、食料雑貨店で働き、自分のシフトが終わるとそこで夕飯の材料を買って帰った。14歳で父親とロサンゼルスで合流し、孤独と、働きながら勉強する生活から脱することができて嬉しかった。夜、夕飯の後、父親から書道を教わった。墨や和紙を買うお金がなかったため、水を墨汁代わりにして、古新聞に書いて練習した。美しい文字が見えるのは少しの間だけで、しばらくすると蒸発して跡形なく消えた。

芸術関係の仕事に就くことは、消えゆく文字のように儚い夢だと思っていたが、ある夏、まだ中学生だったタイラスに、ロサンゼルスにあるオーティス・アート・インスティテュートの学費を一部援助する奨学金が下りたことを知った。入学すれば経済的にかなり苦しくなることはわかっていたが、それでも通うことにした。オーティスでは、人物デッサンや油絵、イラストレーションの授業だけでなく、意外な場所で慰めを得た。給仕見習いとして働いた学食で、年配のウェイトレスが余った料理を食べさせようと熱心に勧めてくれた。絵具やキャンバスは学校が支給し、地元企業の看板をデザインする仕事も斡旋してくれた。父は、タイラスがデザインして25ドル稼いだ作品を眺め、自慢の息子だと言った。それが自分の芸術作品への父の最後の賛辞となった。父親はその後まもなくタイラスが卒業する前に亡くなった。

卒業後、1930年代当時の多くのアーティストがそうしたように、タイラスも公共事業促進局の画家として働いた。給仕をしていたあるレストランで、ルース・キムという若い女性と出会い、すぐに結婚した。夫となり、まもなく父親になるタイラスは、もっとお金を稼げる仕事と住む場所が必要になった。何週間もアパートを探したが、若い中国人夫婦に部屋を貸してくれる大家はいなかった。

定職も同じようになかなか見つからなかった。ウォルト・ディズニー・スタジオを受けるにあたり、学歴の他に、ロサンゼルス郡立美術館とニューヨーク万博での作品展示という堂々たる実績があったにもかかわらず、原画マンではなく動画マンとしてしか採用されなかった。入社初日に人種差別的な紹介をされ、仕事も単調でつまらなかった。ところがそんな折、スタジオが新しい映画作品──『バンビ』──を制作していることを知った。

ザルテンの本を読み、物語に感動した。夜、パステルで美しい森の自然を絵に描き、そこに1頭の孤独な鹿だけを描いた。そのスケッチを『バンビ』のアートディレクターに見せると、アートディレクターはそれをウォルトに見せた。すると即座にいい反応が返ってきた。「配属先をまちがえたようだね」と監督は言った。タイラスはすぐにシナリオ会議にも出席するようになり、作品のスタイルを決めるコンセプトアートを描き、ストーリーボードを作り、背景をデザインするようになった。森の木漏れ日に照らされる木の葉、朝露、木陰の茂み──彼のアートは『バンビ』に神秘的な輝きを与え、原作の詩的な世界を表現した。

スタジオには、タイラス以外にもアジア系アメリカ人がいた。ハワイで生まれ育ったサイ・ヤングは、中国移民の子供で、タイラスより先にスタジオに入り、1940年代初めには、特殊効果アニメーターとして影響力のあるポジションに就いていた。他にもストーリーアーティストのボブ・クワハラ、第2原画のクリス・イシイ、第1原画のジェイムズ・タナカなどがいた。それでもタイラスは社員食堂では見習い給仕とまちがわれた。シナリオ会議であまり発言せず、作品に物を言わせるほうだった。社員記録には、身長、体重、配偶者の有無の他に彼の強みをまとめた短い文が書かれている。「インスピレーションを与える絵が得意だが、東洋的な美術スタイル。トリートメントも同様」

タイラスへの偏見や期待の低さが徐々に改善されつつあった頃、メアリーは、まだやりたいことができずにくすぶっていた。企画自体は面白かった。とくにペネロペという主人公の少女が時間旅行をしながら世界を巡る物語が気に入っていた。けれどもメアリーには、タイラスと違って、自分がかかわっている企画のクリエイティブに関する裁量もなければ、自分の制作したものが映像化されるという満足もなかった。自信を失いかけていたが、タイラスの感動的な作品に慰められた。自分とはスタイルが違ったが、彼が『バンビ』のコンセプトアートとして描いた数百枚の背景画の柔らかな筆のタッチや繊細な鹿の肢体はすばらしかった。ふたりは同じ3階にいて席も近かった。その階では、「あれが森にいる」と誰かが『バンビ』の台詞を叫んだときは、ウォルトが自分の部屋を出てこちらに歩いてきているという合図だった。すると、彼らはウォルトにいいところを見せたくて、急いでスケッチの束の中から一番良く描けたものを上に載せるのだった。

高度2万メートルの先へ

グレイスも、メアリーと同じように、自分のやりがいは別のところにあると感じていた。1940年、スタジオから逃れて飛行の世界に入る方法はないものかと道を探っていた。思いつく限りの人に手紙を書き、仕事を探した。断られた件数は数え切れないほどだった。幸い、シナリオ会議を何時間も経験したおかげで、人から拒絶されたときの対処法はわかっていた。つまり、黙って手紙を送り続けた。アメリカロケット協会の会員になり、ジェット推進や宇宙船について質問した。有名なエンジニアで物理学者のロバート・ゴダード博士に手紙を書くと、カリフォルニア工科大学にロケット好きの学生の集まりがあると教えられ、彼らにも手紙を書いた。「スーサイドスクワッド（決死隊）」と呼ばれるその学生たちは、近代ロケット工学や宇宙探査分野の先駆者であるが、大胆不敵な女性パイロットへの対応には苦慮したようだ。

グレイスは、上空から地球の曲面を見ることを夢見、日記にしたためた。

惑星間航行は、自分が生きている間には実現しそうにないことがわかった……これまで高度2万メートルまでしか探査されていない。その上に何があるかは科学的に推測できるが、誰かが実際に行くまでは、仮説はただの推測に過ぎない。この探査は、ただ未来の惑星間航行に役立つだけでなく、人類の知識を深める。自分が高高度での操縦技術を身につければ、実際のデータを取りにいくパイロットとして科学者や技術者の役に立てる。将来は、宇宙船や気球がこの重要なデータを持ち帰ることになるのかもしれないが、何であろうと、その操縦者は、成層圏で経験を積んだパイロットの中から選ばれる可能性が高い。もし経験を積み、名を上げることができれば、チャンスは万に一つかもしれないが、自分が選ばれる可能性もある。

バンビのお母さんを殺す必要はあったの？

こうした夢がスタジオで仕事をしている間にも頭をもたげた。彼女は『バンビ』の台詞に取り組んでいた。その頃ストーリー部門は、原作の哲学的な意図をどのように伝えるかを考えていたところだった。この作品には『白雪姫』や『ピノキオ』のようなドラマチックな起承転結はなく、森のライフサイクルそのもののように物語が始まって終わる。ストーリー部門としては、観る人の感情を呼び覚まし、間にユーモアを織り込みたいと考えていた。といっても、ミッキーマウスの短編が依存していたようなチープなギャグではない笑いだ。

シナリオ会議の中で、ウォルトは、最初に企画を練っていた頃に出されたアイデアを次々と挙げた。ビアンカが子鹿の誕生を観察した後にまとめた古いメモを引用し、生まれたての子鹿が初めてフラフラと歩き出すその動きを見せたらどうかと提案した。中にはあまり可愛いくないアイデアもあった。ストーリーボードには、父鹿が息子のバンビに死んだ人間の姿を見せて、人間が自然に対して全能でないことを教えるという重要な場面があり、ウォルトは、森で焚き火を起こし、燃え広がった炎で黒焦げになったハンターたちを見せるのはどうかと提案したが、映像が子供はもちろん、大人にとっても強烈すぎるという理由で却下された。結局、人間はいっさいその影さえも見せないことに決まった。

原作をどこまで若い観客向けに改作するか、その線引きがますます難しくなっていた。とくに心配したのが、バンビの母親が死ぬ場面だ。小説を読んだ人は、誰しも心揺さぶられる。チームは、母鹿の死を雪に覆われた中で見せることも検討したが、それも重すぎると判断した。映像で見せないことが決まってもまだウォルトは心配し、チームに聞いた。「まだ悲しすぎると思いますか？　衝撃的すぎると思いますか？」。彼らは労を惜しまずにバンビと父親との会話を1つ1つ見直し、どうしたら感傷的になりすぎずにその瞬間を描写できるか、全員でアイデアを出し合った。軽く流すわけにはいかなかった。それは、ディズニー映画で初めて描かれる死だった。結局、父鹿が一言だけバンビに言うことになった。「お母さんはもうお前のそばには戻ってこない」「そして父鹿が離れると」ストーリーボードの前に立ったウォルトが言った。「この子鹿は、勇敢に振る舞おうとして、一緒に吹雪の中を歩いていく。後ろをついていく父鹿（中略）そしてまもなくどちらの姿も見えなくなり、残るは降りしきる雪だけ」

ストーリー部門に脚本の無駄を削ぎ落とすことを教えたのは、タイラスの絵だった。最終的に『バンビ』に使われた台詞はたったの1000語、『ピノキオ』の5分の1にも満たなかった。物語の情感を伝えたのは、言葉ではなくタイラスの背景画だった。出来上がったシーンの一部は、観客にショックを与えることになる。ウォルトの9歳の娘、ダイアンは、完成版を観て泣き、父親に尋ねた。「バンビのお母さんを殺す必要はあったの？」

このように、長らく脇に追いやられていた作品に、ようやく向けられるべくして注意が向けられていた。撮影スタジオは甘い干し草の香りで満たされ、メイン州の親元を離れてはるばるハリウッドまで鉄道で運ばれてきた2頭の子鹿が互いに身を寄せ合っていた。バンビとファリーンと名付けられたその鹿たちが眠っている間、15人ほどのアーティストがその周りに折りたたみ椅子やベンチを並べ、デッサンを行った。動物解剖学の講師、リコ・レブルンが立ち会っていた。チームの目的は、『白雪姫』のカートゥーン的な動物とは一線を画したリアルな鹿を描くことだった。レッタは、男性の中にひとりだけ混じってデッサンすることが多かった。彼らは交代で哺乳瓶に入った牛乳を子鹿に与えた。

子鹿の世話をしていなかったアーティストも、スケッチ帳を動物の赤ちゃんの絵で埋め尽くした。シルヴィアは、「リトル・エイプリル・シャワー」という曲が流れるシークエンスのデザインを担当し、鹿だけでなく、森の中を駆け回るウサギやウズラ、リス、スカンク、鳥も描いた。この曲を作曲したフランク・チャーチルは、簡単なストーリーアイデアだけで曲を作ることができ、スタジオですでに定評があった。『白雪姫』のために作曲したオリジナル曲——「口笛吹いて働こう」「ハイ・ホー」「いつか王子様が」など——がアカデミー賞にノミネートされた。シルヴィアは、「リトル・エイプリル・シャワー」の嵐に襲われたような感覚を覚えるリズムに一瞬にして引き込まれた。管楽器のスタッカートの音は、激しく打つ雨粒のようであり、オーケストラの音の間には、本物の雷鳴音が挟まれている。風のヒューヒューという音を再現するために、チャーチルは、グレゴリオ聖歌にヒントを得て、歌詞のない、合唱団の声の高低だけで構成された一節を作曲した。

シルヴィアは、そのシークエンスで、雨嵐が森を通り過ぎる様子をリアルに描くことに力を注いだ。チームとともに、ザルテンの小説の真髄である自然観や精神性を、言葉をいっさい使わずに表現することを目指した。そのためには、短い時間の中にたくさんの動きを凝縮することが必要だった。そこで、動物から別の動物へ、つまり、藪の中を走るウズラから、急いで巣に帰るリスやネズミ、そして茂みの中で落ち着くバンビと母鹿へ、と次々と映像を切り替える方法をとった。動きのテンポを音楽と同期させ、森の美しさと嵐のドラマの両方を際立たせるカメラアングルを選んだ。物語を動かす音楽の力を『ファンタジア』を経験して学んでいたのだ。

世界をありのままに正確に再現することが、そのすばらしさを伝える一番の鍵だった。シルヴィアは、特殊効果部門と協力して、雨粒1つ1つを物理の法則に従って再現した。雨粒は、細長い球体として落ち、水溜りに落ちると水しぶきを揚げ、波紋を起こす。その映像は、暗闇の中で流れ落ちる水にスポットライトを当てて撮影された。そして瞬間瞬間をフリーズさせるように水しぶきの画像を拡大し、その写真をなぞって複雑な水滴を細部まで描き込んだ。流れ落ちた水によってできた波紋は、インクではなくラッカーを直接セルにリング状に重ねて再現した。こうした微妙なディテールに観客が気づくことを期待していたわけではなく、これらの組み合わせがリアリティを生みだすのだった。

ドキドキするシーンもあった。X線写真の効果を模倣して、稲妻が光るたびに森を瞬間的に明るくし、木の葉の葉脈を浮かび上がらせた。出来上がった映像は圧巻だった。ストーリーディレクション、ストーリーリサーチ、脚本、アートディレクション、タイミング……シルヴィアにできないことはないように思えた。

何百枚もの残忍な犬の絵

一方のレッタはまだ勉強中だった。原画マンには通常、キャラクターの動きの途中経過［中割り］を描くという細かい仕事をする動画マンが付いていたが、レッタには自分しか頼る人がいなかった。アシスタントを付けてもらえないどころか、自分専用の机さえなく、秘書の部屋に間借りして仕事をしていた。

他の新人アニメーターと同じように、周りの熟練アーティストの助けを借りながら腕を磨いた。何時間もかけて何百枚も残忍な犬の絵を描いた。ファリーンが怯えて立つ崖を、足を滑らせながら互いに折り重なるようにして登る獰猛な犬たち。岩に覆いかぶさる波のごとく一斉に攻撃を仕掛け、バンビを包囲して首や脚に噛みつく。原画チーム唯一の女性が最も凶暴な生き物を作り上げていた。

レッタは、鉛筆で紙に下描きしてからそれをインディアインクで清書した。出来上がった動画を仕上げ部門に渡すと、女性たちが極細の羽ペンでそれをトレスした。わずかな振動でペン先がずれてしまうため、彼女たちは、部屋の外の廊下を、足を上げずにすり足で歩いた。動画をトレスするセルには、以前はニトロセルロースを使用していた。このセルロース化合物を構成する長い鎖状の糖分子は、樹木の幹からふわふわの綿花まで、あらゆる植物の細胞壁を形成する主成分だ。ニトロセルロースと樟脳《しょうのう》を混合すると、アニメーターのペンと相性がぴったりな透明で柔軟なプラスチックができる。ただ残念ながら、非常に燃えやすく、自然発火さえすることで知られる。ウォルトはつねに新しい技術の導入に熱心だったため、ディズニーは、アセチルセルロースという、より安定した新しいプラスチックに切り替えた最初のスタジオの1つだった。

部門を越えた親友

原画マンと動画マンの両方の作業をやるのは骨が折れたが、実践で学ぶ絶好のチャンスでもあった。レッタは、その向学心と純真な人柄で、すぐに他の原画マンと仲良くなった。週末にはふたりの若い原画マン、マーク・デイヴィスとメル・ショーとよくスケッチに出かけた。

部門を越えて友達もできた。レッタとメアリー・ブレアは、知り合ってすぐに親友になった。若いふたりの間には共通点が多く、どちらも美術学校の出身で、せっかくの才能をカートゥーンに使うことに戸惑いがあった。レッタはそれでも折り合いをつけ、仕事に満足していたが、メアリーはまだ確信が持てなかった。ここが自分の居場所だと思えないときもあった。メアリーはよくレッタを家に招いては、ふたりでやりがいや願望について語り合った。メアリーがリーと暮らしていた家は、ハリウッドの丘に囲まれ、静かで心地よかった。部屋数はベッドルーム1つを含む5部屋だけだったが、森を臨む壁面はガラス張りで、実際より広く感じられた。小さな離れのアトリエは、絵を描くのにもってこいで、メアリーが安らげる聖域だった。

メアリーとリーの家は、小ぢんまりとしていたが、それでもよく人を呼んでもてなした。ふたりの開くパーティーは有名だった。スタジオやアート界の友人が特大の暖炉の周りや、〝ティンゼルタウン〔ハリウッドのニックネーム〕〟の夜景を望むテラスに集まった。リーは、バンビの可愛さが鼻につくと文句を言いながらピッチャーにマティーニを作り、オリーブを盛った前菜を皆に回した。こうした夜にメアリーとレッタは、夕涼みをしながら一緒に飲み、笑い、タバコを吸って絆を深めた。外交的で、面白い話をしたり、同僚をからかったり、楽しいことが好きなレッタ。もの静かで、真面目で、皆の輪に入ろうとせず、感情や野心を表に出すことのないメアリー。その違いが互いを引き寄せた。

『バンビ』の制作チームは、いつもよりリラックスしていた。シナリオ会議でウォルトに急がなくていいと言われたからだ。今作っているものをブラッシュアップすることに専念してほしいという。「大事なのはペースを落とすことです。慌ててミスをしたり、クオリティを落としたりしないように、安定したペースで着実に進めてください」。作品はすでに制作に入って久しく、これ以上時間をかけてもいいというのは腑に落ちなかった。しかも、ウォルトは別の映画の企画を決めたばかりだった。今度のは、象の強さを持った作品になるという。

私の赤ちゃん

6

Baby Mine

灰色の鼻が檻の格子からくねくねと伸び、孤独な赤ちゃん象をゆりかごのようにあやしている。母親の目や耳は見えないが、わが子を抱くその引きつった筋肉と、憂わしげな鼻の曲がりを見れば、母親の気持ちが手に取るようにわかった。メアリー・ブレアは、自分の描いたスケッチを吟味するウォルトをどきどきしながら見ていた。何も言わなくても、片方の眉毛が上がったらやり直しということだ。でもウォルトの唇はにっこりと微笑んだ。

『バンビ』の制作は遅々として進まなかったが、『ダンボ』はとんとん拍子で進んでいた。基にした原作は、ヘレン・アバーソンとハロルド・パールの『ダンボ』だったが、36ページしかない短い物語で、ロール・ア・ブックと呼ばれる珍しい形式で出版されていた。窓付きの箱に入ったロール紙に文章とイラストが印刷され、箱についている小さなツマミを回して中の紙を送りながら読む。映像化するには材料が乏しかったが、ストーリー部門はわずかな文章からなんとか100ページ強のトリートメントを書き上げた。それは、ビアンカなしでは、とてもなし得なかった。

その脚本は、ビアンカの『子ぞうのエルマー』がほぼ基盤になっていた。ビアンカは、周囲になじめない、大きな心を持つ小さな象のキャラクターの脚本を何本も書いたが、人気もありキャラクターグッズまで作られたにもかかわらず、短編1作しか日の目を見なかった。エルマーは、他の動物の子供たちに長い鼻をからかわれ、仲間外れにされる。ある日トラの女の子ティリーのツリーハウスが炎に包まれたとき、助けに現れたのがエルマーで、鼻を消防用のホース代わりにして彼女を救う。笑い者にされてもそれを乗り越え、不格好な身体的特徴を生かして人助けをする象。昔から変わらぬ王道の筋書きだったはずだが、それにウォルトが気づくまで長い年月がかかった。

ストーリーアーティストのメアリー・グッドリッチが、ビアンカのそのテーマを念頭に脚本に取り組んでいた。グッドリッチは、ハンス・クリスチャン・アンデルセンのお伽話「雪の女王」のトリートメントを書き終えたばかりだった。題名のキャラクターは、物語の中で最初は雪の結晶として登場し、それが大きくなり、「とうとうひとりの女の人になりました。まるで何百万という星の形をした雪の結晶で織ったような、最上級の白い紗の着物に身を包み、優美でしたが、光輝く氷の体をしていました」。残念ながらその企画が頓挫したため、グッドリッチは『ダンボ』に取り掛かり、スピーディに制作に移行できる物語を担当できてほっとした。

私の赤ちゃん

スタジオでの『ダンボ』人気の理由は、ほぼこのスピードにあった。前にビアンカがやった仕事のおかげで、脚本は惚れ惚れするほどシンプルだった。「ダンボは、ストレートでわかりやすいカートゥーンです」とウォルトは言った。短編『子ぞうのエルマー』と同じように作ればよく、最近の長編のような複雑さがなかった。

『バンビ』と違って動物を漫画のように描くため、難しい動物解剖学を勉強する必要もなかった。背景画も、タイラス・ウォンが描く印象派の絵画のようなクオリティはなく、シンプルな水彩画になった。開発に何年もかけた『ピノキオ』のような特殊効果も使わないし、『ファンタジア』のような芸術性や音楽との絡みも必要ない。短期間で安く作れる作品だった。

ウォルトにとって最も優先すべきはコストだった。それは、スタジオが借金まみれだったからだ。『白雪姫』級の大ヒットはそう簡単には望めないことがわかった。立派な新社屋は誇らしくはあったが、それを維持するお金がなかった。努力が足りなかったわけではない。『ピノキオ』には尋常ならざる力を注ぎ、ストーリー、アニメーション、特殊効果の三拍子揃った記憶に残る作品ができた。だが残念ながら、お金にはなっていなかった。『白雪姫』は数百万ドルの利益をもたらしたが、『ピノキオ』はまだ赤字だった。

そもそも出鼻から失敗だった。ウォルトと兄のロイは、『白雪姫』の150万ドルに対し、260万ドルという莫大な製作費をかけたため、チケットを通常の倍以上する1枚1ドル10セントで販売した。どの映画を観るか迷えば、お客は単純に安いほうを選ぶものだ。ウォルトは、客足が伸びないことに気づきチケットを値下げしたが、後の祭りだった。

しかしこの失敗も、海外で起きていたことに比べれば大した問題ではなかった。ヨーロッパ全体が第二次世界大戦に飲み込まれつつあり、アメリカ映画はその犠牲の1つにすぎなかった。『白雪姫』は12か国語に吹き替えられたが、『ピノキオ』はわずか2か国語。評論家の評価は高かった。『ニューヨーク・デイリー・ニューズ』紙は「最も魅惑的な映画」と呼んだが、その映画は興行的には失敗であることが早々と明らかになった。『バンビ』はまだ制作中、そして『ファンタジア』が抜き足差し足で進んでいる今、すぐに現金が必要なウォルトは、わずかな労力で完成させられる『ダンボ』がその答えかもしれないと考えた。『バンビ』のトリートメントを書いてから4年、作品が再びキャンセルされるのを目の当たりにしたビアンカだったが、今回は、彼女自身のデザインが基になった不器用な象に道を譲るためだった。

『ダンボ』には特殊効果も使わなければ、高い芸術性を追求する狙いもないため、感情に訴えるストーリーが作れるかどうかが鍵だった。上映時間も『白雪姫』や『ピノキオ』の約1時間半よりずっと短く、長編としてはスタジオ史上最短の64分しかないため、キャラクターを成長させる時間はほとんどない。1時間で世界観を作り上げ、シリー・シンフォニーのカートゥーンを引き伸ばした以上の映画にするためには、キャラクターを愛らしく描き、シンプルな脚本にペーソスを加える必要があった。

メアリー・ブレアのアーティストとしての大きな強みは、1つの場面で感情を表現できることだ。彼女の描く水彩画には明確なストーリーがあり、生きているような、個性あふれるキャラクターの表情からその感情が明確に読み取れる。『ダンボ』でもこの才能を発揮して、母子の絆が鮮明に浮かび上がるような方法で各フレームを切り取った。

今、メアリーは机に覆いかぶさるようにして、紙と鉛筆で「私の赤ちゃん」のシーンに取り組んでいた。ある夜ダンボは、ひとり監禁されている母親を訪ねる。檻に閉じ込められているため、子象には母親の顔が見えない。そこで、探るように窓格子の間から小さな鼻を滑り込ませる。気づいた母象はダンボのいるほうへ近寄ろうとするが、足かせをはめられているため身動きが取れない。できるのは、自分も格子の間から鼻を伸ばすことだけ――わが子への恋しさが伝わる演技だ。息子の顔に触れることができた。お互いの鼻を絡ませ合い、ダンボの目に涙がにじむ。バックに子守唄の「私の赤ちゃん」が流れる。スタジオ専属の作曲家で、この心揺さぶるメロディーの生みの親であるフランク・チャーチルとも密にすり合わせをした。わずか数分のシーンだが、メアリーのコンセプトアートのおかげで、母と子の変わることのない絆が見事に表現されている。母象が鼻にダンボの小さな体を乗せ、音楽に合わせてゆりかごのように揺らす演技は、どんな台詞よりもふたりの愛情と絶望感を饒舌に語っている。

メアリーは恋しさというものをよく知っていた。そのシーンの制作中、彼女自身も心に傷を負っていた。早期流産を何度か繰り返していたが、医師にも原因不明と言われ、切なさと無力さに苛まれていた。当時、妊娠初期の流産は珍しくなかったが、そのことを女性同士でも話すことはなかった。赤ちゃんをなくした悲しみをオープンにできずにいたメアリーは、その気持ちを絵筆とスケッチ帳にぶつけた。暗く物悲しい色合いで描かれたこの母子象のイメージは、作品の顔になっている。ただ、スケッチの縁には、彼女の悲しみがあふれ出たかのように、水彩絵具の水たまりができていた。

色の可能性を大きく広げるテクニカラー

そうした情感あふれるシーンも、スタッフ全員がスピーディに仕事をしたおかげで、順調に形になりつつあったが、レッタは一目で色が違うことに気づいた。スタジオで見る限り、アニメーターの描いた動画を仕上げ部門がトレスし、彩色したセルは色鮮やかに見えた。だがフィルムでは冴えなかった。象たちは色褪せたような灰色になり、泥だらけの背景とほとんど見分けがつかなかった。ワクワクするはずのサーカスの賑やかな色や動きが、くすんでのっぺりとしてしまっていた。

10年前の1930年、映画関係者の中で、カラー映画が娯楽産業にどれほど大きな影響を与えることになるか想像できた人はあまりいなかったに違いない。俳優たちはモノクロ映画の光と影の神秘的な戯れが失われたと不平を言い、映写技師はカラー技術の複雑さを批判し、興行主はカラーになってもチケットの売り上げは変わらないと言った。ウォルトやスタジオのアーティストたちは、当初からカラーの力を信じた少数派だった。

1932年、ウォルトは、三色法《スリーストリップ》と呼ばれる新しい彩色技術の独占使用契約を結んだ。カラー映画を作るには、レンズのすぐ後ろに、キューブ型ビームスプリッタ〔2つの直角プリズムを使って入射光を分割する部品〕を搭載したカメラが必要だった。レンズから取り入れた光の一部を、金でコーティングしたミラー〔直角プリズムの接合面〕で屈折させ、マゼンタのフィルタに通す。このフィルタによって緑色の光を取り除き、赤色と青色の光を2本の35ミリフィルムへ送る。1本のフィルムを赤い光、もう1本のフィルムを青い光に感光させる。残りの光は、緑色の光だけを通すフィルタにストレートに通し、3本目のフィルムへ送る。3本のフィルムを重さ200キロ前後の巨大な専用カメラで処理すると、露光フィルムが3セットできる。どれも普通のモノクロフィルムのように見えるが、グレーの色調はカラーフィルタによって異なる。青いものは青フィルム上で白く写り、赤いものは赤フィルム上で白く写り、緑のものは緑フィルム上で白く写る。その後、それぞれのフィルムをそれぞれの補色〔青はイエロー、緑はマゼンタ、赤はシアン〕で染色する。フィルムの最も白い領域は、色素の吸収量が最も少ないため、たとえば赤色の部分はシアンの色素をほとんど吸収しない。そうして3本のフィルムを重ねると、色鮮やかで実際の色にまったく忠実でない、宣伝文句に謳われる「グロリアス《まばゆい》・テクニカラー」の映像が完成する。

ウォルトの最初の交渉相手はハーバート・カルマスだった。カルマスは、ボストンの鉄道車両を改良した研究室に、他2名と共同でテクニカラー・モーション・ピクチャー社を設立した。そして母校マサチューセッツ工科大学《テクノロジー》（MIT）に部分的にちなんで名付けた技術を開発した。ウォルトがテクニカラーをアニメーションの制作に使用するために結んだ独占契約はすでに期限切れだったが、同社との密な付き合いは続いていた。ウォルトが色褪せの問題（通常、テクニカラーの色は彩度が高く、色味が強く出るので異例）をカルマスに訴えると、同社からナタリー・カルマスが助っ人として送り込まれた。

ナタリーはそのときすでにハーバートの妻ではなかった。ふたりは1921年に密かに離婚していたが、一緒に暮らし、テクニカラーの技術改良を行っていた。映画会社がテクニカラーを使用するときは、カメラを購入するだけでは済まず、そのカメラを操作し、フィルムを加工する技師が10人以上付いてきた。その中には脚本を読み、作品に使用するカラーチャートを作成し、衣装や美術の制作スタッフと色の組み合わせを決定する色彩設計《カラーディレクター》もいた。

テクニカラーは扱いにくい技術だった。セットに大量の照明を要し、また技術的な制約や限界を知る必要があった。それによって映画のビジュアルが左右されることもあった。たとえばMGM製作の『オズの魔法使』でドロシーがヒールを3回鳴らす有名な靴は、もともと銀色になる予定だった。一部の歴史家の解釈によれば、L・フランク・バウムの原作に書かれている靴の銀色と「黄色のレンガの道」の金色は、1896年に銀行業界で繰り広げられた金本位制と銀本位制に関する論争を象徴しているという。だがそんな政治的解釈も、カラーフィルムの不思議には勝てなかった。というのは、銀色はテクニカラーでは無色透明になってしまうからだ。この映画でナタリー・カルマスがコンサルタントを務めたことにより、靴の色は「黄色のレンガの道」とのコントラストで、ルビー色に変更された。

ナタリー・カルマスは、自分を「虹のリングマスター」と呼び、その時代の数多くの映画作品で重要な役割を演じた。たとえばメイキャップに関する決定を下し、頬や目、唇が際立って厚化粧に見えないように、より自然な肌色を追求した。照明やセット、衣装の変更も指示した。たとえば『風と共に去りぬ』では、ビビッドなテクニカラーの色とのバランスを考え、より落ち着いた色調を使うよう求めた。とくに色が場面の情感や緊張感の高まりにどのような影響を与えるのかに興味があり、時おりカメラの後ろに回って撮影技師の役目を担った。

ただ、有能で自信にあふれたカルマスがどこでも歓迎されていたわけではなく、舞台での経験から派手な色を選びがちなメイキャップアーティストやセットデザイナーとよく衝突した。プロデューサーや監督も押しの強い意固地な女性と仕事をするのを嫌がった。『風と共に去りぬ』のセットについて、製作者のデヴィッド・O・セルズニックは不満を漏らしている。「もうわかったと思うが、テクニカラーの専門家たちの言うことを鵜呑みにしてはいけない。最高に明るい色を出すチャンスを捨てるよう言いくるめられていたとは思いもよらなかった。それならモノクロで作ればよかった」。確かにに1940年代、ほとんどの映画製作者はモノクロを選んでいる。カラー映画は、全ハリウッド映画の12パーセントにすぎなかった。

しかしウォルト・ディズニー・スタジオでは、ナタリー・カルマスはありがたい存在だった。実写映画と違い、アニメーションではテクニカラーによる色調の制約はほとんどなく、むしろ色の可能性が大きく広がった。化粧に悩まされることも、現実に忠実である必要もないアニメーションは、テクニカラーと最高に相性が良かった。唯一『ダンボ』を除いて。

生気が感じられない色彩

レッタをはじめ、彩色に携わっていたスタッフ、とくに仕上げ部門は、象たちに生気が感じられないことが気がかりだった。女性だけのこの部署に1日2回あるお茶の時間——制服を着たメイドが磁器のポットから紅茶を注ぎ、時おりローナドゥーンと呼ばれるショートブレッドクッキーを供した——に彩色の問題について話し合った。仕上げ部門は、バーバンクのスタジオ内でいっそう孤立し、ウォルトやアニメーション部門、ストーリー部門のいる区画とは反対側の建物に入っていた。専用の社員食堂と中庭があり、その離れのような佇まいから、「ナナリー（女子修道院）」と呼ばれていた。

仕上げ部門の女性たちは、セルの滑らかな表面にわずかな糸くずや指紋も付けないように、つるつるした生地のスモックと白い薄手の綿手袋をつけていた。ただし、絵筆や羽ペンをしっかり握れるように、片方の手袋は親指、人差し指、中指の先端を切り落としていた。トレス係は、跡がつきやすいセルの表面に、かすり傷1つつけずに動画をトレスできる能力を持っていたことから、「女王たち《ザ・クイーンズ》」と呼ばれていた。

彩色の方法については、事細かく指示を仰いだ。それぞれの色はスタジオ内で作り出されており、仕上げ係は、調色用カップに水を足しすぎないように注意して、それから細いクロテンの毛の筆で絵具を塗った。まず彩度の高いビビッドな色から塗る。輪郭線の端近くまで絵具を伸ばし、布で軽く叩いて余分な水分を拭き取る。絵具はカスタードのような質感に見えるが、マルチプレーンカメラのガラス板でセルを押しつけると、内包されていた水分が放出されるため、滑らかで不透明な仕上がりになる。

絵具を自前で作っていたのは、コストの節約のためだけでなく、品質管理のためでもあった。顔料の化学組成、表面張力、湿度や気温に対する反応、セルとの相性など、すべてが慎重に最適化されていた。その事実と、自分たちの日頃の努力や注意深さからいっても、『ダンボ』のくすんだような色が絵具のせいではないことは確かだった。カメラの問題でもなさそうで、セル自体に問題があるに違いなかった。

スタジオは少し前に、セルの素材をアセチルセルロースに切り替えたばかりだった。それによって安全性が格段に向上したのは歓迎すべきことだったが、火災の危険性が減った反面、これまでのような冴えた色が出なくなるという予想外の事態に陥った。そこでスタジオはナタリー・カルマスと彼女の作る巧妙なカラーチャートに頼った。実験を簡略化するため、仕上げ部門は、それまでの作品で使っていた数千色の1割にも満たない150色に色数を絞り込んだ。色数を減らしたことは、かえって『ダンボ』のミニマルな物語やアニメーションスタイルにマッチした。テクニカラーを念頭に、グレーの色調に変化をつけながら、ようやくダンボと友達のネズミ、ティモシーがスクリーン上で際立つ完璧な色が決まった。

労働者を保護する新しい法律

スタジオの財政難は悪化の一途をたどっていた。ウォルトは、長編作品の制作が長引くことが予測できたため、その場を凌ぐお金が必要だった。そこで1940年、それまで長い間避けてきたこと、つまり会社の上場をついに実行することにした。まだ設立して2年の会社に一か八か賭けようという銀行や投資家を引きつけ、スタジオの株式を売って資金を調達することができた。だが、株式公開には情報公開が付き物だ。会社のお金の使い方、とくに給与がオープンになり、誰もが見られるようになった。スタジオの従業員は、数字に驚きが隠されていることを知った。1940年のウォルトの給与は週に2000ドルで、それ以外にストックオプションもあった。ハリウッドの基準からいっても莫大な金額だった。

上場によってスタジオの空気は一変した。アーティストとして同じ夢を目指し、共に体制に抗い、苦しいときには平等に痛みを分け合う1つの家族という幻想は打ち砕かれた。贅沢な真新しいオフィスに恨みが渦巻いた。ウォルトは生活に困らない給与をもらっていたかもしれないが、スタッフの多くは違った。

ルーズベルト大統領は、ニューディール政策の一環として、国内労働者の保護を促進していた。再選を賭けた1936年の選挙キャンペーン中、マサチューセッツ州ベッドフォードで、封筒を手に持ったひとりの若い女性が大統領に迫った。女性は警察官に取り押さえられたが、ルーズベルトは側近にその封筒を受け取るよう指示した。封筒にはつぎの手紙が入っていた。

> あなたの力で私たち女性労働者を助けてください（中略）私たちは縫製工場で働いています（中略）数か月前まで、週11ドルという最少額の賃金を受け取っていました（中略）それが今、200名いる私たち女性労働者の給与はそれぞれ週4ドル、週5ドル、週6ドルにカットされたのです。

この手紙に刺激を受け、ルーズベルトは、それまで無視されることの多かった女性や児童を含む労働者を保護する法律を制定する。1938年の公正労働基準法で、抑圧的な児童労働を禁じ、連邦として初めて最低賃金を法制化し、時給25セントとした。また、公正な労働時間の目安も定めた。初めは週35時間を妥当としていたが、最終的に1日8時間で5日間働く、週40時間労働で妥協した。アメリカの労働者は、必要な保護に加え、賃金の改善まで約束されたが、一方の雇用者は、その新しい規則に文句が大ありだった。

ウォルト・ディズニー・スタジオの従業員は、とくにストーリー部門とアニメーション部門のスタッフが1日8時間を大幅に超えて働き、しかも週5日では収まらなかった。土曜日の会議は、社員食堂の人気メニュー、〝白雪姫スペシャル〟と呼ばれるチキンサラダサンドウィッチと同じくらい定番だった。給与には大きな開きがあり、少数のトップアニメーターが週給200〜300ドル稼いだのに対し、仕上げ係の稼ぎはたったの12ドル。スタジオのアーティストの平均週給は18ドルで、当時の男性の中央値をわずかに上回っていた。

給料に不満を持っていたのは、ディズニーのアニメーターだけではなかった。1938年、MGMの新しい短編シリーズ『トムとジェリー』のアニメーター、ビル・リトルジョン率いる組合「スクリーン・カートゥーニスト・ギルド（the Screen Cartoonists' Guild）」がロサンゼルスで結成された。組合の規模が拡大するにつれ、その影響力も増していった。そして、他のどのスタジオよりも多くのアニメーターを抱える雇用者として、ウォルトが標的にされた。

スタジオを丸ごと巻き込むことになる混乱は、ゆっくりと始まった。要求の高まりを受けて、ウォルトはいくつかの約束に同意し、自ら減給もしたが、スタッフに対する追加報酬はいっさいなかった。株式公開がうまくいかず、株価は25ドルの初値からあっという間に3ドル25セントに下落していた。

それと同時に、スタジオが手塩にかけた芸術作品『ファンタジア』がとんでもない事態に陥っていた。

1940年11月13日にようやく公開されたが、上映が決まったのは13の劇場だけだった。その理由は、「ファンタサウンド」と呼ばれるサラウンドサウンドの費用にあった。ファンタサウンドには、アンプラック11台、ラウドスピーカー数十本、真空管400個、そして装置の保守と操作をする専門技師チームが必要だった。装置全体の重量は7トン近くあり、設置に1週間以上かかる。その費用8万5000ドルを投資しようという劇場経営者は限られていた。

上映規模だけでなく、映画評論家も作品を骨抜きにした。『ニューズウィーク』誌は、「ディズニーの失敗は、にやけたケンタウロス、カレンダーの絵のようなキューピッド、純情ぶったフラッパー風のケンタウレット、コミック漫画のようなバッカスがどれも、ベートーヴェンの交響曲『田園』の背景として選ばれたギリシャ神話を冒瀆していることである」と酷評した。さらに『ニューヨーク・ヘラルド・トリビューン』紙に掲載されたコラムニスト、ドロシー・トンプソンの評もある。「ベートーヴェンの『田園』の描写の酷さは、戦いを起こすに十分である。自己防衛するだけの血気がこの文化に残っているならばだが。(中略) 澄んだきれいなサウンド――耐えがたいほど澄んだきれいなサウンド――が客席に降り注ぐ間、観客はラズベリーとマシュマロでできたオリンポス山を眺めさせられる。その澄んだ力強い音楽は、冷たい悔し涙を流しているようだ」。見当違いな『田園』のシーンは、当時から『ファンタジア』の難点であり、のちに性差別、人種差別的だと批判されることになる。

製作には、『白雪姫』より約100万ドル多い230万ドルを投じており、スタジオが損失を取り戻す見込みはもうないように思われた。とにかく『ダンボ』の完成を急ぎ、同時に理想を追い求めてきた『バンビ』も急ぐしかない。その重圧の中、ウォルトには、スタッフの求めに応じようという気持ちも、ましてや資金もなかった。スタジオは、バンク・オブ・アメリカに対して450万ドルの負債を抱え、ほんの1年前まであった、給料を上げる自由はもはやウォルトにはなかった。会社の支配権は事実上、株主が握り、何か劇的なことが起こらない限りは、彼らが今後の映画の企画すべてについて最終的な決定権を持つことになる。ウォルトのスタジオは、実質的に彼のものではなくなっていた。

自分のデスクに座る会ったこともない男

お金に焦点が当たったことで、一部のアーティストは不快感を抱いていた。彼らの多くは、お店で店員をやるほうがよっぽどお金を稼げた。メアリー・ブレアも、周りの社員と同じくらい不満は感じていたが、それは別の理由からだった。彼女が求めていたのはまともな給料だけであって、スクリーンに自分の名前が載るかどうかはどうでもよかった。でもいまだにスタジオの人間ではないかのように、除け者にされているという感覚は変わらなかった。唯一、レッタの隣に座り、ふたりしてデッサン用に連れてこられたメイベルという名の生きた象をスケッチしている間だけは、仕事に喜びを感じた。

メアリーやレッタと違い、ビアンカはスタジオでの生活をなかば拷問のように感じていた。個人批判の演習のようなシナリオ会議は酷くなる一方だった。『ファンタジア』での活躍や『ダンボ』に与えた影響によって、ビアンカの仕事はやりやすくなるどころか、男性たちは態度を硬化させ、何かにつけて彼女を誹謗するようになった。彼女は自分のアイデアに可能性があるとわかっていても、皆を説得して企画を通すことができなかっ

ビアンカ・マジョーリーによる未刊行の絵本のためのペインティング
(ジョン・ケインメーカー提供)

た。

ビアンカは、取り組んでいた2つの企画、『シンデレラ』と『ピーター・パン』のどちらの原作も大好きだった。『シンデレラ』には『白雪姫』と同じようなドラマ性があると思っていた。窮地に立つ王女の、共感を呼ぶ映像が目に浮かんだ。動物も扱えるし、ドラマチックに演出できる緊迫のシーンもある。彼女はスケッチ帳を手に取り、ボリュームのあるブルーのドレスを着て、暗い階段を駆け下りるシンデレラと、彼女の後ろに残された靴の輝きを絵にした。

他にも、『ピーター・パン』の登場人物の中で、とくに興味をそそられたキャラクターに取り組んだ。ビアンカは昔から妖精が好きで、この本にはなんといってもティンカー・ベルといういたずら好きの妖精がいる。その小さな妖精を何度も繰り返し描き、小鬼のような茶目っ気を与え、周りに空を飛ぶ子供たちと金色の妖精の粉も描き込んだ。

こうした企画には何年も前から取り組んでいたが、一向に弾みがつかなかった。トリートメントを書き直してても、ウォルトは興味を示さなかった。自分のアイデアに興味を持ってもらうには、他の誰かに提案してもらうしかないとさえ考えた。人から認められず、疲れ果てた彼女は、アーティストとしての感性を取り戻すために、休暇を取ることにした。初めてロサンゼルスに移り住んだときは、「エンジェルにあふれた、若々しく美しい」街だと思ったが、今はほんの一時でもここを離れたくて仕方がなかった。

ところが休暇から戻り、戸惑った。自分のオフィスへ行くと、休暇前と様子が違っていた。自分が使っていた鉛筆やスケッチ帳、脚本メモがすべてなくなり、会ったこともない男性がデスクに座っていた。驚いて部屋を後にした。部屋をまちがえたのかと思ったが、そこは紛れもなく自分の部屋だった。廊下で彼女の驚いた顔を見た男性スタッフのひとりが言った。「わかってますよね、解雇されたって」。だがビアンカは知らなかった。聞かされていなかった。高校時代の友人、ウォルトはさよならさえ言ってくれなかった。

7

ブラジルの水彩画

Aquarela do Brasil

普段は軽くスロットルレバーを引いて離陸するグレイスだが、今日はいつもの慎重さを捨て、エンジンを全開にして機体を思い切り急上昇させた。バーバンクの管制塔を1000フィートの高度で通り過ぎ、さらに上昇し続けた。絶望は地上に置いてきた。1940年、天から降ってきた夢のような仕事を引き受けるために、唐突にスタジオを辞めたグレイスだったが、そのわずか数週間後、彼女の抱いた希望は、高まる戦争の脅威によって打ち砕かれた。フェアチャイルド・エアクラフト社のアーチボルト・M・ブラウンから届いた内定取り消し通知には、「アドルフ・ヒトラーを除いて、誰にもどうしようもできない状況」による、と書かれていた。

グレイスはショックを受けたが、嘆いている間に決意はいっそう固まった。さらに上の高度飛行にチャレンジすることにした。星条旗をつくったとされる女性と同じ名を持つ20歳のベッツィ・ロスが、軽飛行機でペンシルベニア上空1万8000フィートに達したが記録更新とはならなかった。グレイスは、ロスのその挑戦ばかりか、1939年に自ら樹立した記録も破れる自信があった。それができたら、誰かが雇ってくれるに違いない。飛行機は、宣伝効果を期待したあるディーラーから、テイラークラフト社の2人乗り小型機を借りることができた。黒光りする機体に赤い縁飾りが施してあり、グレイスは「ブラックビューティー」号と名付けた。

離陸の45分前、ストレッチをして筋肉を伸ばし、マスクを着けて純酸素を吸い込んだ。それは、血液から窒

グレイス・ハンティントン、「ブラックビューティー」号と、1940年(バークレー・ブラント提供)

素を取り除き、気圧の急激な変化の影響を受けにくくする新しい予防法だった。そして酸素タンクを運んでくれているきょうだいチャールズと飛行機に向かって歩きながら雑念を払った。

離陸後、バーバンク上空を素早く上昇したが、ある地点に達すると、おかしなことに、高度計が2万1000フィートで動かなくなり、それ以上上昇していないように見えた。ところが自分で持ち込んだ感度の高い高度計を見ると、2万2750フィートを示しており、2万フィートを超えると思っていなかったグレイスは息を飲んだ。これで新記録まちがいなしだと確信したが、まだ攻めたかった。自分がどこまでいけるか見てみたかった。恐れていためまいや吐き気はなく、ただ倦怠感が増していた。そのとき突然、爆発音がした。

飛行士にとってそれ以上嫌な音はない。彼女は機体と設備に急いで目を走らせた。モーターのバックファイヤーか、ケーブル破損の可能性が想像できた。冷静さを保ちつつ、恐ろしい音の原因を探した。答えはすぐ目の前にあった。ウインドシールドにひびが、ガラスの上から下まで入っている。もし今ウインドシールドがだめになったら、機体がまったく制御できなくなる可能性がある。だが座席からガラスの状態をよく調べたところ、傷は浅いようだった。そこでこのチャンスを無駄にせず、さらに攻めることにした。

そのとき、グレイスは寒さに気づいた。持参した感度の高い高度計は、高度の変化を記録しなくなっていたが、気温からいって、上昇し続けているのは明らかだった。気温はマイナス24度、いつもの習慣で、まちがいを気にせずノートに高度を書き込もうとして、鉛筆を持つ手が震えた。ウインドシールドのひびと、体の震えにもかかわらず、グレイスは上昇し続けた。燃料計が空港に戻るためのギリギリの量を示したときに、ようやく降下を始めた。

地上に戻って記者から最初に聞かれた質問は「何フィートまで行きましたか」だった。「高度計は2万2750フィートを記録しました」とグレイスは笑顔で答えた。実際には2万4311フィートに達し、前の記録を4000フィートも更新したことを知ったのは、公式の気圧計がワシントンへ送られ分析された後だ。仕事もなく、飛行の世界で将来の保証もなく、正確な飛行高度も知らないまま地上に戻ってきたが、気分は良かった。

ハリウッドで前例のないチャンス

スタジオは調子がいいとは言えなかった。グレイスがいなくなり、ストーリー部門にぽっかり穴が開いたようだった。同僚の中で一緒に仕事をしていた女性たちの喪失感は大きかった。何年も前から航空業界で働く夢を聞かされていたから、予想はしていたが、グレイスは、脚本を書きストーリーボードをまとめる才能に恵まれ、ウォルトに一目置かれていた。4年前、初めてグレイスを連れてきたときにウォルトが言った、女性を採用することに対する葛藤は、明らかに消えていた。

スタジオの女性の地位が向上したのは、ストーリー部門に限ったことではなく、1940年代前半、ウォルトは仕上げ部門の女性たちを作画作業に取り込むための新たな研修制度を導入した。つまりこのときウォルト・ディズニー・スタジオで働いていた女性スタッフは突然、ハリウッドのどのスタジオにもない、業界で前例のないチャンスを手にすることになった。

興味があるのは腕のいい従業員だ

職場への女性進出を脅威に感じた男性は、お化けを怖がる小さな子供と同じことをした。つまり大声で騒ぎ立てた。一部のアメリカ人が何世紀も前から、移民が職を奪うといって彼らを責め続けてきたように、一部の男性従業員は女性が自分たちの仕事を横取りしているといって責めた。中には、経費節減のためだけに低賃金の女性を雇っているといってウォルトを非難する者もいた。不安と不満が渦巻く中、1941年2月10日、ウォルトはバーバンクのスタジオの全社員を集め、そうした苦情に直接答えた。

わたしたちが女性アニメーターを育てて、高給取りの男性の代わりに雇おうとしているというのは、聞くに堪えない噂だ。こんなばかげた話は聞いたことがない。わたしたちは安く雇える従業員には興味がない。興味があるのは腕のいい従業員だ。いま女性たちが中割り作業の訓練をうけているが、それにはいくつかの理由がある。第1に、さまざまな仕事をこなせるようになってもらうためで、そうすれば中割りと仕上げのもっとも多忙な時期に対処できる。組織内でスタッフの融通がきくようになれば、スタッフにとって利益になるということを信じてほしい。そうなれば安定した雇用を約束し、スタジオも順調に作品を制作できるからだ。

第2の理由は、平時の徴兵は言うまでもなく、戦争にでもなれば現在雇っている若者の多くが奪われるかもしれない。とくに若い就職希望者が戦地へ赴くだろう。そういう若者が終戦後に仕事に戻るためには、その職場は戦争中も存続しなければならない。そのためにも女性スタッフは助けになるのだ。

第3に、女性アーティストにも男性と同じように成長のチャンスを得る権利がある。だから彼女たちはいずれ男性がなし得なかった何かをこの業界で確立すると、わたしは心から信じているのだ。現在中割りのトレーニングを受けているグループのなかには、将来有望な人物もいる。そのすばらしい作品の例として、エセル・カルサーとシルヴィア・ホランドの組曲『くるみ割り人形』や、〝リトル〟レッタ・スコットがあげられる。レッタについては『バンビ』を見れば、もっと名前を聞くようになるだろう。

ウォルトの言葉は、非常時や財政難の問題とは無関係な、女性の価値に対する心強い擁護の表明であり、とくにシルヴィア、エセル、レッタの自信を後押しした。だが男性陣は、ウォルトが何を言おうと不安が収まらなかった。劇的な変化にただただついて行けなかったのだ。

心の準備などお構いなしに、すべての人を巻き込む激変が迫っていた。1941年前半、アメリカは、ヨーロッパとアジアで起こっていた暴力と破壊行為に、表向きにはまだ加わっていなかったが、いつ壊れてもおかしくない不安定な平和を前に、ほとんどのアメリカ人は戦争を覚悟していた。

まばゆいばかりのバーバンクの新しいスタジオでの生活も混乱を迎えようとしていた。その春じゅう、ウォルトは公平な給与体系とスクリーンクレジットを求めるスクリーン・カートゥーニスト・ギルドのリーダーやスタジオのスタッフと話し合いを重ねていた。他のスタジオの経営者と同じように、ウォルトも、組合のまとめ役で交渉力に長けたリーダー、ハーバート・ソレルを相手に話をしなければならないことが恨めしかった。公の場では、共産党勢力がこの騒動を引き起こした張本人だと非難したウォルトだが、個人的には、目をかけていたアニメーターたちのとった行動に感情を害していた。

その筆頭が、『白雪姫』の意地悪な女王を描き、グーフィーというキャラクターを生みだしたアニメーター、アート・バビットだった。バビットは、自分が評価されていないと主張することはできなかった。なにしろ彼はスタジオ屈指の高給取りであり、名前も何度もクレジットされている。豪邸に住み、使用人を雇い、車3台を持つ贅沢な暮らしを送っていた。ウォルトにしてみれば、それだけのものを与えてくれたスタジオを攻撃対象にするなど論外だった。

バビットとしては、スタジオで力を持っている立場の人間として、周りの恵まれないアーティストを助ける責任があると考えていた。そこで男性スタッフだけでなく、できる限り多くの従業員と話し、仕上げ部門にも足繁く通った。実際バビットが組合活動にかかわるようになったのは、昼食を買うお金がなかったために自分の机で気絶したある仕上げ係の健康を気遣ったのがきっかけだと述べている。

1941年5月28日の話し合いは目も当てられなかった。ソレルがウォルトに怒鳴った。「あんたのスタジオを砂嵐《ダストボウル》が通った後みたいにしてもいいんですよ！」。怒声と脅迫は、どちらにも何の解決ももたらさなかった。いがみ合いのまま交渉が決裂すると、ウォルトの復讐心に火がついた。彼は即座にアート・バビットと、組合員だった他の16名のアーティストを解雇した。それが火種となり、組合はストライキに踏み切った。

5月29日の朝、すべてが変わった。数百人の従業員がスタジオの入り口をふさぎ、「私は操り人形じゃない」「われわれはネズミか人間か？」「手を引く《ホルト》かどうかはウォルト次第」と書かれたプラカードを掲げた。

スタジオの従業員は突然、忠誠心の度合いによって二分され、組合に共鳴したことによって壊れた友情もあった。ウォルトの姪、マージョリー・スーウェルは彩色係として働き、トレス係のひとりとルームシェアをしていたが、対立する立場を支持したため、家の中の緊張が高まった。朝、スーウェルは車にルームメイトを乗せて通勤したが、抗議行動に参加するルームメイトをスタジオの外で降ろした後、門を通り、職場へ向かった。

独身女性の多くは、組合を支持したい気持ちはあっても、経済的理由からストライキに参加できなかった。レッタは、重い気持ちでデモ隊の列を横目に通り過ぎた。怒りの矛先が自分にも向けられていることはわかっていた。そこにいる男性たちは、よくも仕事を奪ってくれたと怒っていたのだ。アニメーターになってからまだ日が浅いレッタは、その貴重な仕事を失うのが怖かったし、どれほどそうしたくてもストライキに参加する金銭的余裕はなかった。数百人の群衆の間を車で通り抜けようとすると、男性たちが車を叩きながら、「ここで何をしている？　家で赤ん坊を産んでいろ！」と怒鳴った。

シルヴィアもストライキで自分の仕事がどうなるのか、不安におののくひとりだった。解雇されるような危険は絶対に犯せない。家族全員が自分の収入を頼りにしていた。けれどスタジオの親しい友人は違う意見だった。同じくふたりの小さな子供を養わねばならないエセル・カルサーはデモ隊の列に参加した。そばで一緒に働いてきた、共通点もたくさんあるふたりにとって、この袂別は深く身に染みた。ふたりの友情は、ストライキで壊れた多くの友情の1つだった。

エセルと違って、シルヴィアには援助してくれる親戚がなく、自分の収入がなければ、子供を失いかねなかった。少ない給与も、長時間労働も、それを危険に晒すくらいなら我慢して受け入れるほうがいい。前回昇給を約束されたときから、すでにひと月60ドルもカットされ、減給はさらに続きそうだった。彼女はこの騒動の責任はウォルトにではなく、組合側と妥協の道を探れなかった会社の顧問弁護士にあると考え、自分はできる限り仕事を続けた。

やることはたくさんあった。ストライキの前、エセル・カルサーがハンス・クリスチャン・アンデルセンの「人魚姫」のトリートメントを書き上げており、シルヴィアは、ストーリーボードの作成と、ウォルトと一緒にシナリオ会議の舵取りをするのに長い時間を割いていた。自分の意見を遠慮なく口にし、会議の中心になることもしばしばで、ウォルトはその自信に感心し、彼女の忠誠心を喜んだ。

シルヴィア、メアリー・ブレア、レッタはストライキには参加しようとしなかったが、とくにメアリーは、長引く混乱に集中を妨げられ、アーティストとしての仕事に支障を来たしていた。いつまでもお金やスクリーンクレジットの話し合いに巻き込まれていたくなかった。それよりも家で絵を描いているほうがいいと、唐突にスタジオを辞めた。そうすることがアーティストとしてのキャリアにとって最良の選択だと信じて。

財政難、労働争議、世界戦争の兆し――ウォルト・ディズニー・スタジオが大きな困難に直面する中、ウォルトは、街を離れるいいタイミングかもしれないと考えた。そのチャンスが予期せぬところ――国務省からやって来たのだ。アメリカ政府は、南米大陸におけるナチス・ドイツの影響力拡大を阻止する手立てとして、ウォルトとスタジオのスタッフ数名を南米へ親善旅行に行かせようとしていた。1940年、ネルソン・ロックフェラー上院議員は、アメリカが中南米において自国の利益を確保するために十分な措置を講じなければ、同地域における政治および経済的支配力を失うことになる、との懸念を示したメモをルーズベルト大統領に宛てて書いている。中南米諸国は、枢軸国と少なからず貿易を行っており、プラチナ、銅、綿をヨーロッパへ輸出していた。さらには、大西洋と太平洋とを結ぶ戦略的要所であるパナマ運河の支配権に関する懸念もあった。対策として、ルーズベルト大統領は米州問題調整局（OCIAA）を設置し、ロックフェラーに、新時代の協力関係、広報、貿易利益の確保の指揮を執らせた。同局は、戦時のためだけでなく、その後も継続してその役割を担うことが意図されていた。

OCIAAが初期に試みた1つが、中南米諸国をアメリカの映画、雑誌、広告漬けにし、さらには有名人を送り込んでアメリカ文化を浸透させることだった。その次に情報統制を強めた。戦争中は新聞用紙が不足し、アメリカも中南米諸国ももっぱらカナダからの輸入に依存していた。用紙が配給制になり、新聞のサイズが縮小される中、OCIAAは、国益に資するメディアにだけ新聞用紙を供給することにより、国益に反する印刷物を抑制することができた。政治経済の動向をつねに把握するため、諜報活動も強化された。

ウォルト・ディズニーと愉快なアーティストたちの南米周遊は、ナチス・ドイツの手から南米大陸の支配権を奪うための数ある計画の1つにすぎなかった。ルーズベルト政権は、その旅行の成果として、中南米を題材にした新しい映画作品の制作と、それによって国交が深まることを期待したため、旅費を負担するだけでなく、映画のリスクを引き受け、さらに映画公開後に製作費を回収できなかった場合には、連邦政府が損失を補填することまで申し出た。ウォルトはそれだけ聞ければ十分だった。財政難から脱け出すためのハッチが、魔法のごとく絶好のタイミングで出現したのだ。

メアリーは退職してすぐにその決断を後悔した。リーを含む数人のアーティストが、ウォルトの南米旅行に同行するメンバーに選ばれた。メアリーは羨ましくてしかたがなかった。辞めてさえいなければ、その大冒険に行けたかもしれないのに。リーは首を横に振ったが、メアリーの父親に考えがあった。「なあメアリー、ちゃんとした服に着替えてさ、スタジオへ行ってディズニーさんに会わせてもらって、自分も行かせてくれって頼んでみたらいいじゃないか」。メアリーはそのとおりだと思い、ウォルトに会いに行き、夫に同行してもよいかと謙虚な気持ちで尋ねた。するとウォルトは承諾し、さらに彼女を雇い戻した。メアリーは有頂天でオフィスを後にした。社員に戻れたし、生まれて初めての海外旅行が待っている。

ディズニーご一行様

一列に並んだバスにウォルトと、選ばれたアーティストたちが乗り込み、一部のスタッフが手を振って見送ろうと律儀に外に集まっていた。シルヴィアもその中にいた。階段に腰掛けていると、ウォルトが建物から出てきた。彼女の前で立ち止まり、「行かないんですか」と聞いた。

「はい、呼ばれていませんので」とシルヴィアは素直に答えた。

「え、行かないの？」とウォルトは本当に驚いたように言った。何か手違いがあったということなのだろうが、シルヴィアにはその後も何の説明もなかった。旅立つ一行を見送りながら、自分もその一員になりたかったし、旅行も、旅先で待ち受けているはずの体験も妬ましかった。

1940年代初頭のアメリカでは、海外旅行はまだ一般的ではなかったため、彼らは希少な経験に好奇心をくすぐられた。一行はウォルトと妻のリリアンを含め総勢18名で、リーとメアリー・ブレア夫妻を含むストーリー部門のスタッフが大勢を占めた。アニメーターはフランク・トーマスただひとり、そしてチャールズ・ウォルコットというミュージシャンがひとり参加していた。全員が若かった。ウォルトでさえ39歳、最近のストレスのせいだろうが、額にわずかに皺があるだけで若々しかった。

1941年、国を横断する長距離飛行ができる航空機は少なかった。そのため一行は、テキサス州フォートワースからテネシー州ナッシュヴィル、フロリダ州ジャクソンヴィルへと順に乗り継ぎ、ようやくマイアミに到着した。そしてマイアミでパンアメリカン航空の水上機に乗り、プエルトリコのサン・フアンへ飛んだ。そこからブラジルの小さな町ベレンを経由して、リオ・デ・ジャネイロへ向かった。

グローバル化によって小さくなる前の世界は、見るものすべてが目新しかった。やさしい甘みと酸味のグアバや、フェイジョアーダと呼ばれる黒豆と肉の煮込みも初めてだった。ブラジル人が着ている色鮮やかな服やビーズのアクセサリーも見たことがなかった。それでも、ありとあらゆる体験の中で彼らが最も魅了されたの

リオ・デ・ジャネイロでスケッチをするブレア夫妻(ブレア家提供)

は音楽だった。リオでは初めてサンバの生演奏を聴いた。アンゴラや西アフリカの奴隷貿易に起源を持つ脈打つようなそのリズムは、ブラジルの文化アイデンティティの1つだ。メアリー・ブレアは耳の後ろに蘭の髪飾りをし、リズムを打つクラーベやドラムに合わせて体を動かし、フロアをくるくると回ると気分が高揚するのを感じた。彼らはサンバのエネルギーに圧倒されて一晩中踊り明かし、ホテルに戻る頃には、星が薄らぎ空が白み始めていた。

ウォルトの宿泊先は、豪華なコパカバーナ宮殿だった。パール調の石のファサードから数歩歩けば、その名を冠した白砂のビーチがある。他のメンバーは、市内の中流階級の住宅街にあるホテル・グロリアに滞在した。そのほうが都合がよかった。というのも、ウォルトがジェトゥリオ・ヴァルガス大統領や外国の高官たちを訪問し、パーティーやディナーで忙しくしている間、自由に散策できたからだ。波形のモザイクタイルの通りを散歩し、オープンカフェでお茶をし、グアナバラ湾に切り立つポン・ヂ・アスーカルをスケッチした。ブラジルは明るくエネルギッシュで、彼らの描くスケッチは、心臓の鼓動のようなサンバのテンポに触発されたのか、風景一面に色が爆発した。メアリーはスケッチをしながら今までにない自由を感じ、コンゴウインコを鮮やかなピンクと黄色の縦縞で塗り、首に蝶ネクタイを描いた。

ある晩、一行がディナー用のフォーマルに身を包み、ロビーに座っていると、呼び出しを受けた。「エル・グルッポ……エル・グルッポ・ディズニー（ディズニーご一行様）」。あまりにぴったりの呼び名に一同爆笑し、帰国するまでその名前で通すことにした。その晩はカッシーノ・ダ・ウルカへ案内された。カルメン・ミランダがブロードウェイやハリウッドで有名になる前に歌っていたという豪華なカジノだ。その日、ダンスホールには『ファンタジア』の装飾が施され、まばゆいステージの上では、四旬節《レント》前に行われる世界最大の祭典、謝肉祭《カルナヴァル》のさわりをミュージシャンやダンサーが演じてみせた。

ブラジルの美しい自然と楽しい文化とは対照的なニュースがアメリカから飛び込んできた。英字新聞がなかったため、彼らは世の中の情報からいくぶん遠ざかっており、その束の間の解放を歓迎していた。それでも、スタジオがストライキによって完全に閉鎖されたことは手紙や電報で知らされていた。その時点でウォルトのアーティストとして働いていたのは、アメリカから遠く離れたエル・グルッポのメンバーだけとなった。バーバンクでは、何百もの机が並ぶ、ぴかぴかの新社屋が静かに空っぽのまま佇んでいた。

ウォルトとエル・グルッポは、スタジオの窮乏に目をつむり、次の目的地、アルゼンチンのブエノスアイレスへと向かった。一行はそこで3か月の旅程の1か月を過ごすことになる。今度は全員がアルベアル・パレ

南米で絵を描くメアリー・ブレア(ブレア家提供)

ス・ホテルに宿泊し、広いペントハウスをミニスタジオに変えて、ストーリーボードやムビオラ、イーゼル、スケッチ帳で埋め尽くした。続きのオープンテラスでは民族舞踊や民族音楽の会を催し、ウォルトはアルゼンチンのカウボーイ、ガウチョが生みだしたリズミカルなステップダンス「マランボ」を楽しんだ。

バーバンクのスタジオが閉鎖されたことを聞いて、旅行組の中には、帰国してもアーティストの仕事は待っていないのだとつくづく感じた人もいた。問題山積みの職場に戻ることを考えたら恐ろしかった。自分たちの未来が、この仕事の成否にかかっていると、徐々に自覚を強めていった彼らは、貪欲に異国の文化を吸収した。都市と地方を巡り、親交を深め、作品を制作した。

ある朝、車で2時間走り、小さな町エ

ル・カルメンの農場を訪ねた。桃の花が咲く果樹園の中に長テーブルが並べられ、「アサード」と呼ばれる屋外バーベキューが準備されていた。午後早く、メアリーたちエル・グルッポのメンバーがカクテルを飲んで待っていると、ウォルトが伝統的なガウチョの衣装を着て現れた。ブーツに拍車《エスポラ》を付け、真っ赤なバンダナ《レンソ》を首に結んでいる。その午後は、のんびりと生演奏を聴いて過ごし、その後、集まった現地の元気なアーティストたちの前でウォルトが馬に乗るのを眺めたりした。その現実離れした夢のような時間は、そのままメアリーがのちに描いたガウチョや馬の奇抜な配色に再現されている。

メアリー独特の色調やコントラストの誕生

旅行者がよく経験するように、メアリーも南米で自分を再発見した。この旅は、彼女のアーティスト人生の一大転機となり、彼女は、その後の自身のアイデンティティと作品の両方を象徴することになる独特の色調や色のコントラストを見出した。この親善旅行に来る前の水彩画は、夫リーの作品と混同されることがたまにあったが、この旅行から帰ってからは、他のアーティストの作品とまちがわれることはいっさいなくなった。

スタジオでの自分の役割に対する見方も変わった。自分はもう、夫のおかげだけでそこで働くことを許された〝部外者〟ではなかった。この旅行を通じてウォルトの側近の仲間入りを果たし、作画の方向性を決める絵を描くアーティストとして認められるようになっていた。メアリーはスタジオからの評価が上がっていると感じ、ウォルトもメアリーに対する認識を改めていた。この旅行で彼女が描いた色やスケッチは、ウォルトがそれまで見てきたものとは一線を画していた。赤とピンクを堂々と隣り合わせに配置し、そこに他のアーティストが尻込みするような風変わりな模様を大胆に組み合わせる。人物画も、純真無垢な子供たちの表情を描いた作品はとくに心を動かすものがある。ウォルトは、新しいお気に入りのアーティストに釘付けになった。

リーは、妻にますます肩入れしていくウォルトを警戒するような目で見ていた。これはもともと彼の旅行のはずだった。メアリーはねだってやっと来れたにすぎない。彼の中に嫉妬心が湧いた。彼女を変わらず愛していたが、夫より妻の才能が認められることは時代的にも受け入れ難く、自分が軽んじられたように感じた。

一行はアルゼンチンで解散し、その後アンデス山脈を越えてボリビアのラパスへ向かうメンバーもいれば、アルゼンチンの北部や、高山病を恐れて西方チリのサンティアゴへ向かうメンバーもいた。雪に覆われた5500メートル級の山々を越えるラパス行きの飛行機では、機内が加圧されていなかったためにタバコが吸えなかっただけでなく、もし頭が朦朧としたら、座席の前にある赤いチューブから酸素を吸入するように言われ、仰天した。

ラパスに到着すると、メアリーは高山病にかかったが、休憩する時間すらもったいないと感じ、鉛筆とスケッチ帳を手に周辺を散策した後、ラマに揺られ、次は青く広大なチチカカ湖を船で渡った。その冒険の後はさすがにくたくたになったが、メアリーはゆっくりするつもりはさらさらなかった。

ウォルト夫妻は、サンタクララ号でニューヨークへ戻ったが、メアリー、リー他数人のアーティストは旅を続けた。ペルーの小さな町を巡った後、首都リマを訪れた。その後、メキシコシティへ飛び、闘牛見物などをして、やっとカリフォルニア行きの飛行機に乗った。しかし、彼らが戻ろうとしていた世界は、たった今まで巡ってきた国々と同じくらい見慣れない世界になっていた。

8

ユア・イン・ジ・アーミー・ナウ

You're in the Army Now

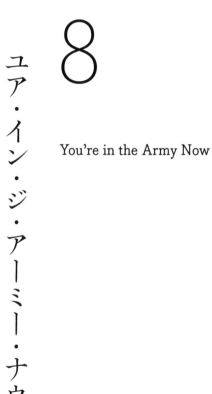

ストライキは夏じゅう続いた。休業中、南米旅行に行けなかったシルヴィアは、一連の争議で心に傷痕が残った。7月には、スタジオ幹部と交渉している仲裁人が、ストライキ参加者の給与だけを上げ、会社に忠誠的な従業員の昇給はしない考えであることを知った。同僚たちとそうした状況について話すことさえ難しかった。ロイ・ディズニーによる1941年7月24日の内部文書には、「勤務時間内に会社敷地内で、組合活動に関する協議または社員規程違反が認められた場合は、即時解雇の理由とみなす」と書かれていた。シルヴィアは、先の見えない不安と緊張を抱きながら、重い気持ちでピンク色の文書の裏に落書きをした。

7月後半、混乱はスタジオの塀の内と外で続いた。残っていた社員たちもストライキに踏み切る計画を立てたが、その矢先に再び交渉が決裂した。シルヴィアは仕事を続け、緊張した状況の中で、創作の自由を手に入れた。彼女の功績を横取りし、彼女をウォルトから遠ざけ、彼女のスケッチに無残に手を加え、ずっと目の上のたんこぶだった『ファンタジア』のときの監督は今、すっかりストライキに夢中になり、シルヴィアは彼のいない解放感を味わっていた。

南米旅行に出発する前のウォルトにオフィスに呼ばれ、脚本を書くように言われていた。それは彼女が急速に成長していた証であり、もう少ししたらもっと責任ある仕事を任されるかもしれなかった。親善旅行に同行できたほうが嬉しかったとしても、「人魚姫」の翻案も十分に面白いチャレンジだった。原作は、これまで映画化したお伽話と同じように暗かった。妻を亡くした海の王の末娘が王子と恋に落ちる。人間になりたい娘は、海の悪い魔女に自分の舌と声とを引き換えに、足をもらう約束をする。原作では、授かった足で歩くとナイフを踏んでいるかのような耐え難い痛みで、実際に血が滲む。ハッピーエンドではなく、王子は隣国の王女と結婚し、人魚は王子の喉を切り裂くか、海の泡になって消え去るか、どちらかを選ばなければならない。結局、王子の命は奪わず死ぬが、海の泡にはならず、煉獄行きとなる。そこから逃げ出すには300年善行を行わなければならず、そうして初めて人間と同じ天国に迎えられる。

不吉な要素を剝ぎとると、物語の秘めた可能性が見えてきた。シルヴィアはウォルトが出かける前から翻案に着手していたが、ウォルト不在中に、この悲恋の物語をさらに突き詰めていった。彼女は、人魚がもっと幸せな結末を迎えてもよいと考え、原作では名前すらない人魚の哀れさに焦点を当てたストーリーボードと脚本を書いた。そして当初から音楽の必要性を強く感じていたため、交響曲をバックに、カメラが魚やさまざまな海の生物を通り過ぎながら、海底にある海王の壮大な宮殿に向かってまっすぐ潜っていくシーンをオープニングとして提案した。

こうした閃きの瞬間のなんとも言えぬスリルを味わえたのも束の間だった。1941年8月15日、シルヴィアは、何の予告も支払いもないまま、スタジオが閉鎖されたことを知らされた。それでも車でスタジオへ行ってみたが、いつもは1000台の車がきれいに整列して止まっている駐車場が空っぽなのを見て唖然とした。そして絶望に襲われた。子供たちを養っていかなければならないのに。自分の人生は、子供たちに安定した生活を送らせるためにいつも戦っているような気がした。どんなに頑張って働いても、どんなに力がついたように思えても、築くそばから崩れていく。やっと自分の脚本を書く自由を与えられ、監督を厄介払いし、昇給まで得たのに、すべてが消え去った。

シルヴィアにとって一番腹立たしかったのは、スタジオが従業員に状況を説明しなかったことだろう。彼女は閉鎖中に解雇されたが、それがどういう意味なのか、いずれ復職できるのか、まったくわからなかった。ただ給与が支払われないことだけははっきりしていた。

1941年9月12日、ウォルトはまだ南米に滞在中だったが、ようやく和解が成立した。スタジオは正社員に倍額の給与を支払い、スクリーンクレジットの公平性を高めることとなった。ただしそれには代償が伴った。組合指導者との合意の一部として、従業員の半数以上が一時解雇される。そのうちの半分はストライキ参加者、もう半分はストライキに参加しなかったメンバーだ。シルヴィアは世の不条理を痛感した。そしてスタジオに再び呼び戻される幸運な従業員のひとりになることを期待して待った。

一時解雇された1200人

ウォルトにはもはや実質的な経営権はなく、莫大な借入金のあったバンク・オブ・アメリカの言いなりにならざるを得なかった。『ダンボ』が完成し、『バンビ』も完成間近だった。ストライキに参加しなかった従業員たちがウォルトの不在中、両作品を完成させるべく長時間働いた。政府が助成する南米プロジェクトを除いて、ウォルトには次の長編の制作に着手する余裕はなかった。戦争のさ中ではなおさらだった。それでも先を見据えて、必要な脚本家やストーリーボードアーティストを残すことも考えられただろうが、一変した空気の中で、スタジオは、南米の長編や短編に取り組む必要最小限のアーティスト288名だけを残すことにした。あとの1200名は一時解雇を言い渡されたが、再雇用に関する保証はいっさいなかった。

美しいバーバンクのスタジオも変わった。アニメーション棟の広大なスペースは残った少数のアーティストには不要となり、半分が閉鎖された。スタジオのそれ以外の敷地や建物は、アメリカの航空機メーカー、ロッキード社の手に渡った。アメリカの世界的な戦争への参加がいよいよ決定的となり、同社はその準備を進めていた。かつて社員たちの休憩場所だった小道や木陰、芝生の緑豊かな空間は、有刺鉄線や警備員に囲まれ、立入禁止になった。

スタジオに残された少数のアーティストの中に、シルヴィアは入っていなかった。何週間も、何か月も待ったが、いつしか愛する職場に戻ることを期待するのを断念した。永久解雇だとすれば、お金が必要な今、これ以上待つわけにはいかなかった。だが彼女ほどの経験と腕があっても、他のスタジオで仕事を見つけることはできなかった。市場には、アニメーターの仕事を探す新卒者が1000人以上いた上、ハリウッドのほとんどのスタジオが、能力や経験にかかわらず女性をストーリー部門やアニメーション部門で採用するつもりがなかった。シルヴィアのチャンスは尽きていた。

彼女は、カリフォルニア州アイディルワイルドにあるデザート・サン・スクールというエリート小中一貫校に職を見つけた。リゾートのようなキャンパスと豊富なアクティビティが自慢の同校には、有名人の子息が多く、フランク・シナトラ、ピーター・セラーズ、フレッド・アステア、ロッキード家などが子供を通わせていた。そこには従業員特典として、子供の学費の割引制度があった。

その優遇があっても、生活は楽にならなかった。学校は人手不足だったため、シルヴィアは一日14時間勤務した。朝、まだ空気がひんやりする5時半に起床し、校舎じゅうの暖炉に火をつけ、教室を暖めて生徒を受け入れる準備を整えた。午前中は授業を行い、午後には馬に鞍をつけ、乗馬を教えるために、学校からソルトン湖近くの牧場まで生徒を引率した。夜は自習室で子供たちを見守った。自分の子供と過ごす時間が増えたのはありがたかったが、耐えがたい疲労感があった。スタジオにいた頃の生活や、それが与えてくれたアーティストとしての自由が懐かしかった。

『バンビ』貢献者の解雇

タイラス・ウォンも、シルヴィアと同じような理由からストライキに参加しなかった。彼の場合、忠誠の対象は一度も会ったことのないウォルトではなく、『バンビ』でそれまでになく、やりたいようにやらせてくれたスタジオそのものだった。シルヴィア同様、タイラスにも妻と3歳の娘という養わねばならない家族がいたが、アニメーションの仕事が得難いことは、経験上知っていた。

スタジオの閉鎖は予想外の展開だったが、『バンビ』に与えた影響や献身的な働きぶり、そしてスタジオへの忠誠心からいって、いずれ復職できるものと信じていた。ところが彼の才能を妬み、彼が会社側についたことに怒った一部のストライキ参加者においれられた。タイラスの表現豊かなビジュアルスタイルは『バンビ』に欠かせなかったが、作品はほぼ完成していた。彼はその才能にかかわらず解雇された。ショックは大きかったが、すぐに恨みを捨てて仕事を探し始めると、さほど時間をかけずに仕事が見つかった。『バンビ』のスケッチとオリジナルのストーリーボード2作を手にワーナー・ブラザースへ出向くと、その場で採用された。

ひとりで5万6000頭の犬を作画

レッタ・スコットもストライキに参加しなかったアーティストのひとりだった。彼女はウォルトを第二の父のように慕っていた。実の父親は、1600キロ以上離れたシアトルにおり、お金に余裕のないレッタはめったに会いに行くことができなかった。家族から遠く離れて暮らす彼女には、スタジオでの人付き合いが嬉しかった。とくに自分のことを「リトル・レッタ」と呼び、朝歩いて出勤する自分に声をかけ、会社まで車で送ってくれるウォルトには特別な敬愛の念があった。シナリオ会議では作品を褒めてくれて、叱られたのは、敷地の野良猫に餌を与えているのを見つかったときだけだった。猫たちは、人間と一緒にバーバンクに引っ越しており、スタジオの風景に欠かせない存在になっていた。ウォルトは猫がいるのは構わないが、社員が与える餌ではなく、ネズミを食べてほしいと思っていた。

レッタもタイラスと同じように、1941年の夏は、『バンビ』に時間を費やした。アニメーターの部屋はほとんど空っぽで、自分とエリック・ラーソンとアート・エリオットの3人しかいなかった。その間、彼女は『バンビ』の犬を5万6000頭作画した。というのも、スタッフがいなかったため、自分で描いたラフ原画を自分で1本の輪郭線にクリーンアップして仕上げ部門に渡せる動画にしなければならなかったからだ。

その夏、レッタは裏方の仕事だけでなくスクリーンにも登場した。それは、1941年6月20日に公開された、作品というよりスタジオの宣伝を目的とした『リラクタント・ドラゴン』というプロモーション映画で、中身はウォルト・ディズニー・スタジオの実写版見学ツアーだった（日本公開時のタイトルは『ディズニー撮影所御案内』）。見学者は、撮影スタジオを覗き、ストーリー部門とアニメーション部門に立ち寄り、仕上げ部門の女性たちに挨拶までする。途中に短編アニメーションが3本挟まれている。ストライキ前に撮影されたため、映っているのは現実のスタジオとはまるで違う姿だ。それでも、スタジオのデッサン教室で象をスケッチするアニメーターのひとりとして、笑顔のレッタが映し出されると、それを劇場で観たアメリカ中の女の子が刺激を受けた。レッタの存在は、人々の固定観念を覆し、映画を観る若い女性たちに、性別を理由にクリエイティブな仕事を諦める必要がないことを証明してみせた。

次に取り組んだ『ダンボ』でも、レッタはがむしゃらに働き、最低限のスタッフしかいないことを考えれば、記録的ともいえるスピードで作画を進めた。毎日が単調な重労働の繰り返しだった。長時間の労働、そこに友人や同僚の癒しはないに等しく、毎日スタジオに出入りする際には、怒りと恨みを向けられる。親友のメアリー・ブレアははるか遠くにいて慰めてもらうこともできなかった。だがそんな惨めな状況でもレッタは簡単に打ちのめされなかった。自分の不運を笑い、困難な中でも最大限の努力をした。

悪いことばかりではなかった。レッタや他のスタッフの頑張りのおかげで、『ダンボ』は際どいところでスケジュールに間に合った。わずか2週間半後の1941年10月23日にニューヨーク公開初日を迎えた。評論家の反応は良く、『ニューヨーク・タイムズ』は「楽しい空想の世界」と評した。スタッフは、『ピノキオ』と『ファンタジア』の経験から、評論家の高評価が必ずしも興行成績とイコールではないことを知っていたが、南米から帰ったばかりのウォルトは、この作品で借金を返済したり、スタッフを呼び戻せるくらいにスタジオの財務状況が安定することを期待した。

レッタも、シルヴィアやタイラスのようにスタジオの閉鎖にショックを受けたが、彼女はふたりと違って、すぐに再雇用された数少ないアーティストのひとりだった。スタジオが完成させようとしていた作品になくてはならなかったからだが、残念なことに、その幸運は長くは続かなかった。スタジオは、レッタから必要なものを手に入れると、会社の先行きが不透明な中、彼女を雇い続ける理由がほとんどなくなった。11月24日、たった4か月前までウォルトに熱烈に称賛され、スタジオで初めてクレジットされることとなる女性アニメーターは、解雇された。

翻訳の過程で失われた南米文化

1941年秋、解雇されていく同僚たちを後目に、メアリー・ブレアは、一度簡単に転職できると思ってさっさと辞めたスタジオに戻った。エル・グルッポの他のメンバーも戻っていた。スタジオは確かに空っぽの侘しい場所だったが、嬉しいこともたくさんあった。メアリーはインスピレーションに満ちて戻ってきた。スケッチ帳はイメージにあふれ、頭の中はアイデアでいっぱいだった。

南米から帰ってきたアーティストたちは、予定どおり、旅の数か月間を、南米大陸の多様な文化を伝える映画作品に変換する作業に入った。ストーリー部門は必要最低限の人員に縮小されていたせいで、新しい長編の企画がないにもかかわらず、ニュアンスのあるストーリーボードをまとめられるスタッフが不足していた。アニメーターは、才能豊かではあるが、得意分野はどちらかといえば、言葉を使わずにキャラクターのどたばたな動きで笑いを誘うギャグを考えることだった。

スタジオにとってのもう1つの足かせは、『ラテン・アメリカの旅』――と名付けられることになるその作品――に取り組んでいたほとんどのアーティストが南米旅行に同行していなかったため、自分の目で見ていないシーンを再現していたことだった。かつてスタジオが誇った繊細さや機転を備えたアーティストがいなくなった結果、南米文化は翻訳の過程で失われてしまった。

赤道の南北からもたらされた賞賛と批判

1941年12月、ある日曜の早朝に起きたハワイ真珠湾への奇襲攻撃は、2400人の命を奪い、アメリカの運命を変えた。とても日常生活を続けられる心理状態になかったアメリカ国民は、ラジオに釘付けになった。次に攻撃されるのは自分たちだと心配するカリフォルニア住民をよそに、そのニュースを知らなかったウォルトは仕事をしていた。シナリオ会議が予定されていたのだ。

その運命の12月の日、ウォルトは、長年あたためていた長編映画の企画について話した。1865年にチャールズ・ラトウィッジ・ドジソンが執筆し、ルイス・キャロルの仮名で出版した小説『不思議の国のアリス』を原案とする映画だ。スタジオには新作を製作する資金がなかったが、なんとかなると楽観していた。世界が混乱に陥ろうとしていることを知らないウォルトとストーリーアーティストたちはプロットを話し合った。その途中でウォルトが言った。「意味のないことが一番意味深いことがあるでしょう。ナンセンスだけどすごくよくわかる、そう思えるものを作りたいんですよ。『そう、それが言いたかったんです』となるような」

しかしルイス・キャロルのなぞなぞも、ウォルトを現実から長く遠ざけることはできなかった。翌日、アメリカ議会は日本に正式に宣戦布告し、その後、ドイツとイタリアがアメリカに宣戦布告した。荒唐無稽な『不思議の国のアリス』は脇に追いやられ、南米映画が改めて重要性を帯びることとなった。それはただの映画ではなく、隣人を喜ばせ、大陸をまたいで友好を深めることで、アメリカへの政治的協力を取り付ける善隣外交の一環だった。

メアリーは、『ラテン・アメリカの旅』のために、ブラジルで感じた活気を表現したスケッチを描いたが、彼女の作品は、大きなプロジェクトの一部でしかなかった。映画は、パッケージ映画〔複数の短編を集め1本の作品にしたもの〕として製作された。4つのシークエンスそれぞれがエル・グルッポの訪問したいずれかの国の精神を表現し、間に旅行の実際の映像が挿入される。紅一点のメアリー・ブレアが機内で笑っている姿は目を引く。映画は、カートゥーンの飛行機と地図で移動コースを示しながら、一行とは逆周りで、チチカカ湖からチリ、アルゼンチン、最後にブラジルを巡っている。

1942年8月24日、リオ・デ・ジャネイロでポルトガル語版タイトル『アロー・アミーゴス』が初めて公開された。42分という、スタジオが製作した中で最も短い長編映画の英語版が北米で公開されたのはその半年後だった。そのタイムラグは計画的なもので、南米での先行上映は、この映画が第一に南米の観客を楽しませ、南北アメリカの絆の強化を意図して作られたことを強調する意味があった。作品の評価は賛否入り混じり、スタジオにはそれなりの利益と、赤道の南北から賞賛と批判がもたらされた。

チリの短編には、エル・グルッポが滞在中に出会った豊かな文化が表現されていなかった。その短編のヒーローは、アンデス山脈を初めて越えるペドロという若い郵便飛行機だった。飛行機は、天候と高度に苦しみながらも、アルゼンチンの高地メンドーサからチリ沿岸のサンティアゴまで勇敢に郵便を届ける。

多くのチリ人が飛行機の幼稚なキャラクターにがっかりした。1930年代に聴診器を鉛筆に持ち替えた元医学生のレネ・リオス・ボエティヘールもそのひとりだった。サンティアゴでペポというペンネームで漫画を描いていた彼は、1941年にサンティアゴでウォルトに会っていた。そのときは和やかに対談したが、ボエティヘールの友好的な気持ちは、1942年に『ラテン・アメリカの旅』を見て消え失せた。そこでそれに対抗して、愛する母国を代表するにふさわしい独自のキャラクターを作ることにした。チリの国章に使われているコンドルを選び、1949年、『コンドリート』というコミックを誕生させる。主人公はいたずら好きで、しょっちゅうずっこける愛らしいキャラクターだ。その人気は『ラテン・アメリカの旅』をはるかに凌ぎ、アンデスのアンバサダーとして世界中の読者に影響を与えた。

不満を買ったのはチリの短編だけでなく、アルゼンチンの描写についても同様だった。その短編は、グーフィーがアルゼンチンの象徴であるガウチョの作法を学ぶというもので、最初こそガウチョの伝統的な衣装の特徴を紹介しているものの、残りはグーフィーが投げ縄や鞍と格闘する典型的なギャグで構成されている。

作品の中で、もともとの意図に沿っていたのは、最後の短編だけだった。1939年にアリー・バローゾが作詞作曲した『ブラジルの水彩画（アクアレラ・ド・ブラジル）』の美しい調べに乗せて、観る人が持っているように描かれた絵筆がリオ・デ・ジャネイロの甘美な風景を水彩画で描くシーンで始まる。その自由で芸術的なアニメーションは、その前のどの短編よりも野心的だ。それもそのはず、それはメアリー・ブレアの影響とスタイルを見ることができる唯一の短編映画なのだ。

バナナを黄色いクチバシに変身させ、暗い夜空をバックに色鮮やかな花を咲かせ、海岸線にきらめく街明かりを描いたのは、メアリーの筆だった。ウォルトとエル・グルッポが華やかな一夜を過ごしたウルカのカジノまで登場する。その短編は、アーティストたちを感動させたリオ・デ・ジャネイロの美しい自然と洗練された都会を賛美していた。また、スタジオの次の南米映画『三人の騎士』に再登場するホセ・キャリオカというブラジルのオウムのキャラクターが初お目見えし、ドナルドダックと意気投合する。メアリーのコンセプトアートのおかげで、このシークエンスは群を抜いて美しく、メアリーを人間としてもアーティストとしても成長させた国へのビジュアルなラブソングだった。

「ディズニーの男性陣が作ってきたどの作品にも似ていない」とジャーナリストのボズリー・クラウザーは1943年『ニューヨーク・タイムズ』に映画のレビューを書いている。クラウザーは、ブラジルのシークエンスを「実に華麗な水彩画のアニメーション」と絶賛したが、スクリーンに顔も名前も出たメアリー・ブレアには、見事にいっさい触れなかった。

あなたはアメリカ国民じゃないですか！

真珠湾攻撃の数時間後、ロサンゼルスの連邦捜査局が、日本人コミュニティの指導者や宗教指導者1000

人あまりを一斉検挙し、その資産を凍結させた。アメリカに住む日系人は、市民権の有無を問わず、いつ迫害を受けてもおかしくなかった。

2か月後の1942年2月19日、ルーズベルト大統領は、「戦争は、諜報活動および妨害工作に対するあらゆる防御を要する」とする大統領命令9066号に署名した。そして特定地域を軍の管理下に置き、日本人の血を16分の1以上引く西海岸の住民全員を収監する強制収容所として使用した。アメリカだけでなく、カナダ、メキシコ、ペルー、ブラジル、チリ、アルゼンチンでもそれに似た公民権侵害が行われている。

スタジオ周辺も恐怖に包まれた。従業員たちが同僚の危うい運命を気遣った。ウォルトはとくにアーティストのギョウ・フジカワのことが心配だった。カリフォルニア生まれだったが、両親が日本からの移民だった。自分の身に降りかかるかもしれない危険を予測し、ギョウはバーバンクのスタジオから会社のニューヨーク事務所へ移り、イラストレーターの仕事を続けることにした。東海岸にも日本人への偏見はあったが、少なくとも収監される危険はなかった。ギョウは、ウォルトの配慮に感謝してスタジオを後にしたが、まもなく両親がアーカンソー州にある収容所、ローワー戦争移住センターへ送られたことを知ると、罪悪感に駆られた。

ニューヨークはギョウにとって安全な場所だったが、その聖域から出なければならないときもあった。バーバンクのスタジオを定期的に訪れていたし、勇敢にもアーカンソーへ両親に会いに行ったりもした。移動中、日本のスパイと疑われ、出生を聞かれたときには、アナ・メイ・ウォンと名乗り、中国系アメリカ人のファッションアイコンでハリウッドの映画スターだと笑って答えた。

ウォルトはあるとき、ギョウのいるニューヨーク事務所に立ち寄り、尋ねた。「元気にしてますか。心配していました」

シルヴィア・ホランドによるスケッチ（セオ・ハラデー提供）

「うまくやってます」とギョウは、自分の置かれた状況を物ともせずに明るく答えた。「国籍を聞かれたら、本当のことを言うか、半分中国人で半分日本人だとか、韓国と中国と日本の血が混ざっているとでたらめを言っています」「どうしてそんなことをする必要があるんですか」とウォルトは怒って言った。「あなたはアメリカ国民じゃないですか！」。ウォルトの言うとおりだった。どっちつかずの気持ちで自分のアイデンティティを隠していた。ウォルトの激昂に自信を強めた彼女は、その日以降、出身を聞かれたら、ひとこと「アメリカ人です」と答えるようになった。

見送られる新しいアニメーション映画の製作

ギョウがニューヨークの喧騒を大好きになりつつあった頃、シルヴィアはようやく復職の連絡を受けた。スタジオは、最近の作品で稼いだささやかな利益で徐々に立ち直りつつあり、スタジオの未来には、ストーリー部門が必要だった。シルヴィアは、友人のエセルも戻っているのを知って気持ちが明るくなった。ストライキが終わった今、ふたりを分けた互いの違いはさして重要ではないように思えたが、ふたりが手掛けた「人魚姫」の脚本を復活させることはほとんど無理だろうと思った。スタジオには、どう見てもお金のかかる新作に投資する余裕などなかった。残念ながら、目の前の仕事は、以前のプロジェクトに比べると、はるかにやりがいが感じられなかった。

シルヴィアは、ボトルを盗むいたずら好きの妖精が登場する、コカ・コーラのCMのプロットに取り組んでおり、まさに宝の持ち腐れの状態だった。両社のパートナーシップは、1942年にコカ・コーラ社が提供するラジオ番組でウォルトが『ラテン・アメリカの旅』を宣伝したのがきっかけで始まった。深刻な金欠状態に陥っていたウォルトには運が良かった。広告の仕事は、アーティストの心には火をつけなかったが、そのときは、スタジオの電気を点ける助けになっていた。

シルヴィアが恐れていたとおり、進行中の新しい長編アニメーション映画はなかった。新しいアイデア、脚本、ストーリーボードを次々と生み出すのが仕事の、賑やかなはずのストーリー部門は、薄気味悪いほど静かだった。政府が支援する南米映画以外の仕事といえば、短編アニメーション、コカ・コーラのCMなどの商業的なプロジェクト、そして軍の支部やアメリカ政府から委託された宣伝映画しかなかった。

リソースを失ったウォルトは、5年前に公開された『白雪姫』以後、スタジオを象徴してきた長編映画の製作を見送っていた。あの芸術性や物語性を実現するにはとにかくお金がかかる。そこで、アニメーション映画よりもコストのかからない実写映画を検討し始めたが、どれほど自分やスタジオが窮状にあっても、その手垢のついた媒体に新しいアプローチが必要なことはわかっていた。幸い、創業当初の仲間のひとりが、まさにそれを手伝いに戻ってきた。

オプティカルプリンタという〝魔術〟

20世紀初頭に開発された技術に、オプティカルプリンタと呼ばれるものがある。もともとの用途は、フィルムの複写だった。映画撮影用カメラが機械的に接続された映写機に、元のフィルムをセットする。そしてレンズを使ってフィルムを直接新しい未露光のフィルムに投影し、コピーを作成する。写真の写真を撮るような技術であり、画質としては不完全だが、それでも機能は果たした。しかしそれとは別に、この仕組みをさまざまな特殊効果に活かせることは一目瞭然で、さっそくフィルムの面白い部分を拾ってズームインしたり、不要な箇所を切り取ったりする製作者らが現れた。

フィルムに変更を加えるという発想自体は、映画が始まった当初からあった。1898年にはすでに映画製作者のジョルジュ・メリエスが、フィルムの特定箇所をマットと呼ばれる黒くペイントしたガラス片で覆って露光させないようにし、その後、フィルムを巻き取り、最初のマットを取り除いて、今度はそれ以外のすべての箇所を覆って最初のショットが二重露光にならないように保護し、何もないフィルム部分に新たな画像を感光させた。この細かな処理で、非現実的な動画を作成した。たとえばあるシーンでは、自分の頭を体から切り離し、テーブルの上に置いたまま話し続けているように見せた。

1933年の『キングコング』第1作や1941年の『市民ケーン』など、マットやオプティカルプリンタの〝魔術〟を使った映画の人気が高まっていた。ところが技術は面白いが、機器はまだ市販されていなかったため、制作会社はオプティカルプリンタを内作するしかその魔術を使う方法がなかった。

ウォルト・ディズニー・スタジオの視覚効果の責任者は、アブ・アイワークスだった。ミッキーマウスを描いた最初のアニメーターのひとりは、数年前に自分のアニメーションスタジオを閉鎖し、戻ってきていた。アイワークスが作っていたのは、アニメーションと実写を組み合わせることのできるオプティカルプリンタだった。その新技術が南米親善旅行をベースにした2本目の映画『三人の騎士』に役立った。

最初は、ブラジルの伝説の歌姫カルメン・ミランダの妹で自らも歌手で女優のアウロラ・ミランダと踊り子たちの後ろにリア投影〔スクリーンの裏側から投影する手法〕スクリーンを配置し、そこにアニメーションの背景を流す方法で、あるシーンを撮影していた。アウロラのすぐ横にいるかのようにドナルドダックをスクリーンに投影し、珍しいペアがサンバを踊っているように見せようとしたが、リアリティに欠け、満足が行っていなかった。それがオプティカルプリンタを使うことによって初めてミランダと、共演のカートゥーンスター、ドナルドとオウムのホセ・キャリオカの息がぴったり合った。アイワークスが開発した技術のおかげで、アニメーションのキャラクターたちは、背景から離れて踊り子たちの前や間を動いているように見えた。

どちらの南米映画にも、メアリー・ブレアが中心になってデザインした場面が数多くある。彼女が描いた子供たち、風変わりな電車、珍しい植物や花の絵、そして大胆な色使いは、作品の最も際立った特徴の1つとなっている。メアリーの才能は高く評価され、夫はもうスタジオでの競争相手ではなくなっていた。リーは陸軍に徴兵され、ルイジアナ州北部のリビングストン基地に配属されていた。リーはメアリーへの手紙に、自分の無謀な行動や軍隊での生活、新しい友人について、そしてメアリーへの愛を綴ったが、彼女の仕事や日常について聞くことはめったになく、よくあるように、距離によってふたりの間のほころびが浮き彫りになった。

『バンビ』の興行的な敗北

戦時中、メアリーの一番そばにいたのはリーではなく、レッタだった。夫がいなくなった家は寂しく、メアリーはレッタに一緒に住もうと提案した。レッタは1942年の夏にスタジオに再雇用されたため、これでふたりは家でも職場でも一緒だった。レッタは復職できて嬉しかった。一時解雇中の数か月間、クリエイティブな仕事がなかなか見つからず、仲間内で「ウリー」と呼ばれていたアニメーターのウルフガング・ライザーマンと共に、地元の将校クラブに頼まれて、軍用機の大判の油絵を描いた。また、爆撃機に関する絵本『B－1st』を制作したが、出版社は見つからなかった。ウリーは、スタジオの女性スタッフと交際することで有名で、その中にグレイスやレッタもいた。レッタとウリーは、レイオフ中に付き合っていたが、ウリーが再雇用されると別れた。レッタはその後、スタジオに復帰できるまで、航空機部品のカタログのイラストを描く仕事に従事していた。

レッタがスタジオに戻ったのは1942年8月12日で、それは彼女の作品が再びアメリカ各地の映画館に登場する前日だった。第二次世界大戦真っ只中のロンドンを応援する意味で、8月9日、同市で待ちに待った『バンビ』のプレミアが行われ、数日後の8月13日にニューヨークで公開された。クレジットされた15名のアニメーターのうち、女性はレッタだけだった。ハリウッドの長編アニメーション映画で、女性アニメーターの名前がクレジットされたのは、それが初めてだった。

『バンビ』に対する批評家の評は賛否入り交じった。『ヴァラエティ』誌は「森の植物や動物の暮らしを再現した色使いと動きが珠玉」と評した。『ヴァラエティ』はまた、シルヴィアが担当した雷雨の「光と質感」を絶賛した。レッタも、『タイム』誌に自分が描いた犬を「ケルベロス以来最も恐ろしい猛犬」と存分に褒められ誇らしかった。

しかし作品は、多くの狩猟家から抗議を受け、『アウトドア・ライフ』誌の記事は、作品を「アメリカのハンターに対するかつてない最大の侮辱」と呼んだ。『ニューヨーク・タイムズ』紙のレビューは、アニメーションがリアルすぎる、とまったく別の観点から不満を示し、「森の絵は、テクニカラーカメラが写した『ジャングルブック』（1942年の実写映画）の本物の森とほとんど見分けがつかない」とし、「カートゥーンは何のためにあるのか?」と疑問を呈した。『ピノキオ』『ファンタジア』と同じように、『バンビ』も興行的には明らかな敗北を喫し、ファーストラン（封切りからの上映期間）で約10万ドルの赤字を出した。

プロパガンダ映画『空軍力の勝利』の製作

仕事に戻ったレッタは、スタジオの収益ではなく、自分自身の給与について考えていた。自分が覚えていた頃と環境は様変わりし、すべてが縮小されていた。スタッフや敷地だけでなく、プロジェクトも規模がはるかに小さかった。かつてのように長時間のストーリーボード会議にふけり、あるキャラクターの核となる道徳的教訓について議論することももはやなかった。スタジオの重点は、教育用の短編映画、コマーシャル、軍のプロパガンダ映画と、ごく少数の長編作品だったが、それらの長編作品が日の目を見ることはなさそうだった。レッタがそれ以上に動揺したのは、自分がスタジオで低い立場に置かれたことだった。レイオフの前はトップアニメーターだったが、復帰すると、給与の階級で3つ下の第2原画に戻るか、ストーリー部門に異動するかのどちらかを選ぶように言われた。どちらも降格に変わりなく、しぶしぶストーリー部門を選んだ。そのほうがクリエイティブな自由度が高いと感じたからだ。

だが、進行中の仕事は、どれも芸術表現とは無縁なことにすぐに気づかされた。

復職した当時、アレクサンダー・P・デ・セヴァスキーによるノンフィクション『*Victory Through Air Power*（未/空軍力の勝利）』が『ニューヨーク・タイムズ』のベストセラー1位だった。真珠湾攻撃のわずか数か月後に発行され、センセーションを巻き起こしていた。作者はロシア帝国海軍に入り、1918年に使節としてアメリカへ派遣された。ロシア革命とソビエト連邦誕生の混乱から逃れることができ、タイミングが良かった。母国に帰るつもりのないセヴァスキーは、アメリカ陸軍省のために働き、まもなくウィリアム（ビリー）・ミッチェル将軍の補佐に就いた。ふたりは共感する点が多く、戦争の未来は航空軍事にかかっており、海軍も陸軍も空軍の重要性に及ばないと熱烈に信じていた。ミッチェルは、空軍戦略の優位性と独立したアメリカ空軍［1947年まで存在しなかった］の必要性を強く信ずるあまり、1925年の記者会見で海軍と陸軍省を「無能、犯罪に値する職務怠慢、国益に反する国防行政」とおおっぴらに非難した。ミッチェルは率直な物言いで軍法会議にかけられ、最後は除隊した。

セヴァスキーは、さまざまな航空機器［ジャイロスコープ安定化照準器や空対空燃料補給を可能にする機器など］を発明して特許を取得し、機敏に動く戦闘機を製造する航空機メーカーを設立した。ところが1939年、軍と複数の契約を結んでいたにもかかわらず、利益がほとんどないことに不満を抱いた取締役会に追放された。

自分の航空機製造会社から追放されても、セヴァスキーは空中戦の重要さを熱心に主張し続けた。そのテーマで論文を書き、講義を行った。そして1942年に著書『*Victory Through Air Power*』を出版した。独立した空軍と航空中心の戦略を提唱するその本は、猛烈な批判と熱烈な賞賛の両方を集め、戦争をどう戦うべきかについて国民の間に論争が沸き起こった。ウォルトも、セヴァスキーの主張に説得力を感じたひとりであったばかりか、彼の正しさを確信するあまり、その内容を「限られた読者の何倍もの人々」に届けずにはいられなくなった。

戦争がまだ続いていたため、映画化にあたって最も優先すべきはスピードだった。オプティカルプリンタを使った凝った技巧は必要なかった。セヴァスキーとミッチェル将軍がカメラに向かって話すシーンの他は、原作の主張を地図、飛行機、潜水艦のベーシックなアニメーションで解説した。レッタは、南北アメリカ大陸からヨーロッパ全土、日本へと移動する戦艦、戦闘機、補給品を示す矢印のアニメーションに長時間を費やした。矢印のあまりの多さに、映画のタイトルを「矢印力の勝利」とつけるべきだと冗談を言った。

レッタは、『バンビ』に着手したばかりの頃の、アーティストの夢の国のようなスタジオが懐かしかったが、世の中が変わったせいなのはわかっていた。誰の生活も一変した。彼女がシュイナード卒業後、大切にしてきた夢は、新しい現実に道を譲らねばならなかった。夜はメアリーがそばにいてくれることが嬉しかった。かつては大きなパーティーが開かれた広いポーチで、ふたりカクテルを飲んだ。

女性パイロットに対する変わらぬ偏見

復職前に飛行機のイラストを描いていたレッタの経験は役に立ったが、グレイスが辞めてしまったことが悔やまれた。彼女の飛行機に関する豊富な経験と知識があったら、ずいぶん助けられただろう。グレイスは、スタジオを辞めたことでやっと念願の航空の世界で働けると思ったが、第二次世界大戦によって、航空業界は彼女に扉を開くどころか彼女を締め出した。まず、フェアチャイルド航空の内定が撤回され、次は、戦争努力に関連した仕事に多数応募したがどれも断られた。アメリカからイギリスへ航空機を運ぶ輸送機の操縦士としてなら雇ってもらえるかもしれないと期待した。イギリスでは女性がそのような仕事に就いていることを知っていたからだが、期待外れだった。自分の応募が見過ごされ、自分より飛行経験の少ない男性が副操縦士として採用されるのは腹立たしかった。

グレイス・ハンティントン、結婚写真、1941年(バークレー・ブラント提供)

失意の中、グレイスは、自分と同じように商業ライセンスを持つパイロット、バークレー・ブラント・ジュニアに出会った。彼はユナイテッド航空のパイロットで、グレイスにとっては夢のような職歴を持ち、チャンスに恵まれていた。ふたりは恋に落ち、1941年暮れにグレイスは裾の長い白いレースのドレスを着て結婚した。結婚によって将来への希望を失うことはなかったが、女性パイロットに対する変わらぬ偏見には心が折れそうになった。

「総力戦だ」とグレイスは日記に綴っている。「今こそ男女関係なく、動ける人はみな力を尽くすべきときだと思うのに。結婚しても、今までよりも役に立てるし、役に立つべきだと思うのに、いまだにチャンスがない」

暴力が描かれたディズニー映画

映画版『空軍力の勝利』は、1943年7月に「パールハーバー以降、あなたが知りたかったすべてがついにスクリーンに!」というキャッチフレーズで公開された。真珠湾攻撃の恐怖をテクニカラーのアニメーションで描いたシーンがあり、アメリカの領土に起こったばかりのその破壊の映像は、観客には気の滅入るものだった。だが、ウォルトはあえて暴力を残した。それは、これがプロパガンダ映画であり、世代や時代を超えた娯楽作品ではなかったからだ。

映画のメッセージに対しては、評価が二分された。飛行機がヨーロッパやアジア全域に爆弾を落とすアニメーションのシーンを観て、空軍が必要だと納得した観客が多かった一方で、海軍と陸軍の重要性に関する説明に深みがないと激怒した観客もいた。映画のメッセージが思慮に欠けると感じた人のひとりがルーズベルト大統領の幕僚長、ウィリアム・リーヒ提督だったため、ウォルトの大きな野望の1つ、この映画をホワイトハウスで上映する試みは阻止された。

大西洋を渡った先では、チャーチル首相が観ただけでなく、説得力も感じたようだ。1943年8月、フランス侵攻のDデーを決するための会談で、映画を観たかとチャーチルがルーズベルトに尋ね、ルーズベルトが観ていないと言うと、チャーチルは戦闘機を手配して映画のフィルムを持ってこさせ、ふたりはそれを2日間で2度鑑賞した。ウォルトは、映画のメッセージを権力者に伝えるという究極の目標を果たした。

この映画がその後の戦術形成にどのような役割を演じたかは不明だが、作戦立案者の間ですでに高まっていた航空依存を促進しただけの可能性もある。1944年6月6日、公開の1年後、ノルマンディー上陸作戦は、輸送機、爆撃機、偵察機、戦闘機、兵を運ぶ航空機のすべてがノルマンディーの海岸襲撃で重要な役割を果たした、史上最大の航空作戦となった。

レッタやシルヴィアをはじめ多くの女性が『空軍力の勝利』の制作に関与したが、スクリーンクレジットに名前が載ったのは、テクニカラーのコンサルタントとして派遣された常連のナタリー・カルマスひとりだった。クレジットの民主化は、ストライキの目標の1つだったが、蓋を開けてみれば、それまでと何ら変わりなく主観に満ちていた。レッタは、『ファンタジア』でも『ダンボ』でも『空軍力の勝利』でもクレジットされていない。スクリーンクレジットに名前が載らなかったアーティストは他にも多数おり、『バンビ』の特徴的な色彩設計とビジュアルスタイルの鍵となったタイラス・ウォンは、単に「背景」スタッフとして名を連ねただけだった。スクリーンクレジットの階層制によって得をしたのは、メアリー・ブレアなどウォルトのお気に入りのアーティストだった。

幻のグレムリン

レッタは、飛行ヘルメットを被りゴーグルを着けた小鬼のような生き物たちを、赤い水彩絵具で描いた。メアリーはそのいたずらっぽいニヤリ顔を見て笑ったが、この困り者のキャラクターについて書いた作家は、レッタのスケッチをあまり面白いとは思わなかった。その生き物は、第二次世界大戦中、イギリス空軍のパイロットが航空機のあらゆる不具合の原因だとみなしていた想像の産物で、グレムリンと呼ばれていた。

第二次世界大戦中、イギリス空軍大尉だったロアルド・ダールは、その生き物を題材にした物語『*Gremlin Lore*（未／グレムリン・伝承）』を書いた。ダールは子供の頃から物語を書くのが好きだったが、先生に才能を認められたことはなかった。ある国語の教師は成績表にこうコメントしている「これほど言いたいことと真逆の言葉をしつこく書き続ける子供を見たことがありません」

ダールは戦闘機のパイロットだったが、数知れぬ負傷のため前線を退き、大使館付武官としてワシントンDCへ派遣された。デスク仕事の傍ら、自分の体験を基に冒険物語を書いた。その1つが愛らしいトラブルメーカーの一団について書いた『*Gremlin Lore*』だった。イギリス空軍の将校という立場で小説を出すには、在米英国情報部のトップ、シドニー・L・バーンスタインの許可が必要だった。ところが、バーンスタインはただの政府との連絡窓口ではなく、ウォルト・ディズニーともつながった著名なイギリス人映画プロデューサーでもあった。彼はダールが書いた小説が映画化に値すると信じ、その原稿を1942年7月1日にウォルトへ送った。

その頃ウォルトとスタジオが取り組んでいたものは、ほぼすべて第二次世界大戦に関係していた。ウォルトは、戦争娯楽作品は一過性のものだという認識はあったが、2週間もしないうちに、その素材の権利を確保したいと電報を返した。出版経験がなかったダールには要求もほとんどなく、唯一「基本的なキャラクター制作や技術の詳細について意見を言う機会」がほしいという、とるに足らないように思われた条件を主張したが、それがのちにレッタやスタジオを苦しめることになる。

ダールの小説は、同年9月に『コスモポリタン』誌に買われ、ウォルト・ディズニー・スタジオは一緒に掲載されるイラストを描くことになった。小説の掲載は、いろいろな意味でテストランであり、人気が出て映画化への道筋をつけることが期待された。ところがグレムリン熱はスタジオの予想以上に早く高まった。大英帝国に駐留するアメリカの飛行士にもグレムリン伝説が伝わり、1942年の後半には、数十もの関連記事が雑誌に掲載された。

レッタが描いたグレムリンは、素朴で愛らしく、小柄で、ほとんど見えない青みがかった翼があり、ぶかぶかのブーツを履き、頭に緑色の角が生えている。よそ行きの服を着て遊ぶいたずらっ子のようにも見える。だがダールはお気に召さず、「そちらへ伺ってお話しできれば、正確な外見についていくらでもご説明できるのですが」と書いてよこした。自ら飛行場で見たところによると、本物は飛行ヘルメットやゴーグルではなく、緑の山高帽を被っている、と26歳の作家は主張した。

ダールは、バーバンクまで足を運び、スタジオのアーティストたちにグレムリンの外見や振る舞いについて事細かく説明した。訪れたパイロットは彼だけではなかった。ウォルトが呼びかけると、都合のついたイギリス空軍の飛行士数十人がカリフォルニアに来て、グレムリンのエピソードや、外見や行動の目撃証言を提供した。その生き物の説明があまりに複雑になったため、ストーリー部門では、グレムリンの行動に関する多様なガイドラインをチャートに整理しなければならないほどだった。アーティストたちは、見た目は正気に見えるプロの軍人が、飛行機にいたずらをする生き物を見たと自信満々に話すことへの驚きを隠し、同情を示すように頷きながら話を聞いた。レッタとメアリーは、その詳細にわたるインタビューや調査を基に、レッタはスケッチ、メアリーは色彩設計を行った。

筋書きや全体イメージが固まりつつあったが、グレムリンの外見に関しては、いまだ熱い議論が交わされていた。ダールがキャラクターの見た目、服装、振る舞いに強いこだわりを持ち続けていただけでなく、契約書には、彼とイギリス航空省の両方の承認が必要との条項があった。

修正が難しいスタジオと、デザインに納得のいかないダールは平行線をたどり、結局、映画がもたらす価値よりも問題のほうが大きくなったため、ストーリーボードは没になり、制作は頓挫した。それでもダールの小説は、ペガサスというペンネームで『コスモポリタン』に掲載されることになり、その後、本としても出版され、その収益はイギリス空軍慈善基金に寄付されることになった。

スタジオの中には、何を作っても失敗するのが落ちだと感じ始めている人が少なからずいた。『ピノキオ』『ファンタジア』『バンビ』は何百万ドルもの損失を出した。『ダンボ』は、製作費用を抑えたにもかかわらず、かろうじて赤字を免れたにすぎなかった。『ラテン・アメリカの旅』と『三人の騎士』(1944年公開)はわずかに利益が出たが、『空軍力の勝利』は50万ドルの損失を出した。アメリカ政府から委託された訓練用の短編のおかげで、スタジオは存続できていたが、倒産の脅威は依然としてあった。わずかなスタッフと出口のない創造性。手描きの作業と芸術的才能に依存するアニメーションは、採算の取れない時代遅れの事業なのではないか。そんな不安がウォルト・ディズニー・スタジオのアーティストたちの中で頭をもたげていた。

ボタンを一押ししただけで文書を複製できる機械

ニューヨーク、クイーンズ地区の小さなアパートで、チェスター・カールソンも望みを捨て始めていた。カールソンは、1930年にカリフォルニア工科大学物理学科を卒業したが、大恐慌のあおりでその分野の仕事に就くことができなかった。82社受けた後、結局ニューヨークのベル電話研究所に就職した。給料が安く、仕事にもすぐに飽きたため、ベルの特許部門に移った。そこなら発明はできないが、少なくともそれを守ることはできる。弁護士と一緒に働くのは想像以上に面倒だったが、その一番の要因はペーパーワークだった。特許を申請する際に、特許図面を何度も手で複製しなければならなかった。目が悪く、リウマチによる関節痛があったため、惨めな時間を過ごしたが、いつしか「ボタンを一押ししただけで文書を複製できる機械」を夢見るようになった。

そう思ったのはカールソンだけではなかった。ハンガリーの物理学者、パル・セレニーが光の性質に関する論文を発表し、静電気を使って絶縁体の表面にインクを引きつける実験を行なっていた。セレニーの研究発表に触発されたカールソンは、自宅のキッチンで試行錯誤を繰り返し、妻とその母の3人で暮らすクイーンズ、アストリアのアパートで時おり火事を起こした。

1938年10月22日、カールソンは最初の成功を収めた。オーストリアから逃れてきたオットー・コルナイというもうひとりの物理学者と共に、顕微鏡用のスライドガラスを用意し、「10.-22.-38 Astoria」とインクで日付と住所を記した。次に硫黄を塗布した亜鉛板をハンカチでこすり、子供が風船を頭にこすりつけて静電気を起こすように帯電させた。そして素早くスライドガラスを亜鉛板に載せ、明るい光を5秒間当てた後、スライドガラスを取り除き、亜鉛板に妖精の魔法の粉のように石松子《せきしょうし》を振りかけた。定着していない粉を吹き飛ばすと、「10.-22.-38 Astoria」の文字がはっきりと後に残った。

カールソンは、コルナイと共にその技術を改良すると、経験を生かしてすばやく特許を出願した。出資者を見つけるという次の段階は思ったほど簡単ではなく、1942年には、IBM、GE、RCAなど数十社に断られた。カールソンは、この電子写真法がビジネスの世界で価値を認められる日が来るのか、疑問に思い始めた。このときはまだ知りようがなかったが、行き場の見えない発明はやがてウォルト・ディズニー・スタジオで革命を起こすことになる。

9

ジッパ・ディー・ドゥー・ダー

Zip-a-Dee-Doo-Dah

1942年12月9日、メキシコシティの涼しい夜の空気の中で、メアリーはグアダルーペ寺院の前に集まる子供たちを眺めていた。ヨセフ、マリア、天使ガブリエルの絵を手に持つ子や、ロウソクの火を風から守ろうと小さな手を炎にかざす子。子供たちはゆっくりと通りを練り歩き、建物に声をこだまさせながら、メキシコの伝統的なクリスマス、ラス・ポサーダスを祝う美しいメロディー「カント・パラ・ペディール・ポサーダ」を歌った。子を宿し出産間近のマリアと自分自身のために宿乞いをするヨセフと、ベツレヘムの宿屋の主人との会話を歌った歌だ。ラス・ポサーダスの期間中、子供たちは家々を訪ね、宿を乞う。すると家の中から歌い声が聞こえ、最初は部屋がないと門前払いをされる。やがて一軒の家の扉が開き、迎え入れられて、最後の歌詞を全員で合唱する。その家の中でパーティーが開かれ、ピニャータ〔お菓子などのお楽しみが入ったくす玉人形〕割りが子供たちのはしゃぎ声とともに始まる。

メアリーは信心深くなかったが、この伝統にひどく心を動かされた。そのシーンをスケッチする中で、芸術家として殻を破る瞬間を経験した。南米旅行中に若者の絵を数点描いているが、スケッチした顔から優しさと純朴さが伝わる。メキシコで描いた大勢の子供たちも、彼女独特の図案化された作風は変わらないが、頰が丸く、もっと表情豊かな顔をしている。メアリーがそれぞれの場面に心を寄せ、一定の共感を込めて描いていることが、街を練り歩く子供たちの喜びを表す、明るい色使いからも読み取れる。メアリーの作品における子供の描写は、このときを境に、見違えるように変わった。

ウォルトはその絵に衝撃を受けた。「あなたは色について、私の知らないことまで知っていますね」とメアリーに言った。メアリーはその賞賛に大喜びしたが、ウォルトの目に止まったことで、同僚の男性たちから怒りと嫉妬を買ったのを感じた。彼らはメアリーの奇抜な色使いを馬鹿にして、彼女を「マリファナ・ブレア」と呼んだりした。

しかしウォルトの賞賛の気持ちは本心であり、変わることがなかった。ウォルトのロサンゼルスの自宅には、ごく限られたアーティストたちの描いた絵が飾られていたが、『ラテン・アメリカの旅』のコンセプト画としてメアリーが描いたペルーの子供たちの絵を2枚も飾るほど、ウォルトはメアリーの水彩画にぞっこんだった。印象深かったのは作品だけでなく、彼女自身も、ウォルトの娘、ダイアンとシャロンにとって憧れの存在だった。

アイデアを生み出す仕事

メアリーは、蛇が脱皮するように20代に別れを告げると、そこには新しいピカピカの自分がいた。1943年に32歳になり、自信を手に入れ、興味の方向性が明確になった。それはアートの面だけでなく、見た目、振る舞い、服装も自然と洗練されていった。着る服は自分でデザインし、縫っていたため、スタイルにも独自性があった。ケープやスカーフ、ネクタイ、珍しい帽子といったアイテムを大胆にあしらった。紳士服のシルエットを取り入れ、ジャケットやパンツを仕立てて着たりもした。高い頬骨、短い前髪、フランス製香水、そして世馴れた立ち居振る舞いで、ウォルトの若い娘たちだけでなく、会った人すべてに印象を残した。

1943年より前から、メアリーの生活は、飛行場とスーツケースとメロディックなスペイン語の中で目まぐるしく過ぎていた。1941年に『ラテン・アメリカの旅』のために南米を周遊し、その後1942年に『三人の騎士』の素材を求めてウォルトや数人のアーティストとメキシコを旅したのち、『*Cuban Carnival*（キューバの祭り）』の仮題がつけられた企画第3弾のためにキューバへ派遣された。1940年代にアメリカ人旅行客を大量に招致していたキューバの外交官は、『ラテン・アメリカの旅』から外されたことにがっかりし、母国の文化を喧伝するようなアニメーション映画の制作を依頼してきたのだ。

ハバナで飛行機から降りた瞬間、南カリフォルニアの渇いた空気に慣れていたメアリーを、むっとした湿気が襲った。同行者は少数のアーティストのみでウォルトはいなかったため、かしこまったイベントや交流の多かった南米周遊旅行とは異なり、今回は自由にスケッチしたり文章を書いたりして過ごし、異文化にどっぷり浸かって事細かな記録を取った。

自由を謳歌し、心の赴くままに行動した。5週間、国内を移動しながら、シガー工場を訪問し、サトウキビ畑を散歩し、ダンスホールでヒールを鳴らしながら夢中になってスケッチした。

メアリーは、作品の世界観をデザインするコンセプトアーティストとして自由に仕事をしてよいとウォルトから言われていた。この旅行はそのための工程の1つであり、製作を予定している長編の最初のラフなアウトラインを作るヒントを得ることが目的だった。ストーリーアーティストはストーリーボードを作り、脚本を書

メアリー・ブレア(中央)。1943年、キューバの新しい友人と(ブレア家提供)

くのが仕事だが、彼女の役割は撮影監督の仕事に近い場合が多かった。つまり、特定の場面を切り取り、そのシーンが表すべき感情を最も的確に伝える色彩を選んで表現した。役割が多岐にわたることも多く、コンセプトアートの他に、背景原図を描いた作品もあれば、アートディレクターを務めた作品もあった。彼女はアートディレクターの役割を「アイデアを生み出す仕事」と呼び、「その能力は、あるかないかのどちらかです」と述べている。

メアリーとストーリー部門のスタッフは、協力して次作のアイデアを考えていた。メアリーがコンセプトアートにお得意の魔法を働かせると、ストーリー部門はストーリーボードを作り、その後脚本に取り掛かった。メアリーのアートは、アニメーターが基にする作品、舞台、キャラクターのビジュアル原案の役目を果たした。しかしかつてストーリー部門から泉のごとく湧いていたアイデアも、今ではなんとか絞り出ているような状態だった。旅行から帰国すると、メアリーはレッタとマティーニを挟んで、先行きの暗さを嘆いた。

女性用衛生用品の革命

1943年、『空軍力の勝利』が間もなく完成し、軍事訓練用動画が着々と制作されていたが、レッタやシルヴィア、スタジオに残ったアーティストたちを発奮させるようなものはなかった。レッタは、短編『*Tuberculosis*（未／結核）』『*Cleanliness Brings Health*（未／清潔こそ健康の素）』『*Infant Care and Feeding*（未／乳児の養育と食事）』『*Hookworm*（未／鉤虫）』に、シルヴィアは『*The Story of Menstruation*（未／月経の話）』に取り組んでいた。少ない予算と限られたテーマにもかかわらず、どの作品にもふたりの高い芸術性が発揮されている。

シルヴィアは、若い女性たちに、ホルモンの働きや成長期の女性の体への影響を正しく伝えたい一心で、科学的な情報に加えて、解剖学的に正確なアニメーションを制作した。この映画は、いろいろな面で画期的だった。1940年代、月経に関する話題はタブーとされ、女性の体の仕組みについて率直に議論されることはほとんどなかった。それというのも、月経は「呪い」であり、自分は穢れた存在であるというまちがった認識が代々受け継がれ、月経中は普段と同じ生活をしてはいけないと信じられていたからだ。

シルヴィアの映画は、女性用衛生用品の革命期に製作されていた。第一次世界大戦後、兵士の手当てに使用されていたセルロースの包帯が綿よりも吸収性に優れていることに気づいた看護師たちが、その素材を使って生理用ナプキンを作り始めた。1940年代になると、ナプキンとそれを固定する衛生帯がコーテックスやモデスのようなメーカーから広く販売され購入できるようになった。

タンポンは、形態の変遷はあれど何世紀も前から存在しており、最も古くは古代エジプトの女性が使用したという記録が残っているが、アメリカでは1933年まで市販されなかった。アール・ハースという名の医師が、板紙でできた2つの部品を伸縮させて膣に挿入できる圧縮綿を発明し、1931年11月19日に「月経用装置」として特許を出願している。ところが、製造業者が関心を示さなかったため、その特許をガートルード・テンドリックという女性に売り渡した。テンドリックは、タンパックス・セールス・コーポレーションを設立し、「見えない衛生ナプキン」を小売店で売り出した。アメリカが第二次世界大戦に参戦すると、戦争努力に携わる「活発」な女性が販売ターゲットにされたため、タンポン人気が上昇した。

シルヴィアは、謙虚さより率直さを重視し、その短編映画で、臆することなく女性の体について説明している。その短編は、1940年代から50年代にかけて各地の高校で上映され、若い女性が生殖の仕組みについて知るきっかけとなった。

こうしたプロジェクトに使命感は抱いていたものの、それを手放せることになったときには、やはり嬉しかった。次はミュージカル作品をやるとウォルトに言われ、再び音楽をベースにした作品づくりができる喜びと期待に、思わず笑顔になった。シルヴィアがもうひとりの脚本家、ホセ・ロドリゲスと取り組んだのは、新規のパッケージ映画『プカドン交響楽』〔原題は「音楽の歴史」という意味の『*The History of Music*』〕だった。ふたりは前に『空軍力の勝利』でもタッグを組んだが、『プカドン交響楽』は前作とはまったくの別物だった。シルヴィアは、パッパラパ、ピロリン、ポロン、ドンを生み出す金管楽器、木管楽器、弦楽器、打楽器とその形態の進化を説明するフクロウ先生を描いた。シルヴィアがスタジオで再び交響楽に包まれる幸せを味わっていた横で、昔のストーリーボードからもう１つ新しい長編作品が生まれようとしていた。

害獣がシンデレラの友達に

ウォルト・ディズニー・スタジオでのストーリー制作は一種の競技だ。物語を書くことはその始まりにすぎない。自分が提案する物語を育て、制作段階に進めるためには、脚本家自身が自分の脚本を強力に援護し、徹底してシナリオ会議のメンバーを説得する必要がある。性格的にそれがあまり得意でなかったビアンカは、身を削るような努力をしたときにだけ報われた。ビアンカが１９４０年に書いた『シンデレラ』のトリートメントとドローイングは、最初はよくある没企画の１つに見られていたが、縮小されたストーリー部門がアイデア不足に陥っている今、ビアンカが改作した古典のお伽話は、暗い階段に残されたガラスの靴のように光を放った。ウォルトはファイルの埃を払い、彼女の書いた物語を読み直した。

ビアンカがそのエッセンスを抜き出した古いお伽話は、文化や伝統を超えて語り継がれている。古代ギリシャ、中国の唐王朝、17世紀イタリアにこの物語のバリエーションが見つかっており、ヨーロッパには５００以上のバージョンが存在する。フランスの作家、シャルル・ペローが１６９７年に出版した『がちょうおばさんの話』の中の「サンドリオン（Cendrillon）」は、彼が加筆した妖精のゴッドマザー、カボチャの馬車、ガラスの靴のおかげで人気が高まった。その後には、残酷さを増した改作もいくつか出されている。１８１２年に出版されたグリム兄弟のバージョン「灰かぶり姫（Aschenputtel）」では、継姉たちが靴を履くために足の一部を切り落とし、靴を血で満たした。シンデレラが王子と結婚するハッピーエンドにおいてさえも、意地悪な継姉たちは鳥に目をつつかれ、生涯盲目にされる。

ビアンカは当然、刺激の少ないフランス版の原作を選んで脚本を書いた。単純な物語はほとんど細工を必要としなかったが、それでも手を加えたほうが映画として面白くなると感じたところがあった。ビアンカは、スタジオが動物のアニメーションに熟練していることをふまえ、シンデレラを助ける動物をたくさん登場させて脇を固めることにした。動物たちの存在と、主人公との絡みの両方が物語に新鮮味を与えている。原作では罠に掛かった害獣に過ぎなかったネズミが、ビアンカの脚本では、シンデレラの友達として物語の展開上、重要な役割を果たしている。

気楽なプリンセスものに興味を示さない時代

ペローの原作の最後では、継姉たちの足がガラスの靴に入らなかった後、シンデレラが現れ、あっさりと「私の足が合わないかどうか試させて」と言う。ビアンカは、このシーンに緊張感を持たせる必要性を感じ、シンデレラが意地悪な継母に地下に閉じ込められ、逃げ出せないという設定を加えた。その後、ペットのネズミ、ダスティがガラスの靴を前脚に抱え、王の家臣を暗い牢屋へと誘う。脚本の最後は、結婚式ではなく、宝石で飾られたネズミ穴で暮らすダスティの絵で締められている。

ビアンカが追加した動物キャラクターは他にもある。クラリッサというペットのカメや、継姉たちの意地悪な飼い猫ボン・ボブだ。動物キャラクターの追加でビアンカの『シンデレラ』は、スタジオが映画化するのにぴったりな作品になっていた。しかしタイミングはけっして良くなかった。1943年、気楽なプリンセスものに興味を示す人はいない。スタジオの財政状況はまだ厳しく、経費は賄えても借金を返済できなかった。それでもウォルトは、無謀にもこの先状況がよくなると予想し、銀行を説得して、プロジェクト予算として100万ドルの融資を受けることに成功した。そして、ウォルトお墨付きのストーリーアーティスト、ジョー・グラントとディック・ヒューマーを監督に指名した。ふたりは、この仕事に乗り気ではなかった。ウォルトのお伽話愛に共感できず、オリジナル作に取り組みたがった。「結末がわかっている映画は好きじゃない」とグラントはプロジェクトの不満を言った。ふたりはいやいやながら、ストーリー部門でのビアンカの最後の創作を蘇らせた。

人種差別的な偏見にあふれた原作

『シンデレラ』の制作作業は、まもなく別の長編によって中断された。1944年初め、ウォルトはスタジオの次なる大プロジェクトを『南部の唄』に決めた。1880年に出版されたジョエル・チャンドラー・ハリスの『リーマスじいや』を映画化するという。

原作は、ハリスに伝えられたとされるアフリカ系アメリカ人の口伝の民話集だ。ハリスは1862年にジョージア州の小さな町イートントンの郊外で、地元紙の活版工見習いとして働き始めた。「孤独で友達がいなかった」という14歳のハリスは、空いた時間を近くのターンウォルド・プランテーションで働く奴隷たちと一緒に過ごすようになり、とりわけオーエン・テレルという男が話す物語を聴くのが楽しみだった。

　南北戦争は1865年に終わったが、ターンウォルド・プランテーションを囲む綿畑を眺める限り、誰もそのことを知らなかったに違いない。1865年、アンドリュー・ジョンソン大統領は、土地を戦争前の所有者に戻し、南部の州に地方自治の自由を与えた。アメリカ合衆国憲法修正第13条により、400万人の奴隷が解放されたが、南部の州政府は黒人取締法《ブラックコード》を発効、アフリカ系アメリカ人の移動を制限し、労働力として搾取することを認めた。ハリスが見る限り、プランテーションはほとんど何も変わっていなかった。アフリカ系アメリカ人は奴隷制の時代と同じ仕事をし、同じ小屋に住み、同じ話をした。

　ハリスは、ヒーローのウサギどん《ブレア・ラビット》が敵のキツネどん《ブレア・フォックス》とクマどん《ブレア・ベア》をトンチでやっつける物語を書き留め始めた。これらの物語の起源は、西アフリカのアカン系民族の伝統に遡ることができる。彼らの中で奴隷にされた人々は、小さな生き物でも知恵があれば自分より大きくて強い動物に勝てることの象徴として、これらの民話をアメリカ大陸のあらゆる土地で大切に守っていた。ハリスの民話集では、かつて奴隷だったリーマスじいやが、祖母のプランテーションを訪れた白人の男の子に毎晩物語を話して聞かせる。ハリスは、リーマスじいやのことを「奴隷時代には楽しい思い出しかない」人だと説明している。本を読んだ子供や大人は、長い間ジョエル・チャンドラー・ハリスをリーマスじいやと同じ黒人だと思い込んでいたが、実際には、本に出てくる白人の少年側の人間だった。ハリスは、これらの物語を本にしたことで、アフリカの口承民話の文化を奪っただけでなく、アメリカにおける奴隷の歴史を白人の都合の良いように歪曲した。

このような侮蔑的な本だったにもかかわらず、20世紀初頭に信じられないほど人気になり、幼少期のウォルト・ディズニーを含むアメリカ中の子供たちの書棚に、急速に広まった。ウォルトは、子供時代に読んだ懐かしいこの本の権利を1939年に買い取り、ストーリー部門のメンバー数人に翻案を手掛けさせたが、当時のスタジオにはこの本に注意を向ける余裕はなかった。ウォルトの関心が再燃したのは5年後、その理由の1つは、オプティカルプリンタが利用できるようになったことだった。手描きアニメーションのコストは依然として賄えないほど高かったが、実写と組み合わせれば、新しい技術を試しながら製作費を節約できる。しかし、1939年当時と違って好きにできるほど脚本家が大勢いなかったため、ウォルトはルイジアナ州立大学バトンルージュ校の教授で脚本家でもあったダルトン・レイモンドを雇い、翻案に着手させた。

レイモンドは、原作をそのまま反映した60ページのトリートメントを書いたが、それは、南部の奴隷を想起させる訛りなど、人種差別的な偏見やステレオタイプにあふれていたようだ。そのままでは使えないことがわかったウォルトは、もうひとり別の脚本家に最終の調整をさせることにした。彼が雇ったのはしかしアフリカ系アメリカ人ではなく、モーリス・ラプフという共産主義者を名乗るニューヨーク在住のユダヤ人男性だった。

ラプフが雇われた一番の理由は、このプロジェクトに対する彼の嫌悪だった。この映画を作ることは、あからさまな人種差別を支持することになるため、作るのはまちがいだと考えていた。「だからこそあなたのような人にやってもらいたいのです」とウォルトは彼に言った。「あなたは黒人のステレオタイプに反対です。われわれは偏見を持っていなくても、しょっちゅう愚かなまちがいを犯して人を傷つける。この問題に敏感なあなたなら、それを避けられるのではありませんか」。その主張にラプフは納得し、1944年夏、レイモンドと口論しながら脚本に取り組んだ。

世界はゆっくりと変わりつつあり、スタジオが過去に依存していた『ファンタジア』のサンフラワーや、『ダンボ』のジム・クロウ〔ダンボを助けるカラスのキャラクター名。アフリカ系アメリカ人を示唆する〕の一団といったステレオティピカルなキャラクターは、もはや受け入れられなくなっていた。1944年秋、スタジオが『南部の唄』を次回作として発表すると、アフリカ系アメリカ人コミュニティの複数のリーダーや、映画検閲官のジョセフ・ブリーンから、『リーマスじいや』をどのように映像化しても、原作が人種差別的な色合いを持つ以上、抗議を免れないだろうと警告される。広報担当のヴァーン・コールドウェルは、この作品のプロデューサーにそのことを伝え、こう注意を促した。「黒人の問題は危ない状況にあります。差別支持派と反対派の衝突はいつ起こってもおかしくありません。あらゆる論争や厄介な事態を招きかねません」。だがこれだけ警告されても、ウォルトは先のことなど気にしていないかのように突き進んだ。

脚本が書き上げられる前に、メアリーは、コンセプトアートを描くため、10日間のジョージア行きを命じられた。現地で南部の赤土の道路とピンク色の木蓮《マグノリア》の街路樹を描いている。美しさの中の暗さ――それはどこか、彼女がダストボウルの頃〔1930年代にアメリカ中部の大平原地帯が砂嵐に断続的に襲われた〕を描いた水彩画で表現した苦悩に似ていた。メアリーは、リーマスじいやの物語に書かれた見せかけの純な幸福ではなく、アフリカ系アメリカ人の悲しみに染まった日常を描いた。花が咲き乱れる緑地の脇、赤土の道をアフリカ系アメリカ人の母子が家へ向かって歩いている。背景には、黄色い空に枯れ木がシルエットで描かれている。ふわふわの白い綿花が綿菓子のように軽く優しげな綿畑だが、それと隣り合わせに、暗く尖った背景が描かれ、収穫を始めるかつて奴隷だった人々の逃れようのない悲哀を伝えていた。

リーマスじいやを描いたペインティングにもまちがいようのない哀愁が漂う。ある1枚では、花咲く景色の中を背中を丸め、杖によりかかって歩く彼の周りに影が長く伸びている。彼の後ろでは、夏のまばゆい光の届かない暗がりの中に、プランテーションの作物が何列も広がっている。

ところが、メアリーが底深い対比を描いてみせたにもかかわらず、アニメーターたちは、ピンクに輝く花の木、赤土の道路、緑のなだらかな丘など、彼女のペインティングの明るい部分だけを拾い、悲壮感をいっさい排除した。不平等や辛苦をほのめかすものは使わないという選択がされたことは、作品全体のビジュアルと内容の両面で明白だった。

メアリーが南部を旅行している間、ふたりの脚本家はどんどん溝を深めていった。ラプフは、大小さまざまな変更を加えていた。たとえば、南北戦争後の物語であることをはっきりさせるために、キャラクターや設定を変え、軽蔑的な表現を削除した。登場するアフリカ系アメリカ人が奴隷でないことを明確にするために、わざわざ「1870年」という年まで加えた。また、伝承されているとおり、ウサギどんがアフリカ系アメリカ人を象徴するキャラクターであり、彼が知恵比べで負かす相手が白人のキャラクターであることを脚本の中で示そうとさえした。ところが残念なことに、その変更のほとんどが却下された。夏の終わりには、ふたりの仲は険悪になり、レイモンドはラプフをプロジェクトから外すよう要求した。

ウォルトは、別の進歩的な脚本家に『南部の唄』を担当させ、ラプフには『シンデレラ』に取り組ませた。ラプフは、救いようのないプロジェクトに未練はなく、ビアンカが書いた『シンデレラ』のトリートメントを読んでからはとくにそう思った。彼女の脚本案とドローイングを基に、スタジオが手掛けた前のプリンセス、白雪姫とはまったく異なるキャラクターを作り始めた。彼が共産主義を信じていたからだろう、シンデレラを労働者としてモデル化しようと思い立った。シンデレラには、自分の力で報酬を得てほしかった。ただ受け身で待っているのではなく、自分から王子を手に入れにいってほしかった。彼は、継母に地下室に閉じ込められるというビアンカのひねりをとくに気に入った。シンデレラが抑圧者を倒すために闘わなければならないからだ。ラプフは設定を変え、シンデレラが継母姉への暴力的反逆に出た後に、屋根裏に閉じ込められるようにした。ストーリー部門がそれは行き過ぎだとして最終的に暴力はなくしたが、このシーンによって、シンデレラの自発性が具体化され、ビアンカが思い描いたフィナーレが結実した。

それにもかかわらず、『シンデレラ』の制作は1944年になっても遅々として進まなかった。戦争はまだ続いており、スタジオは財政破綻の瀬戸際に立たされていた。債権者である銀行が映画の製作自体、認めてくれるかどうかも怪しかった。しかし、ストーリー部門とアニメーション部門のほとんどのスタッフがまた長編アニメーションをやりたがっていた。それまでの作品——『ピノキオ』『ファンタジア』『バンビ』——は商業的失敗に終わったかもしれないが、創造する自由があった。それは、パッケージ映画でも、実写との新しいハイブリッド映画でも味わうことはできなかった。

スクリーン上の人種差別への反対運動

国外におけるファシズムとの戦いは、アメリカ国内にはびこる不平等を容赦なく明るみに出した。海外では自由と平等の権利のために戦っている国が、自国民に対して恥ずべき扱いをしているという偽善を無視するわけにはいかない、と第二次世界大戦のさ中、全米有色人種地位向上協会（NAACP）は、軍隊における差別の撤廃を求めた。同協会のウォルター・ホワイト事務局長は、部隊の士気を高めるためにヨーロッパへ数回渡り、アメリカに帰国すると、制度的改革を訴え、トルーマン大統領に会い、大統領命令９９８１号を起草した。軍隊から人種差別をなくし、人種に基づく差別を撤廃するという内容だったが、大統領が署名したのは、１９４８年になってからだった。

ＮＡＡＣＰなどの黒人人権団体のリーダーは、民間の職場にも変革を求めた。映画におけるアフリカ系アメリカ人の描写は、抜本的改革のターゲットになっていた数多くの分野の１つだった。ＮＡＡＣＰは、かねてより映画における人種のステレオタイプ化に反対しており、クー・クラックス・クランを美化したあからさまな人種差別映画『國民の創生』が１９１５年に公開されると、大々的な抗議活動を展開した。１９３７年、ホワイトは、マーガレット・ミッチェルの『風と共に去りぬ』における南部諸州再統合《リ・コンストラクション》の描かれ方に反論する研究論文を送りましょうか、と同小説を映画化した製作者のデヴィッド・Ｏ・セルズニックに直々に手紙を書き、「史実または解釈上のまちがいをチェックできる人、できれば黒人」を雇うことを提案した。

１９４２年、ホワイトと有力な政治家ウェンデル・ウィルキーは、21世紀フォックスのスタジオトップと会い、黒人俳優に同じ従属的な役ばかり演じさせるのをやめるよう求めており、その後長年にわたって、人種差別を撲滅するための協調的な取り組みが続いた。それでもアフリカ系アメリカ人の配役は、19世紀後半から20世紀前半にかけてアメリカのエンターテインメントを席巻したミンストレル・ショー〔バラエティー・ショー。顔を黒く塗った白人が出演し、黒人をからかう差別的な内容が多かった〕以来、拡大していなかった。映画産業は、誕生した当初から、スタジオでもスクリーン上でも差別的隔離が横行し、オスカー・ミショーなどわずかな映画製作者だけが例外的に、アフリカ系アメリカ人コミュニティの複雑な人生を描いていた。リーマスじいやがスポットライトを浴びている今こそアクションを起こすべきタイミングであることはまちがいなかった。

白人至上主義のプロパガンダ

1945年、スタジオの関心はリーマスじいやから世界の情勢へと移った。1945年5月8日、『ロサンゼルス・タイムズ』の一面は「ヨーロッパで完全勝利」と報じた。このニュースが広がると、巷は祝宴ムード一色になった。ロサンゼルス市は、全長445フィートのビクトリー船をロサンゼルス港から出港させた。

スタジオ内は、幸福感とお祝いムードに包まれた。従業員たちが真っ先に思ったのは、軍隊にいる愛する人のことであり、早く帰ってきてほしいと願った。だが、西海岸に暮らす人々の中には、ヨーロッパと同じかそれ以上に太平洋戦域の情勢を固唾を呑んで見守っていた人も多かった。広島と長崎に原爆が落とされて日本が降伏し、第二次世界大戦が終わったのは8月14日〔同日、日本がポツダム宣言を受諾〕だった。戦争において核兵器が使用された最初で唯一の事例であり、何十万人もが犠牲になった。そのほとんどが一般市民だった。原爆投下の決断は後々まで広範な影響を残すことになる。だが、悲惨な戦争がようやく終結を迎え、世界の多くの国々が復興に踏み出すことができた。

バーバンクでは、見通しが少し開けたようだった。アーティストたちは、この先新しい企画に取り組めるとわくわくした。この4年間、政府や軍関係の仕事が9割を占め、そろそろ新しいことをやりたくてうずうずしていたのだ。ところが今度は別の不安が浮上した。たとえば、女性スタッフは自分の仕事がどうなるのか心配だった。アニメーション部門の女性スタッフの数は、戦争が始まる前から急増したが、戦争から戻ってくる男性たちが復職を望むことは女性たちにもわかっていた。上司の言葉などから、戦争が終われば自分たちはお払い箱になると覚悟した。

帰還兵は、自分が記憶している、戦争が始まる前の正常な日常を取り戻したいと願っていたが、復員したアフリカ系アメリカ人兵士が戻ろうとしていたのは、あまりに変わらない世界だった。アメリカ、そして南部でも人種に対する見方は変わっておらず、アフリカ系アメリカ人は、たとえ軍服を着ていても、ドイツ人捕虜でさえ歓迎されるレストランへの入店を拒否された。他の差別も相変わらずで、退役したアフリカ系アメリカ人は、1944年に発効された復員兵援護法が定める住宅ローンの優遇金利などの特典を平等に受けられなかった。

黒人作家ラングストン・ヒューズは、この不平等と、ヒトラーと黒人差別という2つの敵との戦いに対する怒りを1943年の詩「Beaumont to Detroit（ボーモントからデトロイトまで）」に込めた。1945年、ナチス・ドイツが敗北し、人種隔離政策との戦いがいよいよ勢いを増した。

1946年11月12日、アフリカ系アメリカ人として初めてウォルト・ディズニー作品の主役を務めたジェームズ・バスケットは、「ジッパ・ディー・ドゥー・ダー」を歌いながらスクリーンに登場した。奴隷制時代のフォークソング「ジップ・クーン」（日本ではオクラホマミキサーとして知られる）にヒントを得たこの歌は、1947年にアカデミー歌曲賞を受賞した。この映画でウサギどんの声優も務めたバスケットは、のちに主人公であるリーマスじいやの役でアカデミー名誉賞を受賞。アフリカ系アメリカ人男優として初のアカデミー賞受賞者となった。

ところが、『南部の唄』のプレミアでは、会場が人種隔離制度をとる南部のアトランタ・フォックス・シアターだったため、バスケットも、共演者のひとりで『風と共に去りぬ』の乳母役でアカデミー助演女優賞を受賞したハティ・マクダニエルも意図的に出席者から外された。その晩、劇場看板には、「世界初上映、ウォルト・ディズニー製作『南部の唄』カラー」の言葉が光り、その下には、アフリカ系アメリカ人の名前を除いた映画のキャストが書かれた。この人種差別的な看板をくぐって、白人だけの観客が劇場に入っていった。

偶然にも、『リーマスじいや』の作者の出身地、ジョージア州イートントンでは、若きアリス・ウォーカー（のちに『カラーパープル』などを執筆）が子供時代に聞いた伝承の物語に基づいたこの映画を観ていた。有色人種の席に、町の全住民と思われる人々と座った。面白いところは1つもなく、ただ悲しかった。のちにエッセイ集に収録された１９８１年のアトランタ歴史協会で行った講演で、彼女はその映画の影響について説明した。「リーマスじいやを生み出したことによって、彼《ハリス》は、私と私にとってあまりに大切な物語との間に壁を作ったのです。これは私たちのすべての子供たちの宝物になるはずだった、ウォルト・ディズニーからではなく、身内の人から聞くはずだった物語なのです」

黒人指導者たちは、映画に反対する抗議行動を組織し、カリフォルニアやニューヨークの劇場を取り囲み、プラカードを掲げた。「奴隷制より民主主義の映画を作れ」「こんな映画で子供に偏見を植え付けるな」「われわれはアンクル・トムではなく、アンクル・サム（アメリカ合衆国のこと）のために戦ったのだ」。ロサンゼルスでの抗議行動で中心的な役割を担ったアフリカ系アメリカ人向け新聞『カリフォルニア・イーグル』を所有し運営していたのは、シャーロッタ・バスという女性で、出版の力で公民権運動を促進することに命をかけていた。同紙は「リーマスじいやの黒人英語は、脚本を見た俳優も読めなかった」と抗議の理由を説明している。

『エボニー』誌は、写真入りの社説でこの映画を「平和な人種関係を崩壊させた」「白人至上主義のプロパガンダ」と呼んだ。当時の他の批評家も賛同し、『ニューヨーク・タイムズ』の「ディズニーをお仕置き」という題名のレビューはウォルトに宛てて書かれている。「いくらただの子供向けフィクションだと言っても、あなたの作り話の中では、黒人が右足を引いてお辞儀をし、夜、黒人霊歌を歌うなど、主人と奴隷の関係があまりに愛しげに描かれているので、もしやあなたはエイブ・リンカーンがまちがいを犯したと思っているのではないかと勘違いしそうだ。ディズニーさん、そのミントジュレップ〔バーボンをベースにした南部発祥のカクテル〕を置きなさい！　あなたの若い顔には似合わない」

ウォルト・ディズニー・スタジオは、誰からも警告されなかったとは言えなかった。この映画を公開すれば即座に大反響が起こることは、ウォルトは何年も前からわかっていた。脚本家としてクレジットに名を連ねるモーリス・ラプフでさえ批判側に加勢した。自分がかつて改善しようと試みた作品とのかかわりをなかったものにしたかったのかもしれない。映画は、興行的には黒字を出したが、スタジオの財政難を大きく緩和するほどではなかった。作品への大規模な抗議の結果、『南部の唄』は静かな最期を迎え、その後アメリカではどのビデオフォーマットでもリリースされることはなかった。

2010年のウォルト・ディズニー・カンパニーの株主総会で、ロバート・アイガーCEO（当時）は、この映画を「時代遅れ」で「かなり不愉快」と評し、DVDを発売する可能性を否定した。一方で別の見方をする人もいる。2017年のディズニーレジェンド〔ウォルト・ディズニー・カンパニーに並外れた貢献をした個人を称える賞〕授賞式で、女優のウーピー・ゴールドバーグは、『南部の唄』の復刻を迫った。「『南部の唄』のリバイバルに関する話し合いをどうしたら始められるか探っています」とゴールドバーグはあるインタビューで述べた。

「あの作品は何だったのか、どこからどういう理由で生まれたのかを議論すべきです」

メアリー・ブレアがこの作品のために描いたコンセプトアートには、一貫して南部の人種問題に対する彼女の感受性が見て取れるが、そのニュアンスのこもった描写は結局、アニメーターたちに採用されなかった。けれども、メアリーはもっと力を尽くせたのではないだろうか。シナリオ会議で人種差別的な表現が議論されたとき、彼女は無言だった。人種的ステレオタイプな表現に依存したタール人形のシークエンスは、のちに劇場で然るべき怒りを招いたが、これに関する議論で、ウォルトはこのように提案している。「彼《キツネどん》が『火をがんがん燃やせ……タールをあつあつにしろ』などの台詞を言う場面ですが、何をやっているかを歌わせたらどうですか？　クマが時々口を挟んでもいいですね。でもクマも自分のやっていることを歌で歌うんです。黒人がよくやっているように」。ここでもメアリーは何も答えていない。その次の会議でウォルトが「タール人形の部分はこれでいいと思いますか」と全員に聞くが、このときも彼女は何も言わなかった。

メアリーは仕事を始めた頃に、『往診（Sick Call）』と題した絵を描いている。折畳式ベッドの上に横たわる意識不明のアフリカ系アメリカ人の男を、年老いた白人の医師が屈むようにして見ている。医師の後ろに立つ別のアフリカ系アメリカ人は、顔が恐怖に歪んでいる。ふたりの黒人の間に、目に見えない情愛が感じられ、この物悲しいシーンの前にいったい何があったのだろうかと考えさせる、心を打つ作品だ。メアリーが『南部の唄』のコンセプトアートだけでなくシナリオ会議でもこの人道的な側面を発揮していたら、ウォルトの考えを変えることができただろうか。それは知る由もない。

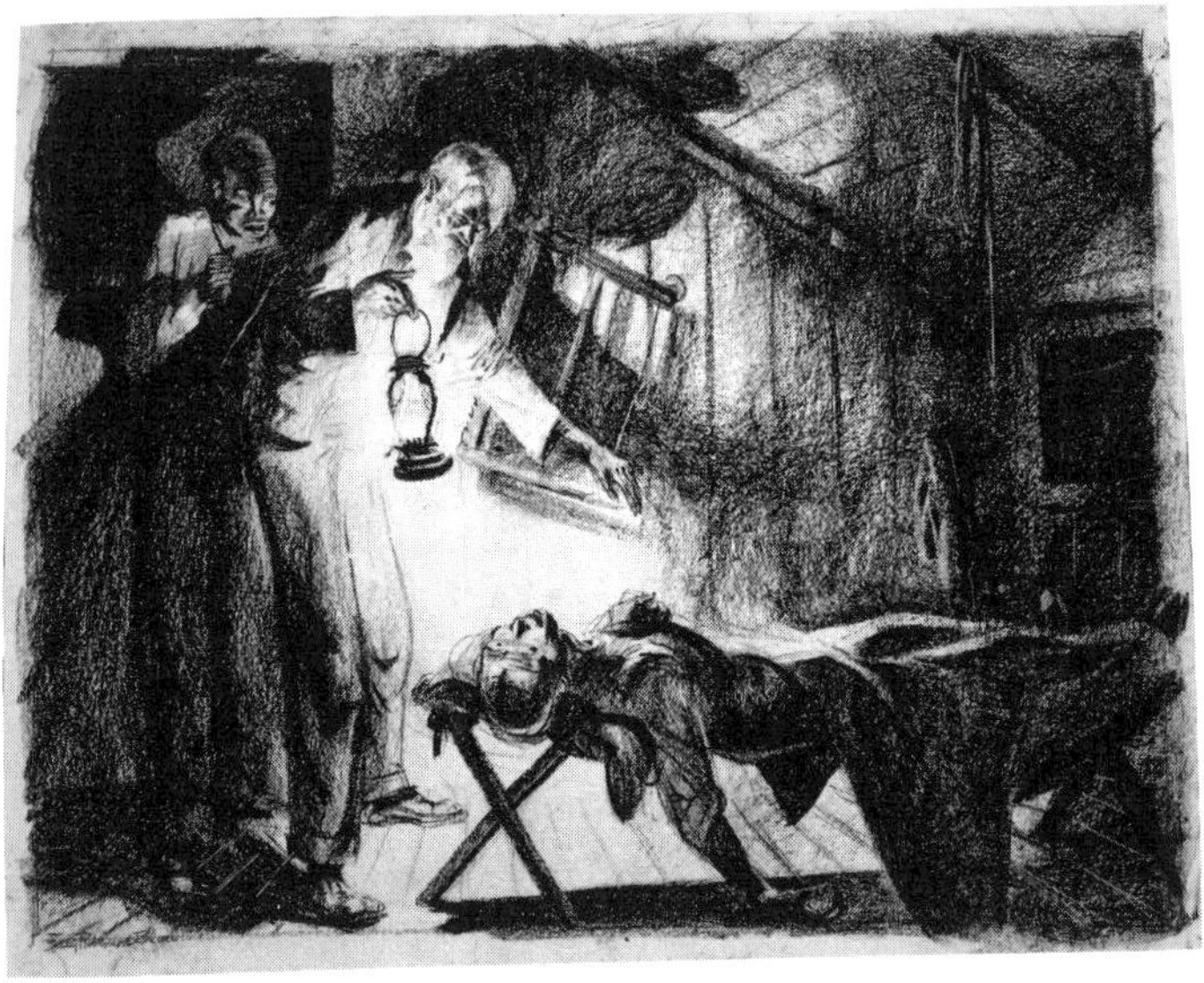

メアリー・ブレア作『往診』1930年代頃（ブレア家提供）

多様性を欠いたスタジオ

映画におけるステレオタイプの使用に関しては、徐々に意識改革が進んでいたが、ストーリー部門とアニメーション部門に多様性を欠いていたことが、『南部の唄』だけでなく、スタジオのアニメーションの未来を阻んでいた。そして、解決の目処は立っていなかった。1948年、『南部の唄』公開の2年後、ウォルト・ディズニー・スタジオは初めてアフリカ系アメリカ人アニメーターを採用した。フランク・ブラクストンという男性で、動画マンとして採用されたが、動画マンは離職率が異常に高い職種であり、彼もまたその仕事に留まることはなかった。理由はわからないが、アニメーション業界で転職先を求めてわずか2か月で退職した。

それからいくらも経たないうちに、ブラクストンはワーナー・ブラザース・カートゥーンズでバッグス・バニーのアニメーターをしていたベン・ワシャムと懇意になる。ワシャムは、友人を売り込むために、プロダクションマネージャーのジョニー・バートンの部屋へ行き、こう言った。「ワーナー・ブラザースには人種差別方針があり、黒人を採用しないと聞きました」。バートンはくるりとワシャムのほうへ向き直り、大声で怒鳴った。「誰が言ったか知らないが、そいつは嘘つきだ！ そんなことはない」「それなら」とワシャムは答えた。「仕事を探している若い黒人アニメーターが外にいるんですが。ここに来て正解だったようですね」。ブラクストンは、すぐにチャック・ジョーンズ監督のチームでアニメーターとして貴重な戦力となり、1960年には、スクリーン・カートゥーニスト・ギルドのロサンゼルス支部長に選ばれている。

IO

これが恋かしら

So This Is Love

「ギリシャ語のムーサ〔ミューズ〕は、思慮深い者を意味する」と、シルヴィアは9人の女神とそれぞれが司る領域について調べたことをノートに書きとめた。カリオペは叙事詩、クリオは歴史、エウテルペは抒情詩と音楽、エラトは恋愛詩、ポリュムニアは讃歌、メルポメネは悲劇、タリアは喜劇、テルプシコラは舞踊、ウラニアは天文。シルヴィアは、1946年までに、ギリシャ神話のミューズに関する映画のトリートメントと脚本をいくつも書いており、なんとしてもそれを形にしようと心に決めていた。9人の女神のことで頭がいっぱいで、スタジオがそのとき取り組んでいた短編で、女神たちを語り手として使うよい方法はないか、あれこれとアイデアを考えていた。

シルヴィアは、基本的に短編が嫌いだった。それを作る脚本家やアニメーターもおおかた尊敬できなかった。彼女に言わせれば、その種のコメディは〝サディスティック〟だった。暴力や悪人のステレオタイプに頼った笑い。自分のスタイルとはまったく違っており、スタジオが長編に使いたい笑いでもなかった。シルヴィアは、今取り掛かっている自分の仕事に打ち込んだ。ミューズを大胆に黒と赤で彩色し、背景には、スタジオのどのアーティストも思いつかないような複雑な建築のディテールを描き加えた。

仕事を家に持ち帰ることも多かった。娘のセオはティーンエイジャーになり、スタジオの画家としてフルタイムで働いていた。夕方母と一緒に帰宅し、長い1日の疲れを癒そうと思っていると、母の目には強い光が宿っていて、まだ仕事を終えるつもりのないことが見てとれた。ある晩、不透明な水彩絵具を取り出し、黒い画用紙に塗り始めるのが見えた。その夜は、シルヴィアのもとにミューズが訪れた。導かれるままに手を動かすと、自分のスタイルとはまったく違う筆運びをしていた。1枚また1枚と、パリの街並みを背景に踊るカップルの絵を10枚以上描いた。このときの体験は後々までシルヴィアの心に残った。彼女はノートの1ページにこう走り書きしている。「私たちはミューズです」。誰かに伝えるためではなく、自分だけに向けて書いたのだろう。

シルヴィアがその晩描いたシークエンスは、1946年に公開されたパッケージ映画『メイク・マイン・ミュージック』の中の「ふたつのシルエット」という短編になった。この先も仕事は安泰に思えた。給料は上がって週給95ドルになり、雑誌『ウォルト・ディズニー・コミックス』のフリーランスの仕事も倍に増えていた。長年の苦労の末、ようやく子供たちと快適な暮らしができるようになった。だが、安定したように見えたのも束の間、その幸福は彼女の周りから崩れようとしていた。

1946年8月1日、スタジオはスタッフ全体の4割にあたる450名の従業員を一時解雇した。「わたしたちが恐れいていた組合問題が、ひどい結末になりました」とシルヴィアはある手紙に記し、「わたしも一時解雇になりました」と書き添えている。スクリーン・カートゥーニスト・ギルドは、全社員の給与の25パーセントアップを要求し、応じなければストライキを決行すると脅した。スタジオは、その資金がないと回答。最近の映画数本で得た乏しい利益、バンク・オブ・アメリカが依然としてコントロールしている莫大な負債、そしてこの数か月後に、スタジオの昔からの映画配給会社であるRKOラジオ・ピクチャーズに100万ドルの緊急融資を頼むことを考えれば、もっともな弁明だった。双方が譲らず、交渉が熾烈を極めた7月下旬、事態は大詰めを迎えた。7月29日月曜日、社員全員が昇給し、シルヴィアの週給も120ドルに跳ね上がった。この幸運はいっときのことで、数日後にはスタジオの半分近くのスタッフがレイオフされた。今回は、シルヴィアが戻ることはなかった。

抜け殻と化したストーリー部門

メアリーとレッタは、数年間一緒に暮らした家で、立てなくなるまで飲んだ。マティーニを飲みながら夜遅くまで話し込んでいたら、部屋がぐるぐる回り始めた。まもなくふたりはルームメイトではなくなる。この家で、いくつもの映画のシーンの構想を一緒に練り、議論を戦わせた。1946年、ストーリー部門は抜け殻か灰と化していた。それまでの10年間、作品を作るために創造の才を持ち寄ったスタッフがほとんどすべてクビになっていたからだ。かつてのアニメーション部門の人気者で、その後ストーリー部門に異動したレッタもそのひとりだった。

シルヴィアを含め従業員たちは再雇用されることを期待したが、レッタは、望みをいっさい捨てていた。彼女には出会いがあった。相手は、海軍潜水艦司令官のベンジャミン・ウスター。結婚が決まり、レッタとメアリーはふたりの友情とレッタの結婚を祝して乾杯した。レッタは、まもなくカリフォルニアを離れ、フロリダ州キーウェストへ旅立っていった。人生のひと幕が終わったことを実感したが、ウォルトとの仕事はこれで終わりではなかった。

レッタと違って、メアリーは自分がこの先どこに落ち着くのか見当がつかなかった。仕事で頻繁に出張していたし、リーのいるバージニア州の基地もよく訪ねていた。本当の家がない、さすらい人のような気分だった。

リーは、1946年にアメリカ海軍を除隊になった。ウォルトは闇雲にスタッフを切っていたが、リーにはスタジオに戻ってくるよう手紙で口説いていた。リーは妻がもてはやされる職場に戻りたくなかったのか、会社としての安定を疑ったのか、単純に別の道を歩むつもりだったのかわからないが、いずれにしても東海岸にとどまることにした。そこでふたりのパートナーと共に、比較的新しいビジネスだったテレビコマーシャルを制作する会社、フィルムグラフィックスを設立した。

1940年代、テレビは映画にとって迷惑な弟分だった。アメリカのビジュアルエンターテインメントにしゃしゃり出てきて、姉が嫌がることしかしなかった。1939年のニューヨーク万国博覧会でアメリカに導入されたテレビは、1台600ドル前後と、新車と同じくらい高価で、放送局はニューヨーク市内の1局しかなかった。

第二次世界大戦中は、ブラウン管がアメリカの軍需技術とレーダーの開発に必要だったため、テレビの生産が禁止された。1945年の世論調査では、大多数のアメリカ人がテレビがどういうものだか知らなかった。そのため、リーがテレビの普及を見込んで1946年にその媒体に賭けようとしたことは、途方もないリスクを伴う決断だった。だがメアリーは心配していなかった。リーを愛し、リーがどれほど先の見えない道を行こうと、ついていく覚悟だった。

お金をかけず『シンデレラ』を贅沢に

5番街をマンハッタンの自分の新しいアパートメントに向かって歩きながら、メアリーは通行人の群れが急ぎ足で自分を避けて通るのに任せた。人であふれた都会の歩道の真ん中にいても、自分が世界でただひとりの女性のように思えた。もう一生聞くことはないと諦めていた言葉を聞いたばかりだった。胎児の心拍が確認できた。1940年代、妊娠検診はまだ一般的ではなく、産科超音波が開発される以前の産前ケアは妊娠後期に限られていた。流産は妊娠初期に多く、メアリーもここまでもったことがなかった。繰り返し子を失った悲しみと絶望は深く、今回は妊娠が疑われたときにその可能性を頭から振り払った。それが今、5か月目を迎え、お腹に聴診器を当てる医師を見て、期待が膨らんだ。35歳、アメリカの初産の平均年齢よりも10歳も上だが、妊娠まで人一倍苦しんだ分、その瞬間がいっそう愛おしいものに思えた。お腹の中で育っている赤ちゃんは、メアリーの心からの願いを叶える存在だった。

1946年当時の女性にとって、母親になるということは、戦時中に築き始めたキャリアを奪われることだった。第二次世界大戦後には、戦前よりも子を産む女性が増加し、家の外で働く女性は減少した。それは選択の結果ではない。有色人種の女性の94パーセント、白人女性の75パーセントが1945年以降も仕事を続けるつもりだった。しかし雇用側にその気はなく、とくに小さい子を持つ既婚女性をそのまま働かせようとはしなかった。戦後、450万人の女性が職を失った。

メアリーは、その何百万人かのひとりではなかった。今やバーバンクのスタジオから5000キロ近く離れた場所に暮らしていたが、だからといってウォルトはお気に入りのアーティストを手放したくなかった。そのため、他のアーティストがめったに得ることのない自由をメアリーに与えた。つまり、自宅でコンセプトアートを創作し、定期的にスタジオへ飛んで、アイデアを見せるというリモートワークだ。

メアリーが新たな自由を享受していた一方で、スタジオの他の女性たちは、先の見えない仕事にしがみつこうとしていた。第二次世界大戦によって、アニメーション、撮影、背景、編集の部門が女性に門戸を開いた。ウォルトが仕上げ係のために導入した研修制度によって、女性たちは仕上げ部門のある隔離された建物、通称「女子修道院」を飛び出し、敷地のあらゆる場所に配属されるようになった。1946年のレイオフによってそうしたチャンスの一部は失われたが、それ以外の扉は封印されなかった。若い男性スタッフが職場に復帰してこようが、影響力のあるクリエイティブな仕事に就いていた女性たちは、自分の仕事を手放すつもりはなかった。それも新たな可能性が開かれようとしているときに。国際市場は徐々に再開し始め、長編アニメーションは勢いを取り戻しつつあった。

ウォルトは、スタジオがこれ以上の大きな損失に耐えられないことを痛いほどわかっていた。銀行に長編アニメーション映画1本の製作費を引き受けさせることさえ至難の技だった。その映画が失敗すれば、会社は二度とチャンスを与えられないだろう。そのため、ウォルトはこれまで以上にコスト管理を厳しく行い、細心の注意を払って次の企画を選ぶ必要があった。

ストーリー部門は、この何年かの間にたくさんのアイデアを温めてきた。その中でまたプリンセスものを選ぶのが安パイなのだろう。最初に試みたその系統のお伽話が、結局は、後続のどの作品よりもはるかに身入りが良かったのだ。ウォルトは『シンデレラ』に社運を賭けることにした。物語が単純でわかりやすく、製作費を最小限に抑えながら、スタジオの芸術表現を存分に発揮できる。

『シンデレラ』のシナリオ会議で、ウォルトは昔のウォルトに戻ったように、自分のアイデアを際限なく説明した。メアリーはこういう場でめったに発言しなかったが、したかったとしても難しかったに違いない。ウォルト以外の人に発言するチャンスはほとんどなく、ウォルトひとりが熱心に語り、そのビジョンで部屋を覆い尽くした。

ウォルトのコンセプトという道標があっても制作は困難を極めた。もう昔のように手の込んだ背景を使って撮影するお金はない。『白雪姫』『ピノキオ』『ファンタジア』『バンビ』では、あのディテールのレベルを実現するために、とんでもない数のアーティストと制作時間を要した。スクリーンに1秒映すために20枚から30枚の絵を制作する労力は半端ではなく、1本の線が何ドルにも相当した。どうすればお金をかけずに『シンデレラ』を贅沢に見せることができるのか。それは新たな挑戦だった。このなぞなぞを解くために、ウォルトはメアリーに助けを求めた。

ミッド・センチュリー・モダンとクリスチャン・ディオール

製作予算が限られていたため、その対策として、メアリーは色を生かす方法を入念に考えた。豊かな映像表現がほしいとき、スタジオはいつもなら緻密な線に頼るところだが、今回は色で代用するしかない。それはまさにミニマリスティックな芸術スタイルを得意とするメアリーにうってつけの仕事だった。彼女が取り入れていたミッド・センチュリー・モダンは、1940年代から60年代にかけて普及したデザイン運動であり、ポール・ランド、アレキサンダー・ジラード、ルシアン・デイなどに代表されるグラフィックデザインは、フラットなビジュアルと鮮やかな色使いを特徴とした。メアリーの狙いは、その技法を使って、観客に戦前の贅沢なアニメーションを見ているかのように思わせることだった。

『シンデレラ』には、メアリー自身の趣味というだけでなく、物語の流れを作るために普通では選ばない色を選んだ。彼女が担当したシークエンスは、線を最低限におさえ（製作費削減のカギ）、その代わりに、思いがけない色をほとばしらせて観る人の目を奪い、シーンを贅沢に彩った。

シンデレラ像には、メアリーが自分を投影して作り上げた部分もあった。塔の上にある部屋から遠くにそびえる壮麗な城を眺める場面、空は昇る太陽でピンク色に染まっているが、シンデレラの周囲は陰鬱なグレー一色に包まれている。このシーンは、メアリーが働き始めた頃に描いた、足元の問題をものともせず遠くを眺める自画像に似ている。

メアリーはさらに、それまでのディズニー映画に欠けていたモダンファッションをスケッチに取り入れた。シンデレラが着たはずのない、ふくらはぎ丈、砂時計の体型にみせるウエストの絞り、リボンで装飾したドレス。それは戦後のファッション新時代を讃えるデザインであり、長年強いられた実用本位の軍服や、「ロージー・ザ・リベッター（リベット打ち）」（軍需工場で働く女工のアイコン）のデニムのつなぎ、カフスやポケット、フリルなどが厳しく制限されていたヨーロッパにおける配給衣料品などに対する反動だった。フランス人デザイナー、クリスチャン・ディオールが提唱した戦後のニュールックは、戦時中の典型的な服の10倍の生地を使い、ヒップを強調するゆったりしたスカートのシルエットを生みだした。トップは、体にぴったりしたタイトな胴着となだらかな肩のラインが特徴的だった。女性らしさを取り入れたフェミニンなスタイルは、すぐに世界中のおしゃれな女性たちの間に広まった。メアリーが描いたガラスの靴でさえ、戦後に流行した爪先の丸いハイヒールのパンプスを思わせる。

『シンデレラ』のシーンで、メアリーの影響を受けていないものはほとんどない。その独特のスタイルは随所に見られる。ハープシコードに合わせて歌を練習する義理の姉、壮大な宮殿との対比で余計に小さく見える剣げた小太りの王、シンデレラの塔につながるゴシック様式の階段、団結してピンクのドレスをリボンで仕上げる鳥とねずみたち。7人のメイドが登場する魅惑的な夢のシークエンスもデザインしたが、それは残念なことに採用されなかった。

ラブソング「これが恋かしら」に合わせてシンデレラと王子がワルツを踊るシークエンスほど彼女の影響が色濃く感じ取れるシーンはないだろう。メアリーは、作曲家チーム（マック・デヴィッド、ジェリー・リヴィングストン、アル・ホフマン）と協力して、ディズニー映画で初めてとなるヒロインと王子のこのデュエットに、物語を動かす働きを持たせている。そのロマンチックなシーンを鮮やかな濃い青で彩り、空と大地を融合させて、ふたりが星の間を踊っているように見せた。白亜のギリシャ風あずま屋や壺を描き、花で飾り、絢爛さを加えている。完成したシーンからは、恋に落ちるふたりのムードがはっきりと伝わり、この後に続く追跡の動的なシーンとのコントラストが際立つ。ここでメアリーは、王の臣下の一群にシンデレラを追いかけさせるが、馬の影と、男たちの背中でなびくえんじ色のマントで疾走感を表現し、非常にドラマチックな転換点を作り出している。

メアリーのコンセプトアートは、アニメーション部門、色を選ぶ仕上げ部門、レイアウト部門、編集部門を含むスタジオのほぼすべての部門へ行き渡った。しかし、その具現化に取り組むアーティストたちは、自らの仕事だけでなく、スタジオの存続を心配し始めていた。

女だから何をしても許されるんだ

「これが最後のチャンスです。スタジオは非常にまずい状況にあります。この映画が当たらなかったら、私たちはおしまいです。スタジオは潰れます!」とウォルトは、『シンデレラ』に取り組むアーティストたちに言った。

ウォルトの悲痛な警告にプレッシャーを感じたアーティストのひとり、セルマ・ウィトマーは、『シンデレラ』の背景美術に取り組んでいた。生まれはネブラスカ州だが、大恐慌の際、靴の販売をしていた父親について家族でカリフォルニア州北部に移り住んだ。ロサンゼルスの美術学校に通い、その後臨時の仕事をしていたが、1942年にウォルト・ディズニー・スタジオに採用された。この時すでに40代で、シルヴィアと同じようにほとんどの女性スタッフより年上だった。直接、美術部門に配属され、同期の女性の中では珍しく戦後も仕事を継続できていた。

セルマは、メアリーのコンセプトアートを使って、観客がディズニー映画に期待する豪華な映像を作る方法を考えていた。『南部の唄』とパッケージ映画『メロディ・タイム』(1948年)の背景を担当したセルマは、メアリーの絵をインスピレーションの材料として利用するのは初めてではなかった。その2作品でも他の短編でもスクリーンクレジットにセルマの名前が載ったことはなかったが、美術部門での責任も増え、才能が評価されつつあった。

背景アーティストは、映画に使用される風景画や背景美術を制作した。動きを表現する大量の動画を描く必要がないという意味では、キャラクターアニメーターよりも楽だが、リアリティとディテールに富んだセットをデザインしなければならないという点では、背景のほうが大変で、そのキャラクターにとって信憑性のある世界観を創造しながら、同時に物語を展開していく必要があるため、創造性が非常に求められる仕事だった。

目の前の仕事が簡単ではないことは、それまでの経験からセルマにもわかっていた。メアリーが描いた各シーンを映像に落とし込んでいくことが1つ、そして彼女独特の配色を活かすことも1つだが、それよりはるかに大きな難問は、彼女のスタイルをどう取り入れるかだった。メアリーのペインティングのスタイルは、スタジオのアニメーション技法とはあまり相入れなかった。それは、ミッド・センチュリー・モダンが遠近感を欠いているためだ。グラフィック要素をテキスタイルやロゴに再現するのは簡単だが、奥行きがないため、キャラクター・前景・背景の見分けがつきにくい。それでもウォルトは、なんとか方法を見つけてメアリーのスタイルを取り入れることにこだわった。

「もっとメアリーっぽく」というウォルトの要求は、スタジオの男性スタッフの怒りと嫉妬を買った。メアリーが東海岸から飛んでくると、ウォルトは彼女の絵をすかさず褒めそやした。ストーリーメンやアニメーターたちは、苦々しさのあまり、メアリーについて文句を言い、女であることを武器にウォルトに取り入っていると彼女を誹謗する噂を広めた。「女だから何をしても許されるんだ」などと言った。

不満を募らせた一部のアーティストは、スタジオに最も必要なときにもかかわらず彼女の優れたアイデアを無視するようになった。とりわけキャラクターアニメーターは、自分たちが使い慣れた方法を変えられるのを恐れて、彼女のデザインを採用しようとしなかった。幸い、セルマはそんな些末な恨みを抱くことなく、メアリーが思い描いたスタイルをできる限りディテールに反映させた。絵筆で書いたようなタイトルカード、塔の階段と部屋、王の城の内装、とくに「これが恋かしら」のシークエンスの背景。キャラクターアニメーションを担当した男性たちはメアリーの才能を認めず、それまでの自分たちのスタイルとあまり変わらないキャラクターを作ったが、セルマはメアリーが描いた世界観を心から受け入れた。

メアリーのコンセプトアートは、ときに恨みや羨望のためではなく、技術的な理由でチームを悩ませることもあった。とくに、かつてないほど洗練さと精巧さが同時に必要となるシーンがあった。魔法使いの妖精が魔法でさまざまなものを変身させていくシーンだ。メアリーの絵では、魔法使いの妖精が杖を振ると、魔法の粉がキラキラと舞い、かぼちゃを包んで豪華な馬車に変える。その丸い形とらせん状の車輪は、かぼちゃの名残をとどめている。魔法使いは次にシンデレラに杖を向け、ぼろをシルバーの舞踏会用ドレスに変える。

このシーンを担当したのは、ベテランアニメーターのマーク・デイヴィスだった。マークは、「ウォルト・ディズニーがアーティストを募集」という新聞の求人広告を見てスタジオに応募したが、一度すんなりと断られていた。受け取った手紙には「Dear Miss Davis」とあり、「現在、女性アーティストは採用しておりません」と書かれていた。マークは戸惑ったが、きっと誰かが自分の名前をマージ（Marge）のような女性の名前と読みまちがえたのだろうと気づき、その誤解を正すと、すぐに採用された。だが、性差別によって不採用になった記憶はその後も消えることはなく、同僚の女性アーティストに配慮をするきっかけになった。

マークは、１９３５年に入社し、ウォルトの優秀なアニメーター集団「ナイン・オールド・メン」のひとりとなった。他のメンバーは、レス・クラーク、オーリー・ジョンストン、ミルト・カール、ウォード・キンボール、エリック・ラーソン、ジョン・ラウンズベリー、ウルフガング・ライザーマン、フランク・トーマス。全員が20代で採用されているので、年齢でそう名付けられたのではなく、フランクリン・D・ルーズベルト大統領が1937年の最高裁判所の判事を「ナイン・オールド・メン」と呼んだのをもじっていた。ただしルーズベルトの場合は、当時判事を9人から15人に増員しようとしていたため、侮蔑の意味が込められていたが、ウォルトは、この中心的なアニメーターたちを本当に優秀だと感じていた。そのグループの一員として、マークはかなりの影響力を持っていた。また他のアニメーターと違って、メアリーの才能を公然と賞賛することを恐れなかった。

魔法使いの妖精のシーンのサウンドトラック「魔法の歌（The Magic Song）」の歌詞はほぼ意味をなさず、タイトルはのちに「ビビディ・バビディ・ブー」と改名された。気が遠くなりそうな特殊効果アニメーションの作業には、さまざまな要素のタイミングを図り同期させるセンスと、何千何万という鉛筆書きの細かな印を用いてシーン全体に魔法の粉を舞わせる技術を要した。マークはシークエンスのすべてを演出し、メアリーが考えた魔法の見せ方を映像で再現した。ウォルトは、出来上がったものを見て感動のあまり言葉を失った。このシークエンスは後々まで、彼のお気に入りとなった。

しかし、観客が気に入るかどうかはまだ不明だった。過去13年間、ウォルトはどの作品も成功すると熱を込めて語ってきたが、結局『白雪姫』のヒットに近づいたものさえないのだ。スタジオの未来は、シンデレラという名の10代の女の子の運命にかかっており、時計がまもなく深夜0時を指そうとしている今、彼らにはもう時間がなかった。

II

私だけの世界

In a World of My Own

どこもかしこも紙だらけ――壁一面に貼られ、床を覆い尽くし、天井からもぶら下がっていた。1950年当時、アーティストとしてウォルトのスタジオで働くということは、そういうことだった。動画の海に飲み込まれそうになる。アシスタントアニメーターと呼ばれた女性たちは、『シンデレラ』の荒波に揉まれていた。彼女たちは5本の指が互いに離れないようにして鉛筆を持ち、手のひらの力を抜いて、甲斐甲斐しいネズミたちや忠犬、悪役の猫を描いていた。机に取り付けられたタップと呼ばれるツメに、束の動画用紙の下端を固定し、上端をパラパラとさせながら切り取った動きの瞬間をつなぐように作画した。

彼女たちが描いているキャラクターは、ビアンカが10年前に提案した動物たちそのものだった。机には動画の山ができていたが、それでもまだ足りなかった。映画の1秒を作るのに、24枚の動画がいる。金銭的な不安から、ストーリー部門やアニメーション部門で新しいスタッフの雇用を制限していたこともあり、制作は逼迫していた。スタジオは金欠状態、アニメーターは津波のように押し寄せる大量の仕事に対応するため、全員がフル稼働を強いられていた。

アニメーション部門は、男女を問わず狭き門だったが、女性はただ優秀なだけではだめで、並外れて優秀でなければ採用されなかった。アニメーターの部屋に女性の居場所はない、という同僚たちの固定観念を覆すほどのポートフォリオが必要だった。200人以上いるスタジオのアニメーターのうち、女性は20人。アニメーターは一度に1本ではなく、2本の長編に同時に取り組むため、『シンデレラ』の最終仕上げをしながら、白うさぎやお茶会の絵を描いたりした。

メアリーならではのふしぎの国

次作として取り組んでいたのは、イギリスの画家、ジョン・テニエルによる緻密な挿絵が特徴的な1865年の小説『不思議の国のアリス』と1871年の続編『鏡の国のアリス』を原作にした映画だった。『シンデレラ』同様、比較的安全な選択だった。ウォルトは、1921年、20歳のときにカンザスシティに設立した最初のアニメーションスタジオ「ラフォグラム（Laugh-O-Gram）」の時代に両作品の映画化を思いついていた。当時、ウォルトは経営者、短編の監督、そしてアニメーターのひとりとして、アブ・アイワークスら才能あふれるアーティストたちと制作に携わっていた。このときに一緒だったヒュー・ハーマンはその後、ワーナー・ブラザースとMGMの両アニメーションスタジオの共同設立者となり、フリッツ・フレレングは、のちにワーナー・ブラザースでバッグス・バニーなどのアイコン的なキャラクターを生みだした。ラフォグラムは、1922年に『シンデレラ』をサイレント短編映画として公開し、1923年から27年にかけて、『アリスコメディ』シリーズを公開した。このシリーズは、アリスの実写とアニメーションの世界を融合させた短編無声映画で、全57作を数えた。30年後、先行きが不透明な今、若かりし頃に手掛けたシンプルな物語に立ち返ったのは自然なことだったのかもしれない。今は、かつてなかったリソースをこのアニメーションに注ぐことができる。

スタジオのスタッフにとっても目新しい企画ではなかった。ウォルトが原作とテニエルのイラストの権利を取得した1938年からシナリオ会議は断続的に行われていた。1940年代後半、ウォルトは、『ふしぎの国のアリス』と『シンデレラ』のどちらを先に製作するかを決めあぐねていたため、クリエイティブ以外の社員を呼んでストーリーボードを見せ、好きなほうに投票させたことさえあった。集めた意見は参考になったが、結局は、映画化のハードルが高かった『アリス』が後回しになった。

当初、『ふしぎの国のアリス』の脚本を手掛けたのは、1932年の代表作『すばらしい新世界』で知られる作家、オルダス・ハクスリーだった。ウォルトがハクスリーを雇ったのは、そのディストピア思想のためではなく、彼が「『不思議の国のアリス』狂い」として有名だったためだ。ハクスリーは、『ジェーン・エア』（1943年）や『高慢と偏見』（1940年）など、自分が手掛けたどの映画の脚本よりもこの仕事を喜んだ。原作に基盤となるような明確な構成がないことに、かえってやりがいを感じたという。だがハクスリーはあろうことかノンフィクションに走り、作者と、モデルになったとされるアリス・リデルという少女との実際の関係に焦点を当てた。そのコンセプトはウォルトの不評を買い、ハクスリーの脚本は早々と没になった。

決まった脚本もストーリーボードもない中、メアリーが参考にできるものは、ほぼ原作とジョン・テニエル卿の挿絵しかなかった。しかも木版画であるテニエルの手の込んだデザインをコンセプトアートに取り入れることには無理があり、この細かなディテールをシーンごとに何枚もアニメーターに手描きさせることは現実的ではなかった。こうなると、原作自体の奇想天外さと向き合い、自分ならではの不思議の国の表現を作りだす

ブレア夫妻と息子のドノヴァンとケヴィン（ブレア家提供）

しかなかった。

メアリーは、リーと共に移り住んだ、ニューヨーク市内から車で1時間ほどのロングアイランド島ノースショアの自宅にあるアトリエでこの問題に取り組んだ。リーのテレビコマーシャルの仕事は軌道に乗り、年間5万2000ドルもの多額の収入を得ていた。メアリーの給料は週給300ドルで、リーの何分の1かにすぎなかったが、スタジオのアーティストの中では高給取りだった。その合算された財力で、成長する子供たち――1947年2月12日生まれのドノヴァンと1950年8月15日生まれのケヴィン・リー――を広々とした家で育てていた。

妻リリアンとロングアイランドのメアリーを訪ねたウォルトの目に映ったのは、自分が目をかけたアーティストが母親になっても変わらない姿だった。きれいにセットされた髪、垢抜けた服とメイク。唯一違うのは、足元で3歳児が遊び、腕に赤ちゃんを抱いていることだった。彼女はあやすように、やさしい声で何度も赤ちゃんに呼びかけ、最後は「ヘヴンリー」と聞こえるように呼んだ。ウォルトとブレア家は深い絆で結ばれていた。メアリーにとって、ウォルトは雇い主以上の存在であり、彼を尊敬するあまり、ふたりの息子の代父として洗礼に立会ってもらっていたのだ。

心温まる情景にすっかり満足したウォルトとリリアンは、ベランダに座ると、すべての音がそよ風に乗って遠くに消えた。プライベートでの訪問だったが、ウォルトはメアリーの描いた『ふしぎの国のアリス』の新しいスケッチを確認し、押し黙った。非常に実験的な絵だった。テニエルのイラストの要素を使った白黒の背景は、キャラクターたちの鮮やかな色とは対照的だった。片眉が勢いよく上がった。気に入らないときに見せるウォルトの仕草。一言も喋らずとも、メッセージは伝わった——やり直しだ。ウォルトは、気兼ねなくスタッフを批評し、ストーリー部門とアニメーション部門を意のままに動かしていたが、メアリーのようなアーティストを監督するのはほとんど不可能だと感じていた。彼女は自分で自分の道を見つけるしかなかった。

生きながらえるための頼みの綱

メアリーが仕事に就いていること自体、すばらしいことだった。4か月前でさえ、ウォルト・ディズニー・スタジオの先行きは不透明だった。1950年2月15日に『シンデレラ』が公開されたとき、社員は固唾をのんだ。興行的成功だけが、自分たちが生きながらえる唯一の頼みの綱だった。

さっそく届いた映画評は、おおむね賞賛にあふれていた。『シカゴ・トリビューン』紙は、「想像力に富んだ絵と鮮やかな色使いが古いお伽話を華やかに彩り、美しく完成された映画であるだけでなく、物語をやさしく改作している」と熱く評した。人物造形の不足に触れるなど、賛否入り混じったレビューもあった。たとえば『ヴァラエティ』誌は、シンデレラも王子も「パッとしない」と書いている。

一握りの冴えないレビューに、観客を思いとどまらせる力はなかったようだ。ニューヨークでは、劇場のある一角をぐるりと囲む行列ができた。『シンデレラ』の興行収入は約800万ドルで、1950年に公開された映画の中で最も成功した作品の1つとなった。13年もの苦闘の末、スタジオはついに第2の大ヒット作を生み出した。だが、黒字転換が叶った理由は、チケットの売り上げだけではなかった。ウォルトは、映画ビジネスの新たな神の威力を知った。その名は「商品化」である。

最強女性アーティストふたりの才能が結集

ワシントンDCのレッタは、海軍将校の夫と一緒に暮らせて嬉しかったが、親友のメアリーがそばにいないことを寂しく思っていた。カリフォルニアを離れてキーウェストで夫ベンジャミンと合流したが、その後、夫はワシントンDCへ異動になった。今や東海岸に住む者同士、メアリーとレッタは互いに連絡を取りやすかったが、やはり同居していた頃とは勝手が違った。レッタは、軍人の妻としての務めを果たし、34歳になった今、子供を作ることを考えながらも、腕が鈍らないようにアニメーションスタジオを転々としていた。そんなとき、チャンスが舞い込んだ。1944年、出版社のゴールデンブックスとウォルト・ディズニー・スタジオがライセンス契約を締結したのだ。それにより、ゴールデンブックスは、ディズニー映画を基に本を出版することに

レッタが友情の証としてメアリーにメッセージを書いて贈った
『シンデレラ』のゴールデンブック（ブレア家提供）

なり、レッタはそのイラストレーターとして、願ってもない経歴と資質の持ち主だった。

そんなレッタが初期に手掛けたうちの1冊が、映画『シンデレラ』に合わせて出版されたゴールデンブックだった。レッタは、イラストを描くにあたり、メアリーのコンセプトアートを参考にしたため、ふたりの合作のような本が出来上がった。メアリーの色使いやデザインと、レッタの力強くダイナミックなスタイルとの融合。レッタのイラストは、映画の単純な複製ではなく、むしろ、最終的なアニメーションアートとは少ししか似ていないが、メアリーのイメージを取り込んだおかげで、映画の雰囲気をよく表している。それは、ウォルト・ディズニー・スタジオで働いた最強の女性アーティストふたりの才能を結集させた友情の賜物だった。

レッタは刷り上がったその薄い本を眺めた後、表紙を開いた。「ウォルト・ディズニー製作　シンデレラ」の文字の下に、「イラスト　ウォルト・ディズニー・スタジオ、イラスト翻案　レッタ・スコット・ウスター」と書かれていた。あれほどスクリーンに表示してもらうのに苦労したクレジットがそこにあった。もうスタジオとは直接仕事をしていなかったが、レッタの運命は今もウォルトの運命とつながっていた。

1949年のクリスマスショッピングシーズンに間に合うように、ウォルトは初めて映画の公開前にキャラクター商品を発売した。『シンデレラ』をモチーフにした衣料品や人形の他に、宝石をちりばめた透明な「ガラス」の婦人靴をアクリル樹脂の箱に詰め、リボンをかけた商品も作られた。手掛けたのは、1949年にできたばかりのキャラクター商品部門と、『シンデレラ』が初仕事となった1947年設立のウォルト・ディズニー・ミュージック・カンパニーだ。会社としてライセンスビジネスの力は以前からよくわかっていた。それまでにも、1933年のミッキーマウスウォッチを筆頭に、長年にわたって利益を得ていた。しかし今回は、ブランド商品の強みをフルに活かし、販売チャネルや生産量を拡大した。レコード会社を子会社に持っていたRCAと共同で発売した『シンデレラ』の2枚組サウンドトラックアルバムは、映画公開の2か月後に早くもビルボード音楽チャートで首位に立った。レッタの色鮮やかなイラストがふんだんに使われたゴールデンブックスの絵本も大人気を博した。

キャロルの奇想天外さを表現する

アーティストたちには、成功の喜びに浸っている暇はなかった。『ふしぎの国のアリス』が後に控えている。

メアリーは、一からコンセプトアートに取り組んだが、場面の作り方に苦労した。ストーリー部門の初期のメンバーも言っていたが、原作には「筋立てというものがない」。メアリーは、この小説の滑稽さを忠実に描くには、キャロルの奇想天外さを表現する絵を描く必要があると考えた。

ロングアイランドの仕事場で、メアリーの絵は完全なイマジネーションの世界に入っていった。彼女はゆったり構えるどころか、イーゼルの前に緊張して座り、絵筆を握る手に自然と力が入った。キャンバスに、逆さまのアリスを描いた。金髪が頭の下で揺れ、青いワンピースがパラシュートのような形になって、うさぎの穴を落ちていくアリス。背後に赤と金色の壁紙、ランプや揺り椅子などの背景を細かく描いた。アリスと向かい合うように宙に浮く鏡には、アリスの姿が映っている。逆さまの少女と、直立する少女はどちらも驚いたような顔をしている。キャロルの散文を文字通り再現した絵ではないが、第1章でアリスがうさぎの穴を延々と落ちていく場面の印象が描かれている。

メアリーはいつしか仕事に没頭し、周りのことをいっさい忘れて何百枚もの絵を描いた。目を見張るようなシーンばかりだった。たとえば、アリスがハートの女王の従者、トランプの兵隊に追いかけられる「トランプの大行進」のシークエンスは、その意外なカメラアングルと長い影、豊かな色使いにワクワクさせられる。

メアリーは、原作のすべての部分を視覚化した。アリスが迷子になるシーンは、暗い森の木に「上」「後ろ」「こっち」「下」「タルジーの森」「あっち」の文字とそれぞれ別の方向を指す標識が架けられている絵でそれを表現した。そこに突如として、眩しく光るチェシャ猫の笑顔が登場する。1939年のシナリオ会議で、この絵の持つ力を説明し、原作第6章の「『そうだわ！　にたにた笑いをしない猫は何度も見たことがあるけど』とアリスは思いました。『猫がいないにたにた笑いなんて！　こんな奇妙なものを見るの、生まれて初めてのことだわ！』」〔多田幸蔵訳、グーテンベルク21、2012年〕という文章を引いて、原作に忠実なこの部分の脚本を残すよう主張したのは、ドロシー・アン・ブランクだった。

メアリーは、不思議の国を、影に包まれた夢の世界として描いた。スケッチの中には、カニ（crab）がメヒシバ（crabgrass）から生まれ、蝶（butterfly）がバター（butter）の塗られたトーストの羽でひらひらと舞い、オレンジの縞の顔とひげを持つオニユリ（tiger lily）が咲く、現実離れした花園もある。自分のすべてをアートに注いだメアリーは、子供たちや夫と一緒にいるときも、頭の中にはつねにアリスがいた。作品に没入したいという欲求は、家庭生活が不安定になるにつれて強くなった。夜になると、夫のリーはよくお酒に酔って逆上し、暴言を吐いたり、暴力を振るったりした。でも自宅の静かなアトリエで、自分のコンセプトアートに囲まれていれば心が安らいだ。

テレビの脅威と「箱」の枠を超えた大衆娯楽の検討

スタジオでは、上層部が次作の表現方法よりも深刻な悩みを抱えていた。エンターテインメント界の情勢は変わりつつあり、かつては誰も気にとめなかった大人しい弟分、テレビが業界をかき回し、確たる地位を獲得しようとしていた。第二次世界大戦の終わりには、テレビがどんなものかアメリカ人のほとんどが知らなかったが、1950年になると、アメリカ全体で300万台が所有されていた。製品価格も当初の600ドルから、リビングの家具を一式揃えるのとほぼ同等の200ドル近くまで下がった。映画業界は、その変化を不安と共に注視していた。もし娯楽がほしいと思ったときに、居間のテレビをぱちっとつけるだけでよかったら、誰がわざわざ映画館へ出かけるだろうか？　その心配は正しかった。全米の映画館で集客が減っていたのだ。1930年には、アメリカ人の65パーセントが毎週映画館で映画を観ていたが、1950年にはその数が20パーセントにまで落ち込んだ。その変化はさらに急激さを増し、1952年の1週間の映画チケット購入者数は、1948年の9000万人から5100万人に減少した。

状況を注意深く分析したウォルトは、テレビ界の脅威に立ち向かうために、3つの改革を押し進めることにした。第1に、人がまた映画館に行きたいと思うような圧倒的な体験を提供するための技術への投資。第2に、「長い物には巻かれろ」の精神でテレビに進出し、実写映像事業などを展開。第3に、映画館やテレビ受信機という「箱」の枠を超えた大衆娯楽の検討開始。

こうしたお金のかかる取り組みも、『シンデレラ』のおかげで可能だった。『シンデレラ』人気はうなぎ上りで、その収益がスタジオを潤していた。興行成績は、1950年のアメリカで第6位、国際的にも、とくにイギリスとフランスで高い人気を博した。倒産目前だったスタジオは、今や札束に埋もれるくらいお金を持っていた。またしても慎み深いプリンセスに救われたのだった。

実写映像を利用したアニメーション

逆さまに吊られた12歳の少女。頭に血が上り、信じられないといわんばかりに顔を歪ませている。メアリーが細部まで描き込んだシーンが、バーバンクの撮影スタジオで実演されようとしていた。アニメーターたちは、それまでにも何度も実写映像を参考にして動画を描いていた。すでに『白雪姫』のときからその手法を取り入れ、流れるようなロングドレスを着た女優がくるくる回りながら踊る様子を観察し、動画を可能な限り実際の動きに近づけようとした。

作画の参考に実写映像を利用する手法は、ウォルト・ディズニー・スタジオだけでなく、ハリウッドじゅうで採用されていたが、とくにウォルトの下で働いていたアニメーターなど一部の人は、その技法が行き過ぎた使われ方をしていると感じていた。ベティ・ブープやポパイを世に送り出したアニメーション製作会社の創設者であるマックス・フライシャーは、1917年にロトスコープという技法を発明し、特許を取得した。この技法では、イーゼルに載せたガラス板の背面へ、参考にする実写映像を投影する。そしてガラス板の上に紙を載せ、すべてのフレームを入念になぞり、撮影画像のほぼ完璧な写しを作る。そうすると、キャラクターのリアルな演技を、一から描くよりも何倍も速く絵に落とし込むことができる。これに対し反対派は、この技法で作ったアニメーションは、形式的で面白味がなく、アート性に欠けると主張した。

批判者の多くは、ウォルト・ディズニー・スタジオのアニメーターであり、美術学校の出身だった。彼らが目指していたのは、低俗だと思われがちなカートゥーンの媒体を、不完全でも美しい生の再現へと高めることだった。アニメーション部門は実写映像が果たす役割をわかってはいたが、画像を描き写すのは控えた。彼らは動き自体を研究し、見た目だけでなく、それを見た人がどう感じるかという視点も取り入れた。『シンデレラ』では、映画の大半で俳優の演技を参考にし、『ふしぎの国のアリス』では全編にわたり参考にした。

それはつまり、メアリーが描いた『ふしぎの国のアリス』のイメージすべてが、絵を飛び出して、実演されるということだった。メアリーが「瓶に閉じ込められ、緑色の不気味な海を流されるアリス」を描けば、アリス役の声優を務める若い女優、キャサリン・ボーモントは、本物のガラス容器に閉じ込められた。自分を撮っているスタッフやカメラが瓶の口の曲面で歪んで見え、グラグラする土台のせいで、本当に海に浮いているようによろめき、前後に揺さぶられた。メアリーが「白うさぎの家で腕を窓から突き出し、厚い茅葺屋根の隙間から目を覗かせる巨大なアリス」を描けば、ボーモントもミニチュアの家に同じように押し込められた。撮影スタジオの肌寒さと無骨な仕掛けのせいで演者は大変だったに違いないが、メアリーの解釈による芸術的な世界観のおかげで、多くの脚本家が不可能だと考えた、キャロルの原作を忠実に再現した作品が出来上がりつつあった。

評価されない女性たち

美術部門では、セルマ・ウィトマーが再びメアリーのアートをミューズと崇めて、現実離れした背景画を描いていた。うさぎの穴の装飾に凝り、暗い森を描き、ハートの女王の後ろ一面に対照的な色を大胆に塗った。これまで美術部門で働いてきた大勢の女性の中で、セルマの名前が初めて前作『シンデレラ』でスクリーンクレジットに表示された。

だが、ほとんどの女性たちは評価されずに仕事を続けていた。レイアウト部門と撮影部門には、第二次世界大戦中に昇進したルーシー・トンプソン、キャサリン・カーウィン、ミミ・ソーントンなどの有能な女性部隊がいた。この女性たちの仕事は、映画の各シーンのプランを立てること、つまりカット割りやカメラアングル、キャラクターの位置関係や演技を決めることだった。それまでの常識を覆すような画面作り、演技の組み立てが求められる手強い仕事だった。トランプ兵が登場する各シーンでは、はるか遠くまで伸びる長方形の兵隊の長い列のパースを一定に保たねばならず、作業に何時間も費やした。仕事は大変だったが、スタジオが再び創造性とやりがいに満たされ、アーティストたちも嬉々としていた。

ウォルトは10年前よりもスタジオを空けることが多くなっていたが、スタジオにいるときは廊下を歩き回り、スタッフが作業をしている部屋にふらっと入ってくるため、スタッフはつねにその居場所を気にしながら仕事をした。ウォルトのダメ出しはかつてないほど恐れられていたが、ウォルトの姿が見えても、以前のように申し合わせて脚本の文章を大声で読み上げることはしなくなっていた。その代わり、ウォルトが行く先々で空咳が聞こえた。

映画の枠を超えた娯楽

ウォルトは、テレビ界に進出し始めた。1950年、「ワン・アワー・イン・ワンダーランド（不思議の国で過ごす1時間）」というテレビ番組を撮影し、それがクリスマスの日に放送された。内容は、スタジオを宣伝する長いコマーシャルのようなもので、『ふしぎの国のアリス』の衣装を着たキャサリン・ボーモントやディズニーの実写映画のスターたちが出演した。番組は好評で、翌年公開される映画の宣伝になったと同時に、ウォルトとしては、企業からの支援というものを知るきっかけとなった。番組はスポンサーのコカ・コーラが提供したため、ウォルトは制作に一銭も払っていなかった。

『ふしぎの国のアリス』がまだ制作中のうちから、ウォルトは映画の枠を超えた娯楽を考え始めていた。他のスタジオは、ファンを対象とした撮影所の見学ツアーを実施しており、副収入だけでなく、映画の宣伝にもなっていた。けれどもウォルトは、本物のミッキーマウスに会いたがっている幼いファンに、自分たちのヒーローが実はぺらぺらの紙やセルだったとは知ってほしくなかった。それよりも、とウォルトは別のことを夢見始めた。たとえば公園はどうだろう。ディズニー・カートゥーンに登場するキャラクターたちの楽しげな像に囲まれて、家族がピクニックできるような。以前から自分の空想をスタッフに話していたウォルトは、そのアイデアを数人に話し、そしてスタジオの向かい側の空き地を買い取ることを視野に、目算を始めた。

当時、遊園地は、一般的に儲からない商売だと考えられていた。1920年代にいったん人気が高まったが、大恐慌ですぐに下火になった。遊園地の多くが荒廃し、スリが横行した。第二次大戦の終わりには、アメリカ全土で50に満たない数の遊園地しかなかった。そんな見通しの暗さを、ウォルトはもちろん意に介さず、本格的に考えをまとめ始めた。

「とんでもなく期待外れ」な作品

1951年7月26日、キャサリン・ボーモントの乗った車がロンドンのレスター・スクエア・シアターの前に止まった。マッドハッター（いかれ帽子屋）が手を差しだし、車を降りる彼女をエスコートした。鮮やかな青いワンピースにシンプルな白いエプロンをつけたボーモントは、普通の女の子から一躍有名人になっていた。この数週間、ベールに包まれていたのも、すべてこの大事な日、『ふしぎの国のアリス』世界初公開のためだった。スタジオが海外で映画を初上演するのは、1942年の『ラテン・アメリカの旅』以来だった。イベントは、イギリス人の原作者に敬意を表して、ボーモントの地元でもあるロンドンで開催された。そのボーモントは、興奮でクラクラしながらウォルトの隣でカメラマンにポーズを取り、誰かに聞かれるたびに、いかにすばらしい映画かを語った。

ウォルトは、そうは思っていなかった。カメラに笑顔を向け、ファンに手を振ったが、映画は自分のイメージ通りではなかった。後になって「とんでもなく期待外れ」な作品と呼び、「感じるものはなかったが、作らざるを得なかった」と説明している。製作費300万ドルをかけた彼の悔いは半端ではなかった。責めの矛先はメアリーの絵ではなく、ウォルトはこの映画のコンセプトアートをその後も賞賛している。隣に立つ若い女優に不満があったわけでもなく、もう次回作にも抜擢している。問題は、アリス自身にあった。お高くとまり、「すべてにおいて意志に欠ける」その性格をウォルトは残念がった。

アリスは批評家にも不評だった。『ニューヨーク・タイムズ』は、アリスが「キャロル氏が考え、ジョン・テニエル卿が挿絵に描いた慎ましい平凡な顔のイギリス人の女の子ではなく、ディズニー氏のドローイングボードで描かれる典型的なローズ色の頬とルビー色の唇を持つ愛されキャラであり、彼がこれまで描いた白雪姫、シンデレラなどのお伽話のプリンセスと同じ血を引く妹である」と批評。避けようのないディズニー・プリンセスに対する反発が始まった。批評家の中には、原作のキャラクターが多数省かれ、原作の特徴である気まぐれやこざかしさのエッセンスを失った中途半端な寄せ集めだとする人もいれば、文学の「アメリカナイゼーション」に抗議する人もいた。アメリカで出版される本は、文化的なニュアンスが削がれ、画一化されて原作の文化的意義が失われるという見方だ。結果、興行成績に大きく響き、前年の『シンデレラ』と同等の製作費をかけたにもかかわらず、利益は約半分にとどまった。それでも運命の女神は優しかった。もし『ふしぎの国のアリス』を先にリリースしていたら、会社は倒産して『シンデレラ』はできなかったかもしれなかった。

封切り後、スタジオでは誰も『ふしぎの国のアリス』について触れようとせず、どうしてもその必要があるときはヒソヒソと声を潜めた。誰もが挫折感を味わっていた。それはメアリーも同じだったが、メアリーはウォルトと違って、アリスに愛着を感じるようになっていた。単に原作が好きだというだけでなく、アリスに個性的なヒロイン像を見たからだった。これまでのプリンセスと違い、主役らしくなく、物語の中で情緒的な成長をせず、そして物語の最後に教訓がない。非の打ち所のないシンデレラの後の、アリスの不完全さには、どこか新鮮味があった。

幸い、メアリーには打ち込むべき次のプロジェクトがあった。『ふしぎの国のアリス』のコンセプトアートのインクが乾かぬ先から、彼女は次の長編に取り組んでいた。自宅スタジオに独り籠って海賊船を描き、島々を不気味に彩り、これまで以上に難しいキャラクター、輝く魔法の粉に覆われた小さな妖精、その名もティンカー・ベルに悪戦苦闘していた。

12

きみもとべるよ!

You Can Fly!

大陸横断中の飛行機はときおり追い風を受けて加速し、家に向かうハイウェイには不思議と車の姿がなく、自分が履いているヒールさえカツカツと急ぎ気味に歩道を鳴らした。ニューヨークとロサンゼルスを定期的に行き来するメアリーのように、移動機会の多い女性にとって、早く家に帰り着けたときの喜びは大きい。ドアの鍵を回し開け、カバンを置き、我が家で思いきりくつろげるありがたさ。でも、この日はそうはならなかった。

玄関を開けると、すぐ隣の部屋で話し声がした。中に入ると、夫がスケッチ帳と鉛筆を持って座っている。その向かい側には、ポーズをとる一糸まとわぬ女性。恐ろしい沈黙が流れた。メアリーが目の当たりにしたものが、かつて夫婦で喜んで参加した純粋な人体デッサン教室ではないことは、火を見るより明らかだった。リーの不実に対して抱いていた疑惑が一瞬にして確信に変わった。メアリーは、夫と不倫を重ねていた若い女性に、「今度は私のモデルもしていただきたいわ」と言い、リーには一言もかけずに家を――いったん――飛び出した。

その家は、メアリーにとって夢の家だった。ふたりがグレート・ネックに建てた4ベッドルームの広大な邸宅は、水がキラキラと輝くロングアイランド湾に近く、家族でよくセーリングに出かけた。オクラホマで過ご

メアリーのガラス張りの自宅アトリエ、ニューヨーク州ロングアイランド（ブレア家提供）

した幼少時代には、夢にも思わなかった贅沢すぎる暮らしだった。

2棟続きの1棟は空中に持ち上げられ、そこに三面ガラス張りのアトリエがある。不動産屋なら「宝石箱」と呼びそうなその家を、メアリーはガラスのケージのように感じていた。生活し仕事をする場所としては確かに申し分なかったが、激しさを増す夫の暴力から自分を護ってはくれなかった。

リーは結婚生活に伴う家事育児を手伝うような人ではなく、メアリーは事実上ひとりで息子たちを育て、家事をし、そして長い時間をアートワークに投じた。メアリーの不在中にとくに必要となるお手伝いさんは雇っていたが、それでも手が足りず、たえず時間に追われていた。自分が家族の負担を一身に背負わされている気がした。リーがよく出かけるのは仕事のためなのか、もしや他の女性と会うためなのか、モデルの一件ではっきりするまではわからなかった。家にいるときは、時おりお酒を大量に飲んで酔っ払い、普通の会話がメアリーへの暴言に変わり、最後はありがたいことに意識を失ってくれた。

メアリーはどうしたらいいかわからなかった。色鮮やかに描いた絵の中のアリスと自分が重なった。カリフォルニアでは、同僚たちに家での生活や献身的な夫、可愛い息子たちのことを明るく話した。ウォルトに書く手紙や話す内容も、家庭の問題を悟られないように用心した。でもニューヨークへ帰る飛行機の中では、うさぎの穴を落ちていくような気分だった。戻った先には不思議の国と同じくらい混乱し、それよりはるかに惨めな生活が待っているのだ。

1951年当時、「離婚」は忌むべき言葉だった。女性にとってこの上なく恥ずかしいことであり、また世間的に女性が悪者にされた。もし離婚すれば、メアリーの輝かしい名声さえ地に落ちかねなかった。この時代、結婚している夫婦のうち、離婚した割合は25パーセントで、この数字は1950年代一貫して変わっていない。その理由の1つには、離婚の条件を定めた法律があり、現在離婚理由として一般的な「解消できない不和」が当時はまだ認められておらず、離婚したければ相手の不貞や暴力を証明する必要があった。そのような選択肢しかなく、メアリーは、例の一件にもかかわらず思いとどまった。昔からマティーニを飲みながら仲間と過ごすのが好きだったが、今は楽しみのためではなく、叫びたくなるような苦しみを紛らすためにグラスに手を伸ばした。

コンピュータモニタの中に描かれた線

北東へ300キロ離れたマサチューセッツ州ケンブリッジでは、ある技術者チームが、占有面積でいえばロングアイランドにあるメアリーの大邸宅に匹敵するくらいの装置の開発に取り組んでいた。ジェイ・フォレスターが目指していたのは、どこのどんなコンピュータよりも多くの真空管〔電圧をコンピュータに送るシリンダ〕を使って、世界最速のコンピュータを開発することだった。プロジェクトは、戦争の勢い高まる1943年、フォレスターらの開設したMITサーボ機構〔物体の位置、方位、姿勢などを目標値に追従させる技術〕研究所が、アメリカ政府から飛行訓練用フライトシミュレーターの設計製造を命ぜられたことに端を発する。

この「ホワールウィンド・プロジェクト」が完了する前に戦争が終結したが、そのままでは終われなかった技術者たちは、研究の矛先を変え、飛行訓練システムではなく、他の研究室が夢にも思わないようなコンピュータを開発することにした。

近代コンピュータは、第二次世界大戦を契機とした関心の高まりと軍事投資の結果として誕生した。台数は少なく、もっぱら学術や軍事の中枢機関に置かれ、機能もごく限られていた。代表的なものの1つに、1940年代後半に大手メディアから「ブレーン」と呼ばれていたENIAC〔Electronic Numerical Integrator and Computer〕がある。世界初のプログラミング可能な電子式計算機であり、技術者の計算速度を驚異的に上回る速度で水素爆弾などの兵器の弾道を計算した。当時のどのコンピュータもそうだったが、この巨大マシンも27トンの重量があった。

男女混合のフォレスターのチームが開発したマシンは、重量が9トンで、5000本の真空管を必要とした。年間コストは『ふしぎの国のアリス』の製作予算のわずか3分の1の100万ドルで、必要な人員も175名とはるかに少なかった。優秀な技術陣には女性メンバーもいたが、「Bright Boys〔聡明な男たち〕」と呼ばれるようになった。

初号機「ホワールウィンドI」は、1951年4月20日に完成した。当時存在していた優れたコンピュータよりも16倍速かった。一度に1つの問題を解く従来の直列加算ではなく、革新的な内部構造により、複数の入力に同時に対応したため、演算結果を速く出力することができた。それは並列処理を行う新しいタイプのコンピュータの先駆けであり、この方式がその後、業界を席巻していく。

ホワールウィンドは速いだけでなく、画期的でもあった。原始的なコンピュータモニタ端末であるコンソール型のディスプレイが作られ、リアルタイムで演算結果が見られる。さらに驚くことに、開発された技術の中には、門外漢には魔法の杖にも見えるライトペン（ポインティングデバイス）もあった。ディスプレイ端末の画面に直接接触させると、線を描くことができた。光電センサを使って、人間の目には見えない微小なピクセルを個々に光らせる仕組みだ。バーバンクのウォルト・ディズニー・スタジオは、アメリカ全土で正体を表し始めた新技術が、自分たちの仕事や作品を根本から変えることになるとはつゆほども知らずに、仕事を続けていた。

『ピーター・パン』の中のステレオタイプな先住民

マサチューセッツ州ケンブリッジでライトペンが魔法を働かせていた頃、メアリーはスタジオで妖精の粉を作っていた。『ふしぎの国のアリス』『シンデレラ』と同じく、『ピーター・パン』も蔵出し企画だった。スタジオは10年以上前にJ・M・バリーの原作を研究し、「大人になりたくなかった少年」ピーター・パン、ダーリング家、妖精のティンカー・ベルなど大勢のキャラクターのコンセプトをスケッチして、翻案に取り組んでいた。

バリーは、1902年の小説『小さな白い鳥』で初めてピーター・パンというキャラクターを登場させている。この本でピーター・パンは、生後7日で子供部屋の窓から飛び出し、ケンジントン公園の妖精たちと楽しく遊んで過ごすが、結局母親のいる家へと帰ろうとする。ところがラストで家に戻ると、子供部屋の窓が閉ざされ、鉄格子で中に入れない。格子の間から覗くと、「母がピーターではない別の小さな男の子を抱いて、穏やかな顔で眠っていた」

子供の無邪気さと痛いほどの拒絶というテーマは、バリーが1904年に書き、その後1911年に小説に改めた劇『ピーター・パン、大人にならない少年』でも継承された。この物語では、ピーター・パンはもう赤ん坊ではなく、年は取っているが一度も大人になったことのない子供として登場する。夜、ダーリング家の子供部屋で、母親が子供たちに物語を話して聞かせるのを、窓の外で聞いている。きょうだいで一番年上のウェンディに、自分の母親として物語を語ってほしいと思ったピーターは、子供たちをネバーランドへ誘い一緒に飛んでいく。そこで彼らはピーターの仲間のみなしごたち、ロストボーイズと出会い、ピカニニ族のインディアンの酋長の娘、タイガー・リリーを救い、フック船長率いる海賊たちと戦うなど数々の冒険をする。

小説のピーターは、べつに好感の持てる人物ではない。彼は、大人を心底嫌悪するあまり、呼吸を早くする。「誰かが息をするたびに大人が死に、ピーターは根拠なく、できる限り早く大人を殺していた」。彼はロストボーイズも殺す。「島にいる男の子たちの数は、もちろん、殺されたりなどで、そのときによって違います。子供たちが、大きくなりかけた様子が見えると、それは規則違反なので、ピーターがまびいてしまいます」。ピーターの死生感は、自分がもうすぐ死ぬという場面で明らかにされる。彼は言う。「死ぬことは、きっとすごい冒険だぞ」

最後はウェンディ、弟たち、そして残ったロストボーイズもがダーリング家の両親の元へ帰っていく。ひとり取り残されたピーターは途方に暮れながら、物語の冒頭の約束を果たす。「子供は、みな――ひとりをのぞいて――大きくなります」

キャラクターデザインはほぼすんなり決まったが、ティンカー・ベルだけは例外だった。演劇では、人間の形ではなく、舞台を舞うただの光る球体として表現され、喋ることもなかった。つまり裏を返せば、どんなふうにでも描けるということであり、最初の段階では何人ものアーティストがそのキャラクター造形にチャレンジした。

最初に人間の女性の姿をイメージしたのは、ストーリー部門に初期に加わった女性のひとり、ドロシー・アン・ブランクだった。『白雪姫』の仕事を終えたばかりで、頭の中のプリンセスを追い払うのにちょうどよかった。柔和で控えめな白雪姫に対して、ティンカー・ベルは生意気だった。ドロシーはウォルトに宛ててこう書いている。「ティンカー・ベルはまちがいなく反響を呼ぶでしょう。羽の生えた小さな体と気まぐれな性格を持つ彼女の本当の姿が、アニメーションの力でついに再現されるのですから」

ビアンカも同じような見方をしていた。ビアンカは、誰よりも先にスタジオの書庫へ行って『ピーター・パン』に目を通し、そして金色の長い髪をアップにし、女性らしい曲線美を持った可愛らしい妖精を描いた。スタジオの女性アーティストたちが描いた初期のスケッチを見ると、両極にあるステレオタイプのちょうど中間にティンカー・ベルをうまく落とし込んでいる。つまり、白雪姫の子供版でもなければ、『ファンタジア』に登場する女のケンタウロスのような性的空想上の生物でもなく、ミニチュア化した人間の女性を描いた。そしてそれぞれの女性アーティストがそれぞれにティンカー・ベルに魅力を与えている。ビアンカは官能的な容姿を、メアリーは女性的な優しさを、そしてシルヴィアは神々しい色を。

ビアンカのスケッチには、意地悪さと可愛らしげな態度がよく表れている。ウェンディの物を拝借しておしゃれをし、鏡の前でポーズをとっているときの間抜けな笑顔。子供たちのおもちゃを怖がってみせたり、夜、雲に座るダーリング家の3人の子供たちの頭上でうっかり光ってしまったり。男性スタッフは、シナリオ会議でティンカー・ベルのキャラクターについて話し合ったが、絵を描くことは控えていた。

男性陣の不安とは無縁のビアンカは、自由に想像力を膨らませた。ウォルトも最初は意見を聞いてくれているように見えた。「パンがパイプを吹いて妖精たちを呼べることを見せるシークエンスを、ビアンカが非常にカラフルに描いています」とウォルトは1939年のシナリオ会議で褒めている。バリーの原作では、ティンカー・ベルは、ネバーランドに暮らす大きな妖精コミュニティのひとりに過ぎないため、ビアンカは、その可憐な生き物の世界をイメージして、何人もの違う妖精を描いた。また、原作にないオリジナルなシーンとして、ティンカー・ベルがダーリング家の子供たちを連れて水中に潜り、魔法の粉で皆を人魚に変身させ、沈没した海賊船を探検するシークエンスも提案した。

シルヴィアも初期のコンセプトアートに取り組んでおり、ビアンカの絵と違い、造形よりも色でイメージを伝えようとした。ティンカー・ベルに妖精の舞踏会の女王に選ばれ、驚きで目を丸くしながら頭に黄金の冠を載せられるウェンディを描いている。ビアンカもそのシークエンスに一緒に取り組み、妖精たちがウェンディの周りで爆竹のように光を放ちながら夜遅くまで踊る様子を想像して描いた。ところがしばらくすると、『ファンタジア』であれほど素晴らしい妖精を作り上げた女性たちの『ピーター・パン』への思いはすべて絶たれてしまう。『バンビ』に続く作品になるはずだったが、1940年代にスタジオを襲った問題によって、制作がままならなくなった。

ビアンカも、シルヴィアも、ドロシーも解雇されたが、3人の作品はスタジオに残されていた。未使用のコンセプトアートは、「モルグ（死体安置所）」とウォルトが名付けた場所に保管されていた。もともと警察や新聞社で、古いメモや証拠品、切り抜きなどの資料を保管する部屋がそう呼ばれていたのを真似たらしかった。ウォルト・ディズニー・スタジオでは、その部屋は仕上げ棟のコンクリートの廊下を下った地下にあり、入り口の木の扉には、「MORGUE」と洒落た金文字で書かれてあった。その部屋の本棚やファイルキャビネットの中に、スタジオの過去の作品に関係するあらゆる資料が納められていた。アーティストたちは自由に出入りでき、自分のプロジェクトに必要な資料を調べたり集めたりした。

ウォルトのやっとのゴーサインを受けて、『ピーター・パン』に取り掛かり始めたばかりの頃、メアリーはよくその部屋に籠もっていた。過去に遡って、他の女性アーティストたちが考えたコンセプトやストーリーラインを探った。自分より前に何人もの女性たちが取り組み、描いた大胆なイメージに勇気づけられ、自分なりの方向性を検討し始めた。そして、藍色の雲が波打つ夜空を航行する黄金の海賊船を描いた。砂浜へと平らかに広がるネバーランドのなだらかな緑の丘陵と、島全体を包むピンクと紫のオーラ。頭上の夜空の闇に散りばめられた色とりどりの星雲。入江では、人魚たちが岩の上で甲羅干しをしながら、滝からの冷涼な空気を感じている。メアリーの想像力はとどまるところを知らない。他にも、ロストボーイズの居心地の良さそうな洞窟の家や、不気味この上ないドクロ岩などの森の背景もデザインした。

フック船長の隠れ家には彼女のいつもの独創的な色使いはない。人を寄せ付けない灰色一色で塗られ、頭蓋骨の開いたあごが内側の洞窟へとつながっている。このイメージが『ピーター・パン』だけでなく、その後ネバーランドを舞台にして作られた数多くの映画作品を象徴することになる。メアリーの才能豊かな作品を見せられ、ウォルトはいつになく興奮して饒舌になり、そのとめどなくあふれるアイデアを絶賛した。ただ、彼女の描く絵は映画のコンセプトアートにするには美しすぎた。そのため観客のためではなく、スタジオのアーティストのための参考資料としてしか活用されなかった。

とはいえ、先住民の絵だけは、賞賛されるほど褒められたものではなかった。残念なのは、レッタ・スコットがすでにスタジオを去っていたことだ。もしまだアーティストとしてスタジオに残っていたら、きっとメアリーに修正させたことだろう。

レッタがスタジオで最後に担当したプロジェクトの1つが、その後お蔵入りした『*On the Trail*（旅路を行く）』という長編だった。いつもリサーチをしっかり行うレッタは、この作品でも、アリゾナ州北東部のホピ族の研究に長い時間を費やしている。先住民を正確に描画するために、『*Hopi Katcinas Drawn by Native Artists*（未／ネイティブの芸術家が描いたホピ族の精霊カチナ）』という本を始め、多数の文献を研究した。低俗なステレオタイプではなく、実際のアーティストたちにインスパイアされて描いたというコンセプトアートには、彼女の豊かな感受性が表れている。

一方、メアリーが「ネバーランドのインディアンの村」を描いた絵は、研究や翻案によって足しうる繊細さを欠いている。いろいろなネイティブ文化から引用した要素がごちゃまぜになった絵であり、実在するどの部族への誠意も感じられない。完成した映画には、片言のたどたどしい話し方、ティピー〔一部のネイティブ・アメリカンが使用していた移動用住居）、頭につける羽飾り、トーテムポールなど、先住民に関するステレオタイプが余すことなく使われている。作品の人種偏見的な描写は、原作やその元の戯曲の大きな特徴であり、アニメーターたちも早々にそこを強調したため、メアリーの絵だけで回避できたわけではないだろうが、啓発的な絵を描いていたら、少なくとももう少し繊細な表現になっていたかもしれない。

自立した女性、ティンカー・ベル

1951年、『ピーター・パン』の制作のさ中、アイヴィンド・アールという名の男性がスタジオに加わった。純粋芸術畑の出身でアニメーションに携わったことのない35歳のアーティストは、慣れない環境に気後れしていた。スタジオを歩き回っていると、たくさんの小さなペインティングで覆われた壁に気づいた。100点以上の小さな絵が、箱に入った詰め合わせのチョコレートのようにきれいに整列し、壁一面を埋め尽くしていた。そのすべてが1つ残らず、スタジオですでにレジェンドとして名が知れ渡っていたメアリーの手によるものだった。アールは絵の前に立ち、激しい嫉妬を覚えた。キャラクターデザイン、プロットの組み立て、色彩設計、背景美術、そして作品の世界観を設定することまで、なんでもこなしていると思われる女性。絵を眺めながら、アールは思った。ディズニーに来たからには、そのポジションを手に入れなければ。

メアリーの才能、強み、性別に、同僚たちは最初から強い反応を示していた。多くの人が妬みや嫉みで内心煮えくり返っていたが、彼女の腕を認め、一緒に仕事ができたアーティストは大きな見返りを得た。メアリーと良好な協力関係にあったアーティストのひとりがマーク・デイヴィスだった。マークは、スタジオでは女性担当と呼ばれることもあったが、それは浮気者の性格のせいではなく、女性を描く造形力が高かったためだ。ふたりは『シンデレラ』と『ふしぎの国のアリス』でタイトルキャラクターに一緒に取り組んだが、『ピーター・パン』でも再びタッグを組むことになった。

メアリーは、作品の全シーンをデザインしているが、デザインのすべてが採用されたわけではなかった。彼女の絵は多岐にわたり、あるシーンではピーター・パンとフック船長の一触即発の緊張を描き、あるシーンでは幻想的な人魚の入江を描いた。キャラクターアニメーターであるマークの役割は、もっと焦点が絞られており、実験的な色彩やコンセプトを提案するメアリーに対し、ティンカー・ベルやダーリング夫人に命を吹き込む原画を描く責任があった。メアリーとマークが組むことになったのは、ティンカー・ベルという難題を解くためだった。メアリーのアートを参考にマークが原画を描いた。どちらも原作のティンカー・ベルの表面的な描写には満足できず、それまでふたりで生み出したどの女性キャラクターよりも自立したキャラクターに仕立てるつもりだった。

ただ、それは1950年代の健全かつ典型的な女性像とは相容れなかった。ある男性スタッフは、シナリオ会議で嫌気が差したように首を横に振り、不満げに言った。「だけどそんなにおてんばにする必要があるか?」。他のアーティストからも、太ももが張りすぎだ、控えめで優しいウェンディ・ダーリングの真逆で性格が大胆すぎる、と文句を言われた。マークは、ティンカー・ベルの内面を外見に現わそうとして、それまで何人ものアーティストが描いてきた絵をベースにして、いたずら好きな妖精の髪をゆるくまとめ、ブロンドの前髪を垂らし、白いポンポンをつけたグリーンの靴を履かせ、体の曲線を包む緑の葉のドレスを着せた。

ティンカー・ベルについて唯一心配しなくてよかったのが台詞で、その口から発せられるのはチリンチリンという鈴の音だけだった。言葉が喋れないため、身振り手振りでの意思表示が映画ではとくに重要だった。そこでマークは、ジニ・マックという仕上げ部門の若いアーティストに入ってもらい、彼女が指示に従ってスツールの上でポーズをとったり、ジェスチャーをしたりする愛らしい顔や姿を皆でスケッチした。アリスのモデルを務めたキャサリン・ボーモントなどプロの俳優も、参考用の実写映像を撮影するために呼ばれた。

男性のストーリーアーティストやアニメーターたちは、長い間、妖精を描くのを避けていたが、ティンカー・ベルの登場でその流れは一変した。ティンカー・ベルをアニメーションにすることはたまらないチャレンジであり、彼女のチャーミングで小悪魔のような性格は、それまでスタジオで描かれた従順な女性キャラクターよりも面白みがあり、あっという間に皆の人気者になった。

メアリーがキャンバスに描いたようにティンカー・ベルを光らせるのは、アクリルのセルでは無理なように思われたが、解決策は意外なところにあった。それはアジア原産の牛の胆汁だった。スタジオには化学者が何人かおり、さまざまな素材を実験したり、アーティストが日常的に直面する問題を解決したり、スタジオの完全オリジナルの絵具を作り出したりと、非常に創造的な役割を果たしていた。そうした化学者のひとり、エミリオ・ビアンキは、不透明な水彩絵具の1種であるガッシュに牛の胆汁を混ぜることで、『ピーター・パン』に不可欠となる光沢のある塗料を発明した。

悪臭を放つその塗料は冷蔵保存され、長い時間空気に触れさせることができないため、使用するときは素早く仕事をする必要があった。仕上げ部門のアーティスト、カルメン・サンダーソンは身長9センチほどのその妖精に何時間も費やした。ティンカー・ベルの羽と体を光らせるために、セルを裏返し、胆汁溶液を絵筆で塗った。少量を薄く伸ばすことが必要で、繊細なため注意して塗らないと塊になり、汚い斑点になる。だが仕上がったときはその効果にうっとりした。ティンカー・ベルの周りが玉虫色に輝き、羽が光を放っているように見える。この輝きと、女性アーティストたちが一粒一粒手描きした妖精の粉のきらめきとが相まって、まさに魔法がかかった表現が完成した。

ウォルトの夢のパーク

『ピーター・パン』の制作に一心不乱に取り組むスタッフの横で、完全に心ここにあらずの状態のウォルトがたびたび目撃されるようになった。シナリオ会議では、皆がプロットや台詞について議論しているところに割って入っては、目下の一番の関心事「ミッキーマウスビレッジ」の話を持ち出した。よく話していたのは、その園内を縫うようにして循環する鉄道と、その鉄道も停車するメインストリートの話だった。小さな街の中心地を模したメインストリートには、リラックスできる休憩場所や、スタジオの商品を販売するちょっとした商店街、大型の映画館、ホットドッグやアイスクリームスタンドなどがある。園内には、シェットランドポニーが引く馬車だけでなく、レトロな川船などの乗り物もある。コンセプトは、実際には存在したことのないアメリカへの時間旅行。ウォルトだけでなく、プロジェクトに引き入れられたマーク・デイヴィスなど大勢のアーティストがその郷愁に酔っていた。1952年には、ウォルトの想像上のパークに新しい名前がつけられた。「ディズニーランド」。ところがウォルトの夢のパークが徐々に具体化するにつれ、スタジオは再び傾き始めた。

13

いつか夢で

Once Upon A Dream

レンズ1個は、ちょうど手に収まるほどの大きさだった。重量感があり、四角形で、金銀合金で縁取りされ、持ち運ぶときには必ず護衛がつくほど高価なものだという。スタジオの技師は、その貴重なレンズを映画撮影用カメラに取り付けたが、なぜそれほどまでに大騒ぎするのか、にわかには理解できなかった。「シネマスコープ」と呼ばれるそのアナモルフィックレンズは、ウォルトが20世紀フォックスに大金を払って、早々にライセンスを取得したものだった。

重要な技術ではあったが、新しくはなかった。1926年、フランスの天文学者で発明家のアンリ・クレティアンが、歪んだレンズを利用したある技術で特許を取得した。そのレンズをカメラに取り付けると、標準的なレンズよりも大幅にワイドな画像を撮影できた。それは、彼の発明したアナモルフィックレンズが長辺方向を約1／2に圧縮《スクイーズ》してフィルムに収録するためで、従来のフィルムを使いながら、広い範囲が収録でき、画質も向上した。もともとは第一次世界大戦中、戦車の視界を良くするための潜望鏡レンズとして開発されたものだった。戦後クレティアンは、映画業界にこのレンズを売り込もうとして失敗したが、1950年代に入り、テレビの脅威によって斬新なアプローチが必要になった映画業界がようやく目をつけた形となった。

1950年代前半、20世紀フォックスの幹部が、実物を見たいとはるばるパリへ飛んだ。クレティアンの研究室は、第二次世界大戦中に爆破され、ほとんどのレンズが破壊されて片手ほどの数しか残っていなかったが、その技術に感銘を受けた幹部は、システムの権利を買い取ることを決め、「シネマスコープ」と改名した。そしてこのワイドスクリーンのフィルムフォーマットを、観客にこう促すことで説明した。「ローレン・バコールがソファに横たわる姿を想像して。幅は20メートル！」

新型レンズを求めていたのは彼らだけではなかった。ハリウッド中のスタジオでワイドスクリーンへの関心が高まり、さまざまな技術が出現しつつあった。ワーナー・ブラザースには、「ワーナー・スーパースコープ」と名付けられた独自のスクイーズ方式があり、パラマウントは、解像度を高めた新しいワイドスクリーン用映写機「ビスタビジョン」の開発に取り組んでいた。

フランスのレンズを使いたくなったウォルトは、さっそく20世紀フォックスからライセンスを取得した。アナモルフィックレンズは、標準のカメラレンズに直接取り付けることができ、茶の間のエンターテインメントに飽きた観客に「大画面」体験を提供できた。しかしシネマスコープには、横に引き伸ばされた映像がぼやけるという欠点があった。そこでウォルトは、長年付き合いのあるテクニカラー社が、シネマスコープのアナモルフィックレンズと、ビスタビジョンのシャープな画質を組み合わせたシステムを開発していることに目をつけた。テクニカラーは、他社の派手な商標に負けじと、その技術を「テクニラマ」と名付けた。同社は、標準的な35ミリフォーマットに加え、より高精細な70ミリフィルムを使って、驚異的なアスペクト比2・35：1を実現していた。アスペクト比とは、画面の高さに対する横幅の比率のことだ。ちなみに、1932年に映画芸術科学アカデミーが定めた「アカデミー比」は1・37：1である。「スーパーテクニラマ70」を使用する第1作目は、『眠れる森の美女』と決まった。

仕上げ棟の隣、D棟の先にあったスタジオの映像研究室に到着したワイドスクリーンレンズは、それ自体に驚きはなかった。実際に使ってみて、つまりその下に自分たちが描いた鉛筆画を置いて初めて、映画の映像づくりがどう変わるのかをアーティストたちは知った。つまり、主人公だけではもう絵が持たなかった。両サイドに空きができすぎるのだ。追加されたスペースを活かすような、もっと動きのあるシーンを作る必要があった。

スタジオは昔から背景美術の作り込みに誇りを持っていたが、観客に見える背景が広いということは、これまで以上に背景美術に力を入れなければならないということだった。そうなると、次の作品に絶対に欠かせないのが、経験豊かなセルマ・ウィトマーだった。

スタジオの首を締める手描きアニメーション

『ふしぎの国のアリス』は不発に終わり、『ピーター・パン』もヒットとはならなかった。1953年2月5日のニューヨークでの公開後、批評家の評価は概ね良好で、革新的な色使いと緑豊かな背景美術に関する言及もいくつかあった。今回もスクリーンクレジットに名前が載ったふたりだけの女性——色彩設計のメアリーと背景美術のセルマ——は、自分たちの仕事に向けられた賛辞に無関心ではいられなかっただろう。

しかし作品には批判も向けられた。『ニューヨーク・タイムズ』は、ティンカー・ベルを「俗悪」と呼び、舞台ではつねに女優が演じていたピーター・パンが臆面もなく男性的に描かれていることに面食らったという批評家もいた。不思議なことに、7年前に『南部の唄』の「主人と奴隷の関係」を人種差別的な描写だと叩いた『ニューヨーク・タイムズ』の同じ批評家が「インディアンの村」のシーンを「生き生きとして愉快」だと賞賛した。

レビューは概して好意的で、映画好きは映画館に足を運んだ。興行収入は700万ドルに達し、失敗した『ふしぎの国のアリス』の560万ドルを大幅に上回ったが、はるかに少ない製作費で800万ドル売り上げた『シンデレラ』には及ばなかった。それに関していえば、実写映画は、それよりずっと少ない製作費で同等の収入を生み出していた。1953年にコロンビア・ピクチャーズが公開したロマンス映画『地上より永遠に』は、製作費200万ドルに対し、興行収入は1250万ドルだった。

スタジオの一部の経営陣は、ウォルトの兄ロイを含め、ディズニー作品を特徴づける芸術性やディテール志向は、経済的に持続不可能だと感じていた。各作品で生じた利益はまるまる事業に還元され、制作と新技術に全額投じられていた。手描きアニメーションと、その前後数年のストーリー開発と調整作業のコストは徐々にスタジオの首を締めていた。

逼迫する財政に悩まされていたのは、ウォルトのスタジオだけではなく、他のアニメーションスタジオも同様だった。対策として、多くのスタジオがUPA方式と呼ばれる手法を取り入れた。UPAは、ユナイテッド・プロダクションズ・オブ・アメリカの頭文字で、1941年のウォルト・ディズニー・スタジオのストライキ騒動を受けて結成された制作会社だ。同社は、ドローイングを使い回し、キャラクターの動きを最小限にとどめ、全般的にセル画の枚数を減らすことでコストを削減するリミテッド・アニメーションの形をとっていた。ウォルトが幹部のひとりに「コストを抑えながらより良い作品を作る」方法を検討させると、そうした方法を持ち帰ってきた。ウォルトは一蹴したが、今のやり方を長期的に続けられるのかという不安は残った。陳腐化に直面する中、スタジオは過去に成功したもの――プリンセスもののお伽話――に今一度立ち返った。

眠って過ごすだけのプリンセス

魔法で眠りに落ち、キスによってしか目覚めることのできない乙女の物語は、『白雪姫』や『シンデレラ』のように何世紀も語り継がれてきた。物語の起源は、1300年代にフランスで出版された『ペルセフォレ』という作品集の中の「トロイロスとゼラディーヌの歴史」というゴシック（ロマンス）小説に遡る。ゼラディーヌ姫は、麻糸を紡ごうとして手に取った亜麻が指に刺さり、眠りに落ちる。この物語の眠り姫は、愛する人からキスされるのではなく、強姦される。目が覚め、自分の指をしゃぶる赤ん坊がいるのを見て、男の子を産んだことに気づく。この100年後、詩人のジャンバティスタ・バジーレがこの物語のイタリア語版を出版する。彼の改作はさらに残忍で、死んだように横たわる眠り姫に遭遇した既婚の王が彼女を強姦する。眠り姫は、双子を産んだ直後に目覚める。このバージョンの悪役は夫に裏切られた女王であり、仕返しに双子の赤ん坊を殺して王の夕食に出すよう命じ、また眠り姫を焚き火に投げ込もうとする。その後のペロー版（「眠れる森の美女」）とグリム兄弟版（「いばら姫」）では、姦通、強姦、人食いといったテーマは除かれ、悪い妖精と糸車の針に置き換わっている。

さまざまなバージョンの眠り姫の昔話を研究するうちに、ストーリー部門はプロット自体に厄介な問題を見つけた。ペローとグリム兄弟のどちらのバージョンでも、悪役は重要な役割を果たしていない。ただ現れ、魔法の呪文を唱え、去る。そして眠り姫は、物語の大部分を眠って過ごす少女にすぎず、キャラクターとして面白みがなかった。

独創性の消えたシナリオ部門

シナリオ会議は、かつてビアンカが傷を負った動物のように部屋を飛び出した修羅場ではもうなくなっていた。1つには、アイデアを採むためにスタッフが集まることはずっと少なくなっており、また1つには、ボスがほとんど不在だった。かつてはプロットのあらゆる部分に口を出したがり、シナリオ会議に何時間も費やしたウォルトだったが、今はめったに参加せず、数ある仕事の合間に独りでブレインストーミングしたり、ストーリーボードを承認したりしていた。かつて興奮と競争の舞台だった脚本家たちの部屋は、絶滅の危機に瀕していた。

ストーリー部門に欠けていたのはウォルトだけではなかった。1941年の大規模なレイオフ以降、ストーリーアーティストの採用は滞っていたため、ストーリー部門は少しずつ縮小していた。とくに女性がいなくなった。ウォルトが何年もかけて採用した女性たち——ビアンカ、グレイス、ドロシー、メアリー、シルヴィア、エセル、レッタ——で賑わっていた部屋から、彼女たちの独創性が消えていた。その全員がスタジオを去ったが、そのうち自発的に辞めた人はほんの一握りだった。

オーロラ姫をよそ目に強烈になっていくマレフィセント

メアリーの描く絵は、嘘のように暗くなっていた。次の長編『わんわん物語』のコンセプトアートはすでに描き終えていた。それは、彼女がスタジオで取り組んだ最初のプロジェクトの1つで、それまでの多くの作品と同じように制作に時間がかかっていた。

今メアリーは『眠れる森の美女』に専念していた。悪い妖精のスケッチに描いた影の1つ1つが、彼女自身の人生に広がる暗闇だった。彼女の惨めさが表れた、悪の女王の棲む霊界。それとは対照的なのが、オーロラ姫とフィリップ王子を描いた光のシーンだ。彼女らしく斬新で明るいスタイルによって描かれ、ふたりは太陽の暖かな光の中で輝いている。

直近の3作が構想に何年もかかったのに対し、『眠れる森の美女』はまだ若造で、プロットは荒削りだった。脚本にかけられる時間が短すぎて、スタジオが長い間あたためてきた別のお伽話を進めればよかったのに、と思ったストーリー部門のスタッフもいた。それは1740年にガブリエル＝シュザンヌ・バルボ・ド・ヴィルヌーヴが書いたフランスの物語を原案とする『美女と野獣』だったが、もう後戻りはできなかった。そのため脚本家たちは急いでそれまでに使ったり捨て去ったりしたアイデアを集め、ふるいにかけ始めた。

悪役の妖精の顔は、ほぼ『白雪姫』の意地悪な女王の特徴を拝借した。もともと脚本家のドロシー・アン・ブランクをモデルに描かれた女王だ。メアリーは、自分が『シンデレラ』のために描いたダンスシークエンスを取り入れた。シンデレラと王子が重力から解放され、雲の中を踊る。また、昔のコンセプトアートを引っ張り出して、悪役の衣装をデザインした。他のアーティストたちも同じようにして、前に没になったストーリー案を復活させた。王子が誘拐され、邪悪な女王の城に監禁されるという『白雪姫』で削除されたシークエンスが会議で審議され、確かにここで使える、と互いに言い聞かせ合った。ここまで素材を再利用したことが今までなかったので、彼らの自尊心は徐々に蝕まれていった。

『眠れる森の美女』を映画化する上でもう1つ難しかったのがキャラクターだった。とくにプリンセスはあまりに面白味と生命感に欠けるため、プロット全体が重く退屈に感じられた。脚本に心理的葛藤を取り入れ、もっと人を惹きつける演出が必要だった。

数か月経っても、オーロラ姫は相変わらず意志や感情なく横たわり、パッとしないままで、もう一押しがどうしても出てこなかった。台詞はたった18行、ヒロインのはずだが、ギリギリ脇役と呼べる程度の台詞量しかなかった。一方、悪役の妖精は、どんどん強烈になっていった。それは、定石破りのティンカー・ベルと同じように、意志と力を持つキャラクターの魅力だった。だがペローとグリム兄弟の原作では、名前も形も与えられておらず、参考にならなかった。名前だけはようやく「マレフィセント」に決まった。

脚本家チームが参考にしたのは、チャイコフスキーの1890年のバレエ作品『眠れる森の美女』とそれに登場する意地悪なフェアリーゴッドマザー、カラボスだった。そのバレエ音楽だけでなく、キャラクターの外見も取り入れることにした。当初は女性であるカラボスを男性が演じていたが、のちに男女どちらも演じるようになったというバレエでは珍しい役どころだ。現在のロイヤル・バレエ団の前身、サドラーズ・ウェルズ・バレエ団が1946年に、戦後の文化芸術の復興を目指していたロンドンで、『眠れる森の美女』の初公演を行った。ロイヤル・オペラ・ハウスの照明が落とされると、配給券で購入した衣装やタイツ、シューズを身につけたダンサーたちが舞台を華やかに彩り、それをイギリス王室がロイヤルボックス席で鑑賞した。

その晩、カラボス役を演じたロバート・ヘルプマンの衣装に観客は感銘を受けずにはいられなかった。黒のベルベットで覆われた精巧なドレスと、袖から突き出たドラゴンのような翼。中でも印象的なのが、デフォルメした2本の尖った角のついた頭飾りだ。同バレエ団が3度目のアメリカツアーでニューヨークとロサンゼルスを含む21都市で公演を行っていた1953年に、この衣装がメアリーの目を引いた。

メアリーは、バレエの舞台衣装にヒントを得て、マレフィセントのコンセプトアートを描いた。それは、『シンデレラ』のときに描いたが採用されなかったスケッチに似ていた。そのときは、フェアリーゴッドマザーにピンク色の裏地がついた流れるような長い黒いローブを着せ、頭にねじれた長い角を一本つけた。おばあさんのような年老いた女性ではなく、若く活力に満ちている。マレフィセントはその折衷案で、シンデレラのゴッドマザーの若々しい頭に角2本の頭飾りをつけ、顔には満面の笑み、手には魔法の杖を与えた。

その頃、3人の女性キャラクターが年を取らされていた。オーロラ姫に贈物を授け、最後に彼女を救う良い妖精チームの案は、1952年から出ていた。かつて男性アーティストたちから忌まわしく思われていた妖精だが、今ではチーム一丸となってそのキャラクターデザインを議論していた。最初は、それぞれが植物（フローラ）、動物（フォーナ）、天気（メリーウェザー）を司る精霊として構想された。彼女たちが物語の中で果たす役割は小さくない。最終的にマレフィセントを屈服させるのは、フィリップ王子の助けを借りてはいるものの、彼女たちの魔法と勇敢さなのだ。

プロット全体における妖精たちの役割は、ストーリー部門の中で固まりつつあったが、その容姿に関する議論はまだこれからだった。そこでアニメーション部門の出番だ。ウォルトは3人の妖精をそっくりに描こうと考えていたが、アニメーターたちは反対した。ウォルトのナイン・オールド・メンのうちのふたり——で今や40代の——フランク・トーマスとオーリー・ジョンストンは、食料雑貨店へ行き、自分より数十歳年配の女性の動きを研究し始めた。とくに70歳の女性の服装や髪型に注目した。ストーリー部門で「前向きで押しの強い」タイプと性格づけられた妖精たちそれぞれにどんな体格や人格を与えるかは、アニメーターの手にかかっていた。完成したのは、現実世界にそのままいそうな女性3人組で、3人とも見た目はおばあちゃんだが、身長、体重、歩き方などに個性があった。作品のタイトルキャラクターは寝てばかりでパッとしなくても、新しい女性キャラクターたちは力強く、カリスマ性を備えていた。

メアリーの退社と、進むディズニーランドの建設

メアリーは、トランス・ワールド航空のエリート・ミリオンマイラー・プログラムの会員になるほど頻繁に出張していた。仕事と家庭を切り離そうと努力したが、彼女の世界はがらがらと崩れつつあった。お酒の量が増えた。リーからの度重なる言葉の暴力と、時おりの身体的暴力の苦痛を紛らすために、朦朧とするまで飲むこともあったが、それだけで心の傷が癒えるはずもなく、夜、夫の横に寝ていると、夫の言葉が頭の中でいつまでもこだました。このことは誰にも明かせなかった。一番身近な家族にも友人にも。だからひとりで苦しんでいたが、もう抑えきれそうになかった。メアリーは仕事を辞める決意をした。ふたりの人生が崩壊する前に、

誰かがこの不幸な結婚生活を立て直さなければ。

そのことをメアリーから聞かされたウォルトは、努めて嫌な顔を見せないようにした。その後のウォルトからの手紙も愛情にあふれ、毎年クリスマスには子供たちに箱に詰めたおもちゃを贈ってくれた。ウォルトはまだ、いつかメアリーを呼び戻せると考えていたのかもしれず、そのためにメアリーへの恨みを1ミリも見せないようにしていたのだろう。

メアリーは、ウォルトやスタジオの仲間からの手紙で、スタジオや制作の近況を知らされていた。ウォルトからの便りには、ディズニーランドに関する進展、とくにロサンゼルスの南東にあるのどかな町アナハイムに、ついに65万平米のオレンジやクルミの果樹園を、ロイと共に手に入れた喜びが書かれていた。そして、自らの計画をアメリカ国民と共有しようとしていることも。ウォルトは、「ワン・アワー・イン・ワンダーランド」の経験に支えられ、1954年3月29日に「ディズニーランド」という週1時間番組を制作する契約をABCテレビと交わした。パークに作る予定のアトラクションを紹介してパークを宣伝するのが狙いだ。さらに各回では、パークの4つの国、アドベンチャーランド、ファンタジーランド、フロンティアランド、トゥモローランドのどれか1つを舞台にした物語を実写またはアニメーションで放送する。

ABCが出資したおかげで、パークの建設は速いペースで進んだ。1954年7月に着工し、その年の12月にはすでに形ができ始めていた。ウォルトは、その喜びを妹のルースに手紙で伝えており、とくに霜で覆われたようなメインストリートのウィンドウ、白と緑の木々、点滅する何千もの照明などクリスマスの装飾に感激したと書いている。

装飾は完成しても、ディズニーランドが開園するのはこの半年先であり、費用もまだ莫大な金額を要した。

それでもウォルトは、聞いてくれる人には熱く喜びを語った。

「地球で一番幸せな場所」の開園

ディズニーランドは突貫工事によって1955年にオープンを迎えた。まだ柔らかさの残るアスファルトには、「地球で一番幸せな場所」を歩き回る人々のヒールの跡が残った。来園者は最初の7週間で100万人を超え、その全員が1ドルの入場券を買っていた。一方、スタジオの次回作は、テーマパークとは対照的に、遅々として進んでいなかった。メアリーが去った今、彼女と共に、色彩やスタイリング、そしてキャラクターデザインに対する無比の視点も失われていた。

マーク・デイヴィスは、メアリーの初期のコンセプトを見直しながら、自分のリサーチ結果も加えて、何人ものキャラクター造形——オーロラ姫、マレフィセント、カラスのディアブロ、ステファン王、リア王妃——を行った。

だがその中で彼の心を奪ったのは、主人公のオーロラ姫ではなくマレフィセントだった。マークは中世の歴史書やチェコスロバキアの古い宗教文献を調べ、その時代の絵画の暗い色調と、そこに描かれた流れるような長いローブに目を引かれた。たちまち悪役の魔女に夢中になり、彼女に催眠術、瞬間移動、そして巨大な緑色［のちに黒と紫に変更］のドラゴンに変身する能力を与えた。イメージした等身大の頭像を黒粘土で制作し、突き出た顎と、ねじれた2本の堂々たる角を加えた。そして心底恐ろしく見せるために思いついたのが、動きを抑える、ということだった。不動の神妙さと、ペットのカラス、ディアブロに向かって言う不吉な台詞は、いっそう観客を凍え上がらせるだろう。マークは、メアリーが用事で西海岸へ来たときや自分が東海岸へ出かけた折には、ためらうことなくメアリーに会い、アイデアについて相談した。メアリーはもうスタジオの人間ではなかったが、彼の仕事に必要な仲間であることに変わりはなかった。

メアリーとアリス・デイヴィスの出会い

1956年のある晩、マークはメアリーのロングアイランドの家を訪ねた。新妻のアリスも一緒だった。アリスは、奨学金で通ったシュイナード美術学校の卒業生だった。ギョウ・フジカワの授業を受けたこともあり、もともとアニメーターになりたかったが、男の仕事だとみなしていた教師たちに、叶わぬ夢を捨てるように言われ諦めた。代わりに衣装デザインの道を勧められ、それが（経済的にも）有益なアドバイスとなった。卒業の数年後、シュイナード時代の恩師のひとりだったマークから『眠れる森の美女』の衣装の仕事をしないかと電話があった。程なくマークは他の理由でアリスに電話をするようになり、ふたりは恋に落ち、結婚した。

新婚旅行で初めてロングアイランドのブレア家を訪ねたアリスは、すぐにメアリーに惹かれた。メアリーのことは、マークからだけでなく、メアリーの絵画作品をよく展示していたシュイナードの人たちからもしょっちゅう聞かされていた。メアリーは、楽しいことが好きないつもの調子で、窓のそばのテーブルに置かれたトレイを指さした。ピッチャーとマティーニグラスが2個載っている。細いステムにリボンが結ばれた片方のグラスを手に取り、アリスに渡した。アリスは戸惑ったが、まもなくそれがゲームなのだと気づいた。リボンをたどって歩くよう促され、部屋から部屋へと、たるんだリボンを手に巻き取りながら進むと、最後はキッチンに到着した。リボンの先は、まっすぐ冷蔵庫につながっている。扉を開けてハッとした。冷蔵庫の棚の上でロウソクの火が燃えている。直前に入れたに違いない。冷たい壁に囲まれて燃える炎など、今まで見たことがなかった。メアリーが笑顔で言った。「あなたのためならいつだって窓辺にマティーニと、冷蔵庫にロウソクを用意しておくわ」。マークとリーが笑い、アリスも笑いながらうっとりした。「結婚のお祝いよ」とメアリーは説明した。花柄のエッチングと「His」「Hers」「Ours」と彫られたエレガントなペアグラスとピッチャーとトレイのセットのことだ。「包装紙で包むよりいいと思って。そう思わない?」。アリスは、キンキンに冷えたジンとベルモットのカクテルを口に含みながら頷いた。

変更を素直に受け入れるアニメーターたち

スタジオでは、マレフィセントに取り憑かれていたマーク・デイヴィスが、プロットに足りないすべてを彼女のキャラクターで補おうとしていた。指揮を執るべきウォルトの不在が大きく影響し、進行のスピードは遅かった。ボスは、新しい遊園地とテレビ番組「ディズニーランド」の仕事のほうがはるかに楽しいらしく、定期的に行われていたシナリオ会議には滅多に出席しなかった。

それでも、注意散漫ながら、作品の新しい色彩設計担当のサポートはしていた。メアリーが去り、その後釜を狙っていたアイヴィンド・アールはその夢を叶え、しかも彼女の倍の給料を受け取っていた。ところがアールは、単にメアリーの役目を引き継いだだけでは満足せず、彼女のスタイルも真似した。メアリーの絵画作品の隅にある署名と同じくらい、一目で彼女の作品だとわかるグラフィカルで、フラットで、とことんモダンなスタイルの影響を受けていた。彼の描いた『眠れる森の美女』のアートワークがメアリーの作品と区別がつかないことがよくあったが、一部の評論家はのちにふたりの違いをこう指摘している。「アールのことは、果てしなく独創的だとは言わないだろう。メアリー・ブレアはそうだった。彼女はまるで爆発だった」

作品を模倣しながらも、アールは、影響を受けたアーティストとしてメアリーの名前を挙げることはほとんどなかった。むしろ自ら行った広範なリサーチに言及し、そして誰に刺激を受けたかと聞かれると、「ファン・エイク、ピーテル・ブリューゲル、アルブレヒト・デューラー、ボッティチェリ」と答え、こう付け加えた。「そのすべてにアイヴィンド・アールを少しだけ注入しました」

リサーチの成果とメアリーのコンセプトアートで武装したアールは、自分の作品をアニメーターたちに見せ始めた。ウォルトは、アールのスタイルを取り入れるよう指示したが、昔から「もっとメアリーっぽく」と言い続けてきたことを考えれば、珍しいことではなかった。もしまだスタジオにいたら、メアリーはアールに骨折り損だと忠告しただろう。ほとんどのアーティストはモダニズムにきわめて批判的で、キャラクターのビジュアルの参考になりえないと考えていたからだ。けれどもアールは、自分のアートを使ってもらうのに苦労したメアリーと違って、拒絶されなかった。アニメーターたちは、スタイルの違いによって生じた追加作業に文句を言いながらも、変更を受け入れた。

多くはない給料と感謝の気持

『眠れる森の美女』の制作での度重なる変更や遅れも、ワイドスクリーン方式で映画を制作する技術的なハードルに比べれば、大した問題ではなかった。パノラマ写真のように広がる背景は、セルに描かれたキャラクターの演技から観客の目を逸らした。それはチャンスでもあり課題でもあった。リッチな背景を作れば、観客をシーンに引き込むことができるが、その分、描く作業が格段に増える。それまで1つの場面の背景は1日で完成していたのが10日かかるようになり、1日数十枚の動画を描いていたアニメーターが、数枚しか描けなくなった。作業があまりに増えたため、スタジオは割り当て制度を導入し、アーティストは1日に女性8人、鳥32羽、リス22匹完成させるというノルマが課された。

そんな忙しさに対応するために、スタジオは再びアーティスト募集の新聞広告を出し始めた。

エリザベス・ケース・ズウィッカー、通称リズが『ロサンゼルス・タイムズ』の求人広告を見始めたのは、26歳のときだった。求人欄は男性向けと女性向けに分かれていたが、彼女はルールに盲目的に従うタイプではなかったため、男性欄も熟読した。

リズは芸術家であり詩人だった。カリフォルニア州ロングビーチ生まれで、生まれてすぐにニューヨークへ引っ越した。母は芸術家で執筆家、父はラジオのアナウンサーをしていた。子供の頃は病気がちで、何か月も家から出られないこともあった。一時期、耳に重い感染症を患い、学校に通うことも、本を持ち上げることもできないほど体力が落ちた。抗生物質がまだなかった1930年代、中耳炎は子供の主要な死因の1つだった。だがリズは成長と共に力をつけて、8歳頃には再び普通に学校へ通えるまでに回復した。ニューヨークにあるエルマイラ・カレッジを卒業後、スタジオアート〔制作・実技〕教室があるマンハッタンのアート・ステューデンツ・リーグに入学した。

ニューヨークで、空軍の技師、ウォルター・ズウィッカーに出会い、1951年に結婚したが、ウォルターの軍職からいって、同じ場所に長く住めないだろうことはわかっていた。案の定、ウォルターはテキサスへ異動になり、その後まもなく1953年にふたりは男の子を授かった。若い家族はカリフォルニア州グレンドーラへ引っ越し、ウォルターはエアロジェット・ジェネラル社に転職し、リズはふたり目の男の子を出産した。表面上は、1950年代の典型的な家族だったが、5年目を迎えた結婚生活は破綻しつつあった。リズは不幸のどん底にあり、ふたりはその時代には珍しく、別れる決断をした。

離婚手続きが始まると、自分と子供たちの生活費を稼がねばと、リズは男性募集の欄にあった「美術家募集」と書かれた求人広告に応募した。するとスタジオからポートフォリオの提出を求められた。ポートフォリオに何を入れるべきか見当がつかなかったリズは、画材店でレザーケースを購入し、作品を詰め込めるだけ詰め込んだ。自分ではただ「可愛い」としか思わなかった絵だが、それを持ってバーバンクのスタジオに足を踏み入れた。面接官は即座に離婚のことに触れ、「他に収入源はありますか」と訊いた。「給料は安いですよ」。週給35ドルは確かに生活するには十分ではなかったが、どうしてもこの仕事がほしかった。そこで、離婚した夫から養育費を受け取っているから心配はいらないと答えた。

ウォルト・ディズニー・スタジオの給与は劇的に減っていた。やはりふたりの子を持つシングルマザーのエセル・カルサーは、10年前の1946年にシルヴィアのアシスタントとして働いていたが、週67ドル50セント受け取っていた。今、アシスタントとして雇われたリズの給料はその半分だ。この差の理由として、『眠れる森の美女』の製作費の増加があり、スタジオのそれまでのどの作品よりも嵩みつつあった。リズが女性であることも響いた。会社側は、女性の給料が男性より低いのは、既婚者には夫の収入があり、離婚者には慰謝料があり、未婚者には養う家族がいないためと説明していた。女性にはとにかく勝ち目がなかった。

給料にがっかりしたリズだったが、子供たちは、母の新しい仕事に、お金では買えない特典があることを知ることになる。家族でディズニーランドへ行ったとき、息子たちはサブマリン・ヴォヤッジの入江で泳ぐ生きた人魚たちが気に入り、潜水艦の窓から人魚に手を振って楽しんだ。流れるような長い髪と、体に合うように作られたネオプレーン製の尾をつけ、子供たちを魅了した10代の女の子たちの給料は週45ドル、信じられないことに、子供たちの母親がアニメーションで稼ぐ給料よりも高かった。

スタジオの仕事は楽ではなかった。シネマスコープに散々悩まされた。投影画像の横幅が2倍になる上、35ミリフィルムから70ミリフィルムのフォーマットに光学的に拡大されるため、パノラマ映像1つ作るのに、細部まで描き込まれた絵が大量に必要だった。鳥の担当になったリズは、真剣に取り組み、スタジオの書庫で何時間も資料にあたり、丹念に作画した。ただ、昇進の可能性がないことを知り、がっかりした。ナイン・オールド・メンがアニメーターのすべての上級職を占領していたため、後から入ったスタッフの仕事は、師匠たちの描いた原画の線をトレスし、鉛筆の跡を消すクリーンアップの作業ぐらいだった。時おり簡単なシーンや端役の作画を任されることはあった。ナイン・オールド・メンには、廊下で挨拶するだけでも怒られかねないため、動画マンたちは彼らを避けるようになっていた。

フランス旅行中のメアリー・ブレア(左)とレッタ・スコット、1956年(ブレア家提供)

職場のリズは陽気で、同期の新人たちとすぐに打ち解けた。スタジオの若いアーティストが互いをからかったり、いたずらを仕掛け合ったりする光景は、何十年も前と変わらなかった。身長185センチでさらにヒールの高い靴を好んで履いていたリズは、仲間から「ビッグ・リズ」と呼ばれるようになった。

その中には、リズが想像していたよりずっと多くの女性が混じっていた。ストーリー部門では女性脚本家が激減し、第1原画の団結が強まる一方で、第2原画として、あるいはレイアウト部門や美術部門で働く女性は増えていた。リズはスタジオを見渡しながら思った。彼女たちもまた自分と同じように、与えられた仕事に没頭し、けっして多くはない給料を必死になって稼ぎ、ウォルト・ディズニー・スタジオの一員になれたことに感謝の気持ちでいっぱいなのだろうかと。

メアリーとレッタの欧州旅行

メアリーは、束の間の海外生活を楽しんでいた。1956年、スタジオが『眠れる森の美女』と格闘し続けていたとき、レッタとヴァージニアという美術学校時代の友人と3人でヨーロッパを回っていた。女性だけの旅、とくに海外旅行は当時一般的ではなかったが、3人は、夫や子供なしで一緒に過ごす時間を堪能した。レンタカーでスペイン、フランス、イタリアを巡り、美術館を訪ね、おいしいものを食べ、スケッチし、錬鉄のテラスでワインを飲んだ。メアリーは、友達と南仏の太陽を浴びながら、この数年間の暗闇から解放されるのを感じた。何

ヨーロッパ旅行中のメアリー・ブレア(右)とレッタ・スコット、1956年(ブレア家提供)

ものも、これまで経験した困難や、この先の苦しみを取り除いてはくれないが、レッタとヴァージニアと一緒に過ごしながら、メアリーはようやく呼吸を取り戻していた。

14

ダルメシアン・プランテーション

Dalmatian Plantation

リズは一日中、何度も撮影部門から動画を催促された。その要求は、至急から執拗、そして必死へと変わり、リズは全速力で絵を仕上げた。『眠れる森の美女』の完成が近づくにつれ、鳥や動物だけでなく、フィリップ王子の馬や道化師の動画も頼まれるようになっていた。山のような仕事にプレッシャーは高まり、鉛筆を握る手から体じゅうにストレスが伝わるのを感じた。

描き上げた絵を掻き集め、ずっしりと重いアートワークの束を抱えて、撮影部門へ急いだ。エレベーターがつかまらないことに苛立ち、1分も無駄にすまいと階段へ向かった。1950年代の女性のファッションは、全速力で階段を駆け降りたり昇ったりするのには向いていなかった。リズは、職場に溶け込み、またおふざけキャラの印象を薄めるために、流行を取り入れ、秘書のような格好をしていた。その日も9センチのヒールを履き、裾の広がったワンピースの下にペティコートを何枚も重ね履きし、ウェストをベルトできゅっと締めていた。両手に抱えていた山のような動画のせいで前がよく見えなかったが、階段を駆け昇り、廊下に出た。そこへ、メイク室から急いで外の撮影場所へ向かおうとしていた俳優、フェス・パーカーと鉢合わせした。パーカーは、テレビ番組「ディズニーランド」でデヴィー・クロケット役を務めていた。

身長2メートルの俳優と185センチのアニメーターが衝突し、転倒。リズのスカートが舞い上がり、パーカーのアライグマの帽子が空を切って階段の下へ落ちていった。ドタバタの中、チンという音と共にエレベータの扉が開くと、ウォルトが驚いた表情で立っていた。エレベーターを降りると、階段一帯に散乱した300枚の動画が目に入った。ウォルトは思わず吹き出し、ゲラゲラ笑い始めた。リズは心配して見上げた——ボスに会うのはこのときが初めてだった——が、すぐに恥ずかしいのを忘れて、一緒になって笑いながら、階段に散らばった動画を拾って回った。

唸りをあげるコピー機

仕上げ部門の女性たちは、繊細なペンさばきでオーロラ姫のまつげをカールし、『眠れる森の美女』の仕上げを行っていた。しかし、この部門のそうした芸術的な技巧のすべてが、まもなく消え去ろうとしていた。彼女たちの恩恵を受ける長編映画は、この作品が最後となる。女性たちは、職場に突如現れたロボットのようなライバルを不審な目で見つめた。大きな変化が起こりつつあるのは明らかだった。

1958年、3台のゼロックスコピー機が仕上げ部門に導入された。その機械は、発明者のチェスター・カールソンが1942年に特許を取得したが、採用する企業がなく、商品化を断念しかけた電子写真技術に基づいていた。

その技術は、プラスに帯電した物質とマイナスに帯電した物質が互いに引き合う現象と、光を当てると電気を通す素材の性質を利用していた。この機械では、複写したい文書に明るい光を当てると、帯電された円筒状のドラムに電気の「影」のようなものが落ちる。ドラムの影の部分——文書のテキスト部分——はプラスに帯電されている。そこにマイナスに帯電させたトナーを近づけると、プラスに帯電された影の部分にのみトナーが付着する。このマイナスに帯電されたトナーを、プラスに帯電された紙に転写し、熱を加えてトナーを紙に定着させると、コピーができる。

1946年、ハロイド・フォトグラフィック・カンパニーは、カールソンの特許に可能性を見出し、実用化に向けて改良に着手した。そして、大まかに「乾式筆記」の意味を持つラテン語を語源とする「ゼログラフィー」という造語を生み出した。こうしてゼロックスのコピー機が誕生し、世界中の職場を一変させていく。

ウォルト・ディズニー・スタジオが必要としていたのは、紙ではなくプラスチック製のセルに複写する手段だった。ハロイド社の商用コピー機をスタジオで使うために、アブ・アイワークスが東海岸へ出向き、直接同社と改造に取り組んだ。コピー機を使えば再現性が低下することは明らかだったが、その損失を相殺するだけの大きなコスト削減が可能だった。

初期の機械は、モノクロコピーしかできなかったが、将来的にはカラーコピーもできるようになるとスタジオは踏んでいた。アニメーターの原画をそのままセルにコピーできれば、仕上げ部門は不要になる。1台で1日1000枚のセルを量産するのだから、1日の制作枚数がわずか50枚のトレス係を簡単にお払い箱にできる。コストに関しては、脚本から作画、そして監督もこなす古株のケン・アンダーソンの試算が決定打になった。仕上げ部門をなくせば、映画の製作費が半分浮くという。

映画作りで初めてこのコピー機〔トレスマシン〕の威力が試されたのは、群衆が城に向かって橋を歩いて渡る『眠れる森の美女』のオープニングシーンだった。本来は、個々の顔を細かくトレスしなければならない非常に時間のかかる類の場面だが、コピー機が十分に役目を果たしたのと、引きのアングルだったため、手描きセルと細かい部分でも遜色がなかった。2度目にゼロックスが試されたのは、クライマックスでドラゴンになったマレフィセントの動画だった。これも成功し、シーンの特徴である暗い陰影のつけ方も機械処理の制約をほとんど受けなかった。もっとも、アニメーターたちは、コピーされた線には手描きのような滑らかさがないと指摘した。こうしてコピー機は唸りをあげ、人間が1日に働ける時間をはるかに超えて働いたため、操作する側の人間がシフト制で対応した。仕上げ部門の女性の中でもコピー機を利用する人はいたが、大部分はそれまでと変わらぬ作業を続けた。自分たちのスタジオでの役目が終わりに近づいていることを予感しながら。

『眠れる森の美女』の興行的失敗

8年近い製作期間を経て、『眠れる森の美女』は1959年1月29日、ロサンゼルスのフォックス・ウィルシャー・シアターで公開された。製作費は、当時の長編アニメーション最高額の約600万ドルで、『ふしぎの国のアリス』の倍に上った。ディズニーランドの中央に建てられた「眠れる森の美女の城」は、4年前に完成し、プリンセスを待っていた。

批評家の反応は概して良かったが、『白雪姫』をはじめとする以前の作品からの借りもの要素を指摘するレビューもあった。それでもミッド・センチュリー・モダンのビジュアルスタイルは、スタジオの作品の中でまちがいなく異彩を放っていた。とはいえ、それだけでは観客を呼び込めず、興行収入は530万ドルにとどまり、『シンデレラ』の800万ドルを大きく下回った。ファーストラン終了後、映画は100万ドル以上の赤字を出した。

それと対照を成したのが、『バンビ』の原作者、フェーリクス・ザルテンが1923年に書いた小説『*The Hound of Florence*（未／フィレンツェの猟犬）』を原案としたディズニーの『ボクはむく犬』だった。犬に変身する少年の物語で、ウォルト・ディズニー・スタジオが製作した初めての実写コメディ映画だ。わずか100万ドルの製作費で、1959年の興行収入ランキングで上位の800万ドルを稼いだ。スタジオ経営陣への教訓は明らかだった。手描きアニメーションは存続不能であり、スタジオはお荷物を整理する必要があった。

アニメーターや彩色係の解雇

手紙はアルファベット順に発送された。名字が「A」で始まる人が最初にクビの知らせを受けた。名字が「Z」で始まるリズは、自分の名前がタイプライターで打たれる前からその封書が届くことを知っていた。手紙の到着を待つ間も、何十年もスタジオで働いてきたアーティストたちが首を切られていた。まるで海に沈みゆく船のへさきに立ち、足からゆっくり水に浸っていくのを、ただ眺めることしかできない拷問のようで、絶望的な気分になった。1959年冬、リズが恐れていた知らせが届き、アニメーターの職をレイオフされた。スタジオからレイアウト部門への異動を昇給込みで打診されたが、断った。作画ができないのなら、映画の世界に未練はなかった。

もちろんリズひとりではなかった。550人いたアーティストやアニメーターのうち、75人を残して全員がクビになった。その残された選ばれし男女スタッフもまだ安心できなかった。というのも、アニメーション映画は長編・短編とも赤字を出していたため、ウォルトの兄ロイがアニメーション部門をそっくり廃止することを提案していたからだ。儲かる仕事——実写のテレビ番組と実写の長編映画——に専念するようウォルトに求めていた。

ウォルトはまだ手放したくなかったため、アニメーション部門は残ったが、規模は何分の一かにまで縮小した。部門の人事記録を精査して、誰を残し、誰を辞めさせるかを判断したのは、ナイン・オールド・メンだった。リズは、レイアウト部門で働くチャンスを捨てたが、他の女性たちはこだわらなかった。制作の中でも人気の職場だったレイアウト部門は、設置当初から男性スタッフに占領され、すべてのカットの演出とシーンごとのキャラクターの演技を担当していた。

レイアウト部門の空いた席に、仕上げ部門からシルヴィア・ローマーとサミー・ジューン・ラーナムのふたりの女性が昇進した。大規模なレイオフで良かった点といえば、スペースにたっぷり余裕ができたことだった。狭いオフィスや会議室に押し込められることはもうなかった。ふたりは、それまで作画監督だけが使っていた、広々とした2C棟で鉛筆や紙を広げた。

才能あふれるアニメーターたちの解雇に加えて、仕上げ部門が解散に近い状態になっていた。他のどの部門よりも女性を採用してきた部門が、ゆっくりと跡形なく消えようとしていた。スタジオのコピー機がまだカラーに対応していなかったため、彩色係はしばらく持ちこたえていたが、時間の問題だということは全員わかっていた。会社は、社員をクビにしているのではなく、ゼロックスの技師として再訓練しているだけだと言ったが、実際はもっと残酷だった。一部の社員はコピー機の担当になり、一部の社員は他の部門に異動できたが、多くの社員が退職した。かつて40人を数え、制作に欠かせないメンバーだったトレス係のうち、残ったのはふたりだけだった。働く人のいなくなった職場には、プラスチック、ガラス、金属の山が残され、スタジオじゅうから集まった女性社員が人けのない部屋を眺め、目に涙を浮かべた。

鉛筆線を生かした荒削りな作品

淋しいスタッフを元気づけるために連れて来られたかのように、スタジオは突然、白黒ブチの子犬でいっぱいになった。子犬たちはそこらじゅうを駆け回り、廊下で遊び、時にはアニメーターの机の下で大人しく昼寝した。成犬もいて、その犬たちはうっとりするほど毛艶がよく、満足げに舌を出していた。ウォルトは、ドディ・スミスの『ダルメシアン　100と1ぴきの犬の物語』という本に心打たれていた。今回は、何千年も前から語り継がれてきたお伽話ではなく、1956年に出版された小説を映画化しようとしていた。原作には、これまで作品に取り込んだことのない、テレビやネオン、即興的な音楽といった現代的な要素が使われている。アーティストたちにはそれが新鮮だった。彼らがちょうど必要としていた変化であり、映画化するには理想的な本だった。

自分たちにぴったりの本、と彼らが感じたのには理由があった。ドディ・スミスは、アニメ化を想定し、願わくばウォルト・ディズニー・スタジオが取り上げてくれたら、と期待して書いていた。わずか199ページの薄い本に、魅力ある登場人物、動物、そして程よく恐い悪役が詰め込まれている。だがどれだけ利点があっても、もし5年前だったら、映画化などとても考えられなかった。99匹の子犬の絵を何枚も繰り返し描き、その1枚1枚を丹念にトレスしていては、お金がいくらあっても足りない。新しいコピー機は、そんな心配を消し去ってくれた。白と黒の子犬の絵をコピーすることほど簡単なことはなかった。

ストーリー部門には、脚本家とアーティストが各シーンをめぐって熱心に意見を戦わせる部屋はもうなかった。40人の男女が1つの原作を囲んであーでもないこーでもないと議論した時代もあったが、今回は、1937年にスタジオに入ったアーティスト、ビル・ピートひとりに原稿が渡された。シナリオ制作に付き物だったシナリオ会議という共同作業がなくなり、ピートには自分しか相談相手がいなかった。彼は厳しい批判も新しいアイデアの刺激もなしに、ストーリーボードを作るところからシナリオを書くところまでをすべてやり遂げた。賢明にも、原作のストーリーのわかりやすさこそ魅力だと気づき、あまり手を加えなかった。

アニメーション部門の作業は、いつになくスムーズだった。女性ヴィランの達人、マーク・デイヴィスは、クルエラ・ド・ヴィルのヘアスタイル［半分黒く半分白い］からふかしタバコ、毛皮のロングコートに至るまで、その独特のスタイルを原作からそのまま持ってくればよかった。マークの天才ぶりが光ったのは、外見のさりげない部分——骸骨に似せた顔や、怒った野獣のような目など——の工夫だった。

作品全体の世界観をデザインしていたスタッフの仕事は、コピー機の技術に大きく左右された。アイヴィンド・アールはそのメンバーには入っておらず、1年前、『眠れる森の美女』が公開される前にスタジオを辞めていた。辞めたのは自分からだったが、彼の描く緻密な背景画にかかるコストが影響した可能性がある。そして多くの同僚から傲慢だと見られていた態度も。辞める前、彼はスタジオでの仕事を「ウォルト・ディズニーではない。100パーセント自分のものだった」と語っていた。

デザイナーたちは、『眠れる森の美女』やスタジオの初期の作品に特徴的な空想的で華やかなビジュアルではなく、コピー機の強みを生かす、鉛筆描きのラフスケッチのようなビジュアルを採用した。それまでは、アニメーターがラフに描いた線を、女性スタッフが丁寧に1本の輪郭線に清書し、セルにトレスしていたが、コピー機では元の鉛筆線が隠せなかった。それが念頭にあったプロダクションデザイナー〔作品の世界観に関わるビジュアルのデザインや設定を行い、アートディレクターなどを統括する〕のケン・アンダーソンは、鉛筆線を生かし、これまでの作品と比べて荒削りな印象を与えることにした。アニメーターが描いた鉛筆の跡が、初めてそのままスクリーンに映ることになる。

そのため、アニメーターは今までよりも丁寧に原画を描かなければならなくなり、それまで動画や仕上げに任せていた不要な線のクリーンアップをできるだけ自分ですることを求められた。それでも、たとえ余分な手間がかかっても、自分の手描き線がセルに載るのを見ると心が躍った。マークは、カメラレンズを通して見たセル画の仕上がりに満足した。これまで自分が描いた絵の「味が薄められていた」ことを実感した。

ところがウォルトは不満だった。そのスタイルは、1920年代に作っていたものに似ていた。アニメーションが生まれて間もない未成熟の頃、まだ粗い線が許されていた頃のことだ。それから何十年もかけて、セルからどんな不要な跡も取り除こうと努力し、忌々しい線を隠すために周囲の塗りの色に馴染ませる技術を高めてきた。トレス係は、塗りに合わせて線の色を変えて描く高度な技術〔色トレス〕を使って、生き生きとした絵を描いた。それが今、コピー機のおかげで黒い線は黒く再現され、そこらじゅうに見えている。制作はすでにかなり進んでいたため、やり直すには遅すぎた。他に気を取られていたのはウォルトだったが、それでも今後

について は強い言葉を使った。「二度とこんな馬鹿なものは作らないし、二度とケンにアートディレクションをやらせない」

かつて仕上げ部門を牛耳っていた女性たちも同様に激怒し、コピー機がいかに会社のコスト削減につながるかをインタビューで語ったアンダーソンに抗議した。そんな対立ムードの中、ウォルトに映画を一休みしてディズニーランドの乗り物のデザインをしてはどうかと言われ、アンダーソンが同意したのも当然かもしれなかった。

アフリカ系の子供が売り上げに与える影響

スタジオがコピーにあふれていた頃、会社を去ったアーティストたちは、自らの創造性を発揮できる新しい仕事を見つけ、そのうちの多くが児童文学に携わるようになった。メアリーとレッタは、ゴールデンブックスの仕事を請負い、世代を超えて読み継がれることになる絵本の名作を生みだしていた。

かつてその美しい芸術的スタイルで『ファンタジア』の販促物や絵本を作り上げたギョウ・フジカワも、児童図書の世界で著名になりつつあった。ただし、メアリーとレッタと違い、ゴールデンブックスは避けていた。「アーティストには1冊につき250ドルしか払わないんです」と不満を述べている。当時、絵本のイラストは買取が主で、印税の支払いはなかった。自分の作品を売り渡しているようでギョウには不公平に思え、エージェントを雇った。ロバート・ルイス・スティーヴンソンの1957年版の『子どもの詩の園』のイラストを描き、その作品が高く評価されたため、エージェントが交渉し、それ以降の仕事では印税が支払われるようになった。

本の世界で得た新たな影響力に勇気づけられ、ギョウは、作家兼イラストレーターとして新しいプロジェクトに取り組んだ。最初は過激なことだとは思わなかったが、赤ちゃんだけを描いた。弟か妹を迎えて喜ぶ小さな子供の目線で、幼な子が抱っこされたり、眠ったり、日々を快適に機嫌よく愛らしく過ごす姿を描いた。ギョウの描く赤ちゃんには、ニューヨーク生活で出会ったさまざまな人種がいた。彼女の言葉を借りれば、「国際的な赤ちゃんの集まり――黒人の赤ちゃん、アジアの赤ちゃん、いろいろな赤ちゃんです」。彼女の描く絵は柔らかく、あたたかく、愛らしく、そして未就学児にも伝わるような短い簡単な文章を使った。

ところが、出版社に持ち込むと、嫌な反応が返ってきた。絵を見せるや、多様性を批判され、アフリカ系アメリカ人の赤ちゃんがいると売り上げに影響するから除くように言われた。1960年代前半、社会は変わりつつあったが、それでもアメリカで出版された新しい児童書の中で有色人種の子供が描かれた本は、全体の6・7パーセントにすぎなかった。最高裁は「分離すれども平等」という公立学校での人種隔離を違憲とし、また1964年の公民権法が間近に迫っていたが、子供の本は依然としてあまりに均一的で、ある編集者が「児童書の真っ白な世界」と呼ぶほどだった。

ギョウは屈しなかった。イラストの多文化性が保たれないのであれば本の出版を許可しないと言い張ると、編集者が折れた。1963年にようやく出版された絵本『*Babies*（未／赤ちゃん）』はベストセラーになり、これまで150万部以上売れた。「子供は事実を見たいのです」とギョウは話している。「私は作品の中にそれをすべて描くようにしています。物語を読み聞かせられている子供がそれを探すことを知っているからです」。ギョウの書く文章には彼女の繊細な感受性が表れている。彼女は、子供たちに見せる絵や話す物語が、子供たちののちの考え方に影響を与えることを理解していた。多様性を受け入れ、個性を大切にすること――ウォルト・ディズニー・スタジオが絶対的に必要とするそれを、まもなくメアリー・ブレアが届けようとしていた。

スクリーンに名前の乗らない女性アニメーター

ウォルトの不快感と社内不和にかかわらず、『101匹わんちゃん』（日本では『101匹わんちゃん大行進』の邦題で公開され、のちに改題）は、1961年1月25日に公開され、好評を博した。『タイム』誌は、「これまでウォルト・ディズニーが手掛けた中で最もウィットに富み、最もチャーミングで、最も気取らないアニメーション映画」と評し、『ヴァラエティ』誌は、控えめにこう賞賛した。「同スタジオの忘れがたいアニメーション数作品を凌ぐほどの魅力や新鮮さはないが、並々ならぬ努力と創造性を感じる」。それでもウォルトのこれまでの映画作品と比べると、評価のされ方には明確な違いがあった。彼は、もはや人々の予想を裏切り、世代を横断する映画を作る前衛的なアーティストではなかった。「私たちは子供向けの映画を作っているのではなく、親と一緒に観る子供たちも楽しめる映画を作っているのです」とかつて言い放ったアーティストは、アニメーション映画に対する喜びを失ってしまったようだ。『101匹わんちゃん』は、子供向け娯楽として意図され、利益を念頭において作られた映画だった。

スクリーンクレジットが製作に携わった人々の努力を十分に反映したことなど、一度もなかったかもしれないが、『101匹わんちゃん』のクレジットは、いつも以上にあっさりしていた。アーティストの数が激減した分、残ったスタッフは長時間働いた。大勢の女性アニメーターが制作に携わったが、スクリーンに名前が載った人はひとりもいなかった。いつものことで、彼女たちは期待もしていなかった。クレジットに名前が載った女性は、レイアウトのサミー・ジューン・ラーナムと音楽編集のエヴェリン・ケネディのふたりだけだった。

一方、ゼログラフィーに対する評価は言うまでもなく高かった。『101匹わんちゃん』は、着手から完成までわずか3年という記録的な速さで製作された。さらに印象深いのは、360万ドルの製作予算に対し、初回上映で620万ドル売り上げたことだ。『眠れる森の美女』以降、先行きが危ぶまれたウォルト・ディズニー・スタジオのアニメーションは、ゼロックスの技術によって救われた。だが、それまでになく女性従業員の犠牲を伴った。

女性はかつて仕上げ部門に君臨していたが、今は無人の机だけが残っていた。ストーリー部門とアニメーション部門では、上が詰まり、女性が昇進できる機会はほとんどなかった。部門は生き残ったが、アニメーション映画に対するウォルトの興味は、手描きアニメーションの終焉とともに薄れてしまった。女性たちがスタジオ内での立場を強化するには、スタジオの外の仕事を見つける必要があった。

15

小さな世界

It's A Small World

夕食の席で、メアリーは息子たちのことを考えていた。ティーンエイジャーになったふたりは、見た目も性格も正反対だ。長男のドノヴァンは、両親に似て美術やアニメーションに興味があるが、時おりハメを外すことがあり、母親をドキドキさせる。今夜は友人たちと出かけたが、心配無用、あの子は大丈夫、とメアリーは自分に言い聞かせた。ケヴィンに目をやった。自分に似て落ち着いているが、興味の方向はまったく違い、ロケットや工学、宇宙探索の話を夢中になって話す子だ。でも今夜は誰も会話をしようとはしなかった。ドノヴァンのいない、たった3人の小さな家族は、無言で食卓を囲んでいた。ケヴィンは、好き嫌いの多い子供がするように、自分のお皿の食べ物をつついている。サラダには手もつけず、同じ皿の他の料理との距離を厳格に守っていた。

夫が食事の前にお酒を飲んでいたらしいことは顔を見てわかったが、それは日常茶飯事、珍しいことではなかった。若い頃は、父親の顔に酔いのサインを探した。今もそれと同じ用心深さで夫を観察し、酔いの度合いを見定めている。アルコールは、リーにとって喜びではなく、なくてはならないものになっていた。何杯か体に入れた後でなければ何もできないようだった。ウォッカ2杯のつもりが、もうあと2杯になり、結局最後は潰れて前後不覚に陥った。

その晩、リーの意識が飛ぶ時間――メアリーにとっての平和な時間――まではまだ程遠く、むしろメアリーとケヴィンにいつになく神経を尖らせているように見えた。息子をじっと見つめ怒りを募らせている。「ごはんを食べなさい」と言った後、「サラダを食べなさい」と言い直した。ケヴィンはサラダを見て、それから父を見た。野菜に手をつけたくなかった彼は、自分の皿に再び目を落とし、このまま時間が過ぎることを期待して黙っていた。だがそうはならなかった。空気が張り詰め、メアリーがなだめようとする間もなく、リーが怒鳴り出した。

酔って怒りを抑えきれなくなったリーは、ダイニングの椅子をつかみ、上から息子の頭に叩きつけた。ケヴィンは椅子の横木をつかもうとしたが、衝撃をかわすことはできなかった。メアリーは動転し、言葉にならない叫び声を上げながら、再び振り下ろされようとしていた椅子の前に自分の体を投げ出した。リーの怒りを抑える術はなく、彼は息子を狙ったそのままの力で妻を打った。メアリーが顔を上げると、息子は頭に深い傷を負ってうずくまり、砕けた椅子の残骸が床に散らばっていた。驚愕のあまり、自分の顔にも血が伝っていることにしばらく気づかなかった。

身振りをしながら喋るエイブラハム・リンカーンの人形

リーはアルコール依存と暴力を繰り返し、その都度それを詫びるというパターンに陥っていた。そんな状況を人に話すことなど、メアリーには耐えられなかった。この秘密を親戚や友人に知られるのは辛すぎる。だから誰にもその苦しみを打ち明けず、とくにカリフォルニアへ出張したときには、自分をよく観察しているウォルトに悟られないよう注意した。

1963年、そんなある出張でのことだった。敷地内の撮影スタジオで、デザイナーのローリー・クランプが脚立のてっぺんに乗っていると、短いブロンド髪のお洒落な女性の姿が目に入った。「なんてことだ」と彼は思った。「メアリー・ブレアに会える」。会社でウォルトに次いで有名なメアリーがそばにいるということは、彼にとって、そこに映画スターがいることと同じだった。ローリーが笑いかけると彼女も笑い返した。彼は幸せのあまり昇天しそうだった。

ローリーは1952年にスタジオに入り、動画マンとして働き始めた。『眠れる森の美女』の制作中、第1原画が描いたラフ原画をクリーンアップする第2原画に昇格した。1959年の大規模レイオフの後は、WEDエンタープライズ［ウォルトが1952年にディズニーランドの運営会社として設立。WEDは、ウォルトのフルネーム、Walter Elias Disneyのイニシャル］へ移り、パークのアトラクションをデザインしていた。

このときは、初めてオーディオアニマトロニクスを使ったディズニーランドのアトラクション、「魅惑のチキルーム」がちょうど完成したところだった。アニマトロニクスとは、内部に隠された機構で人や動物の人形を生きているように喋らせたり動かしたりする技術のことだ。1949年に家族と休暇で訪れたパリで、ウォルトはバラエティに富んだゼンマイ仕掛けのおもちゃに興味を引かれた。その動きをじっと眺め、仕組みの単純さに舌を巻いた。

そのおもちゃを思い出しながら、1951年に機械工や彫刻家を含むスタッフを数名集め、「プロジェクト・リトルマン」に取り組ませた。目指したのは、踊ったりしゃべったりできる身長23センチの機械人間だった。それはついぞ完成することはなかったが、ウォルトはディズニーランドに機械式人形を取り入れるという発想に夢中になり、さらに思い切ったことを考えた。名言を言う等身大の孔子像を作り、計画中の中華料理レストランに置くという。ところが孔子の頭部が完成する前に気が変わり、身振りをしながら喋るエイブラハム・リンカーンの人形を「ホール・オブ・プレジデンツ（大統領の館）」に置くことを提案した。1961年、喋って動く人形を「オーディオアニマトロニクス」と呼ぶようになり、1964年に商標登録する。その技術には、動きと言語に関する深い知識が必要だった。リンカーンの制作にかなりの時間とお金を費やしている間に、1963年、アニマトロニクスを使った「魅惑のチキルーム」の鳥がデビューを果たした。

絶賛される『メリー・ポピンズ』と長編アニメーションの制作休止

機械仕掛けの鳥は、「魅惑のチキルーム」にとどまらず、スタジオじゅうへ飛び立った。1964年には、最新作『メリー・ポピンズ』に本物そっくりのオーディオアニマトロニクスのコマドリが登場した。この映画も1930年後半に企画されていた作品の1つだったが、制作許可が下りるまでに長い時間を要した。小説『風にのってきたメアリー・ポピンズ』とその続編7作の著者、P・L・トラヴァースは、映画化の権利を頑としてウォルトに与えようとしなかったが、1961年に、ウォルトがトラヴァースをロサンゼルスへ呼び、10万ドルと興行利益の5パーセント、そして脚本の承認権をオファーすると、ついに根負けした。即座に制作開始となり、実写とアニメーションをまたぐクロスオーバーとして作ることになった。実写でコストを大幅に抑えながら、物語の空想的な部分をアニメーションで表現する。そのために、ウォルトはハリウッドの特殊効果に熟練した技師、ペトロ・ヴラホスを雇った。

ヴラホスは、ブルーバック技術のパイオニアとしてハリウッドで名が知られていた。今日、テレビの天気予報でよく使われるグリーンバック〔クロマキー〕に似た技術だ。特定の色のスクリーンの前で撮影し、その後、ネガ処理の過程でフィルターを使ってその色を取り除き、俳優を背景から切り離す。すると、透明な背景と俳優のネガフィルムができるので、オプティカルプリンタでその透明な部分にアニメーションを入れ込むことができる。もともと背景色に青が使われていたのは、一般的に、肌の色にその色相が含まれていないからだが、衣装や道具に青が使えないという制約があった。

ヴラホスは、改良の余地があると見て、俳優たちを白バックで撮影し、セットを強烈なナトリウムランプで照らす新しい方式を考えた。ナトリウム蒸気は、特定の波長——589ナノメーター——で発光するため、その波長の光だけを除去するプリズムを開発した。ネガフィルムから青色を除去しなければならないブルーバック技術とは異なり、プリズムはカメラ自体の内部に取り付けるため、工程が簡略化される。また、単一の波長しか除去されないため、場面にどんな色でも使うことができる。これは、特殊効果における驚異的な進歩であり、のちにヴラホスはこの分野でアカデミー賞を受賞するが、今の時点では、この技術はスタジオの専売特許だった。ヴラホスが1個しか作らなかったプリズムは、ウォルトの手中にあった。

新しい技術は複雑だったが、脚本はすんなりできそうだった。映画化に苦労した『不思議の国のアリス』のような原作と違って、『風にのってきたメアリー・ポピンズ』と1935年の続編『帰ってきたメアリー・ポピンズ』は映画化に適した小説だった。

ところが、ロアルド・ダールとのやりとり同様、トラヴァースの脚本承認という許諾条件が事態を複雑にした。1963年にトラヴァースから送られたのは、こんな書き出しの手紙だった。「ウォルト様、手紙の枚数に驚かれませんように……」。続くページには、登場人物や台詞に関する事細かな批評と修正要求が書かれ、懇願の言葉が間間に挟まれていた。子供たちの母親、バンクス夫人について書いている箇所では、このようにせがんでいる。「お願いですから、どうか、もっと共感の持てる、エドワード朝の名前にしていただけませんかしら……」。この戦いはトラヴァースが勝利し、母親の名はシンシアからウィニフレッドになったが、最終的に、脚本のほとんどは原作者の意に反するものとなった。

ウォルトは手紙に悪戦苦闘したが、作詞作曲を手掛けたシャーマン兄弟は、トラヴァースと直にやり合うこととなった。ロバート・シャーマンとリチャード・シャーマンは、ふたりが作詞作曲し、元マウスケティア［テレビ番組「ミッキーマウス・クラブ」出演者の呼称］のアネット・ファニチェロが歌った「トール・ポール」がトップチャート入りを果たしたのをきっかけに、1960年にウォルトに呼ばれ、制作スタッフに加わった。『メリー・ポピンズ』では、ふたりしてストーリー部門に入り浸り、脚本家と協力して、物語を展開させつつ記憶に残る劇中曲を作り上げた。ところが、「お砂糖ひとさじで」から「スーパーカリフラジリスティックエクスピアリドーシャス」まで、ふたりの原曲をウォルトや部門スタッフが大絶賛する中、トラヴァースは、冷めた顔でしきりに「だめ、だめ」を繰り返した。

トラヴァースが同意したことの中には、ジュリー・アンドリュースのメリー・ポピンズ役起用があった。1960年代前半、アンドリュースは、『マイ・フェア・レディ』や『キャメロット』など舞台での活躍で知られていたが、映画に出演したことはなかった。ウォルトは、1962年にブロードウェイの舞台を観て以来、アンドリュースがはまり役だと考えオファーしたが、アンドリュースは妊娠3か月目だと言って辞退した。ウォルトはそれを意に介さず、「お待ちします」と答えた。アンドリュースが女の子を出産した6か月後、制作が開始され、1963年の夏に実写部分の撮影が行われた。

レッタも、ジュリー・アンドリュースに魅了されたひとりだった。ワシントンDCにある自宅で、完成間近の映画の写真を基に、毎日アンドリュースを描いていた。レッタは今、小さなアニメーション制作会社で働きながら、児童書のイラストレーターとしてフリーの仕事も続けていた。そしてつい先日、絵本とサウンドトラックのビニールレコードをセットにしたプロモーション用アイテム『*The Story and Songs of Mary Poppins*（未／メリー・ポピンズの物語と歌）』のイラストを描く契約をウォルトと交わしたばかりだった。

レッタは、映画の中の数場面を、彼女らしい大胆なスタイルで描いていた。鮮やかな色のメリーゴーランドの馬に乗って宙を飛ぶメリー・ポピンズと煙突掃除夫のバートと子供たち。すべてのペインティングが本に採用されたわけではなく、またジュリー・アンドリュースの顔は、利用許諾の問題でのちにすり替えられたが、どのシーンも作品で描かれる冒険とワクワク感を伝えていた。子供時代の魔法のようなときめきをガッシュ絵具で再現しながら、レッタはそれを実生活でも目にしていた。48歳で、ふたりの男の子の母として、小学校の運動場へ行くと一番年上のことが多かったが、他の親にはない明らかな強みがあった。それは、自分のドローイングで子供たちに次のウォルト・ディズニー映画を垣間見せられることだった。

『メリー・ポピンズ』は、1964年8月27日にハリウッドのグローマンズ・チャイニーズ・シアターで封切られた。東アジアの多重の仏塔を模したファサードを備えたシアターは、1927年にオープンし、劇場前のコンクリートの歩道に、著名人の手形が刻まれていることで知られる。その晩、映画のメインキャスト、ジュリー・アンドリュースとディック・ヴァン・ダイクを始めとする著名人、7人のこびとやミッキーマウスなどのディズニー・キャラクターが手形の上を歩いた。

このプレミアは、カルアーツの通称で知られるカリフォルニア芸術大学の資金調達イベントだった。ウォルトと兄のロイが1961年にシュイナード芸術学校とロサンゼルス音楽学校とを統合し設立した。ウォルトが大学の宣伝のために制作した短編ドキュメンタリー映画『*The CalArts Story*（未／カルアーツ・ストーリー）』が『メリー・ポピンズ』の前に上映された。ウォルトは誇らしげにこう言った。「カルアーツは、私が次なる活動の場に移るときに一番残していきたいものです。未来の才能を伸ばす場所を提供できれば、私は何かを成し遂げたと思います」

スタジオがハリウッドで公開記念イベントを行ったのは、1937年の『白雪姫』の大仕掛けのショー以来だった。大々的な記念イベントを行うにふさわしく、このファンタジー映画はすでに各方面から絶賛され始めていた。「ディズニーが徹底して作り上げた圧倒的な夢の世界」と『ヴァラエティ』誌が評した。観客も同感だったようで、映画はファーストランで3100万ドル稼いだ。製作費は、5年前の『眠れる森の美女』より少ない約500万ドルだったため、莫大な利益が出た。作品はアカデミー賞13部門にノミネートされ、ウォルトの生涯で唯一最優秀作品賞の候補に選ばれた。

スタジオ幹部は、はっきりと思い知った。アニメーションは効率の悪い、時代遅れのお荷物だった。『バンビ』や『ピーター・パン』のような作品を作っても、大きな利益を生むことは、もはや期待できない。1963年に100万ドルの収入しか得られなかった『王様の剣』の公開後、アニメーション部門は長編の制作を休止したが、いつ復活するのか、復活するときが来るのかわからなかった。

現実になるメアリーの作品の世界

かつては長編の制作を推進していたウォルトの関心は今、分散されていた。1963年の撮影中、メリー・ポピンズの手に乗っていたオーディオアニマトロニクスの鳥が、今度はウォルトの最新プロジェクトに登場しようとしていた。今回展示されるのは、ディズニーランドではなく、ニューヨークで開催される1964年の万国博覧会だった。その年の万博のテーマ、「相互理解を通じた平和」に基づいて、ウォルトは、「リンカーン氏とのすばらしい時」「発展の回転劇場」「フォード・マジック・スカイウェイ」「イッツ・ア・スモールワールド」という4つの展示のデザインを任された。

ウォルトがメアリー・ブレアに想いを馳せたのは、この最後のプロジェクトに関してだった。ユニセフ館で展示され、チケットの売り上げによる収益が国連児童基金の利益になることから、ウォルトは世界の子供たちを祝福するボートライドを考えていた。ライドの一環として、国籍の異なる子供たちの人形を、それぞれの国の個性を出しつつ、数百体作るのと同時に、平和と結束のメッセージを伝えることも必要だった。どんなアーティストにとっても神経を使う仕事だが、スタッフを見回し、彼らの提案を聞いたウォルトが知りたかったことは、1つしかなかった。「メアリーは何をしてるんだ?」

まだ東海岸に暮らしていたメアリーは、多忙を極めていた。ゴールデンブックスのイラストを描くだけでなく、フリーランスでさまざまなプロジェクトに携わっていた。ロード・アンド・テイラー百貨店向けのファッションデザイン、ナビスコやジョンソン・エンド・ジョンソン、マクスウェル・ハウス・コーヒーなどの国民的ブランドの広告、5番街の店舗のウィンドウ、ラジオシティ・ミュージックホールの舞台デザイン。それでもウォルトから電話を受けると、すべてを投げ出してロサンゼルス行きの飛行機に乗った。

ウォルトとメアリーは似た者同士で、ふたりとも子供のようなワクワク感と好奇心で物事を見ていた。子供っぽいわけでも未熟なわけでもなく、世界にあふれる不思議を発見したいという気持ちをいつまでも持っていた。メアリーの絵には、そういうふたりの人間性がにじみ出ていた。大人になってからの苦労に満ちた歳月によっても損なわれない、純粋な子供時代のときめき。メアリーの作品を見たとき、ウォルトは同じ胸の高鳴りを自分の中に感じた。ボートライドでは、その感覚を他のスタッフにも感じさせたかった。

メアリーはすぐさま「これまでで一番面白い仕事」に没頭した。ライドのアイデアがいっぱい詰まったイメージボードをバーバンクへ送り始めると、同僚たちはその内容に驚いた。色と質感、パターンの意外な組み合わせにあふれている。小包は次々と届いた。わずかなディレクションしかなかったにもかかわらず、彼女はライドのノートワークを止めどなく、しかも目を見張るペースで生み出していた。

インスピレーションの源はいくつかあったが、一番はラス・ポサーダスの伝統を目にした1942年のメキシコシティ訪問だった。そこで出会った子供たちのあまりに幸せな記憶が蘇り、ライドのデザインをしながら、その丸い愛らしい顔を思い浮かべずにはいられなかった。リードデザイナーの喜びに満ちた「イッツ・ア・スモール・ワールド」のプランを見た人の中で、彼女が苦しみに耐えていることを想像できた人はいなかった。

彼女の苦悩を知らない、そうした人々の中に、マークの妻でメアリーとは姉妹のように近しかったアリス・デイヴィスと、メアリーを一目見たときから心を奪われ、さっそく仲を深めつつあったローリー・クランプがいた。ライドは、最終的にはニューヨークの万博会場へ輸送されるが、制作はロサンゼルスの大きな撮影スタジオで行われていた。休憩時間になると、メアリーはローリーと屋外へ出て、タバコを吸ったりコーヒーを飲んだりしてカリフォルニアの日差しを楽しんだ。気持ちが軽くなり幸せを感じる瞬間であり、ニューヨークを遠く感じた。お喋りをしながら、自分の家族生活をのどかな絵にした――これが本当ならいいのにと思いながら。入江に飛び込んだ自分に、ボートから浮き輪を投げてくれる心優しい愛情深い夫。雪の日の午後、雪だるまを作った後、家の暖炉の前で熱いココアをすする家族。いい話だとは思ったが、ローリーは聞けば聞くほど信じられなかった。メアリーにもわかっていた。大人が自分の日常を語っているのではなく、子供が夢を語っているようにしか聞こえないことくらい。でも、不快な事実を明かせるわけがなかった。

同僚たちが初めて夫婦仲を疑ったのは、リーがメアリーに付いて西海岸に来たときだった。リーは、妻が皆に認められていることに腹を立て、ウォルトにこうつぶやきさえした。「これくらいぼくにもできた」。自分が頼まれなかったことは痛いほどわかっていた。メアリーは何も言わなかった。

プロジェクトは実現に近づきつつあり、アニマトロニクス人形の動きをテストする段階に入った。そのために、別の撮影スタジオに「イッツ・ア・スモールワールド」の模型が作られた。各セクションを最終的なライドと同じ位置に設置し、照明で照らした。そしてテーマ曲を流し始めた。そのうちその曲が、全員の神経に障り出した。ライドの衣装デザインを担当したアリス・デイヴィスは、どこへ行ってもその歌がついてくるように感じたと言い、「皆、大嫌いだった」とのちに語っている。

アリスは、このプロジェクトで夫と親友の板挟みに遭っていた。メアリーとマークは衣装のスタイルをめぐって時おり意見が食い違った。あるとき、メアリーはアリスに、ライドの女王たちを宝石で飾り、他の人形と差をつけるように指示した。アリスは言われたとおりにしたが、今度は装飾品が嫌いな夫に取り除くように言われ、そうした。身悶えする友人に気づいたメアリーは心が痛んだ。そして「やりにくいでしょう、ごめんなさいね」と言った後、「でも宝石は元に戻しておいてね」と言った。結局、最後に決めるのはメアリーだった。

ウォルトから最終デザインの承認を得るために、カリフォルニアでドライラン《リハーサル》——撮影スタジオにはボートを浮かべる川はなかったため、文字どおり「ドライ」だった——が行われた。実際のライドを体験してもらうために、車輪の付いたボートにウォルトを座らせ、ゆっくりアトラクションの中を押していった。側から見れば滑稽だったに違いないが、ウォルトの目には、すばらしい世界が広がっていた。ライドは、メアリーの作品をそのまま拡大したものだった。それは、ウォルトの映画では一度も存分に生かされたことのなかった、彼女のスタイルへの賛美だった。それでもウォルトには1つ不満があった。「なぜ、フレンチカンカンの踊り子たちにパンタロンを履かせたんですか?」とアリスに尋ねると、アリスは口ごもった。というのも、オーディオアニマトロニクスの踊り子たちの動きを自然に見せる上で技術的なハードルがあり、後から止むを得ずパンタロンを履かせたからだ。本当のことを言うより、ここは気の利いたジョークではぐらかすことにした。「家族向けのショーにしたいということでしたので」

「黒人差別反対!」「今こそ自由を!」

ニューヨークは、予想とは違う形で、ディズニーの一行を迎える準備ができていた。ジョンソン大統領が基調講演を行い、宇宙時代にどんな楽しいことが待っているのか、確かめようと人々が集まってきたが、その間にもアメリカ連邦館から何かを訴える声が聞こえてきた。「黒人差別反対！」「今こそ自由を！」という抗議の叫びで、大統領の声がかき消された。「万博《ワールドフェア》は贅沢品、公正な世界《フェアワールド》は必需品」「ニューヨークの粗悪な見本市――分離された黒人、プエルトリコ人、ネズミの学校――を見よ」と書かれたプラカードを掲げる人もいた。

それは、ニューヨークの取り残された一部地区に対する関心を高めようとする社会運動の一環だった。教育の荒廃、高い犯罪率と失業率、警察の暴行などの問題が、万博開催準備の陰で放置されていた。これを皮切りに、ニューヨークを始めとするアメリカの大都市を揺るがす1964年夏の大規模な抗議運動や暴動が始まった。万博でのデモは、計画では数千台の車で会場を囲み、来場者をブロックするというもっと大規模な「業務の停滞」を引き起こすはずだった。そこまでの市民的不服従は起こらなかったものの、抗議者たちは、問題への関心を喚起することに成功し、ジョンソン大統領は翌日、マスコミの質問に対し、彼らの要求について説明せざるを得なかった。

コンピュータグラフィクスの先駆け

動乱の中、テクノロジーによって新たなイノベーションが生まれようとしていた。1963年、MITのある博士課程の学生が、人間と機械との間のインタラクション（対話）を根本から変える構えだった。アイヴァン・サザランドは、昔から見たり触ったりできるものほど理解しやすいと感じており、自分のことをビジュアルシンカーだと考えていた。大学に入り、伝説のエンジニアで同じ大学の卒業生であるヴァニーヴァー・ブッシュが書き、1945年に『アトランティック』誌に掲載された論文に心を奪われた。「As We May Think（人間が考えるように）」と題されたその論文で、ブッシュは「本、記録、通信」を保存でき、人間の記憶を補助する役割を果たし、画面に直接書くことのできるスタイラスも付属する「メメックス」という機械の概念を紹介した。サザランドは、ブッシュの考えたインタラクションに親しみやすさを感じ、この論文から着想を得て、「スケッチパッド」と呼ばれる新しいコンピュータプログラムを設計した。

スケッチパッドは、10年前にMITのホワールウィンド・プロジェクトで考案・開発され、今日のマウスの前身となるライトペンを利用し、「TX－2」の画面に直接絵を描くという、コンピュータと人間の間の視覚的コミュニケーションを初めて可能にした。コンピュータグラフィクスの先駆けとなったこのプログラムは、工学の知識のない、コンピュータとは縁遠いアーティストを、コンピュータの世界へ引っ張り込もうとして伸ばした長い腕のようなものだった。誰もが招かれたにもかかわらず、ウォルト・ディズニー・スタジオには、まだコンピュータの世界に踏み込む準備ができていなかった。

メアリー・ブレアの集大成

万博での人気を受けて、ウォルトは、「イッツ・ア・スモールワールド」をなんとしてもアナハイムの常設アトラクションにしなければいけないと決意した。メアリーは、リードデザイナーとして、パークに合わせた

メアリー・ブレアが「イッツ・ア・スモールワールド」に果たした功績を記念して、メアリーをイメージして製作された人形を本人に見せるウォルト・ディズニー（ブレア家提供）

変更や調整を行い始めた。アリスやローリーと一緒に過ごす時間が増え、友情を深め合った。それはカリフォルニアにいる間だけとは限らず、ふたりがロングアイランドへメアリーに会いにいくこともあった。

そういうときには、メアリーがいくら慎重を期しても、見えてしまうものもあった。リーの不在中に東海岸を訪れたローリーは、メアリーの10代の息子たちと、家のベランダで遊んでいた。トランプをスマートに切り、仰々しくマジックを披露した。息子たちはよく笑い、日が傾くまで何時間も一緒に過ごした。ローリーが振り返ると、メアリーが少し離れた場所に立ち、黙って自分たちを眺めていた。彼女は泣いていた。「どうかした?」。楽しい一日を過ごしたのに、なぜ泣いているのかわからなかった。メアリーは目を濡らしたまま言った。「リーがそんなふうにして子供たちと遊ぶのを見たことがなかったから」

メアリーの人生は、すべてにおいて喜びと苦しみが背中合わせだった。完成したディズニーランドの「イッツ・ア・スモールワールド」を見たとき、彼女は誇らしさと戸惑いの両方を感じた。それは彼女の作品の集大成であり、色と形状の実験を繰り返してきたキャリアの頂点だった。また、彼女の信じるメッセージが込められ、子供たちに世界のさまざまな言語、風景、文化に触れさせることができている。それでも彼女の目から見れば完璧ではなかった。家庭での不幸せを思えば、自分がコントロールできる唯一の場所で、完璧を追求することに意味があるように思えた。これで完成だとはとても思えなかった。自分のやりたいようにできたのなら、いつまでも手直ししただろう。でも、どんなにメアリーから見て不完全だろうと、また、のちの世代が民族や人種のステレオタイプに関して批判しようと、そのアトラクションは、世界の平和と人類の絆という願いを載せて存在し続ける。

「イッツ・ア・スモールワールド」に見切りをつけるのは難しかったが、ウォルトがメアリーに用意したプランのおかげでその辛さも半減した。彼はメアリーと再び仕事でつながれたことが嬉しく、二度と彼女を逃がすまいと思っていた。そのためのプロジェクトをいくつも持ちかけた。ジュールズ・スタイン眼科研究所に新設される小児病棟向けの大きなタイル壁画、ディズニーランドのトゥモローランドに設置する長さ16メートルの巨大な壁画、ウォルトが「フロリダ・プロジェクト」と呼ぶ建設中ののちの「ディズニー・ワールド」の壁画、そしてその先もまだ続くという約束。メアリーは、人生で最高の報酬とアーティストとしての自由を手に入れていた。

ウォルトの死去

その山のようなプロジェクトにほとんど手をつける間もなく、恐ろしい知らせが舞い込んだ。ウォルトが病気だという。ウォルトは、1966年11月に肺癌と診断され、その月の終わりには、バーバンクのスタジオのすぐ向かいにあるセントジョセフ病院に緊急入院となった。50年来の喫煙が祟ったのか、すでに手の施しようのないほど癌が進行していた。12月15日、彼は帰らぬ人となった。状況をほとんど知らされなかったメアリーは、お別れを言うこともできなかった。彼女は悲しみに打ちひしがれた。スタジオでは、通りの向こう側で横たわるウォルトに明かりが見えるかもしれないと、廊下の照明を点けたままにした。もうこれまでとは違うのだという紛れもない思いが彼らの中にあった。

消えた明るい未来

リーはある晩、夕食の席で酔い潰れ、サラダに突っ伏して気を失った。子供たちは恐怖で泣きじゃくりながら父に大きな声で呼びかけたが、メアリーはもう夫を心配する気持ちなど持ちあわせていなかった。黙って夫の頭をつかみ、ベッドへ引きずっていった。一緒に築いた暮らし、芸術的野心とインスピレーションに満ちた

ドノヴァン・ブレアを訪問するギョウ・フジカワ（ブレア家提供）

生活は崩れ去り、残ったのはぞっとするような恐怖だけだった。

　メアリーを訪ねたギョウは、元同僚の見る影もない姿に衝撃を受けた。ウォルトの死に打ちのめされ、泣くメアリーを、ギョウは心を尽くして慰めた。けれど、メアリーの落胆がウォルトのせいだけだとは思えなかった。

　ウォルト亡き今、メアリーのWEDエンタープライジズとの明るい未来はすべて消えてしまっていた。ウォルトから任された仕事は続いていたが、「イマジニア」〔ディズニーのパークをデザインするエリート集団を指す造語〕としての将来はもう見込めなかった。ウォルトに一目置かれていたメアリーに対するスタッフの嫉妬は根深かった。もしそこまで寵愛されていなかったなら、ウォルトの死後も快く仕事を回してくれたのかもしれない。

　だが、メアリーには仕事よりももっと大きな心配事があった。長男のドノヴァンがトラブルに巻き込まれ、そのことを誰にも打ち明けられないでいた。姉のマーガレットは、何かおかしいことに気づいたが、メアリーは誰に対しても自分の不幸を認めたがらなかった。そんなある晩、アリスが訪ねてきた。「メアリー?」とアリスはキッチンでふたりきりになったときに言った。「私はあなたのことを大切に思ってる。そして、あなたの人生にとんでもないことが起こったんじゃないかと思ってるの。私に話してくれないかしら? ひとりで抱えていないで胸のつかえをとってほしいの」。メアリーは優しい親友を見て、「誰も私に何も聞いてくれない」と言って泣き崩れた。

メアリーは、親友にその悲しい話をした。ドノヴァンが大学でドラッグを試し、精神的におかしくなったため、入院が必要になった。健康保険に加入していなかったメアリーとリーは、医療費として3万ドルという多額のお金を払ったが、それにもかかわらず、原因解明に近づきもしなかった。

ドノヴァンは、自分の意思や感情をはっきりと表現できず、周囲の人に被害妄想を持ち、無気力だった。自分で自分のことができないが、攻撃的になるあまり、家で一緒に暮らすのも危険だった。10代後半は、統合失調症の人の症状が現れ始める年齢だが、1960年代にはその病気があまりに忌避されたため、選択できる治療法がほとんどなく、ドノヴァンは施設に入るしかなかった。メアリーは悲しみに打ちのめされた。友人に抱きつき、家を売ってカリフォルニアへ戻るつもりだと伝えた。彼女の人生は痛ましいほどに圧迫され、その小さな世界は悲しいほどにどんどん萎縮していた。

16

おいっちに、おいっちに

Up, Down, Touch the Ground

「このスタジオで女性はけっしてアニメーターにはなれないのよ」。ハイディ・グデルは、アニメーション部門に入った最初の日に同僚に言われた。「私は第2原画で、それが女性としてこれまでにたどり着いた最高のポジションなの。最後にこの教育プログラムにチャレンジした女性は泣いて辞めていったわ」。ハイディは頷いたが、すぐに耳をふさいだ。ウォルト・ディズニー・スタジオでアニメーターになるのが難しいことなど、聞かされる必要はなかった。そんなことは百も承知だった。

ハイディは、ハリウッドで働くことがいかに大変か、よくわかっていた。父親は、コメディ俳優のグルーチョ・マルクスがホストを務めるクイズ番組「*You Bet Your Life*（未／人生賭けますか）」などテレビやラジオの番組プロデューサーとして知られるジョン・グデルだった。ハイディは、1948年に生後間もなくグデルと妻のベスに養子に迎えられ、ヤシの木が並ぶビバリーヒルズの通りに面した白いコロニアル様式の豪邸で育てられた。裕福な環境にかかわらず、家庭には愛情がなく、ハイディは心の底から不幸だった。父親は留守にすることが多く、母親は感情のない冷たい目で、娘をハイヒールの靴底で叩いた。ハイディは自分が男の子だったら、と何度も思った。兄は少なくとも母親の攻撃から身を守ることができていた。

1966年にビバリーヒルズ高校を卒業した後、ハイディは複数のアニメーションスタジオに願書を送ったが、父の顔の広さを持ってしても採用は叶わなかった。どの結果通知にも一様に、美術学校を出ていることが必須だと書かれていた。ハイディは、どうしてもその仕事に就きたかったため、その可能性が一番高いと思われるカルアーツに進学した。1972年、美術学士号を手にしたハイディは、ウォルト・ディズニー・スタジオに新卒採用される大勢の女性たちの列に加わった。

かつてナイン・オールド・メンが不朽の名作の原画を描き、今も一部のメンバーがその廊下を歩き回る、有名なD棟は、想像とは違っていた。壁はみすぼらしく、中にいる人々はとっつきにくかった。動画マンとして試用期間中のハイディは、自分の描いた線がしょっちゅう原画マンに消されたり、上書きされていることに気づいた。競争の激しい、嫉妬に満ちた環境だった。第1原画のポジションがちょうど空き始めていたところで、20年間昇進のチャンスがなかった第2原画の人たちがその座を虎視眈々と狙っていた。

1970年代、職場に進出する女性の数はかつてないほど増えていたが、ウォルト・ディズニー・スタジオではその逆だった。ストーリー部門に占める女性スタッフの割合は、1940年のおよそ4割をピークに下がり始め、1975年には約1割にまで落ち込んでいる。アニメーション部門では、女性のキャリアは第2原画で頭打ちだった。最も激減したのは仕上げ部門だ。残ったわずか24人のコアメンバーがセルを1枚1枚手で彩色し、細かいラインをトレスした。とにかくスタジオ全体で女性従業員が10年前より大幅に減り、かつての女性スタッフたちの歴史は、急速に忘れられつつあった。

コンピュータアニメーションの発展初期における転機

ハイディが美術学士号を手に卒業しようとしていた頃、エドウィン（通称エド）・キャットムルという男性も、ある分野で学位を得ようとしていた。ユタ大学で物理学の理学士号を取得しようとしていたが、自分はまだまだその分野ではひよっこだと感じていた。

キャットムルは子供の頃、『ピノキオ』と『ピーター・パン』を観て崇敬の念に打たれ、ウォルト・ディズニー・スタジオのアニメーターになることを夢見たが、絵が書けなかったため諦めた。その代わりに、コンピュータサイエンスという新興の研究分野を追求することにした。MITでスケッチパッドを開発したことで知られ、ちょうどユタ大学の教授になったアイヴァン・サザランドに師事し、同大学の大学院に進学してからもよく助言を受けた。

キャットムルは、大学院のクラスプロジェクトで、コンピュータサイエンスの研究者としては一風変わったアプローチを取った。自分の左手の型を取り、その過程で甲の毛を剝がすという苦痛を味わう。その型に石膏を流し入れ、固め、型から外すと、直接その表面に何かを描き始めた。もうひとりの学生、フレッド・パークと共に、キャットムルの手の石膏モデルの輪郭に沿って350個の黒いポリゴン（小さな三角形や四角形でき、その組み合わせで曲面を表現する）を描き、それぞれの寸法を注意深く記録した。

各ポリゴンの座標を根気強く測定し、自作の3Dアニメーションソフトにそのデータを入力してデジタルモデルを作成した。このアニメーションソフト上で、体から切り離された手の指を曲げ、指さし、拳を握らせることができた。ソフトは次に、手の付け根からドラマチックにパンしてモデルの指を内側から見せた。コンピュータ画面に対応した映画用35ミリカメラを使って、一連の動きをショートフィルムに収めることができた。キャットムルとパークは、他にも人工心臓弁の動きに加え、野心に駆られてパークの妻の顔のデジタルモデルも作成した。表面は蠟《ろう》のようで、形もいびつだったが、ショートフィルムを見たユタ大学の面々は言葉を失った。1972年、コンピュータグラフィクスの可能性を初めて垣間見た瞬間だった。このショートフィルムは、のちにアメリカ議会図書館によって「コンピュータアニメーションの発展初期における転機」と呼ばれ、3次元を特徴とするCGという新たな驚異への足がかりとなった。

　これほどの偉業にかかわらず、望んでいた仕事のチャンスはやってこなかった。彼のアドバイザーがウォルト・ディズニー・スタジオの幹部に、従来のアニメーションを強化しうる技術だと説得して面談をセットしたが、実りはなかった。もしウォルトが生きていたなら、まだ真価が証明されていない新しい技術にも投資した彼のことだから、キャットムルにチャンスを与えたかもしれない。残された幹部にとって、アニメーションは消えゆく技術でしかなく、投資する対象ではなかった。

　それでも彼らは、キャットムルを手ぶらで返そうとはしなかった。その才能を認め、ディズニーランドのイマジニアとして採用することを申し出た。のちに「スペース・マウンテン」と呼ばれることになる、宇宙をテーマにした新しいジェットコースターの開発を手伝うのはどうかと。キャットムルは辞退し、ユタ大学に戻り学位論文に取り組んだ。

　ディズニーの仕事は断ったが、ディズニーのキャラクターはその後もいじくり回した。彼が取り組んでいたのは、曲面を数学的に再現するためのプログラミングだった。その一環で、曲面に画像を投影する方法を発明し、テクスチャマッピングと名付けた。それによって、蠟のようだった表面のグラフィクスを、木目でも、大理石でも、羽根でも何でも好きな画像に置き換えることができた。そして最初に曲面のサンプルとして使ったのがミッキーマウスの顔だった。

キャットムルは、1974年に卒業したが、これほどの独創性にかかわらず、就職口はほとんどなかった。コンピュータアニメーション部門のある会社は数えるほどしかなく、またオハイオ州立大学の教職に応募したが採用されなかった。妻と2歳の娘を持つキャットムルは、生活のために、ボストンで退屈なプログラミングの仕事に就くことにした。好きなコンピュータアニメーションを追求できる日は来るのだろうかと不安がよぎった。

ウォルト・ディズニー・スタジオの劇的な変化

1966年にウォルトが亡くなった後、兄のロイがスタジオの親会社の社長に就任した。73歳になり、引退を視野に入れていたが、「フロリダ・プロジェクト」には自分の存在が欠かせないと感じていた。フロリダ・プロジェクトとは、1971年10月1日に開園するウォルト・ディズニー・ワールド・リゾートのことだ。

この新しいテーマパークのアトラクションの1つに、カリフォルニアのものとほぼ同じ、「イッツ・ア・スモールワールド」がある。当時パークで一番人気を誇り、いつも長蛇の列ができていた。新しいパークがオープンしたとき、メアリーは、ウォルトに与えられた最後の仕事の現場、新リゾート内のコンテンポラリー・ホテルに泊まった。彼女はグランドキャニオン・コンコースと呼ばれる、モノレールが発着するロビーに、高さ27メートルの壁画をデザインしていた。ハンドペイントされた1万8000枚のタイルをカリフォルニアからフロリダへ輸送し、スタッフとともに1年半以上かけて組み上げた。目を見張るような動物や子供たちの絵は、100パーセント、メアリーのスタイルで描かれている。

メアリーは、リゾートのオープンを記念するため、友人や家族と共にフロリダに来ていた。レッタにもいてほしかったが、残念ながら彼女は今6400キロも離れた場所で暮らしていた。まだ軍で働いていた夫がハワイのホノルルへ転勤したためだった。その転居によって、レッタは仕事の機会をすべて失った。ウォルト・ディズニー・スタジオも他のどのアニメーションスタジオも、仕事をするには遠すぎた。彼女は仕事をする代わりに、カリグラフィーを習ったり、シルクスクリーンでさまざまな実験をしたり、それまで見たことのないような豪華なクリスマスカードを家族や友人に贈るなど、腕を磨くことに専念した。

メアリーは、ディズニー・ワールドで手掛けた作品への賞賛を浴びているときでさえ、会社の劇的な変化に気づいていた。ロイ・ディズニーが1971年後半に亡くなると、エズモンド・カードン・ウォーカーが社長、ドン・テイタムが会長とCEOに就任した。ふたりは成功しているテーマパークの海外展開をすでに計画していたが、アニメーション部門はというと、10年前に比べて手掛ける長編映画の本数が大幅に減っていた。スタジオが1960年代に公開した映画52作のうち、アニメーションは『王様の剣』と『ジャングル・ブック』(1967年)の2作品だけだった。どちらもウォルトの生前に企画され制作されている。それらと、唯一の実写とアニメーションのハイブリッド作品、『メリー・ポピンズ』以外はすべて実写映画だった。アニメーションの2作品は、上層部が続けたいと思うほどの儲けは出なかった。アニメーションは、キャットムルの新しい技術と同じように、リスクが高すぎると見られていた。

メアリーの憂鬱

1970年代、働く女性の数は増え、アメリカの労働力の40パーセントを占めていた。女性は、コンピュータプログラミングの分野で重要な役割を果たし、同分野の大学卒業生の28パーセントを占めた。だがアニメーション業界は違った。1975年にカルアーツが他に先駆けてキャラクター・アニメーションコースを開設したとき、女子学生はふたりしかいなかった。勉強する女性がいなければ、ウォルト・ディズニー・スタジオで新しい長編に取り組むスタッフとして雇われる女性もいない。

背景美術のセルマ・ウィトマーと、レイアウトのシルヴィア・ローマーは、この数十年の間に、スタジオの廊下をさまざまな変化が通り過ぎるのを目にしてきたが、ウォルトの他界ほど圧倒的なものはなかった。ウォルトは、十分とは言えないまでも、女性アーティストを擁護した。彼なしでは、類まれな才能を持つメアリー・ブレアさえも仕事を見つけられなかった。

メアリーは今、サンフランシスコからおよそ1時間半南に下ったカリフォルニア州ソケルを拠点にしていた。東海岸よりも西海岸のほうが仕事を見つけやすいと思ったが、実際はその反対だった。20年にわたってメアリーを雇い続けたスタジオに、もはやその気はなかった。マークとアリス・デイヴィス夫妻は、彼女をサンフランシスコのエージェントに紹介したが、即座に断られた。アーティストとしての幅広い実績があるにもかかわらず、メアリーを雇う人はいなかった。彼女の絶望を感じ取ったからかもしれない。

リーは、何度か交通違反で捕まったのち、飲酒運転で逮捕され、12か月間刑務所に入れられた。夫の逮捕は、ドノヴァンの入院と共に、メアリーを衰弱させた。彼女は60歳だったが、もっと歳を取っているように自分で感じることもあった。ケヴィンが海軍に入隊し、家を出た今、ひとりでいることが多くなっていた。頭の中から世界のことを消し去りたいという欲望に支配されるようになった。憂鬱は深まり、メアリーはどうしようもなく癒しがほしかった。

男性たちの不快ないたずら

スタジオには、原画マンが描いた原画と原画の間の動きを埋める中割りを描き、鉛筆で描かれたラフ原画をくっきりとした線で清書し、コピー機を使ったセル転写に備えるハイディがいた。時おりラフ原画の上にまっさらな紙を重ね、線をきれいに描き写さなければならないこともあったが、そうでないときには、ちぎった練り消しゴムで、不要な鉛筆線を叩いて消すだけで提出することもあった。できるだけ消すほうを選んだのは、そのほうが早いからではなく——実際はいつもそのほうが時間がかかった——原画マンの線を残したほうが原画の持つ勢いや生命感が残せるからだった。

ハイディは家で、生き生きとしたオリジナルのアニメーションを描いていた。試用期間の後に絶対に採用されようと決意していたが、それには自分で1つのシークエンスを完成させ、アニメーターと監督で構成される審査委員会に提出しなければならない。その作品を気に入ってもらえたら、仮採用の動画マンからアニメーション研修生に昇格できる。

スタジオの次の長編に全力で取り組む覚悟のハイディだったが、まさかキャラクターのティガーにぞっこんになるとは思ってもみなかった。スタジオは『くまのプーさん』の短編3部作（『プーさんとはちみつ』『プーさんと大あらし』『プーさんとティガー』）の3作目を制作中だった。3作とも1920年代に出版されたA・A・ミルンの『クマのプーさん』と『クマのプーさん　プー横丁にたった家』に基づいている。ウォルトが推し進めた最後のアニメーションプロジェクトの1つで、1961年に映画化の権利を取得し、短編の制作に尽力した。1作目は1966年、彼が亡くなる前に封切りされた。この短編3作品は、『くまのプーさん　完全保存版』という長編映画にリパッケージされ、ウォルト・ディズニー・スタジオ22本目の長編アニメーション映画として1977年にリリースされる。

ティガーにはティガーの人生があるようだ、とハイディはスケッチを描きながら思った。喜びに満ち、あるがままの自分に満足しきっている。アニメーターは、この数十年間と変わらずストーリー部門と密に仕事をしていた。ハイディは、ストーリーボードの中の、ティガーが木から落ちて地面に体を打ち、「おーー！　なつかしき大地！　ぶちゅーーー！」と叫ぶシークエンスが気に入り、迷わず彼を選んだ。そしてティガーが地面の上でなりふり構わず嬉しそうに四肢を広げ、唇を地面に押し付け、音を立ててキスをする動画を描いた。

ハイディは緊張しながら、仕上げた一連の鉛筆スケッチをムビオラで片手ほどのアニメーターに見せた。ムビオラは、ビアンカもフィルムの編集によく利用していたほど、昔からある簡易な映写機だ。ハイディは、緊張のあまり汗が滲むのを感じたが、次の瞬間、笑いが起き、そして労いの言葉が続いた。彼女が描いたシークエンスは審査員たちの間で好評だった。でもまだ安心はできない。試用期間がまだ残っており、それは繰り返し延長される。だが、伝説のアニメーターたちを笑わせた嬉しさは、いつまでも消えなかった。

スタジオで働く女性たちの歴史は、それを忘れたい人々によって葬り去られようとしていたため、ハイディは、かつて同じ廊下を歩き、同じ部屋で仕事をしていた多くの女性アーティストやアニメーターのことなど念頭になく、自分が最初の女性のひとりだと思っていた。おまけに、先輩たちが見たことのない世界に足を踏み入れようとしていた。ある金曜の午後、ハイディは、長い間女人禁制だったエレベーターに乗り、最上階の禁断のペントハウスクラブへと向かった。

女性スタッフが入室を許されたのは、ある重要な出来事――ウォルトのナイン・オールド・メンのひとりで、アニメーターのミルト・カールの勤続40周年のお祝い――のためだった。ウォルトと彼のお気に入りのアニメーターたちが何時間過ごしたかしれない会員制クラブを見渡すと、ハイディは嫉妬を覚えずにはいられなかった。女性アニメーターにはこんな施設はない。クラブの会員は、男性幹部、第1原画、そして一部の第2原画に限られていた。自分がどれだけ仕事をしても、どれほど昇進しても、けっして入会を許されないのは不公平だ。マッサージや散髪、専用レストランといった設備を持つこのクラブと、仕上げ棟の古いティールームとでは、雲泥の差があった。

だがハイディには、アニメーションの前世代の女性たちにはなかった強みがあった。新設された雇用機会均等委員会（ＥＥＯＣ）の存在だ。人種、皮膚の色、宗教、出身国、性別を理由とする差別を禁止する公民権法が１９６４年に連邦議会によって可決された当初は、残念ながら実効性がなかった。１９７０年代に入り、議会がEEOCに雇用者を告訴する権限を与える一連の法律を可決して初めて、企業が法律の遵守を意識するようになった。続く女性労働者保護には、さらに時間がかかった。女性は「敵対的または濫用的環境」から保護されるべきであるという立場を連邦最高裁判所が明らかにしたのは、1986年になってからだ。

ハイディともうひとりの女性研修生は、1966年に設立された全米女性組織（NOW）に公式に苦情を申し立てることにした。ふたりは、ペントハウスが女性に解放されるか、または同様の施設が女性従業員のために作られることを望んだが、そうなる代わりにクラブは閉鎖され、専用エレベーターは板で塞がれた。その新たな攻撃材料を得て、女性アニメーターに対する男性たちの恨みはさらに募った。

ハイディは、スタジオでもっと悩ましい仕打ちを受けており、それに関しては頼りにできる人がいなかった。彼女のいるアニメーション棟のドアの外には、動画をカメラ技師などへ受け渡すために置いておくカウンターがあった。第2原画は、一日何十枚もの動画を制作するため、カウンターへかなりの頻度で出向いた。しかし、ハイディたち女性スタッフはそれが嫌でしかたなかった。

1974年にラリー・フリントによって創刊されたばかりのポルノ雑誌『ハスラー』は、『プレイボーイ』や『ペントハウス』と比べても、過激で女性を侮辱するような女性描写で知られていた。その雑誌から破り取ったページで、カウンターの後ろの壁三面が覆い尽くされていたのだ。

いたずら好きの社風は、時代が変わっても廃れていなかった。ハイディは目の前の不快な写真を見るうちに、名案を思いつく。最近出たもう1つの雑誌、『プレイガール』だ。ある晩、遅くまでスタジオに居残り、カウンターの配達係の男性たちが帰宅したのを見計らって、女性のヌード写真の間にこっそり男性のヌード写真を混ぜ込んだ。数日が経ち、誰も気づかないのかと思っていると、ある日、男性スタッフのひとりが写真を見つけ、指摘した。カウンター係の男性は逆上し、悪態をつきながら写真を壁からひっぺがした。その報復として、ハイディはさらに写真を増やし、剝がしにくいように高い位置に貼った。このおふざけで正気を保てたハイディは、1978年、ようやく待ちに待ったポジションを手に入れる。彼女はもうアシスタントではなく、一人前のアニメーターだった。それでも先輩女性たちのレガシーは相変わらずないがしろにされていた。

インスピレーションの源泉、死体安置所《モルグ》

スタジオは、カルアーツの新卒者を昔から受け入れてきたが、1970年代後半、ハイディが昇進した後に入ってきた新人動画マンたちには、どこか違うところがあった。なぜかしょっちゅうモルグへ通っていたのだ。モルグは以前と変わらず、仕上げ棟の地下にあり、各部屋は、低い天井から配管がぶら下がる、長いコンクリートのトンネルでつながっていた。かつて映画に使用された調査資料、脚本、コンセプトアートなどすべての資料が収められている。けれどそこは、アートの死に場所ではなかった。1980年代後半には、正式な研究図書館として博物館並みに整備される。この頃のモルグは、インスピレーションの源泉として活用され、スタッフはそこから過去のアートワークを持ち出し、何カ月間も手元に置いて、偉人たちのスタイルに影響されながら自分の作品を制作した。この保管資料の歴史的意義は、認められ始めたばかりだった。新世代のアーティストにとって、自分たちの英雄、美術学校で習ったアニメーションの大御所たちの作品をつぶさに見ることができるのは、夢のようなことだった。

カルアーツを卒業したばかりのマイケル・ジアイモも、同期らと共に、モルグの所蔵品のすばらしさに初めて触れた。1970年代、スタジオは全編アニメーションで制作した映画を4本しか公開していない。『おしゃれキャット』(1970年)、『ロビン・フッド』(1973年)、『くまのプーさん 完全保存版』、『ビアンカの大冒険』(1977年)。マイケルは、1960年代に出版されたロイド・アレクサンダーのファンタジー小説シリーズに大まかに基づくダークなアニメーション『コルドロン』に第2原画として携わっていた。

マイケルら若手スタッフがある日の午後、隠れた宝物がないか探していると、古い段ボール箱が見つかった。蓋を開け、中身を見て驚いた。目を見張るような色使いと、スタジオのどんなスタイルともまったく異なるコンセプトアートが詰まっていた。署名を見ると、メアリー・ブレアと書かれていた。

メアリー・ブレアのことはもちろん聞いたことはあったが、作品の力強さを実感したのは初めてだった。第1原画の数人に彼女について知っていることを聞き出そうとしたが、一緒に仕事をしたことのあるメンバーはすでにひとりもいなかった。今や文字どおりオールドになったナイン・オールド・メンも、そのほとんどが引退していた。現役の第1原画は、言ってみれば二軍選手で、彼らはメアリーの才能には目もくれなかった。彼女のことをほとんど知らなかったし、知ろうともしなかった。

ウォルトの生前に君臨した大胆不敵なアートディレクターたちはすでに去り、スタジオはより統一的なスタイルに移行していたため、どの映画もビジュアルは代わり映えしなかった。それでもマイケルは、メアリーの作品を見ていると、デザインの大学院教育を受けているかのように感じた。彼は箱を両腕に抱え、メアリー・ブレアの作品とできるだけ長く触れていようと決めた。そしてスタジオ設立当初からの古い慣習に従い、彼女のペインティングをストーリーボードに貼り出し、喜びと憂鬱が描かれたいくつもの場面に浸った。

17

パート・オブ・ユア・ワールド

Part of Your World

メアリーの顔を覗き込んだレッタは、そこに年月が経過した証を見た。1978年、ともに60歳を越していたが、メアリーの目尻にできたシワの奥に、かつて若かった女性の面影を認めることができた。その週末、レッタはメアリーの家に泊まりがけで遊びに来ており、ふたりで30年前、一緒に暮らしながら、スタジオでがむしゃらに働いていた頃のことを振り返っていた。当時レッタは独身で、メアリーの夫は数千キロ離れた場所にいた。

その頃に自分たちが携わったディズニー映画が今、運命の逆転を果たしていることがおかしかった。ウォルトの娘婿、ロナルド・ミラー率いるウォルト・ディズニー・プロダクションは、1940年代から50年代にかけて制作した作品を再公開し始めていた。『ピノキオ』『バンビ』『ダンボ』『ファンタジア』『ふしぎの国のアリス』『わんわん物語』などかつて興行的失敗とみなされた映画が今では何百万ドルも稼いでいた。

自分たちの作品が劇場で再公開され、思わぬ運命の展開に上機嫌なふたりの傍で、リーが愛想よく座っている。しらふだった。彼は刑務所を出た後、アルコール依存者の自助団体、アルコホリクス・アノニマスのメンバーになった。メアリーとの関係は穏やかになり、以前のように激情的に手を上げることはなくなったが、それまでの度重なる暴力がメアリーの心身を蝕んでいた。

メアリー・ブレア（左）とレッタ・スコット、1970年代（ブレア家提供）

その晩、親友と過ごしたレッタは、表向きはふざけたり、優しく振る舞ったりしたが、心の中では不安を感じていた。目の前のメアリーは、自分が覚えているよりも気弱に見える。共にグラスを空け、心地よい郷愁に浸りながらも、レッタは自分自身の苦悩を鏡で見ているような錯覚を覚えた。ふたりはこの数十年の間に、予想もしなかった苦労を味わっていた。

レッタも、メアリーと同じように、お酒の力で失望感を紛らわそうと、毎日のようにキッチンでワインを飲み、自分を取り戻そうとしていた。夫との関係が悪化し、破綻したのだ。夫は息子ふたりの高校卒業と同時に彼女の元を去った。自分を見失ったこの数年間だったが、気づいたのは、もう一度、アーティストとしての自分に会いたい、という欲求だった。自分は人生の大半をアーティストとして生きてきたのだ。

この新たな衝動を胸に、レッタはアニメーションの仕事を探し始めた。北カリフォルニアに住んでいたため、ベイエリアの知り合いに求職中であることを知らせると、1980年、サンフランシスコにあるネペンシー・プロダクションズのトップ、マーティン・ローゼンから電話があった。電話ごしに採用面接が行われ、第2原画としてしか雇えないと言われる。レッタは下級のポジションでも構わなかった。入社してから実力で這い上がればいい。経験からそれを知っていた。入社初日、人生経験を積んだ人にしか持ち得ない自信を胸に、アニメーションスタジオに足を踏み入れた。65歳、最後に作画机に座ってから何年経つだろう、でもまた鉛筆づたいに紙を感じる準備はできていた。

ローゼンは、1978年にリチャード・アダムズの小説を基にしたアニメーション映画『ウォーターシップダウンのうさぎたち』を公開し、批評家の絶賛を浴びていた。今は同じ作者の1977年の小説『疫病犬と呼ばれて』の映画化に取り組んでいた。イギリスの危険な動物実験の現場から逃げ出した2頭の犬の生涯を追った物語だ。数十年前の『バンビ』で犬を描いた経験を持つレッタにもってこいの企画だった。

レッタが一緒に仕事をしたのは、ウォルト・ディズニー・スタジオを解雇されたばかりのアニメーターだった。ブラッド・バード［のちに『Mr.インクレディブル』（2004年）や『レミーのおいしいレストラン』（2007年）などのヒット作の脚本・監督で名を馳せる］は当時20代前半、カルアーツ卒業後、バーバンクでの短い反抗の日々を経て、アニメーターとして雇われたことを喜んでいた。数年間過ごしたウォルト・ディズニー・スタジオでは、アニメーターたちの能力の低さにがっかりさせられた。かつて他のスタジオと一線を画した芸術性はもはや失われ、制作会社として衰退の一途をたどっていると感じた。「この要領の悪い人たちは、何事においても安全な道を選ぼうとした。それは退屈なことだ」とのちにその頃のことを話している。ただ唯一、ウォルトのナイン・オールド・メンのひとり、ミルト・カールと一緒に仕事ができたのはよかったとして、彼のことを「恐ろしく厳しかった」と振り返っている。

若い世代の誰もがレッタのスタジオ時代を知っていたわけではなかったが、彼女の見事な腕前を見て感動した。線に迷いも狂いもない。それは長年の経験が為せる技だった。そしてレッタは昔の人のように働いた。朝早く出社し、集中して机に向かい、速いペースで絵を仕上げていった。そしてついに、本来いるべき場所を取り戻した。

ピクサーの設立とディズニーの混乱

レッタが北カリフォルニアで出世していた頃、エド・キャットムルも北カリフォルニアに拠点を移していた。彼がCGに長けているという噂がジョージ・ルーカスという若い映画監督の耳に届いた。ルーカスの監督作品『スター・ウォーズ エピソード4／新たなる希望』〔『スター・ウォーズ』の邦題で公開され、のちに改題〕は、1977年に公開されると、勇気と冒険の感動物語というストーリーだけでなく、特撮や特殊メイク、衣装に、観客は度肝を抜かれた。とはいえ、『スター・ウォーズ』旧3部作の驚異的な視覚効果の多くは、前の時代からあった。たとえばストップモーション・アニメーション。1コマごとに対象物をわずかずつ動かして写真を撮り、対象物があたかも動いているような錯覚を生みだすという、19世紀後半に初めて映画に使用された技法。宇宙船ミレニアム・ファルコンの中でチューバッカとR2－D2がホロチェスに興じるシーンでは、プラスチック製フィギュアを使ったこの技法で、ホログラフィックのエイリアンモンスター〔駒〕を動かしている。同様に、悪役ダース・ベイダーとヒーローのルーク・スカイウォーカーとのライトセーバー対決という刺激的なシーンでは、ふたりの映像と、クラウド・シティの高所にある細長い通路とを、セルアニメーションとオプティカルプリンタを使って重ね合わせた。この伝説の決闘シーンを作るために、約10年前にディズニーが、メリー・ポピンズの飛ぶシーンに初めて使用したナトリウムランプの技術を使用している。『スター・ウォーズ』旧3部作は、ディズニーの技術のオンパレードだ。フォーヘッド方式オプティカルプリンタもその1つであり、接続された4台の映写機で一度に複数のショットを組み合わせられるため、宇宙戦闘機ＴＩＥファイターが銀河系を駆け抜けるシーンが実現した。

1979年、キャットムルはルーカスフィルムのコンピュータ部門のリーダーとして迎えられた。彼は、アニメーションや特撮で同社独自の道を切り開くという、非常に思わせぶりな提案をしたのだが、現実は一筋縄ではいかなかった。キャットムルが開発していたのは、複雑な3Ｄ画像を作るためのソフトウェアと技術だった。グループが初期に取り組んだプロジェクトの1つに、1983年公開予定〔実際には1982年に公開された〕だった『スタートレックⅡ　カーンの逆襲』がある。「ジェネシス装置」を使用して、不毛の星に生命を誕生させるシーンを制作した。星の灰色の地表が燃え立ち、一気に地球のような星に変化するシーンは、ＣＧとして当時は画期的なものだったが、キャットムルには満足のいくクオリティではなかった。ルーカスフィルムの所有するコンピュータがとにかく性能不足だった。グラフィックの解像度を上げるには、高度な計算能力が必要、つまり何をするにもまずはハードウェアからだった。

しかし、その野心に応えられるルーカスフィルムではもはやなかった。財政難に陥り、コンピュータの開発に投資する余裕を失った。コンピュータ部門は、今のメンバーのまま新会社を起こすのが最善だと判断し、1986年、アップルを追放されたばかりのスティーブ・ジョブズから大半の出資を得て、ピクサーを設立した。

名前が変わったのは彼らだけでなく、バーバンクでも企業再編による変更があった。スタジオはウォルト・ディズニー・カンパニーと名を変え、アニメーション部門は、映画製作事業を担うウォルト・ディズニー・スタジオの子会社ウォルト・ディズニー・フィーチャー・アニメーションとなった。この再編の間にも、キャットムルの会社とその魅力的な新技術への投資を断っている。

社名はさておき、ウォルト・ディズニー・カンパニーは、混乱に陥っていた。1984年、映画製作部門がおざなりにされていることに腹を立てたウォルトの甥、ロイ・E・ディズニーが取締役を辞任した。ウォルトの死から18年経っていたが、その間、1966年以前に製作された映画よりも評価または興行成績が上回った作品は1つもなかった。ナイン・オールド・メンを含む古株の多くはすでに引退しており、優秀な人材と創造的自由を欠いたスタジオから、若手アニメーターが次々と去っていた。ハイディ・グデルも他の11名のスタッフと共に、アニメーターのドン・ブルース率いるアニメーション制作会社を立ち上げている。

ロイ・E・ディズニーは、おじのウォルトと同じように、アニメーションをビジネスの中核と考えていたため、救済キャンペーンを打って出た。その劇的な動きによって取締役に返り咲き、ウォルトの娘婿で社長兼CEOだったロナルド・ミラーを追い出すと、執行の責任者としてマイケル・アイズナーを迎えた。パラマウント映画のCEOだったアイズナーは、ディズニーのアニメーション映画事業を活性化させるために、ジェフリー・カッツェンバーグを引き連れ、会長職に据えた。

1985年、『コルドロン』が2100万ドルの赤字を出すと、アイズナーは、アニメーション部門の完全閉鎖を検討せざるを得なくなった。それは、1959年の『眠れる森の美女』後の絶望感を彷彿とさせる、最悪の事態だった。アニメーションが存続するためには、企業文化の大改革が必要なことは明らかだった。ウォルト・ディズニー・フィーチャー・アニメーションの会長に就任したロイ・E・ディズニーは、一か八かのイノベーションに投資する覚悟だった。数十年ぶりに、ディズニー一族の人間が、芸術と技術の両方で社運をかけようとしていた。

ロイ・E・ディズニーが新たな投資を企てていたときでさえ、アイズナーは大胆な経費削減策を探っていた。アニメーション部門を閉鎖することはしなかったが、彼らの巣は奪った。貴重な建物だからという理由だったが、それは実写映画の制作者たちがそこを使いたかったからにすぎない。数々のアイデアが花開いた仕事部屋やオフィスはきれいに掃除され、今では150名のアーティストしかいなくなったアニメーション部門は会社の敷地を去り、バーバンクから6キロ離れた町、グレンデールのフラワー・ストリートに面した古い倉庫を囲むトレーラー数台へ引っ越した。その質素な環境は、60年前、ウォルトたちが事業に乗り出した創成期のハイペリオン・アベニューを彷彿とさせた。

その間、スタジオの新任幹部は、新鮮な目でピクサーに注視していた。ぶれずにハードウェアに注力していたピクサーの最初の製品はコンピュータだった。見た目は、当時の他のデスクサイズのパソコンとほとんど変わらなかった。コンピュータのハードウェアを収めたグレーの箱、ディスプレイモニタ、キーボード。だがライバル各社の製品と違い、「ピクサー・イメージ・コンピュータ」は並外れた処理速度と、きわめて高解像度の画像を生成する能力を備えていた。当時においては先進的な機械だったが、13万5000ドルという販売価格では、飛ぶように売れるはずがなかった。1986年、ピクサーの最初の顧客は、ウォルト・ディズニー・フィーチャー・アニメーションだった。次に購入したのは政府機関や研究施設だったが、1988年までの販売台数は合わせて100台余り。IBMは1565ドルという、より手頃な価格帯でパソコンを販売しており、およそ1分に1台売れていた。ピクサーにとって幸先のよいスタートとは言えなかった。

コンピュータアニメーション部隊の誕生

エレン・ウッドベリーは、ずっとディズニー映画が苦手だった。自分にはおセンチすぎて、それよりはワーナー・ブラザースのカートゥーンのほうが、バカバカしい笑いが好きな自分に合っていた。それでも、ニューヨーク州コーニングの高校生だった頃、1972年に再公開された『王様の剣』を観にいこうと親友に懇願され、渋々承諾した。エレンは、この映画の原案となったT・H・ホワイトの4部作『永遠の王』を読み終えたばかりで、あまり期待していなかった。公開当初の評価が低く、興行成績も芳しくなかったこの映画は、アーサー王が少年だった頃を描いている。それほど期待していなかったにもかかわらず、エレンはスクリーンに映し出されたものを観て息を飲んだ。この美しいシーンがすべて手で描かれていると考えたら、圧倒された。

シラキュース大学に入学したエレンは、アニメーションを勉強する機会がほとんどなかったため、独学を始めた。アニメーションに関する本を手当たり次第読んだ。その中には、ウォルトのナイン・オールド・メンのフランク・トーマスとオーリー・ジョンストンが1981年に出版した『ディズニーアニメーション――生命を吹き込む魔法』〔日本語版は2002年、徳間書店より発行〕もあった。勉強に熱心なあまりフランク・トーマスに手紙を書くと、親切にも励ましの手紙を返してくれた。有名アニメーターの手紙を宝物にして、その人の歩んだ道をたどることにした。つまり、まずは芸術学校、次にウォルト・ディズニー・フィーチャー・アニメーションへと。

エレンは、カルアーツで実験アニメーションを専攻し、美術学の修士号を取得した。実験アニメーションでは、従来のアニメーションの枠を破る革新的な制作手法を追求する。だが1985年にウォルト・ディズニー・スタジオに入ると、担当した仕事はまるで時代が止まっているようだった。第2原画として、第1原画の描いたラフ原画を、くっきりとした美しく滑らかな線で清書すると、スタジオの先人たちとつながったように感じた。だが、エレンには揺るぎないように見えたこの手描きの伝統も、まもなく途絶えようとしていた。

1986年、ピクサー・イメージ・コンピュータがディズニー専用のソフトウェアとともに、スタジオにやって来た。ソフトの名前は「コンピュータ・アニメーション・プロダクション・システム」、通称CAPS。その導入に欠かせなかったのが、最初は動画マンとして採用され、今回新設されたコンピュータアニメーション部隊のリーダーになったティナ・プライスだ。この斬新すぎる部門の呼び方に困ったスタジオの人々は、単純に「ティナの部署」と呼ぶようになった。

CAPSは、そのティナの部署で、仕上げ部隊をそっくりコンピュータ化したような役割を果たした。従来のアニメーターになじみ深い、背景と前景を分けたレイヤーの概念をそのままに、アーティストはコンピュータ用マウスを手に持ち、かつてはインディアインクで引き、ガッシュ絵具で塗った線と色を、完全にデジタルで作成した。また、3・5メートルの巨大なクレーンを必要としたカメラの動きを、「デジタル・マルチプレーンカメラ機能」を使ってプログラミングできるようになった。それは、キャットムルが夢見たCG革命ではなかった――出来上がった2Dのシーンは、1972年にキャットムルが制作した手の動画が持つ立体感とはまだ比較にならなかった――が、ウォルト・ディズニー・カンパニーのささやかな要求には適していた。

ソフトは直感的に操作できたため、セルアニメーションに慣れ親しんでいたエレンのようなディズニーのアニメーターにもすぐに使い始めることができた。それでも、コンピュータの経験が皆無のスタッフにとって、ソフトをきちんと理解し、コンピュータのハードを使いこなすのは簡単ではなかった。マウスを使うことさえぎこちなく、もどかしかった。コンピュータによってスタジオが変わりつつあることを実感したエレンは、新設されたコンピュータ研究所でアニメーター向けの講座を企画した。講座が始まると、新入社員向けの教育プログラムの設計に携わるほど熱心に取り組んだ。

エレンは、次回作『リトル・マーメイド』に取り組んでいる間に、第1原画に昇進した。この作品は、スタジオにとって30年ぶりのプリンセスものとなる。『眠れる森の美女』後初めてディズニー・チームの心をつかんだ、女性が主人公のお伽話だ。それは、ロイ・E・ディズニー、アイズナー、カッツェンバーグが打ち出したアニメーション部門の新しいビジョンの一環だった。数十年間、芸術的にも技術的にも低迷していたスタジオは、「ディズニー・ルネサンス」とのちに呼ばれることになる2度目の黄金期を迎えようとしていた。

アラン・メンケンとハワード・アッシュマン

ウォルトの死後初めて長編アニメーションに多額の資金と資源が投じられた。当初の予算は4000万ドル、1980年代に製作された他のアニメーション4作品――『きつねと猟犬』（1981年）『コルドロン』『オリビアちゃんの大冒険』（1986年）『オリバー　ニューヨーク子猫ものがたり』（1988年）――よりもかなり高額だったが、CAPSの追加コストを考えると、その金額をさらに上回る予感があった。

お金と技術に加えて、もう1つ復活したのが、音楽を中心に据えた映画作りだ。ウォルトの時代には、『白雪姫』の「口笛吹いて働こう」から『メリー・ポピンズ』の「お砂糖ひとさじで」まで、多くの作品でサウンドトラックが物語を語る上で非常に大きな役割を果たしたが、最近の作品では音楽の重要性は低くなっていた。『オリビアちゃんの大冒険』など一部の作品は、音源を収録したアルバムさえ発売していない。

スタジオの新会長ジェフリー・カッツェンバーグは、アラン・メンケンとハワード・アッシュマンにそれぞれ作曲と作詞を依頼した。ふたりは、オフブロードウェイで上演され、1986年に映画化された『リトル・ショップ・オブ・ホラーズ』など、いくつものミュージカルでタッグを組んでいた。映画音楽は初めてだったが、演劇作品での経験に背中を押され、『ピノキオ』や『ピーター・パン』を始めとする子供時代に観たディズニー・クラシックスのサウンドトラックと並んでも恥ずかしくない楽曲を作るという意欲を胸に依頼を引き受けた。

メンケンとアッシュマンは、新天地に移ったアニメーション部門に腰を据え、ストーリー部門で行われるシナリオ打ち合わせに1つ残らず出席した。こうした打ち合わせは再び盛んに行われるようになり、昔のようなコラボラティブな空気が蘇っていた。

ある日の午後、アッシュマンは自分のストーリーテリングのスタイルを知ってもらおうと、アニメーション部門の全スタッフを、フラワー・ストリートの倉庫内にあった小さな劇場に召集した。それは、1934年にウォルトがハイペリオンの講堂に従業員を集め、『白雪姫』に対する自らの世界観を演じてみせたときと同じくらい、スタジオにとって重要な転機となった。全アーティストの前で、舞台上に座ったアッシュマンは、アメリカンミュージカルとディズニー映画の発展について説明した。「それは、主人公の女の子が自分の望みを歌う歌、〝I want ソング〟と呼ばれています」。このときアッシュマンは、アメリカンミュージカルと、名作アニメーション映画に共通する重要な哲学について語っていた。「〔それを聴けば〕その映画が一体何についての映画なのか、誰でもわかる。その映画全体を貫くテーマ、克服すべき課題です。それを主人公に歌わせることで、観る人の心に消えずに残るんです」。『マイ・フェア・レディ』のようなミュージカルと『白雪姫』のような古典的なアニメーション映画を結びつけることで、彼は2つのストーリーテリングの媒体を融合させる意義を打ち出してみせた。

『リトル・マーメイド』は、もともと1940年代に、シルヴィア・ホランドとエセル・カルサーがハンス・クリスチャン・アンデルセンの「人魚姫」を基にトリートメントと脚本を書いている。当時のその広範な仕事の記録を今、一部の制作メンバーがモルグから引っ張り出し、見直していた。

新旧の技術が入り混じった『リトル・マーメイド』

１９８７年のウォルト・ディズニー・フィーチャー・アニメーションのストーリー部門は、いろいろな意味で、１９４０年の頃とほとんど変わっていなかった。相変わらず手描きのスケッチをピンでコルクボードに留め、場面のアイデアをグループの前で演じて見せ、スケッチを指さしながら歌ったり時には踊ったりもした。互いを批評し、時には激しく批判もするが、それも、いい脚本にしたい一心からだ。それでも、足りないものがあった。女性がまったくといっていいほどいなかった。50年近く前には、スタジオは、ビアンカ・マジョーリー、グレイス・ハンティントン、メアリー・ブレア、レッタ・スコット、メアリー・グッドリッチ、エセル・カルサーなど有能な女性たちに助けられたが、１９８７年には、ひとりの女性が孤軍奮闘していた。名はブレンダ・チャップマンという。

ブレンダは、イリノイ州の田舎で育ち、5人きょうだいの末っ子だった。他のきょうだいと8つ以上年が離れていたため、農村の中で、一人っ子のように感じることもあった。やることがほとんどなくて——最寄りの映画館は16キロ離れていた——小さい頃から本を読んだり絵を描いたりすることが好きだった。家族の理解もあり、イリノイ州のリンカーン・カレッジで美術を学んだ後、カリフォルニアへ移り、カルアーツに入学した。

１９８７年5月に卒業すると、ウォルト・ディズニー・フィーチャー・アニメーションに応募した。面接した男性は、ブレンダの将来性に期待していないのか、こう告げた。「6週間やってうまくいかなかったら、別の研修生を雇うだけだから」。そして不本意そうに、スタジオの新しい経営陣――アイズナーやカッツェンバーグ――が女性をアニメーション、とくにストーリー部門にもっと採用したがっている、と説明した。

ブレンダは、自分がそんな軽薄な理由で採用されたことを情けなく思い、どんなきつい仕事でも引き受けてやろうと決意した。1940年代に制作された海中のキラキラした宮殿のイメージを眺めながら、女性パイオニアたちの作品にインスピレーションを得たが、彼女たちの名は、すでにスタジオの潜在意識からも消え去っていた。

ストーリー部門とアニメーション部門は、ほぼすべてを一から新しく作り直した。悪役である海の魔女アースラの造形案をいろいろと検討し、顔の鋭いマンタを描いてみたり、ミノカサゴにしてみたり、意地悪だけど魅力的なメカジキとして描いたりした。だがアッシュマンの目を引いたのは、ロブ・ミンコフというアニメーターのスケッチだった。彼のアースラは、宝石を身にまとい、厚化粧で、かっぷくがよかった。そして見覚えがあると思った。ディヴァインだ。ジョン・ウォーターズの映画『ピンク・フラミンゴ』(1972年)や『ヘアスプレー』(1988年)でのパフォーマンスで知られる伝説のドラァグクイーンと瓜二つなのだ。ユダヤ人でゲイのアッシュマンは、自分と同じボルチモア育ちのディヴァインに縁を感じた。制作スタッフはその直感を信じ、見た目だけでなく、腰を振る姿や歌い方もディヴァインに似せ、半身タコのアースラを作り上げた。

作品には、過渡期のアニメーションらしく、新旧の技術が入り混じった。それは、初めてコンピュータソフトを使用したディズニー映画であり、1937年から同社の成功に欠かせなかったマルチプレーンカメラを使用した最後の作品となった。

エレン・ウッドベリーは、『リトル・マーメイド』の作業をとおして、色をボカシたり、影をつけたりする腕を磨いた。物や動物の陰影をあり得ないくらいリアルに再現できるようになった。手描きと違い、コンピュータアニメーションでは透明を表現できるため、重ねたレイヤーや色の溶け合い方がそれまでとはまるで違った。コンピュータプログラムにできることを見るのは楽しかったが、その反面、マウスを動かしてから画面のカーソルが動くまでの2秒半のタイムラグがもどかしくてしかたがなかった。コンピュータは作業スピードを上げてくれるはずなのに、その逆ではないかと思えることがよくあった。昼休みに、社内の人体デッサン教室――数十年前にビアンカやレッタ、シルヴィア、メアリーも楽しんだ――に参加したときには、再びのびやかに鉛筆で紙に絵を描ける幸せを満喫した。

CAPSは、『リトル・マーメイド』のさまざまなシークエンスで実験的に使われているが、その真価を問われたのは、最後から2番目のカットだ。アリエルとエリック王子が結婚式の後、船に乗って去っていくシーンで、人魚たちがさよならと手を振り、水平線に虹が現れる。CAPSを使って制作されたこのシーン、虹は明るく、それでいて絶妙な透明感がある。手描きではどう頑張ってもこの見事な半透明感は出せない。本物のように空に溶け込んでいる。このシーンを見ても、コンピュータアニメーションのほうが優れていることは明らかだった。コピー機とセルアニメーションの時代は終わった。

新しい技術とキャッチーな歌はあるものの、スタジオはこの映画が特別ヒットするとは期待していなかった。「女の子受けする映画ですね」とジェフリー・カッツェンバーグは監督たちに言ったが、スタジオの歴史におけるプリンセスものの力を忘れていたのだろう。だが完成が間近に迫るにつれ、その姿勢は変わった。特別なものが出来上がったことは誰の目にも明らかだった。

1989年11月17日、映画が封切られると、評論家たちは色めき立った。『ヴァラエティ』誌はアースラを

「目のごちそう」ととくに賞賛した。当時『シカゴ・サンタイムズ』紙の映画評論家だったロジャー・エバートは、アリエルを「自分を持っている女性キャラクター」と絶賛した。作品は、アカデミー歌曲賞（「アンダー・ザ・シー」）とアカデミー作曲賞の2冠に輝いた。賞を獲得しただけでなく、大ヒットし、ファーストランの興行収入は8440万ドルに上った。

アニメーションに対するスタジオの見方は、180度転換した。本作の成功を受けて、上層部はアニメーション部門を拡張し、新たなストーリーの発掘を行うアーティスト40名の小さな部隊、ウォルト・ディズニー・フィーチャー・アニメーション・フロリダを立ち上げた。『リトル・マーメイド』がもたらした利益は、スタジオの今後の作品と技術の目指すべきところを方向づけたが、女性キャラクターの行末はまだまだ不透明だった。

人魚姫には美しい声を、野獣には魂を与えた私たちの友

「ベルは、ケーキなんか焼きません！」とリンダ・ウルヴァートンは、スタジオの次の長編作品『美女と野獣』のシナリオ会議で叫んだ。リンダは、スタジオで初めてクレジットされる女性脚本家として、その道を突き進んでおり、男性脚本家たちへの不満をどんどん募らせていた。そして今、目の前のストーリーボードを見て、目を疑ったのだ。自分が書いた脚本では、ベルは世界地図上の行ってみたい場所に次々とピンを立てる。ところがストーリーボードを作成した脚本家たちは、キッチンでケーキをデコレーションする設定と演技に変

えていた。そういう編集をされると、たまらず目の前の木机に頭を打ちつけたくなり、実際にそうした。

リンダは、ディズニーランドからわずか1時間の、カリフォルニア州ロングビーチで育った。1973年に演劇で美術学士号を取得し、その後、児童演劇で修士号を取得した。1980年代には、「マイリトルポニー」などの子供番組の脚本家として仕事をする傍ら、ヤングアダルト小説を書いていた。1987年、2作目の小説『*Running Before the Wind*（未／追い風を受けて走る）』を手に、フラワーストリートに面した慎ましい一角を占めるウォルト・ディズニー・フィーチャー・アニメーションに足を踏み入れた。意外にも、警備員もゲートもなく、すんなり入れた。受付に行き、受付係に本を渡してこう言った。「これを読みたい方がこちらにいらっしゃるんじゃないかと思いまして」

すると実際にいた。まもなくしてリンダはストーリー部門に採用された。そこでジェフリー・カッツェンバーグの目に止まり、『美女と野獣』の脚本家のひとりに抜擢された。「私をメンバーに入れたらどうなるか、気づいていなかったのね」とのちに彼女が述べているのは、それまでの常識を破り、誰かに救われる必要のない女性キャラクターを生み出したいという自らの野心のことだ。リンダは、『リトル・マーメイド』の成功によって社内で一躍伝説的存在となったメンケンとアッシュマンと密に仕事をすることになった。ロイ・E・ディズニーは、作詞家のアッシュマンを「もうひとりのウォルト」と呼ぶほどその才能に感銘を受けていた。

アッシュマンにも、ディズニー・アニメーションに対する彼なりの未来構想があった。1988年、『リトル・マーメイド』がまだ封切られる前に次回作の企画を提案している。彼が書いたトリートメントは『アラジン』だった。基にしたのは、18世紀にヨーロッパの翻訳者が集めた中東の民話を編纂した『千夜一夜物語』の「アラジンと魔法のランプ」だ。10代の頃、地元の劇団でアラジンを演じたことがあり、そのため原作――願いを叶える魔神が閉じ込められた魔法のオイルランプを見つけた少年の話——にかなり忠実なトリートメントだった。アッシュマンは、この企画に本格的に取り組むようになり、メンケンと3曲の楽曲を作り、コンセプトアートも描いたが、スタジオにさっさと棚上げされてしまった。チームはがっかりしたが、いつか日の目を見ることを期待した。もっとも、『アラジン』がだめでも、アッシュマンとメンケンは十分すぎるほど忙しかった。沈みかけていた次回作を立て直すために、カッツェンバーグにはふたりの助けが今すぐ必要だった。

企画の多くがそうだったように、『美女と野獣』もスタジオが創造性にあふれていた1940年代に最初に着想されていた。ところがこの作品に関しては、当時のトリートメントやコンセプトアートが残っていなかったため、原作、つまり1740年に書かれたフランスの同名のお伽話にあたるしかなかった。だが、翻案がうまくいっていなかったため、1989年、まったく新しい方向性を取り入れる必要を感じたカッツェンバーグは、それまでの脚本とストーリーボードをすべて破棄し、ミュージカル映画にすることにした。そしてそのためには、アッシュマンとメンケンの魔法がどうしても必要だった。

残念なことに、ハワード・アッシュマンは病にかかっていた。『リトル・マーメイド』に取り組んでいた1988年にHIV感染と診断された。数種類の薬を併用するカクテル療法、高活性抗レトロウィルス(HAART)療法が開発され、同じウィルスを持つ何百万もの人々の命を救うのは、まだ7年以上も先のことだ。1987年に治療薬であるアジドチミジン(AZT)は承認されていたが、ウィルスがそれに耐性を持つようになった。HIV感染者にはほとんど選択肢がなかった。

アッシュマンは、免疫力が低下し、病気が進行してエイズを発症すると、西海岸へ来ることができなくなった。そこでリンダや他の脚本家やアニメーターたち、一部の幹部までがニューヨーク州フィッシュキルのアッシュマン邸へ足を運び、たびたび町内のレジデンス・インに宿泊した。また、ニューヨーク市内で過ごすことも多く、ゆっくりと散歩をしながらアイデアを検討したりもした。

リンダは、物語にユーモアや可愛さを足そうと、チップという名の愛らしい小さなティーカップのキャラクターを生み出した。そしてベルに対するイメージを頑なに曲げなかった。パンを焼かせるなんてとんでもない。結局、ベルを本の虫にすることで意見がまとまり、それでは動作が緩慢になりすぎるという脚本家の心配に対しては、本を読みながら街を歩き回らせることで解決した。

リンダには、ストーリー部門にひとりだけ、自分のイメージするベルを心から支持してくれる味方がいた。『リトル・マーメイド』を終えたばかりのブレンダ・チャップマンが今『美女と野獣』に取り組んでいた。ベルが野獣の傷の手当てをし、野獣が痛みのあまりベルを脅すように唸るというシーンのストーリーボードを皆で検討していたが、ブレンダは、ベルの受け身の台詞に顔をしかめた。助けようとしている相手に怒鳴られたら、自分だったら怒鳴り返す、と思ったブレンダは、ベルの怒りを引き出し、野獣に言い返させた。「あなたがじっとしてたら、そんなに痛くないわよ！　あなたが脅かすからこんなことになったのよ」。ディズニーのプリンセスがプリンスに怒鳴ったのはこれが初めてだった。

一方のアッシュマンは、ベルの物語を語る助けになる楽曲の数々に、自分の個人的な体験を込めていた。それが何より顕著に現れているのが「夜襲の歌」だ。村人たちが野獣を倒すことを決める場面で歌われる。このとき野獣は、薔薇の花びらが一枚また一枚と散るにつれて、呪いが解かれる望みも薄れつつあった。アッシュマンは自分の病気を恨む気持ちと病気について回る不名誉を歌詞に込めた。「得体の知れぬものは／たとえ誰でも怖くてたまらない」と悪役ガストンが歌う。この言葉は、エイズが招いた恐怖や、１９８０年代から90年代にかけて、アメリカ人が感染者と挨拶のハグをすることさえ怖がった時代にそっくりそのまま当てはまる。エイズは、すでにアッシュマンの友人の命を多数奪っており、彼自身もその病の最終ステージにあった。

ニューヨークにあるセント・ヴィンセント病院では、数人のアニメーターがアッシュマンに会いに来ていた。体重36キロ、エイズによる認知症を患っていた。視力を失い、囁き程度にしか話せなかった。まだ40歳だった。

アニメーターたちは、『美女と野獣』の最初の試写は成功だったとアッシュマンに告げた。作品は世界の各方面から賞賛を受け始めたばかりで、『ニューヨーク・タイムズ』のジャネット・マスリンは、非常に好意的なレビューの中でアッシュマンを「際立って明敏な作詞家」と呼んだが、アッシュマンがその言葉を読むことはなかった。彼は映画公開の8か月前にこの世を去った。1991年にアメリカでエイズに倒れた2万9850人の1人となった。『美女と野獣』のエンドクレジットの最後に、この言葉が現れる。「人魚姫には美しい声を、野獣には魂を与えた私たちの友ハワードへ。一同は永遠に感謝します。ハワード・アッシュマン
1950－1991」

『アラジン』と『ライオン・キング』

アッシュマンの死からちょうど1か月、カッツェンバーグは『アラジン』の作詞作業を再開させた。カッツェンバーグは、この映画を20か月で公開させることに決めていたため、脚本をスピーディに書き直す必要があった。リンダ・ウルヴァートンの出番となり、彼女は1940年の映画『バグダッドの盗賊』を基にいくつか

のストーリーと、ジャファーという悪役を追加した。

変える必要のない要素もあった。メンケンとアッシュマンは、この映画のために楽曲を制作しており、そのうち「アラビアン・ナイト」「フレンド・ライク・ミー」「アリ王子のお通り」の3曲が採用された。だがまだあと数曲ほしかった。カッツェンバーグは、高名なイギリス人作詞家、ティム・ライスを迎え、メンケンと楽曲を完成させた。『アラジン』は1992年11月25日に公開された。興行的に大成功を果たし、興行収入は2億ドルを超えてその年の上位にランク入りした。評論家の反応も非常に良く、その多くが魔人ジーニーを演じたロビン・ウィリアムズの名演技をとくに讃えた。

ところが公開後まもなく、サウンドトラックの一部が人種差別だという批判の声が上がった。その筆頭がメンケンとアッシュマンの手掛けた「アラビアン・ナイト」の歌詞だった。「顔が気に入らなきゃ耳を切り落とす／野蛮な国でもそれがふるさと」。アメリカ・アラブ反差別委員会のロサンゼルス支部から批判を受け、スタジオは1993年に次のように歌詞を変更した。「見渡す限り砂丘が続く／それがおいらのふるさと」

ウォルト・ディズニー・フィーチャー・アニメーションのチームは、ヒット作が続いたことから次の企画――当初は『キング・オブ・ザ・ジャングル』と呼ばれていたが『ライオン・キング』と改題された――に乗り出した。エレン・ウッドベリーは、スタジオの直近4作品で重要な役割を担っていた。『リトル・マーメイド』と翌年の『ビアンカの大冒険　ゴールデン・イーグルを救え！』の両方でキャラクターアニメーターを務め、『美女と野獣』ではベルの父親モーリス、『アラジン』では猿のアブーの原画を担当した。そして次なるチャレンジを待っていた。

ブレンダ・チャップマンも同じだった。6週間サイクルの試用期間を条件に採用されてからわずか4年、今では非常に重要なポジションにいた。次の長編の監督を務めるロジャー・アラーズに、ストーリー部門の責任者になりたいかと聞かれた。それまで一度も女性が就いたことのない仕事だった。ブレンダはためらった。その仕事をやりたいかどうか確信がなかった。部門に愛着がなかったわけではない。唯一の女性ストーリーアーティストとして疎外されていたビアンカと違って男性の同僚に尊重されており、また創造的な自由が認められている職場をありがたいと思っていた。彼女の部屋のドアを力任せに打ち破ろうとする人などなく、むしろ、居心地よく一緒に台詞やストーリーボードを作成していた。ある男性スタッフが身を乗り出して「ねえ、この部署で唯一の女性だって知ってた？」と言い、ブレンダが肩をすくめると、部屋にいる皆が笑った。

でもブレンダは、自分がどんな映画を作りたいかはわかっていた。強い女性が主人公のお伽話だ。そのため次の映画には、ほんとうはチャイコフスキーの1877年のバレエ作品『白鳥の湖』を取り上げてほしいと思っていた。スタジオの過去の女性たち、とくにビアンカとシルヴィアが垂涎《すいぜん》しただろう類の企画だ。残念ながら、その企画は制作に入る前に行き詰まり、長いこと宙ぶらりんの状態になっていた。スタジオ上層部が選んだのは、『ライオン・キング』だった。シェイクスピアの『ハムレット』に着想を得た筋書きで、おじに裏切られた若い王子の復讐と王位奪還の物語だが、その名作戯曲とは異なり舞台はアフリカのサバンナ、主役はライオンだった。

ブレンダは、喋る動物に何の親しみも感じなかったが、仕事を断れないことはわかっていた。そんなことをしたら二度とチャンスをもらえないだろう。ストーリー部門唯一の女性が采配を振るうことになった。紅一点でなくなるのもまもなくだ。昔同じことがあったように、女性ひとりの昇進が大勢の女性を呼び込む。

女性はストーリー部門以外にもいた。アニメーション部門では、『ライオン・キング』制作チームの37パーセントが女性だった。ただ、そのほとんどは第2原画だった。エレンは最初、子ライオン、シンバの母親の原画担当に選ばれた。それはやりがいのある仕事で、重要なキャラクターの造形を任されるというチャンスに、アニメーターなら誰もが飛びつく。だがエレンには自信がなかった。自分には子供がいないし、とくにほしいとも思っていなかった。キャラクターを考えたとき、母親の動きを理解するのが難しいと感じ、断った。

それは厳しい決断だった。他のキャラクターを任される保証もない。数週間が過ぎ、正しいことをしたのだろうかと心配していたところ、作画監督からザズーという鳥、王の右腕のアカハシコサイチョウを担当するように言われた。嬉しかった。そのキャラクターならちゃんとやれる。エレンは、サイチョウについて調べ、その骨格や生態、飛び方を理解することに没頭した。このキャラクターの声優を務めるローワン・アトキンソンについても何時間もかけて調べた。彼の演技スタイルや癖を把握するために、「ミスター・ビーン」と「ブラックアダー」の全エピソードに目を通した。その生意気な性格が姿を現そうとしていた。

とはいえ、ザズーの造形が本当に形になったのは、手描きのスケッチをCAPSに取り込んでからだ。ザズーの羽のフワフワ感、エアーブラシで描いたようなクチバシの色模様、体の鮮やかなブルーはコンピュータでしか作れなかった。タイムラグにはいらついたが、スクリーンで見た最終映像は、彼女がそれまで制作した手描きのアニメーションに引けを取らない満足できる仕上がりだった。

もう1つスクリーン上に見ることができたもの、それはエレンの名前だった。それまでの大勢の女性たちと違って、エレンはきちんとクレジットされた。1980年代から90年代にかけた功績によって、彼女はスタジオ史上初めてスーパーバイジングアニメーター〔特定のキャラクターのデザイナー兼作画監督〕とキャラクターアニメーターとしてクレジットされた。けれども、この輝かしい業績にもかかわらず、エレンは仕事に物足りなさを感じていた。

　スタジオが作る女性キャラクターは、素敵ではあるものの、主体性や人格の面で欠落していると感じることがあった。アリエルに共感することは難しく、自分が友達として選ぶことは想像できなかった。台詞が少ないことが1つの理由として挙げられるかもしれない。『白雪姫』『シンデレラ』『眠れる森の美女』では、女性キャラクターの台詞は全体のおよそ半分。快活ではあるが黙りがちのアリエルが主人公の『リトル・マーメイド』では、68パーセントの台詞を男性キャラクターが占めている。『美女と野獣』では71パーセント、『アラジン』と『ライオン・キング』では、なんと90パーセントを占める。ストーリー部門に再び女性の脚本家たちが戻って初めてこの偏りは正される。

18

闘志を燃やせ！

I'll Make a Man Out of You

リタ・シャオは、そのグリーティングカードを手に取った。表紙には、薄いピンク色の桜に囲まれ、眩しい笑顔をたたえたムーランの絵が描かれている。それは母から贈られたバースデーカードで、開くと「一番の贈り物は、お前を娘に持てたことだ」と印刷されていた。その言葉は、1998年に公開された映画『ムーラン』のために、リタが考えた台詞であり、リタ自身にとっても特別な意味を持っていた。その台詞が書かれたカードを、自分の母親から手渡されるなんて、にわかには信じられなかった。

それはかけがえのない瞬間だった。両親は、それまで彼女のした選択を必ずしも喜んでいなかった。リタは、ニューヨーク州ポキプシーで、中国移民の娘として育った。両親は愛情を表に出すことはめったになかったが、自分が愛されていることはわかっていた。教育熱心で、将来に対する期待もはっきりしていた。ポキプシーはIBMの城下町であり、リタの父親もそこでエンジニアとして働いていたため、娘も同じ業界に進むものだと思われていたのはまちがいなかった。

その両親の思いに応えるように、リタはカリフォルニア大学サンディエゴ校に進学し、AIを専攻した。それが両親のコンピュータに対する情熱と、自分の心理学に対する興味をちょうど合わせたような科目だと思ったからだが、大学の勉強には夢中になれなかった。苦痛な授業を家族のために受けながら、自分のやりたいことを追求できたらと願っていた。

卒業後、両親に、自分が脚本家になりたいことを打ち明け、その足がかりとして、テレビ制作会社の電話受付として就職することにした、と報告した。両親は、落胆の大きさを隠すことができなかった。大学で学んだことを無駄にし、低レベルな仕事に就こうとする娘に、母親が開口一番に聞いたのは、「健康保険には入れるの?」だった。

福利厚生が充実していなくても、その仕事はリタにとって単なる踏み台にすぎなかった。しばらくするとテレビ番組の脚本の仕事に移り、「素晴らしき日々」、次にマーガレット・チョー主演のＡＢＣのシットコム「*All-American Girl*(未/生粋のアメリカンガール)」を担当した。同シリーズが終わると、すでに次回作として『ムーラン』に着手していたウォルト・ディズニー・フィーチャー・アニメーションに採用された。

『ムーラン』の脚本は、「花木蘭」という中国の伝説に基づいている。「花木蘭」がいつ誰によって書かれたのかは不明だが、記録された最も古い文献として、6世紀中国の『古今楽録』に遡ることができる。詩は人々に愛され、民謡として歌い継がれた。歌われているのは、徴兵される年老いた父親に代わり、男性を装って戦に出、家に栄誉をもたらす娘の物語だ。千語に満たない短い詩だが、鮮明な映像にあふれている。「万里の道を駆け戦場へ/冬の冷たい月光が鉄のよろいを照らす」

この美しい詩に導かれながらも、ストーリー部門は、ムーランのキャラクター設定に苦労していた。この企画を持ち込んだのは、ロバート・サン・スーシという民話好きの絵本作家だったが、最初のトリートメントは、元の詩から大きく逸脱していた。その翻案によれば、不幸な中国人女性のムーランは、イギリスの王子と駆け落ちし、母国を去る。陰気で将来に悲観的であり、旅立つ目的——父親を救い、家族の尊厳を守るという——

意識がどこにもない。この作品のシナリオ会議は往々にして混乱に陥った。初めて、カリフォルニアとフロリダの両アニメーションスタジオからアイデアを募ることになった。国を横断するようにアイデアが交わされるにつれ、作品全体が特徴のないものになっていくように思われた。勇敢な戦士だったはずが、不自由なしきたりに疲れ、いつのまにか王子に救われるしかない娘に変わっていた。ストーリーチームが作り上げた自分本位で自分勝手なキャラクターは、アーティストたち自身が嫌っていたはずなのに。

『ポカホンタス』から『ムーラン』へ

ムーランのすぐ前には、ふたりの女性キャラクター、『アラジン』のジャスミン王女と『ポカホンタス』の表題キャラクターがいた。ジャスミンは、西洋化した外見とハーレム風の服装で一部の評論家の怒りを招いたが、ポカホンタス批判はスタイリングとは関係なかった。ウォルト・ディズニー・フィーチャー・アニメーション初のアメリカ・インディアンのキャラクターであり、ウォルト・ディズニーの長編アニメーションで初めて主役になった有色人種の女性だった。

『ポカホンタス』は、1990年に公開されたディズニー映画『ビアンカの大冒険　ゴールデン・イーグルを救え！』の監督を務めたマイク・ガブリエルが、1991年のあるシナリオ会議で『ピーター・パン』に登場するアメリカン・インディアンの女性、タイガー・リリーの絵を掲げたことに始まった。タイガー・リリーの絵の上から鹿革の服が描かれ、頭上には「ウォルト・ディズニー製作　ポカホンタス」と書かれていた。ガブリエルは、企画のヒントになるものがないかと歴史的人物を調べていたところ、アニー・オークリー〔『アニーよ銃をとれ』の題材となった射撃の名手〕やバッファロー・ビル〔西部開拓時代の射撃の名手、のちに興行主〕などに行き当たり、思いついたという。彼のプレゼンは簡潔だった。「イギリスからの入植者を撃退したいという父親の望みと、彼らを助けたいという自分の望みとの間で引き裂かれるインディアンのプリンセス」とプロットを説明した。提案は、会議後そのまま承認され制作開始、という前代未聞のペースで進行した。

上層部が熱心だった理由の1つは、その映画がスタジオですでに検討されていた企画、『ロミオとジュリエット』のテーマと通じるものがあったからだが、ストーリー部門のスタッフは慎重だった。実在の人物を基にキャラクターを作るのは初めてであり、その人生の物語はお伽話とは似ても似つかなかったからだ。

クリエイティブな部分では、アートディレクターを務めたマイケル・ジアイモが作詞家のスティーヴン・シュワルツと作曲家のアラン・メンケンとともに、楽曲に合わせたドラマチックなシークエンスを作り上げた。モルグにあった過去の女性たちの作品がインスピレーションをくれた。没になった作品の中から、アメリカン・インディアンが描かれたコンセプトアートを探ると、1940年代にレッタが手掛けた『*On the Trail*』〔コンセプトアートなどが残されているが、実際には制作はされなかった〕があった。また、1937年公開の短編『小さなインディアン ハイアワサ』も見つかったが、マイケルが誰よりも心を寄せたのはメアリー・ブレアであり、『ポカホンタス』の劇中歌「カラー・オブ・ザ・ウィンド」の歌の情感を伝える色を選ぶときにも参考にした。

「いつも心の中に彼女がいます」と彼は言う。「一度も会ったことがないのに」

1995年、リタがちょうど入社した頃に公開された『ポカホンタス』は、17世紀、植民地化されたバージニア州を舞台に、先住民族パウアタン族の女性とイギリス人ジョン・スミスとの出会いをフィクション化して描いている。映画はそこそこ利益を出したものの、前年に公開され、ファーストランで7億6300万ドル売り上げて歴代興行収入2位にランキングされた『ライオン・キング』と比べると、ヒットしたとは言えなかった。人種間の寛容と環境保護を促す物語構成や、アニメーションを高く評価するレビューも多かったが、「ありきたり」という厳しい批評もあり、あるレビュワーは有名な着せ替え人形をもじって、主人公を「ポカ・バービー」と呼んだ。しかし、最ものっぴきならない批判は、新聞や雑誌ではなく、パウアタン・レナペ・ネイション〔自治権を有する部族政府〕の指導者たちが出した声明だった。「この映画は、原型をとどめないほどに歴史を歪め、（中略）パウアタン・レナペ・ネイションの犠牲の下に、不誠実で利己的な神話を永続させる」

当然、制作した脚本家の中で、脚本が史実に則っていると主張できる者はいなかった。実際の10代後半のポカホンタスは、ジョン・スミスと恋に落ちる映画のヒロインと違って、ジェイムズタウンの入植者の捕虜にされ、ジョン・ロルフという男と結婚させられる。そして20代前半でイギリスで亡くなった。ストーリー部門は、こうした史実が子供たちには不向きだと考えたのだが、事実を抜き去った結果、ポカホンタスは駆り立てられる情熱も、個性もない、味気ないキャラクターになってしまった。

『ポカホンタス』の反響渦巻く中、また『ムーラン』がストーリーボードで行き詰まる中、リタがストーリー部門に加わった。リタは、ひとりの若い女性として自分が経験していることが、ムーランをもっと共感できるキャラクターにするために役立てられると直感した。自分のアイデンティティを築き上げたいという気持ちと、家族の栄誉を守りたいという気持ちの葛藤が自分のことのようにわかった。それはストーリー部門に大きく欠けていた視点だった。ブレンダ・チャップマンは、ジェフリー・カッツェンバーグ、スティーヴン・スピルバーグ、デヴィッド・ゲフィンが設立した新しいベンチャー、ドリームワークス・アニメーションに移っていた。

そして『ポカホンタス』の制作チームには有色人種の女性がひとりもおらず、ストーリー部門のスタッフ15名あまりのうち、女性脚本家はたったひとりだった。

『ムーラン』の制作チームは、スタジオの内外でよく一緒に過ごすようになった。旅行したり、週末に出かけたりして、映画のキャラクターについてひたすら話し合った。東西両海岸で始まった企画だったが、脚本と作画をフロリダが主体となって進める最初の作品になる。チームの集中力と情熱の強さは、数十年前のストーリー部門と変わらなかった。ムーランのイメージが徐々に形になりつつあった。自分に期待されていることは何かを考え、兵士として生きることが父親を助けるだけでなく、本当の自分を発見することにもつながるということに気づく娘。ムーランが相手役とキスをして終わるという結末案を誰かが提案すると、チームは力づくで抵抗した。ムーランには、お決まりの女性主人公像を演じてほしくなかった。「そのエンディングはやめましょう」とリタは言った。ムーランが中国を救ったばかりであることを指摘し、「キスは後でもいいと思います」と言った。

『トイ・ストーリー』への20年におよぶ歩み

革新的な筋書きで今までにないディズニーの女性主人公像が作られようとしていたが、技術面では、ライバルに大きく遅れをとっていた。『トイ・ストーリー』を観たリタは、すぐにそのことに気づいた。『トイ・ストーリー』は、1995年にピクサーが公開した世界初の全編CGによる長編アニメーション映画だ。その4年前、ウォルト・ディズニー・フィーチャー・アニメーションの社長ピーター・シュナイダーは、ピクサーの最初の長編3作への出資と配給をエド・キャットムルに申し出ていた。それはウォルト・ディズニー・カンパニー始まって以来の出来事であり、その提案自体が、ピクサーの技術と芸術性に大きな将来性を認めたことの証だった。申し出は3作品を対象としたものだったが、1本目の成功が条件になっていた。

ウォルト・ディズニー・フィーチャー・アニメーションにしてみれば、賭けに出る意味は十分にあった。スタジオはこのところ連続してヒット映画を出していたが、技術力は標準以下だった。いまだに10年近く前の、原始的ともいえるCAPSを使用していたのだが、一方のピクサーは、3DCGアニメーション技術を開発していた。

それは長い道のりだった。エド・キャットムルは、20年間このゴールを目指して必死にやってきた。ピクサーの根気強いエンジニアたちは、ハードウェアを構築し、その後グラフィック言語を開発した。1987年、プログラムの1つを、当時の人気商品、ソニーのウォークマンにあやかって、RenderMan（レンダーマン）と名付けた。

RenderManは、長年の発明に次ぐ発明によって得られた最新成果だった。曾祖父にあたるのは、スケッチパッド、つまりキャットムルの卒論指導にあたった先生が1963年に開発した、コンピュータ画面に形――最初の対話型アニメーション――を描いたソフトウェアだ。次に登場したのは、1972年にキャットムルが制作したデジタル化した手、つまりフィルムに録画された最初の3DCGであり、その次がCAPS、つまり仕上げのコンピュータシステムだ。

キャットムルがCGの手に、本物の皮膚のような外観を持たせることができたように、RenderMan

も2次元または3次元のモデル上に、フォトリアリスティックな画像を作成することができた。「凹凸《バンプ》と質感《テクスチャー》のマッピング」と呼ばれるこのプログラムは、『トイ・ストーリー』に登場する恐竜のおもちゃ、レックスの緑色の鱗肌を作ることも、スペース・レンジャーのフィギュア、バズ・ライトイヤーの透明なリトラクタブルヘルメットを作ることもできた。パティシエがデザートをデコレーションするようなもので、ケーキを焼くのはアーティストだが、フロスティングを施すのはプログラムだった。

フロスティングには手間がかかったが、出来上がったケーキは素晴らしかった。アニメーション事業は、短編ものや他社向けのコマーシャルなど小規模のスタートだったが、レンダリングには途方もない時間を要したため、そうした小さな仕事でも苦労した。アニメーター用ソフトに対して、ハードウェアがとにかくパワー不足だった。遊び好きの電気スタンド［のちにコーポレートロゴになる］を描いた2分の短編アニメーション『ルクソーJr.』（1986年）を制作したとき、処理能力が低すぎて、背景をつけることさえできなかった。かつてウォルト・ディズニー・フィーチャー・アニメーションのアニメーターで、ピクサーの初期メンバーでもあるジョン・ラセターは、12・5秒の映像を制作するのに、会社のコンピュータで5日かかっている。手描きアニメーションの倍の日数だ。処理速度、メモリ、HD容量がアニメーターの野心に追いつくのは、1990年代に入ってからである。

今、10年前のピクサー・イメージ・コンピュータであくせくしているのはウォルト・ディズニー・フィーチャー・アニメーションだった。その間に、ピクサーのコンピュータエンジニアは、『トイ・ストーリー』をシリコングラフィックス社のワークステーションを使ってCG制作し、その後、「サンルーム」と呼ばれるサン・マイクロシステムズ社のワークステーションSPARCstation 20が何ラックも並んだ一角で、1日24時間レンダリング〔画像を自動的に生成すること〕を行った。『トイ・ストーリー』の制作には4年かかった。81分の映画には、仕上げ係も動画マンも従来のアニメーターもいらなかった。必要だったのは、アニメーター28名、テクニカルディレクター（技術責任者）30名を含むわずか110名のスタッフと機械の稼動時間80万時間だった。

『トイ・ストーリー』は公開と同時に大ヒットしたが、それは革新的な技術のおかげだけではなかった。製作予算わずか3000万ドル、国内ファーストランだけで1億9180万ドル売り上げ、1995年の最高興行収入を記録した。『ポカホンタス』はその足元にも及ばなかった。『トイ・ストーリー』はアカデミー脚本賞を含む3部門にノミネートされ、アニメーション映画では、史上最高の栄誉に輝いた。物語はわかりやすく、観客の共感を呼んだ。おもちゃの目線で語られる映画は観客の目に新鮮に映ったが、少年とおもちゃの優しい絆を描いた作品の中に、ただ1つ足りないものがあった。それは重要な女性キャラクターの存在だった。

その点、ウォルト・ディズニー・フィーチャー・アニメーションは違った。1998年、『ムーラン』が公開された。スタジオ初の中国人プリンセスの造形に重要な役割を果たしたリタにとって、緊張と喜びの瞬間だった。ほとんどのレビューが好意的だったが、批判も一部あった。『タイム』誌は「敵を倒してかっこいい、つまり男まさりの少女像がウケているが、それが複雑な世の中を生きていく少女たちのためになるのだろうか」と書いている。興行成績は悪くなく、国内ファーストランで1億2000万ドル売り上げた。だが、フロリダのスタジオではなく、ピクサーの革命的な技術にアニメーションの未来があると見て取ったリタは、その後ピクサーへ移り、『トイ・ストーリー2』（1999年）に取り組むことになる。

生まれ変わるディズニー・プリンセス

映画監督のブレンダ・チャップマンは、2003年にその会社へ移籍したとき、自分の肩書きを「ピクサーのお飾り女性ストーリーアーティスト」と冗談めかして記した名刺を持ち歩いていた。彼女は、2つのスタジオの違いをこう説明している。「私が仕事を始めたとき、ディズニーのストーリー部門には私ひとりしか女性がいませんでしたが、その頃は女性が主役の〝プリンセスもの〟を手掛けていたので、他の女性キャラクターを強化する必要を感じませんでした。（中略）三枚目といえば男性と決まっていました。ここピクサーでは、男の子向けの映画ばかりなのですが、意識的にそうしているのではなく、自分たちが観たい映画を作っているだけでしょう。（中略）ピクサーへはジョー・ランフトに誘われ、『カーズ』（2006年）の女性キャラクターを〝それらしく〟してほしいと言われたんです。ピクサーは男の子集団のようなスタジオで、今まで女性キャラクターという発想がほとんどなかったようです。いてもおかしくないと思えるときでも、です。たとえば、『トイ・ストーリー』のスリンキー・ドッグやレックスが女性でもよかったですよね？」

ブレンダが気づいたピクサーとディズニーの違いは、大きく変化しようとしていた。2006年、エド・キャットムルを幾度も門前払いした会社が、ついにピクサーを74億ドルで買収したのだ。舵を取ったのは、再びウォルト・ディズニー・カンパニーの経営陣に喝を入れることにしたロイ・E・ディズニーだった。その結果、2005年にマイケル・アイズナーが会社を去り、ロバート・アイガーがCEOに就任した。両社のアニメーションスタジオは、財務上は合併したが、クリエイティブは分かれたままであり、それぞれの拠点も、ピクサーはエメリーヴィル、ウォルト・ディズニーのアニメーションスタジオはグレンデールに残った。この合併により、ブレンダ・チャップマンは再びディズニーの傘下に入ることになった。ウォルト・ディズニー・カンパニーに入社した時から20年近くが経っていた。

ブレンダは、女性キャラクターが映画で果たす役割に、新たな重要性を見出していた。彼女から見て、ディズニー・ルネサンス期のプリンセス――アリエル、ベル、ポカホンタス、ジャスミン――は、1940年代から50年代のヒロインと、自分が創りたい未来の女性アニメーションキャラクターとを橋渡しする存在だった。今のピクサー映画の女性たち――『モンスターズ・インク』（2001年）のブー、『ファインディング・ニモ』（2003年）のドリー、『レミーのおいしいレストラン』のコレット、『ウォーリー』（2008年）のロボットEVE、『バグズ・ライフ』（1998年）のアッタ――は愛らしいが、多面性や奥深さを欠いていた。ブレンダは今、自分や会社のためだけでなく、娘のために映画を作っていた。

母親業の責任の重さとしんどさときたら。出勤前に3歳の娘エマを幼稚園へ送らなければならない朝はとくに慌ただしい。まだよちよち歩きの幼児なのに、まるで思春期真っ只中の子のようだ。ブレンダがいくら言っても、朝食を食べようとせず、着替えようとせず、靴を履こうとしない。出勤してからもまだ朝のバタバタが頭から抜けない毎日に、先が思いやられた。エマが実際に思春期になったら、娘との関係はいったいどうなるのだろう。そんな疑問から1つの映画が生まれようとしていた。

その映画は『メリダとおそろしの森』。気の強いスコットランドのティーンエイジャー、メリダの物語だ。逞しく鍛えられた体と、おさまりの悪い赤毛は、それまでのディズニー・プリンセスの外見とは一線を画している。ストーリーも違う。彼女はひとりの男性に依存しないプリンセスだ。びっくりすることに、白雪姫やシンデレラ、アリエル、ベル、ジャスミン、ポカホンタスと違って、このヒロインには存命の母親がいる。実際、物語は、母娘の複雑な関係と、最後にそれを修復する魔法に焦点が当たっている。ブレンダは新しい名刺を作った。『お飾りの女性監督』。だが残念なことに、その役職を全うしていない。作品が公開される前に、クリエイティブ面での意見の相違を理由にスタジオを辞めている。悔しい経験をした。「女性が言うと通らないアイデアも、男性が言うと歓迎されます。女性が一定数、高い役職に就かない限り、同じことがいつまでも繰り返されるでしょう」

『メリダとおそろしの森』には他にも問題がいくつかあった。前評判が良くなかったのだ。その冷やかな見方には、スタジオの直近のプリンセスもの2作品の評価が影響していた。スタジオ初のアフリカ系アメリカ人プリンセス、ティアナを主人公とする『プリンセスと魔法のキス』（2009年）と、1812年にグリム兄弟が出版したドイツのお伽話を原案とする『塔の上のラプンツェル』（2010年）だ。どちらも興行成績は悪くなかった。『プリンセスと魔法のキス』は、国内ファーストランで1億4400万ドル稼いだが、人種に関する描写で非難を浴びた。『ニューヨーク・タイムズ』はこう書いている。「ようやく黒人のプリンセスが現れたと思ったら、スクリーン上ではほとんどの時間、カエルだった」

『塔の上のラプンツェル』のほうが幾分良く、大部分は好意的なレビューを得、国内ファーストランの興行収入は2億ドルを超えたが、その成功も高額な製作費のせいで帳消しとなった。その金額は2億6000万ドルとされ、史上最も高いアニメーション映画の記録を打ち立てた。だが、どちらのプリンセス映画も、衆目を集めたピクサーの一連のヒット作――ファーストランで3億3400万ドル売り上げた『ファインディング・ニモ』や、2億4400万ドル売り上げた『カーズ』――とは比べものにならなかった。

こうした先例を見て、一部の映画業界人は、『メリダとおそろしの森』を女性にしか受けない「スタンダードなプリンセスもの」として切り捨てようとしていた。そのため、2012年6月10日に封切られた同作品が、そうした壁を打ち破ったのは意外なことだった。レビューは概ね高評価であり、国内ファーストランで稼いだ金額は、2億3730万ドルに上った。

第85回アカデミー賞の長編アニメーション映画部門で見込薄と考えられていた『メリダとおそろしの森』がオスカーを獲ったときは、業界に大きな衝撃が走った。ブレンダは、この部門で史上初の女性受賞者となった。自分が挨拶する番になったとき、彼女は迷わずインスピレーションの源、「強くて美しい最愛の娘、エマ」に感謝を述べた。

金のオスカー像を手に誇らしげに立つブレンダを見て、映画の世界を変革しようと、世界中から女性アーティストがバーバンクに押し寄せた。彼女たちが勝利できるかどうかは、ビアンカ、シルヴィア、レッタ、メアリー、そしてディズニー黄金時代を支えたすべての女性たちの肩にかかっていた。

19

生まれてはじめて

For the First Time in Forever

2011年のある日の午後、1本の電話がジェニファー・リーの運命を変えた。コロンビア大学の同級生、フィル・ジョンストンがアメリカの反対側からこう訊ねた。「カリフォルニアに移住する気ない？　明日とか？」。彼は、ウォルト・ディズニー・アニメーション・スタジオ〔2007年にウォルト・ディズニー・フィーチャー・アニメーションより改名〕で脚本家とプロデューサーをしており、長編映画『シュガー・ラッシュ』（2012年）を手伝いに、8週間ロサンゼルスに来てほしいという。

ジョンストンは、ジェニファーをすばらしい脚本家だと思っていたが、ジェニファー自身は、自分にどれだけ価値があるのか、自信が持てなくなることがあった。1992年にニューハンプシャー大学で英語英文学を学んだ後、ニューヨークへ移り、出版社ランダムハウスでグラフィックアーティストとして働き始めた。ストーリーテリングの世界に踏み入れた第一歩だった。30歳のとき、コロンビア大学大学院フィルムスクールのホームページに釘付けになった。申し込むのは不安だったが、どうしても入りたかった。勇気を振り絞り、気がつくと年長の学生のひとりになっていた。卒業から7年、賞をいくつか受賞し、2つの脚本でオプション〔原作使用契約に先立って、対価と引き換えにスタジオが一定期間、映画化を独占的に検討し、映画化するかどうかを選択できる権利〕契約を結んでいたが、どちらも制作資金が集まらず、宙に浮いていた。『シュガー・ラッシュ』の脚本家のひとりとして起用されることは、それこそ今のキャリアに必要なことだった。

その映画は、ゲームセンターに贈る愛のソネットであり、ヒーローになりたいアーケードゲームの悪役と、やりたいことをやらせてもらえない少女との友情の物語だった。ジェニファーは、「見事にぶっ壊れた愛すべき個性的なキャラクターたち」が大好きになり、仕事に没頭した。約束の期間はあっという間に過ぎ、ジョンストンからもう少し、完成するまで残ってほしいと言われた。スタジオをぶらついていたとき、ある別の企画が目に止まった。見たところ、その脚本とコンセプトアートには、まだまだ手を加える必要がありそうだった。

「ありのままで」、修正すべき点が1つもなかった楽曲

その「雪の女王」の物語は、それまでの多くの企画と同じように、着想されてから長い年月が経っていた。『ファンタジア』と『ダンボ』を手掛けたストーリーアーティスト、メアリー・グッドリッチが最初のトリートメントを書いたのは1938年だ。1840年代にハンス・クリスチャン・アンデルセンが書いた原作は、7つの断片的な話からなり、はっきりとした物語の筋がないため、映画用に改作するのは容易ではなかった。それでも、愛の力が人を救い、弱い子供たちが有害な大人に勝利するという繰り返されるテーマに惹かれない人はいなかった。物語の最後に、子供たちは捕らえられていた氷の城を脱出する。最後の文章が心を揺さぶる。

「こうしてふたりは、からだこそ大きくなっても、やはりこどもで、心だけはこどものままで、そこにこしをかけていました。ちょうど夏でした。あたたかい、みめぐみあふれる夏でした」〔楠山正雄訳、青空文庫〕

1939年、「雪の女王」の物語は、実写とアニメーションを組み合わせた、ハンス・クリスチャン・アンデルセンの伝記映画の一部として企画が進められ、最終的に支持は得られなかったが、忘れ去られたわけではなかった。アンデルセンのお伽話はストーリーアーティストの間で人気が高く、長編映画の原案としてよく候補に挙がり、その都度新たな解釈が加えられた。1940年に『リトル・マーメイド』を熱心に推したシルヴィアが思い知ったように、その中ですぐに制作に移行するものは少なかったが、将来もしかして、という可能性に賭けてアーティストたちは取り組み続けた。

1977年、マーク・デイヴィスが再び「雪の女王」を取り上げた。マークは、アニメーターからイマジニアになり、「ジャングルクルーズ」「ホーンテッドマンション」「カリブの海賊」などライド系アトラクションのデザインに携わっていた。今度の新しい企画は、ディズニーランドの夏の暑い時期にぴったりな、ひんやりとするアトラクションで、ブロンドの髪をサイドに編み下ろし、流れるような光きらめくガウンを着た雪のプリンセスをイメージした乗り物だった。マークは、雪の結晶の装飾と夜空を照らすオーロラのスケッチを描いた。長い階段と広いバルコニーのある魔法がかった雪の城を模造氷で建てる。そのイメージ画は美しかったが、広く支持を得られず、結局実現することはなかった。

しかし良いアイデアというのは、必ずまたどこかで頭をもたげるものだ。1990年代半ば、「雪の女王」は、悪役エルサが貧しい農民アナの心を凍らせるアクションアドベンチャー・アニメーション映画として再検討された。コンセプトアートに描かれた意地悪な女王は、肌が青く、髪の先端が尖り、生きたイタチのコートを着て、言わばクルエラ・ド・ヴィルの氷版だった。エルサは、結婚式で相手に裏切られたことから、報われぬ愛の痛みを二度と感じることがないように、自分の心を凍らせる。

ジェニファーも、スタジオの他のメンバーも、物語を退屈に感じた。女性キャラクターたちに個性がなく、ほとんど区別がつかなかった。ジェニファーが観たのは、アニマティックと呼ばれる絵コンテを映像化したもので、従業員は誰でも自由に観てコメントすることができた。何十年も前から続いている慣習であり、ウォルトがよく企画段階の映画へのフィードバックを求めて活用した。ジェニファーは、ストーリーボードを眺めながら、この映画をむしろ『リトル・マーメイド』と同じ流れのミュージカルとしてイメージした。ジェニファーのコメントはチームの心を捉え、まだ『シュガー・ラッシュ』を終えていなかったにもかかわらず、「雪の女王」の監督クリス・バックから脚本家として参加を依頼された。

ジェニファーは、この映画の楽曲制作を担当するロバート・ロペスとクリステン・アンダーソン＝ロペス夫妻と密に仕事を始めた。1980年代から90年代にかけてのメンケンとアッシュマン、1960年代の『メリー・ポピンズ』におけるシャーマン兄弟の頃のように、作詞家・作曲家とスタジオとの深いパートナーシップが蘇った。

ジェニファーが苦心していたこともあり、悪役エルサをどのようなキャラクターに仕立てるかや、魔法の力を持つ孤独感についてチームで議論し始めた。ロペス夫妻は、そうした感情に思いを馳せる楽曲のデモ音源を流した。その楽曲「ありのままで」をストーリーチームで聴きながら、ジェニファーは部屋を見渡した。涙がこみ上げるのを感じ、見るとスタッフの半分が泣いていた。ありのままの自分でいたいというエルサの思いを力強く表現したその楽曲には、修正すべき点が1つもなかった。だがエルサのキャラクターは、全面的に変更する必要があった。「脚本を一から書き直さなきゃ」とジェニファーは声に出して言った。

当初から17か月という厳格な期限を与えられていたため、時間はあまりなかった。エンディングは、アナが自分の命を犠牲にしてエルサの命を救う、というのがチームの総意としてすでにあったが、どうやってそこへ行き着くかがまったくノーアイデアだった。エド・キャットムルは、採用したばかりのジェニファーに完全な自由を与えていた。2006年のピクサー買収後、キャットムルは、ウォルト・ディズニー・アニメーション・スタジオとピクサー・アニメーション・スタジオの両方の社長に就任していた。500キロほど離れたスタジオを行ったり来たりし、週に2日、グレンデールのグループの相談に乗るのが常だった。そんな折、ジェニファーに言った。「作品に必要なことは何をしても構いません。やりたいようにやってください。でも、その瞬間は自力でつかまないといけません」とエンディング案について言った。そしてこう付け加えた。「それができたら素晴らしい映画になるし、できなかったら、その映画はおしまいです」

女性が何百人も出席した「姉妹サミット」

それでもまだ映画の方向性が見えずにいたとき、誰かがそのマジックワードを言った。「姉妹」。このときまでエルサとアナの間には何のつながりもなかった。その瞬間、ジェニファーにとってこの作品がかけがえのないものになった。脚本に心のつながりを取り入れようと、それまで以上に仕事に打ち込んだ。きょうだいから拒絶されたらどんな気持ちになるのかを考えながら、姉と自分自身との関係を思い出していた。

ジェニファーは、ロードアイランド州イーストプロヴィデンスで女ばかりの家族で育った。小さい頃から本を読んだり絵を描くことが大好きだった。子供のときに『シンデレラ』に夢中になり、その1950年のクラシック映画をVHSで50回は観ただろうか、映画の1秒1秒が記憶に刻まれている。劇中歌「これが恋かしら」を聴いていた当時は、作品のアートディレクターを務めたメアリー・ブレアという女性が自分のキャリアに影響を与えるとは、夢にも思っていなかった。

お伽話の「いつまでも幸せに暮らしましたとさ」は、両親という目の前の現実には、明らかに当てはまらなかった。父と母の離婚後、姉のエイミーとは固い絆で結ばれていたが、成長するにつれ、徐々にお互いから離れていった。ジェニファーにしてみれば、姉との縁が切れてしまったようにも感じた。ニューハンプシャー大学で英語英文学の学生だった20歳のとき、ある悲しい出来事がきっかけで、姉妹はようやく絆を取り戻した。ジェニファーの恋人が事故で溺死し、その後の辛い時期に、エイミーが有無を言わせずそばに寄り添ってくれた。大人同士、新しい関係を築けた。「あのときからずっと私の心強い味方でいてくれています」とジェニファーは語る。その体験を作品に込めた。

プロデューサーのピーター・デル・ヴェッチョは、作品に対する彼女の情熱と献身、そしてあと1年で映画を完成させなければならない現状を考え、クリス・バックと共同監督を務めてほしいとジェニファーに依頼し、彼女はスタジオ初の長編映画の女性監督に就任した。

監督のひとりとなったジェニファーは、作品の核心をなす家族関係を、真実味を持って描く必要を強く感じた。そこでチームは、前例のない「姉妹サミット」なるものを開催する。ある意味、昔に逆戻りしたようなアイデアだ。スタジオでかつて盛んに行われていた大人数のシナリオ会議の復活を思わせたが、女性が何百人も出席する会議は、スタジオ始まって以来のことだった。

サミットには、ウォルト・ディズニー・アニメーション・スタジオのあらゆる部門から女性スタッフが集められた。それぞれが順番に自分の体験を話し、女性であること、姉妹であることの意味について話し合った。洋服を巡るきょうだい喧嘩のような可愛い話もあれば、困っているきょうだいを助けたという深い話もあった。

脚本家とストーリーアーティストは、数日間にわたる姉妹サミットから新たなインスピレーションを得た。拒絶や孤独、壊れることのない姉妹の絆などのテーマから、エルサとアナの間の微妙なバランスが生まれた。アナは、多くの女性たちの記憶にあった妹、つまり遊び相手をほしがる小さな妹として「雪だるまつくろう」を歌う。この歌は悲痛すぎるように感じられて一度カットされたが、なぜ昔みたいに仲良くできないのか理由を話して、とアナが姉に懇願するとおり、姉妹関係の核心を突いた歌になっている。また、ジェニファーの娘とロペス夫妻の娘が映画の中でこの曲の一部をそれぞれ歌っており、個人的な意味でも感慨深い楽曲になった。

そして、欠点のないプリンセスは描きたくなかったジェニファーは、女性キャラクターに人間味を与えることにもこだわった。下ネタで得をするのは普通男性キャラクターだが、彼女は、プリンセスのアナをガスが溜まりやすい体質にした。アナのげっぷは、シナリオ会議でくすくす笑いを誘った。大きなテーマも見えた。ジェニファーの指南で、作品の中心的なコンセプトは、「愛は恐怖心に勝つ」に拡大された。

メアリー・ブレアへのオマージュ

姉妹サミットが終わりに近づいた頃、マイケル・ジアイモが傍聴者として入室した［男性がサミットで発言することは禁止されていた］。それは彼の目から見ても、スタジオ史に残る記念すべき瞬間であることにまちがいなかった。「ディズニーの活力の極み」とのちに振り返っている。マイケルは、入社して数十年、さまざまなポジションを転々としたが、メアリー・ブレアの作品に対する情熱は強まるばかりだった。『アナと雪の女王』では、メアリーが担っていたアートディレクターの役割を務め、この女性パイオニアから学んだことを映画のスタイリングに活かした。参考にしたのは、1954年の短編アニメーション『冬の出来事』〔1948年公開のパッケージ映画『メロディ・タイム』を構成する1本として制作され、のちに独立した短編として公開〕の氷や雪の描写で、とくに感情の強さの度合いを色の変化で表現している点に衝撃を受けた。氷の色が白一色ではなく、空やキャラクター、各シーンの動きを反映している。

マイケルは、そうした考え方を自分の色使いに取り込み、色に感情的な意味合いを持たせる方法を工夫した。エルサが怒りながら氷の城を歩き回るときは壁が冷たい赤に、落ち着いた静かなシーンでは、凍ったような水色がシーン全体を染める。黄色にも、雪の中に明るいマゼンタを流し込み、頭上のオーロラを反射させるという役割を与えている。最初に黄色を使うと言ったときは「黄色い雪ってことはないよね?」と幹部に心配されたが、この色を物語につなげる方法を見出した。つまり、緊張の高まるシーンで、注意信号として、赤に変わる前に使ったのだ。

『アナと雪の女王』でのマイケルの試みは、大胆なコンセプトアートを恐れずに描けた時代を思い出させる。彼はメアリーを自分のミューズだと言い切る。「映画の枠を超えた、1つの純粋な芸術スタイルです。作品なんです。それ自体が完結した表現なんです」

数千台のコンピュータが磨き上げたエルサの氷の城

『アナと雪の女王』で光彩を放ったのは物語だけでなく、この映画には、スタジオ史上最も先端をいく特殊効果が使われている。作品に取り組んだ80名のアニメーターの手によって、すべて形の異なる雪片が2000種以上制作された。そして大量の雪を作るために利用されたのが、ミズーリ大学の研究者が開発した「マテリアル・ポイント・メソッド」と呼ばれるコンピュータ生成ツールだった。もともとは、建物の構造が火事や爆発によって受ける影響を予測し、土木設計や建築材料を改良するためのシミュレーション手法だ。ディズニーは、雪玉がぶつかったときの壊れ方や氷の城の砕け方を再現するために、このアルゴリズムを応用している。

技術的に最も苦労したのが、エルサの氷の城の細部の造作だった。城の玄関ホールの長い階段を映したシークエンスは、映り込む繊細な氷の壁やバルコニーも相まって、4000台のコンピュータ［2013年の『モンスターズ・ユニバーシティ』に要したマシンの倍］を動員して1フレームずつレンダリングした。エルサが氷の城のバルコニーに踏み出すフレームは、1フレームのレンダリングだけで、数千台ものコンピュータを使って、同時期の他の映画をはるかに凌ぐ5日以上かかっている。ちなみに、『カーズ2』（2011年）の1フレームのレンダリングに要した時間は11時間、『モンスターズ・ユニバーシティ』は29時間だった。彼らが『アナと雪の女王』のシーンにいかに細部までこだわったかの証であり、やっと作りたいものが作れる計算能力を手に入れたということでもあった。

セルロイドの天井を打ち破るふたりの姉妹

『アナと雪の女王』の制作中、アニメーターがスケッチできるようにと、スタジオに生きたトナカイが連れてこられた。柔らかいビロードのような角を持つ堂々たる動物を囲む場面は、70年以上前に、ウォルトが『バンビ』のために子鹿を2頭連れてきたときのスタジオを彷彿とさせた。当時、スケッチの輪に加わっていた女性は、レッタ・スコットだけだった。今は、12人の女性アニメーターがこの作品に取り組んでいた。『アナと雪の女王』の美しいストーリーと映像は、ウォルト・ディズニー・アニメーション・スタジオのストーリー部門とアニメーション部門における女性の再台頭なしにはあり得なかった。1970年代から80年代にかけて、実質的に女性アーティストがいなかった両部門だが、今では新しい才能にあふれている。ビアンカやシルヴィアと同じような役割を担うビジュアル・デベロップメント・アーティストとして働くクレア・キーンやジーン・ギルモアをはじめとする新世代は、個人の多様な体験を作品にもたらした。

友人や同僚にフォーンと呼ばれるプラサンスク・ヴェラサントンも、この作品のストーリーアーティストだった。フォーンはタイのチョンブリ県で生まれ育ち、子供の頃に『ダンボ』を何度も見て、メアリー・ブレアがデザインした、母象が鼻で赤ちゃんを抱きしめる場面で泣いた。19歳のときに、学生ビザでアメリカに渡り、オハイオ州の美術学校に通った。最初は英語が苦手だった。会話がなかなか上達しなかったため、言葉なしでコミュニケーションがとれる映画という視覚的媒体に大きな魅力を見出した。

フォーンは、アニメーションスタジオを転々としたのち、2011年にウォルト・ディズニー・アニメーション・スタジオのストーリー部門にたどり着き、『アナと雪の女王』に取り組んだ。彼女の採用はもはや異例のことではなく、フォーンは、今ではスタジオに迎えられた多くの女性や移民のひとりにすぎない。

最初に取り組んだのは、ビートボードと呼ばれるストーリーボードの一種だった。既存のシークエンスに収まるアイデアを素早く提案するために使用される。彼女が描いたのは、幼いアナとエルサが宮殿の大広間で雪遊びをしたり、雪だるまのオラフとスケートをしたりするお転婆な姿だった。そこには、すべてが歪んでしまう前の、エルサの魔法のとりこになる姉妹の子供らしい驚きが表現されている。ストーリールームでは、エアコンの温度を下げ、「パーティーはおしまいよ」のシークエンスの最後の仕上げが行われた。大人になったエルサが、とうとうアナやホールいっぱいのゲストに魔法の力を見せてしまう。このシーンに感情的な含みをもたらしたのはフォーンだった。アナとエルサに寂しげな表情をさせることで、姉妹関係の悪化を説明した。

2013年11月に映画が公開されたとき、世界中の観客からの反響を誰も予期していなかった。レビューは、いつものディズニー映画と同じで賛否入り混じっていた。『ヴァラエティ』誌は「個性に欠けるメインキャラクターたち」を批判し、『ニューヨーク・デイリー・ニューズ』紙は「記憶に残る劇中歌」がなかったとし、オンライン誌『スレート』はサウンドトラックが「音楽的に薄い」と非難した。その他の批評家はもっと好意的で、作品をスタジオの「第2のルネサンス」と呼んだ。興行的にも話題を提供した。公開から101日で10億ドルを超え、興行収入の史上最高記録を打ち立てた。

第86回アカデミー賞で、ジェニファー・リーは、映画にインスピレーションを与えてくれた姉妹関係への感謝を表して、姉のエイミーとレッドカーペットを歩いた。『アナと雪の女王』は長編アニメーション映画部門でオスカーを受賞し、セルロイドの天井（ハリウッド版ガラスの天井）が打ち破られた。ディズニーの女性スタッフとして、2つの劇的な「初」があった。ディズニーの女性アニメーション映画監督がアカデミー賞を受賞したのが初めてであり、女性監督の映画が興行収入10億ドルを超えたのも史上初めてだった。

2日後、スタジオのオフィスで、フォーンは待望の黄金の像を両腕に抱きかかえた。自分が手伝って取れた賞の重さをこの手で実感するのは、恐れ多いことだった。チームの一員になれたことを心から誇りに思った。自分の名前がクレジットされ、アカデミー賞のトロフィーを（一時的に）握ることができた。女性のストーリーアーティストが何十年も得られなかった「認められた」という実感が彼女にはあった。

『ズートピア』と『モアナと伝説の海』

新しい企画が立ち上がっていた。ジェニファーもフォーンも、野心的なウサギの女性警官を主人公とし、差別と寛容という大きなテーマに挑む『ズートピア』（2016年）に取り組んだ。作品は高評価を得、『USAトゥデイ』誌に「人種に基づく選別、ステレオタイプ、他者に対する先入観の問題が独創的な方法でさりげなく織り込まれている」と賞賛された。フォーンは、興行的成功を収めた『モアナと伝説の海』（2016年）にも取り組んだ。これは、自然界にバランスを取り戻し、人々を救うために海に選ばれた、ポリネシアの打たれ強いヒロインの物語だ。彼女はそれを「相手役の男性」の助けをまったく借りずに成し遂げる。『ヴァラエティ』誌は、「ディズニー・ルネサンス最盛期の再来」とまで評した。

万人に受ける映画というものはない。確かに、ディズニーの最近のアニメーション映画はどれもジェンダーや人種の扱いにおいて完璧ではない。今は温かい賞賛を得ている作品でも、20年後には、必要な視点や感覚が抜けているとみなされるかもしれない。それでも、スタジオが作る最近の映画は業界の変化を象徴しており、それぞれの作品の背後には、子供の頃に聞いた物語を生まれ変わらせようとする覚悟を持った生身の人間がいるのだ。

2018年、フォーンはストーリー部門のトップに昇進した。彼女たちストーリーアーティストは、先達の偉業を引き継ぎ、古いステレオタイプに邪魔されずに、その創造力で女性や多様な文化のキャラクターを表現する新時代を切り開こうとしている。

もっと大きな平等の実現

戦いは続くだろう。それは3Dアニメーションの技術的な側面に限らない。女性は長い間、職場での性的嫌がらせや差別について沈黙を守ってきた。2017年の#MeToo運動が台頭して初めて分野を超え、とくにエンターテインメント業界で沈黙の覆いが外され始めている。

ピクサー・アニメーション・スタジオとウォルト・ディズニー・アニメーション・スタジオの元最高クリエイティブ責任者ジョン・ラセターが、女性に繰り返し不適切行為を行った疑いで2017年に休職したとき、社員の驚きは、必ずしも上司の振る舞いに関してではなく、彼ほど影響力のある人間がついに責任を問われたという事実に関してだった［ラセターは、自分の行動が「明らかにまちがっていた」と述べ謝罪した］。今後もアニメーション業界内からそのような訴えが他にも出てくるかもしれないが、明るみに出ない虐待は年々減っていくだろう。この業界もようやく前に進みだしたようだ。

何世代も前からアニメーション業界の女性はその種の虐待に耐え、今でも多くが根気強く耐えている。ウォルト・ディズニー・スタジオの初期の女性たちには、創造的な自由と影響力はあったが、姉妹サミットのようなことはとてもできなかった。せいぜいシルヴィア・ホランドが『ファンタジア』の「くるみ割り人形」のシークエンスのために行ったシナリオ会議で、女性たちが集まり、男性スタッフが女性的すぎると揶揄した筋書きを作り上げたのが、一番近い出来事だろう。

自信に満ちた女性アーティストであふれたシナリオ会議で、次の作品のビジョンが作り上げられる――そんな日がいずれやって来ると先駆者たちが知ったら、もちろん喜ぶに違いない。けれど、ビアンカ・マジョーリーがストーリー部門に入った日から80年以上も経った今、それで十分なのだろうか。

ピート・ドクターはそうは思っていない。2018年、彼はジェニファー・リーと共に、それぞれピクサーとウォルト・ディズニー・アニメーション・スタジオの最高クリエイティブ責任者としてラセターの立場を引き継いだ。ふたりとも企業文化の改革に意欲的だ。ドクターはまた、遅ればせながらスタジオの女性パイオニアたちの功績がきちんと認知されるようにしたいと思っている。彼は1990年、カルアーツを卒業した翌日にピクサーに入社した。入社した当初から、今のアニメーションがいかに過去の影響を受けているかを強く意識していた。監督デビュー作『モンスターズ・インク』では、メアリー・ブレアの色使いにインスピレーションを得た。監督のひとりを務め、大好評だった『カールじいさんの空飛ぶ家』（2009年）では、主人公の最愛の亡き妻エリーを、ブレアのイメージで作り上げた。映画の中のエリーの絵画作品に、伝説のアーティストへの賛辞を込めた。ブレアのスタイルは、同じくドクターが監督した『インサイド・ヘッド』（2015年）の少女のカラフルな脳内にも現れている。

近年やっと日の目を見たメアリー・ブレアの作品だが、無邪気さや喜びといった一貫したテーマにインスパイアされる人の中で、彼女が苦しみや、時には暴力の中で作品を制作していたことを知る人は少ない。メアリーの作品が改めて注目され、新しい映画作品に影響を与え続けるのと同じように、正当に評価されなかった同時代のすべての偉大な女性アーティストの遺産を蘇らせるべきではないだろうか。

今、彼女たちのインスピレーションはかつてないほど必要だ。科学分野では、女性の人材不足がしばしば嘆かれ、どこの組織も科学・技術・工学・数学の分野にもっと女性を取り込もうと努力しているが、映画制作の現場において女性の存在はそれ以上に小さい。全米の美術学校でアニメーションを学ぶ学生の60％は女性だが、ハリウッドのアニメーターのうち女性は23％しかいない。興行収入上位100作品の脚本家のうち女性は10％、監督は8％にすぎない。サンディエゴ州立大学テレビ・映画業界の女性研究センターが発表した2018年の調査報告書によれば、女性監督の存在は、上から下へ浸透するようにクルーに影響を及ぼし、女性が脚本家、編集者、撮影スタッフ、作曲家として雇われるケースが増えるという。カナダ、フランス、日本を含め世界中で制作された映画で同様の調査結果が出ている。

スクリーンに映る女性も少ない。アメリカ映画の興行収入上位100作品のうち、女性が主人公の作品は全体の24％にも満たない。2017年の長編アニメーション映画では、この割合はわずか4％と驚異的に低い。1980年代に漫画家のアリソン・ベクデルによって、当初は面白半分に考案されたベクデル・テスト［ベクデル・ウォレス・テストとも呼ばれる」は、今ではエンターテインメント業界で女性がどのように描写されているかを評価する一般的な方法になっている。ベクデル・テストに合格するには、3つの条件を満たす必要がある。第1に、作品に最低でも女性がふたり登場すること。第2に、女性同士が会話を交わすこと。第3に、その会話で男性以外のことが語られること。以上の単純な3条件を満たさない映画は驚くほど多い。1970年から2013年の間に製作されたハリウッド映画1794作品のうち、合格したのはわずか53%だった。

映画を通して初めて社会や、その中での男女の役割に触れる子供たちは多い。未来の世界は、子供たちのその多感な心の中で形づくられる。もっと大きな平等を実現することは、未来の世界にとって有益でしかない。

ビアンカの絵が紙屑と化した後で

ビアンカは恐怖のあまり、ビリビリに破かれ、床に散らばった自分の絵を残して、シナリオ会議を飛び出した。1937年のその運命の午後に、廊下を走って逃げた彼女は、ストーリー部門ただひとりの女性であることを恨んだ。孤立が一番の苦痛だった。もし今ディズニーのアニメーションに携わる女性たちが時空間を越えて、ビアンカに手を差し伸べることができたなら、こう言って彼女を安心させるだろう。いずれ状況は良くなる。だから「大丈夫。焦らないで」と。

ハピリー・エバー・アフター

Epilogue

Happily Ever After

5歳の娘とディズニーランドのトゥモローランドに立っている。目の前には、向かい合わせに立つ2枚の巨大な壁画。「ママ、どうしてこの絵を見てるの?」。娘のエレノアが訊ねる。私たちの周りで来園者たちがうごめく。「宇宙が好きだから?」。確かに宇宙、とくに惑星の画像が好きで、そのことを娘はよく知っているが、この16メートル長のカーブした壁を眺めているのは、そのためではない。

「そこにメアリー・ブレアというアーティストが、子供たちが遊んでいる素敵な絵のタイル壁画を作ったのよ」と私は壁を指差しながら答える。「でももう見られないの」。「隠れているだけでしょ、ママ?」とエレノアは少し悲しい顔になった。私たちが眺めているのは今の壁画だ。惑星や宇宙船が描かれているが、味気なく、生命感がない。私はそうだと頷いてみせるが、答えの半分は嘘だ。片方の壁画は1986年に剥がされ、撤去された。だが、1967年に創られたメアリー・ブレアのもう一方の壁画はまだその場所に残されている可能性がある。望むらくは漆喰の層の下に、手付かずのまま埋もれて。その壁画は、メアリーの豊富なレガシーと同じように、私たちの目の前にあるにもかかわらず、隠されたままだ。

気を取り直し、エレノアと「イッツ・ア・スモールワールド」のライドに乗る。ボートが揺れながら運河を進み、洞窟のような空間に入って行くと、そのまばゆさと楽しさに私たちは一瞬にして笑顔になる。「エッフ

メアリー・ブレアによるディズニーランドの壁画、1960年代。現存するかは不明
（ブレア家提供）

エル塔の横にあるあの人形見える？」と娘に尋ねるが、1つも見逃すまいと頭を右に左に忙しなく振り、熱狂して声を上げる娘に聞こえたかどうか最初はわからない。「赤い風船を持っている人形？」と娘が興奮気味に叫ぶ。「そう、それよ。短いブロンド髪の。それがメアリー・ブレア、このアトラクションを作った人よ」。エレノアは私のほうを向いて、ニコッとして言う。「ここ大好き」

そう思うのは娘だけではない。ディズニーランドは、ウォルトによって絶えず変わっていくように構想され、コンスタントに古いアトラクションを新しいものに入れ替えているが、変わらぬ人気の「イッツ・ア・スモールワールド」は、1978年7月26日にそのデザイナーが脳出血で他界してから40年以上経った今も、パークで不動の地位を得ている。ウォルト・ディズニー・スタジオの週刊ニュースレターは、メアリーの逝去を他の記事に埋もれるような短文で報じた。その号の一面を飾ったのは、同じ月に亡くなった顧問税理士の写真と長文の追悼記事だった。

晩年、メアリーは身内の人々と平穏な生活を送った。姪たちを可愛がり、よく絵を描いた。色使いのセンスは晩年衰えを見せたが、最後は取り戻し、絶頂期の作品と同じくらい色鮮やかで、喜びにあふれた風景画を描いた。カリフォルニア州キャピトラのエピスコパリアン派の教会で、参列者もまばらな葬儀の後、遺灰は海に撒かれた。1991年、メアリーに栄誉あるディズニー・レジェンドの称号が授与された。相変わらず妻を妬ましく思うリー・ブレアは、友人にこう言った。「なぜメアリーに称号を与える？　死んだのに」。そして授与式に出席しなかった。

メアリーの親友、レッタ・スコットも、晩年は安らぎと満足の日々を送った。1980年代にはアニメーション界に見事に返り咲いた。制作会社ネペンシー・プロダクションズの映画『*The Plague Dogs*（未／疫病犬と呼ばれて）』（1982年）に取り組み、またフリーランスで短編アニメーションやコマーシャルなどに携わった。息子のベンジャミンは、こう言われたという。「対象を理解しなければ何も描けない」。それは彼女の深い経験から出た言葉だ。1985年に脳卒中で倒れ、体力と会話能力を奪われた。1990年8月26日に74歳で帰らぬ人となる。手描きアニメーションの終焉とほぼ時を同じくしてこの世を去った。

グレイス・ハンティントンは、飛行の世界で名を上げ、速度と高度の記録を多数打ち立てた。1948年に35歳で夫と5歳の息子を残し、結核で亡くなった。夫は、1940年代当時治療法のなかった細菌感染だけでなく、航空業界の女性への偏見に最後まで打ち勝つことができなかった失意も、妻の死期を早めたと感じている。グレイスが結核を患ってまもなく、米軍が航空機輸送を志願する女性パイロットを募集した。長らく夢見ていたチャンスだったが、間に合わなかった。

シルヴィア・ホランドは、1946年にウォルト・ディズニー・スタジオを一時解雇された後、MGMスタジオに入社した。その後、児童書のイラストレーターになり、さらにその後はグリーティングカード・デザイナーになった。1950年代には、長らく発揮していなかった建築の知識を活かし、住宅を2軒設計して建てたのち、新しい趣味に興じ始めた。昔ディズニー・スタジオの野良猫に餌をあげたりして可愛いがるほどの猫好きが高じて、バリニーズという新種のシャム猫の繁殖に力を注ぎ、国際的評価を受けた。その品種は今も存在し、バーバンクのスタジオをうろつく猫たちも変わらず健在だ。老齢期には関節炎に悩まされたシルヴィアだが、痛みやそれによる衰弱を押して絵を描き続けた。いつか回想録を書きたいと考えていたが、その機会は残念ながら訪れなかった。1974年に脳卒中で他界した。

最後に笑ったのは、ビアンカ・マジョーリーだ。ストーリー部門初の女性は、1930年代の同世代の人の中では長い人生を送った。スタジオを辞めた後、同じアーティストのカール・ハイルボーンと結婚した。ふたりはハイルボーン・スタジオ・ギャラリーを開設し、そこでよくビアンカの作品を展示した。ギャラリーは、ハイペリオン・アベニュー沿いの、彼女のアニメーション人生が始まった場所から少し下ったところにあった。晩年は視力が落ち、絵を描くことが難しくなった。「もう絵具には触らないと思う」と彼女は言った。「だけどもし触ることがあったら、絵具ポットに指を浸して子供のように描くわ。子供に戻ってまた人生を一からやり直せたら素敵でしょうね」。ビアンカは、1997年9月6日、96歳でこの世を去った。

葬られたディズニーランドの壁画のように、世に埋もれても、女性アーティストたちの作品は、私たちの周りで息づいてる。たとえその名が、一緒に仕事をした男性たちの名前に取って代わられ、忘れられているとしても。彼女たちは、映画の女性キャラクターを進化させ、技術の進歩に寄与し、性別の壁を打ち崩し、今日の映画やアニメーションで観られるようになった、女性に力を与える物語の礎を築いた。何億人という子供たちが、彼女たちの芸術の恩恵を受けて育った。その数は今後も尽きることはない。

謝辞

いろいろなことがうまくいかなかった時期に、読者の皆様から届いたメッセージや身の上話に元気づけられ、また筆を取る気になれた。心からお礼を申し上げたい。この本は、マギー・リチャードソンなしでは書きえなかった。終始私を励まし、無限とも思われる研究資料を準備し、その優れたストーリーテリング能力で私の決意を固めてくれた。取材に応じ、思い出と共に記録資料を共有してくれたディズニーの社員および元社員、その家族と友人のすべて——ジーン・チェンバレン、バークレー・ブラント、ベン・ウスター、セオ・ハラデー、アン・ターヴィン、スティーブとスージー・オノパ、キャロル・ハナマン、マイケル・ジアイモ、ピート・ドクター、ブレンダ・チャップマン、エレン・ウッドベリー、リタ・シャオ、その他大勢——に感謝を捧げる。調査を手伝ってくれた多数のディズニー史研究家、とくにジョン・ケインメーカーには多大なる尽力をいただいた。写真、アートワーク、インタビュー記録、シナリオ会議の議事録など、彼の貴重なコレクションがなければ、この本は書けなかった。私が存在すら知らなかった資料を見つけるなど、調査を手伝ってくれたキャサリン・プラッツをはじめとする図書館員やアーキビストの皆様に特別な感謝を捧げる。また、研究を支援してくれただけでなく、その豊かなコミュニティの一員に迎えてくれたハイペリオン・ヒストリカル・アライアンスのメンバーにも深く感謝したい。

いつも支援し励ましてくれる素晴らしいエージェント、ローリー・アブケマイヤーがいなかったら、私は道に迷っていただろう。才能あふれる編集者、アシヤ・マチニックには感謝してもしきれない。その知識と経験の恩恵に預かる幸運を噛み締めている。原稿が大幅に改善されただけでなく、機知に富んだ編集とコメントで私を笑顔にしてくれたジェーン・ヤッフェ・ケンプとトレイシー・ロウに感謝を述べる。

以下の方々にも感謝の意を表す。メットヒルのファミリー――レイチェルとジェリー・コークリー、スージーとベン・バード、エリザベス・キーン、ショーン・キャッシュマン、サラ・エリオット。ベンタッキーのクルー――エリザベス・ショー、エムリン・ジョーンズ、ジェニファーとペイソン・トンプソン、ティム・フラナガン、J・Aとジョリン・マクファーランド、エイミー・キャンター、スコット・アンブラスター。親愛なる友人たち――生涯の大親友アナ・セルツァー、ドロシーとマリアーノ・デグズマン、ジェレミー・ベネット、レベッカ・リー、リッチ・セゲルスキー、ダーシーとマーク・トゥイティ、リサとルーサー・ワード、デボラ・ワード、ミーガン・ファーニス。暗い日々に私を元気づけてくれた悪ガキたち——クリスティン・ラスコン、アシュリー・ミケルズ、エイミー・マケイン、アマンダ・ウェッブ、シェリー・マギル、ケイト・ブラム、ミシェル・ダンリー、リサ・フナリ、サマンサ・ウィルソン、ジェシカ・サカスキ、エリカ・ヒルデン、A・J・ランド、アンドレア・アレクサンダー、ステイシー・ウィリアムズ、ホリー・バトン、ジェナ・ウッド、レイチェル・ネルソン、エリカ・ジョハンセン、ジェシカ・ミッドランド、キャリー・スラマ、ベッキー・ブラウン、キンバリー・フィリップ、アマンダ・シュスター、ヴァレリー・ホルジー、クレア・ライス、ロージー・フォーブス、キャリン・グッドマン、キエルスティ・ピロン、エイミー・ブラックウェル。先生方——ジェニファー・オライリー、ミズ・マックール、コリーシャ・ブラクストン、ステイシー・アイルズ、ジャクリーン・ロザリオ。私の家族——マルコ・カッツ、ベッツィー・ブーン、ジョイス・ブーン、ローズ・グランドガイガー、クレアとジェリー・マクリーリー、シェーンとフラニーとルビーとハリソンとアンドリュー・ベセリー、スコット・ホルト、シア・ホルト。愛するハナ・ホルト。亡き父と祖父——ケネス・フライ・ホルト。

私の人生で誰よりも大切な人々——夫のラーキン、そしてその好奇心で毎日私に刺激をくれる娘のエレノアとフィリッパ。ありがとう。

索引

人名索引

事項索引

註

本書は、マギー・リチャードソン、ジーン・チェンバレン、バークレー・ブラント、セオ・ハラデー、ベンジャミン・ウスターのそれぞれの家族の所蔵品、およびアニメーション史家ジョン・ケインメーカーによって収集されたアーカイブ資料に大きく基づいている。公開されているケインメーカーの卓越した研究成果に加えて、同氏の膨大な公開・非公開のインタビュー、シナリオ会議の議事録、書簡、写真、創作物から、スタジオとその女性従業員に関する豊富な詳細情報を得た。ケインメーカーが行った未公開のインタビューを、同氏の許可を得て使用し、経歴情報の中核とした。シナリオ会議の議事録は、個人の所蔵品や脚本ライブラリ、アーカイブから取得した。さらに、筆者自らウォルト・ディズニー・スタジオおよびピクサー・アニメーション・スタジオの現旧の従業員およびその友人や家族を取材した。

とくに断りのない限り、ビアンカ・マジョーリー、シルヴィア・ホランド、レッタ・スコット、グレイス・ハンティントン、およびメアリー・ブレアの人物資料は、書簡、メモ、スケッチ、写真、日記、および親類、友人、同僚へのインタビューによって入手した。

I
若かりし日
One Day When We Were Young

ビアンカ・マジョーリーの作品例その他の情報について詳しくは下記を参照。
ディディエ・ゲズ、ウォルトディズニージャパン『ディズニー黄金期の幻のアート作品集―THEY DREW AS THEY PLEASED Vol.1 1930年代に活躍した4人のアーティストの人生と、その素晴らしき作品たち』(CLASSIX MEDIA、2016年)
John Canemaker, *Before the Animation Begins: The Art and Lives of Disney Inspirational Sketch Artists* (New York: Hyperion, 1996)
John Canemaker, *Paper Dreams: The Art and Artists of Disney Storyboards* (New York: Hyperion, 1999)

ビアンカ・マジョーリーが『白雪姫』のコンセプトを提案した会議の詳細と会話は、1937年1月25日のシナリオ会議の記録、ビアンカの手紙、友人へのインタビューより取得した。
ビアンカ・マジョーリーの悲惨なストーリー会議の回想と「これだから女性は使えないんです」から始まるコメントを下記より。
Didier Ghez, ed., *Walt's People, vol. 9, Talking Disney with the Artists Who Know Him* (Bloomington, IN: Theme Park Press, 2011)

アメリカ赤十字社での勤務を含むウォルト・ディズニーの経歴の背景は下記を参照。
ニール・ゲイブラー『創造の狂気―ウォルト・ディズニー』(中谷和男訳、ダイヤモンド社、2007年)

ニューヨークのJ.C.ペニーのオフィス従業員が見た1929年の株式市場崩壊の背景については、元従業員とその家族への取材により取得した。

サウンドを同期させたミッキーマウス初のアニメーション映画については下記を参照。
Dave Smith, "Steamboat Willie," Film Preservation Board, Library of Congress

---

トーマス・エジソンは、1927年3月4日の『フィルム・デイリー』紙で「アメリカ人はサイレントドラマのほうが好きだ」と述べている。

映画に音がどのように組み込まれたかについては下記を参照。
Scott Eyman, *The Speed of Sound: Hollywood and the Talkie Revolution, 1926–1930* (New York: Simon and Schuster, 1997)
Tomlinson Holman, *Sound for Film and Television* (Abingdon, UK: Routledge, 2010)

クリックトラックの歴史と技術については下記を参照。
Mervyn Cooke, ed., *The Hollywood Film Music Reader* (Oxford, UK: Oxford University Press, 2010)

ウォルト・ディズニーが初期に直面した財政問題、および1926年式ムーンロードスターの売却については下記を参照。
Timothy S. Susanin, *Walt Before Mickey: Disney's Early Years, 1919–1928* (Jackson, MS: University Press of Mississippi, 2011)
L.H. Robbins, "Mickey Mouse Emerges as an Economist," *New York Times*, March 10, 1935

ビアンカ・マジョーリーとウォルト・ディズニーの間の書簡については下記より。
ゲズ他、前掲書

給与に関する情報は、ニューヨーク大学ボブスト図書館アーカイブズにあるファレスコレクションの中のジョン・ケインメーカー・アニメーション・コレクションに保管されている社員記録から取得した。

ディズニー人体デッサン教室の起源については下記を参照。
Michael Barrier, *The Animated Man: A Life of Walt Disney* (Berkeley, CA: University of California Press, 2007)

『白雪姫』の製作に関する情報は下記を参照。
J.B. Kaufman, *The Fairest One of All: The Making of Walt Disney's Snow White and the Seven Dwarfs* (San Francisco, CA: Walt Disney Family Foundation Press, 2012)

ストーリーボードの起源については下記を参照。
Chris Pallant and Steven Price, *Storyboarding: A Critical History* (Berlin, Germany: Springer, 2015)

1930年代における男女職業分離の歴史、およびウォルト・ディズニー・スタジオから送られた断り状の例は下記より。
Sandra Opdycke, *The WPA: Creating Jobs and Hope in the Great Depression* (Abingdon, UK: Routledge, 2016)

グレイス・ハンティトンとウォルト・ディズニーの面接については下記より。
ゲズ他、前掲書

2
口笛吹いて働こう
Whistle While You Work

スタジオがハイペリオン・アベニュー2719番地にあった初期の頃の情報は下記を参照。
ボブ・トマス『ウォルト・ディズニー』(玉置悦子・能登路雅子訳、講談社、1995年)

「ウォルト・ディズニーがアーティストを募集」の広告は、『ポピュラーメカニクス』誌1936年4月号に掲載された。この広告で、ウォルトの「ナイン・オールド・メン」を含む多くの才能あるアーティストが採用された。

ビアンカ・マジョーリーによる『バンビ』に関する初期の研究については、当時の彼女の手紙とその後のインタビューに記録がある。背景については下記を参照。
Canemaker, *Before the Animation Begins*

フェーリクス・ザルテンの作品とその意義について詳しくは下記を参照。
Paul Reitter, *Bambi's Jewish Roots and Other Essays on German-Jewish Culture* (New York: Bloomsbury, 2015)

ザルテンが用いたverfolgen(独)はpersecute(しつこく追いかける)ともhunt(狩る)とも英訳され、人間の残酷さと万能さの議論に続く。『バンビ』における文化的同化のテーマについて詳しくは下記を参照。
Paul Reitter, "The Unlikely Kinship of "Bambi" and Kafka's "Metamorphosis"," *The New Yorker*, December 28, 2017

ハル・ホーンとその「ギャグファイル」については下記を参照。
Daniel Wickberg, *The Senses of Humor: Self and Laughter in Modern America* (Ithaca, NY: Cornell University Press, 2015)

ドロシー・アン・ブランクについては下記を参照。
ゲズ他、前掲書
Pallant and Price, *Storyboading*

マルチプレーンカメラとその開発史は下記を参照。
Whitney Grace, *Lotte Reiniger: Pioneer of Film Animation* (Jefferson, NC: McFarland, 2017)

アブ・アイワークスの主だった貢献については下記を参照。
Leslie Iwerks and John Kenworthy, *The Hand Behind the Mouse* (Glendale, CA: Disney Editions, 2001)

『白雪姫』の華やかな初演については下記を参照。
Kaufman, *The Fairest One of All*

作品のクレジットに対するスタジオ社員の不満については下記を参照。
トム・シート『ミッキーマウスのストライキ!——アメリカアニメ労働運動100年史』(久美薫訳、合同出版、2014年)
Todd James Pierce, *The Life and Times of Ward Kimball: Maverick of Disney Animation* (Jackson: University Press of Mississippi, 2019)

3
星に願いを
When You Wish Upon a Star

1930年代のロサンゼルスの歴史、1923年の原油の供給増加については、米雇用対策局連邦作家計画による下記資料を参照。
Los Angeles in the 1930s: The WPA Guide to the City of Angels (Berkeley: University of California Press, 2011).

ツタンカーメン王の発掘、その後の流行について詳しくは下記を参照。
Ronald H. Fritze, *Egyptomania: A History of Fascination, Obsession and Fantasy* (London: Reaktion Books, 2016)

ウォルト・ディズニー・スタジオのアーティストたちに影響を与えたヨーロッパのイラスト作家については下記を参照。
Bruno Girveau, ed., *Once Upon a Time: Walt Disney: The Sources of Inspiration for the Disney Studios* (Munich: Prestel, 2007)

『ピノキオ』の台詞に関する分析は下記を参照。
Clancy Martin, "What the Original Pinocchio Says About Lying," *The New Yorker*, February 6, 2015

アーノルド・ギレスピーのMGMでの経歴については下記を参照。
A. Arnold Gillespie, *The Wizard of MGM: Memoirs of A. Arnold Gillespie* (Albany, GA: BearManor Media, 2012)

『ピノキオ』に採用された視覚効果については下記を参照。
J. B. Kaufman, *Pinocchio: The Making of the Disney Epic* (San Francisco: Walt Disney Family Foundation Press, 2015)

仕上げ部門が『ピノキオ』で採用した技法は下記を参照。
Mindy Johnson, *Ink & Paint: The Women of Walt Disney's Animation* (Glendale, CA: Disney Editions, 2017)

ミッキーマウスのキャラクター商品に関する歴史については下記を参照。
Alan Bryman, *The Disneyization of Society* (London: Sage Publications, 2004)

バーバンクの51エーカーの土地に対するウォルト・ディズニーの頭金については下記を参照。
Erin K. Schonauer and Jamie C. Schonauer, *Early Burbank* (Mount Pleasant, SC: Arcadia Publishing, 2014)

ペニシリンの歴史については下記を参照。
Eric Lax, *The Mold in Dr. Florey's Coat: The Story of the Penicillin Miracle* (Basingstoke, UK: Macmillan, 2004)

グレイス・ハンティントンと同僚との会話は、1939年1月19日のシナリオ会議の議事録より取得。

スタジオでのバーバラ・ワース・ボールドウィンのエアブラシの役割については下記を参照。

Johnson, *Ink & Paint*

『ハリウッド・シチズン・ニュース』紙に掲載されたレビューは下記より引用。
ゲズ他、前掲書

4
花のワルツ
Waltz of the Flowers

「これはカートゥーンの媒体ではありません」で始まるウォルト・ディズニーの言葉は、コンサート映画『ファンタジア』に関する1938年12月8日のシナリオ会議での発言。議事録よりそのまま引用。

ウォルト・ディズニーとレオポルド・ストコフスキーの伝説的な出会いと、その後のファンタサウンドの進歩につながるコラボレーションについては下記を参照。
Tomlinson Holman, *Surround Sound: Up and Running* (Abingdon, UK: Taylor and Francis, 2008)

イーゴリ・ストラヴィンスキーのウォルト・ディズニーとの関わりと「抗う価値のない愚行」という引用句は下記より。
Daniel Albright, *Stravinsky: The Music Box and the Nightingale* (Abingdon, UK: Taylor and Francis, 1989)

作曲家イーゴリ・ストラヴィンスキーと振付師ジョージ・バランシンとのコラボレーションについては下記を参照。
Charles M. Joseph, *Stravinsky and Balanchine: A Journey of Invention* (New Haven, CT: Yale University Press, 2002)

ジョージ・バランシンの若い頃については下記を参照。
Robert Gottlieb, *George Balanchine: The Ballet Maker* (New York: HarperCollins, 2010)

『くるみ割り人形』全編のアメリカ初のバレエ公演は、1944年12月24日、サンフランシスコ・バレエ団によって行われた。アメリカにおけるバレエ公演の歴史については下記を参照。
Sarah Begley and Julia Lull, "How The Nutcracker Colonized American Ballet," *Time*, December 24, 2014

ファンタサウンドの開発について詳しくは下記を参照。
Mark Kerins, *Beyond Dolby (Stereo): Cinema in the Digital Sound Age* (Bloomington: Indiana University Press, 2010)

ヘイズコードの規制内容については下記を参照。
Thomas Doherty, *Hollywood's Censor: Joseph I. Breen and the Production Code Administration* (New York: Columbia University Press, 2009)

『ファンタジア』のキャラクター「サンフラワー」に関する議論は下記を参照。
Johnson Cheu, *Diversity in Disney Films: Critical Essays on Race, Ethnicity, Gender, Sexuality, and Disability* (Jefferson, NC: McFarland, 2013)

サンフラワーの制作に関する会話は、1938年10月17日のシナリオ会議の議事録より引用。シルヴィア・ホランドが『田園』のために考えたコンセプトは、この時期のシルヴィア自身のスケッチやメモから引用した。

全米有色人種地位向上協会(NAACP)とハリウッドのスタジオ上層部との間の交渉に関する情報は下記を参照。
"Better Breaks for Negroes in Hollywood," *Variety*, March 25, 1942

「作品の中で唯一不満」の引用は下記より。
Pare Lorentz, "Review of Fantasia," *McCall's*, February 1941

『田園』の「作品のどん底」という評は下記。
John Culhane, *Walt Disney's "Fantasia"* (New York: Abradale Press, 1983)

「時の踊り」のモデルとして参加したハッティ・ノエルについては下記を参照。
Mindy Aloff, *Hippo in a Tutu: Dancing in Disney Animation* (Glendale, CA: Disney Editions, 2008)

———

続くハッティ・ノエルを笑い者にしたコメントは、リー・ブレアの手紙より引用。


———

『くるみ割り人形』のシナリオ会議に関する情報は、1938年の議事録より取得した。


———

ウォルトによる「目を半分閉じたときに見えるものです」の発言の引用元は下記。

ゲイブラー、前掲書

———

アイディル・ワイルド・ネイチャー・センターでハーマン・シュルタイスが撮った写真、及び『ファンタジア』の雪の結晶や露の滴の制作に使用されたストップモーションなどの撮影技術については下記を参照。

John Canemaker, *The Lost Notebook: Herman Schultheis and the Secrets of Walt Disney's Movie Magic* (San Francisco: Walt Disney Family Foundation Press, 2014)

———

BLBマスクは、1938年に考案され、医学界に導入された。
W. I. Card et al., "The B.L.B. Mask for Administering Oxygen," *Lancet* 235, no. 6079 (1940)

———

グレイス・ハンティントンの初めて飛行高度記録の記事。

"Woman Flyer Sets Altitude Record," *Los Angeles Times*, August 1, 1939

———
ギョウ・フジカワの経歴に関する情報は、1994年10月27日にジョン・ケインメーカーが行ったインタビューに基づき、許可を得て使用した。
Edwin McDowell, "Gyo Fujikawa, Creator of Children's Books," *New York Times*, December 7, 1998
Elaine Woo, "Children's Author Dared to Depict Multiracial World," *Los Angeles Times*, December 13, 1998

———

アニメーションを100フィート制作することでスクリーンにクレジットが載るというウォルト・ディズニー・スタジオの決まりは、初期の頃から1980年代まで続いていたという。下記を参照。
J. B. Kaufman, "Before Snow White," *Film History* 5, no. 2 (1993)

———

オスカー・フィッシンガーの論文や作品は現在、ロサンゼルスにあるセンター・フォー・ビジュアル・ミュージックに保管されている。彼の経歴については下記を参照。

William Moritz, "Fischinger at Disney," *Millimeter* 5, no. 2 (1977)

———

スタジオ在職中に、オフィスのドアに鉤十字を留められた事件については下記より。

William Moritz, *Optical Poetry: The Life and Work of Oskar Fischinger* (Bloomington: Indiana University Press, 2004)

———

1930年代後半の国境における日本とソ連の紛争について詳しくは下記を参照。

スチュワート・D・ゴールドマン『ノモンハン1939——第二次世界大戦の知られざる始点』(山岡由美訳、みすず書房、2013年)

———

スタジオの用途に関するイライアス・ディズニーと息子ウォルトとの会話については下記を参照。

Sarah Kimmorley, "Why Walt Disney's Animation Studio Is Nicknamed 'the Hospital,' " *Business Insider*, August 24, 2017

———
1930年代から40年代のヨーロッパにおけるミッキーマウスの人気については下記を参照。
Richard J. Evans, *The Third Reich in Power* (New York: Penguin, 2006)
Carten Laqua, *Mickey Mouse, Hitler, and Nazi Germany: How Disney's Characters Conquered the Third Reich* (New Castle, PA: Hermes Press, 2009)
Robin Allan, *Walt Disney and Europe: European Influences on the Animated Feature Films of Walt Disney* (Bloomington: Indiana University Press, 1999)

———

ウォルト・ディズニーによる100万ドルの経費削減宣言については下記を参照。

ゲイブラー、前掲書

———

『ピノキオ』の製作予算と収益は、boxofficemojo.com および the-numbers.comを参照した。


———

『ファンタジア』のプレミアおよびその後の冷

めた反応については下記を参照。
Charles Solomon, "It Wasn't Always Magic," *Los Angeles Times*, October 7, 1990
Neal Gabler, "Disney's Fantasia Was Initially a Critical and Box-Office Failure," *Smithsonian*, November 2015

5
リトル・エイプリル・シャワー
Little April Shower

レッタ・スコットが描いた『バンビ』のスケッチを、強健な男性が描いたものだと勘違いしたとアニメーターたちは説明している。
Ollie Johnston and Frank Thomas, *Walt Disney's Bambi: The Story and the Film* (New York: Stewart, Tabori and Chang, 1990)

ペントハウスクラブについては、1943年のウォルト・ディズニー・スタジオの社員ハンドブックと下記に紹介されている。
Don Peri, *Working with Disney: Interviews with Animators, Producers, and Artists* (Jackson: University Press of Mississippi, 2011)

「『バンビ』はうちで作る作品ではないと思っていた」というウォルト・ディズニーの発言は下記より。
ゲイブラー、前掲書

フェーリクス・ザルテンの執筆歴とドイツで出版が禁止された理由は下記を参照。
Paul Reitter, "*Bambi*'s Jewish Roots" *Jewish Review of Books* (Winter, 2014)
Paul Reitter, *Bambi's Jewish Roots and Other Essays on German-Jewish Culture* (New York: Bloomsbury, 2015)

「原画マンたちの願い空しく」の文章は、レッタ・スコットが個人的に所有していた1940年の社内ニュースレターおよび以下より引用した。
Johnson, *Ink & Paint*

ミリセント・パトリックの名でも知られるミルドレッド・フルヴィア・ディ・ロッシの経歴については下記を参照。
Tom Weaver, David Schecter, and Steve Kronenberg, *The Creature Chronicles: Exploring the Black Lagoon Trilogy* (Abingdon, UK: McFarland, 2017)

グレイス・ハンティントンが個人的に所有していた「ウォルトのかねてよりの願いです」で終わる社内メモは、1939年1月17日に回覧された。

スタジオおよび仕上げ部門で働く女性の人数については下記を参照。
Johnson, *Ink & Paint*

タイラス・ウォンの経歴は、スミソニアン協会アメリカ芸術アーカイブ所蔵、1965年1月30日のタイラス・ウォンへのオーラルヒストリーインタビューより入手した。ほか下記を参照。
Canemaker, *Before the Animation Begins*
Pamela Tom, *Tyrus* (PBS, American Masters, 2017)

タイラス・ウォンは、上記の3つの参照元のすべてで、スタジオで人種差別的発言があったと回想している。

エリス島とエンジェル島で移民が受けた待遇の比較、および「今にも崩れそうな建物の寄せ集め」のコメントは下記より。
Ronald H. Bayor, *Encountering Ellis Island: How European Immigrants Entered America* (Baltimore: Johns Hopkins University Press, 2014)

中国人排斥法の歴史については下記を参照。
John Soennichsen, *The Chinese Exclusion Act of 1882* (Santa Barbara, CA: ABC- CLIO, 2011)

アジアからの移住行動への反応に見られる外国人嫌いの例は下記の文献および社説を参照。
J. S. Tyler, "Tiny Brown Men Are Pouring Over the Pacific Coast," *Seattle Daily Times*, April 21, 1900
"The Yellow Peril: How the Japanese Crowd Out the White Race," *San Francisco Chronicle*, March 6, 1905

1892年、ワシントン州タコマで「中国人を受け入れるか？　ノー！ノー！ノー！」と書かれたチラシが掲示された。タコマにあるワシントン州歴史協会所蔵。

下記に、エンジェル島の塀に刻まれた詩の一部が掲載されている。
Him Lai, Genny Lim, and Judy Yung, eds., *Island: Poetry and History of the Chinese Immigrants on Angel Island, 1910–1940* (Seattle: University of Washington Press, 1991)

ウォルト・ディズニー・スタジオで働くアジア系アメリカ移民の歴史については下記を参照。
Iwao Takamoto with Michael Mallory, *Iwao Takamoto: My Life with a Thousand Characters* (Jackson: University Press of Mississippi, 2009)
Didier Ghez, ed., *Walt's People, vol. 9*

『バンビ』制作の進捗は、1937年から1940年のシナリオ会議議事録を参照した。

「そして父鹿が離れると」で始まるウォルトの発言は、1940年6月20日のシナリオ会議議事録より引用。会話は以下に記録されている。
Johnston and Thomas, *Walt Disney's Bambi*

ダイアン・ディズニーの発言「バンビのお母さんを殺す必要はあったの？」は下記より引用。
Jamie Portman, "Generations Stunned by Death Scene in Bambi," *Boston Globe*, July 15, 1988

『バンビ』でタイラス・ウォンの作品が台詞の削減に与えた影響については下記を参照。
Johnston and Thomas, *Walt Disney's Bambi*

『バンビ』の楽曲に使用されたフランク・チャーチルの技法については下記を参照。
James Bohn, *Music in Disney's Animated Features: Snow White and the Seven Dwarfs to The Jungle Book* (Jackson: University Press of Mississippi, 2017)

『バンビ』に使用された視覚効果については下記を参照。
Johnston and Thomas, *Walt Disney's Bambi*
Chris Pallant, *Demystifying Disney: A History of Disney Feature Animation* (London: Continuum Intl Pub Group, 2011)
Janet Martin, "Bringing Bambi to the Screen," *Nature*, August 9, 1942

アセチルセルロースとニトロセルロースの定義、セルアニメーションの性質については下記を参照。
Karen Goulekas, *Visual Effects in a Digital World: A Comprehensive Glossary of Over 7000 Visual Effects Terms* (San Francisco: Morgan Kaufmann, 2001)

「大事なのは、ペースを落とすことです」で始まるウォルトの発言は下記より。
Johnston and Thomas, *Walt Disney's Bambi*

6
私の赤ちゃん
Baby Mine

映画版『ダンボ』の原作。
Helen Aberson and Harold Pearl, *Dumbo the Flying Elephant* (Syracuse, NY: Roll-a-Book Publishers, 1939)

ビアンカ・マジョーリーによる『子ぞうのエルマー』の当初のストーリーボードは下記を参照。
John Canemaker, *Paper Dreams*

メアリー・グッドリッチに関する資料は、ニュー・ヘイブンにあるコネチカット・ウィメンズ・ホール・オブ・フェイムより取得した。「雪の女王」の翻案における彼女の役割については下記を参照。
Charles Solomon, *The Art of "Frozen"* (San Francisco: Chronicle Books, 2015)

「ダンボは、ストレートでわかりやすいカートゥーンです」というウォルトの発言は下記より。
Barrier, *The Animated Man*

『ピノキオ』の製作費260万ドルは、以下を含む複数情報源による。
Bohn, *Music in Disney's Animated Features*

——

『ピノキオ』は2言語で吹き替えられた。

Michael Barrier, *Hollywood Cartoons: American Animation in Its Golden Age* (Oxford: Oxford University Press, 2003)

——

「最も魅惑的な映画」で始まる評は下記。

Kate Cameron, "Disney's Pinocchio a Gem of the Screen," *New York Daily News*, February 8, 1940

——

メアリー・ブレアが描いた『ダンボ』のコンセプトアートは下記を参照。

ジョン・ケインメーカー『メアリー・ブレア—ある芸術家の燦きと、その作品』(那波かおり訳、岩波書店、2010年)

——

ウォルト・ディズニーとテクニカラーとの関係に関する議論は下記を参照。

Scott Higgins, *Harnessing the Technicolor Rainbow: Color Design in the 1930s* (Austin: University of Texas Press, 2009)

——

ナタリー・カルマスの物語は下記を参照。

Christine Gledhill and Julia Knight, eds., *Doing Women's Film History: Reframing Cinemas, Past and Future* (Champaign: University of Illinois Press, 2015)

——
ドロシーの銀の靴の政治的解釈については下記を参照。
Henry M. Littlefield, "The Wizard of Oz: Parable on Populism," *American Quarterly* 16, no. 1 (1964)
Ranjit S. Dighe, *The Historian's "Wizard of Oz": Reading L. Frank Baum's Classic as a Political and Monetary Allegory* (Westport, CT: Praeger Publishers, 2002)

——

ナタリー・カルマスに関するデイヴィッド・O・セルズニックのコメントは下記より。

Patrick Keating, *Hollywood Lighting from the Silent Era to Film Noir* (New York: Columbia University Press, 2009)

——
お茶の時間を含む仕上げ部門に関する情報は下記より。
Johnson, *Ink & Paint*
Patricia Kohn, "Coloring the Kingdom," *Vanity Fair*, February 5, 2010

——

色褪せおよびアセチルセルロースの問題については下記を参照。

Richard Hincha, "Crisis in Celluloid: Color Fading and Film Base Deterioration," *Archival Issues* 17, no. 2 (1992)

——

ウォルト・ディズニーは、1940年から優先株式を発行し始めたが、株価はあっという間に25ドルから3ドル強に下落した。

Bryan Taylor, "Disney Reminds Us of a Time When Anyone Could Invest Early and Really Make a Lot of Money," *Business Insider*, November 17, 2013

——

1940年当時のウォルトの週2000ドルの給与と、バーバンクへの会社移転については下記を参照。

ゲイブラー、前掲書

——

若い女性から手紙を渡されたときのことを回想するルーズベルト大統領については下記より。

Franklin D. Roosevelt, *The Public Papers and Addresses of the Presidents of the United States*, vol. 5 (New York: Random House, 1938)

——

公正労働基準法に関して詳しくは下記。

Cass Sunstein, *The Second Bill of Rights: FDR's Unfinished Revolution — And Why We Need It More Than Ever* (New York: Basic Books, 2009)

——

「白雪姫スペシャル」の情報は、グレイス・ハンティントンが個人的に所有していたスタジオの社員食堂のメニューから取得した。


——

1940年当時のスタジオ給与の平均、給与レンジおよびスクリーン・カートゥーニスト・ギルドの形成については下記を参照。

シート、前掲書

——

ファンタサウンドの嵩および費用については下記を参照。

Charles Solomon, "Fantastic Fantasia: Disney Channel Takes a Look at Walt's Great Experiment in Animation," *Los Angeles Times*, August 26, 1990

『ファンタジア』に対する酷評。
Charles Solomon, "It Wasn't Always Magic"

スタジオの450万ドルの負債について詳しくは下記を参照。

ゲイブラー、前掲書

ビアンカ・マジョーリーが描いた『シンデレラ』『ピーター・パン』のコンセプトアートは下記より。

ゲズ他、前掲書

7
ブラジルの水彩画
Aquarela do Brazil

1941年2月10日にウォルトが社員の前で行ったスピーチは下記〔本文の訳は文脈を考慮し一部の訳を変更した〕。
ゲズ他、前掲書
Walt Disney, *Walt Disney Conversations* (Jackson: University Press of Mississippi, 2006)

1941年のストライキでアート・バビットとハーバート・ソレルが果たした役割は下記を参照。
シート、前掲書
Steven Watts, *The Magic Kingdom: Walt Disney and the American Way of Life* (Columbia: University of Missouri Press, 2013)

ウォルトの南米旅行については下記を参照。
J. B. Kaufman, *South of the Border with Disney: Walt Disney and the Good Neighbor Program, 1941–1948* (Glendale, CA: Disney Editions, 2009)
Allen L. Woll, "Hollywood's Good Neighbor Policy: The Latin Image in American Film, 1939–1946," *Journal of Popular Film* 3, no. 4 (1974)

南米旅行の詳細は、ブレア家よりご提供いただいたメアリーおよびリー・ブレアの記録、文書、インタビュー、手紙より取得した。

8
ユア・イン・ジ・アーミー・ナウ
You're In the Army Now

ロイ・ディズニーから送られた社内文書は、セオ・ハラデーから提供いただいたシルヴィア・ホランドの記録より取得した。

『人魚姫(リトル・マーメイド)』のコンセプトアートおよび初期の制作物は、ディディエ・ゲーツの研究資料から許可を得て取得した。

ストライキに対する従業員の反応については下記を参照。
Peri, *Working with Disney*

「楽しい空想の世界」という『ダンボ』への批評。
Bosley Crowther, "Walt Disney's Cartoon Dumbo, a Fanciful Delight, Opens at the Broadway," *New York Times*, October 24, 1941

真珠湾の歴史については下記を参照。

クレイグ・ネルソン『パール・ハーバー——恥辱から超大国へ』(上下巻、平賀秀明訳、白水社、2018年)

『ラテンアメリカ の旅』に対するチリ人の反応は下記を参照。
Jason Borge, *Latin American Writers and the Rise of Hollywood Cinema* (Abingdon, UK: Routledge, 2008)

レネ・リオス・ボエティヘールの経歴および『コンドリート』制作の背景は下記を参照。
H. L'Hoeste and J. Poblete, eds., *Redrawing the Nation: National Identity in Latin/o American Comics* (Berlin: Springer, 2006)

「ディズニーの男性陣が作ってきたどの作品にも似ていない」という言葉は下記より。
Bosley Crowther, "The Screen; Saludos Amigos, a Musical Fantasy Based on the South American Tour Made by Walt Disney, Arrives at the Globe," *New York Times*, February 13, 1943

真珠湾攻撃へのFBIの対応およびその後の

大統領命令9066号については下記を参照。
Matthew Dallek, *Defenseless Under the Night: The Roosevelt Years and the Origins of Homeland Security* (Oxford: Oxford University Press, 2016)

アブ・アイワークスおよびウォルト・ディズニーによる光学プリンタ利用の歴史については下記を参照。
Jeff Foster, *The Green Screen Handbook: Real-World Production Techniques* (Indianapolis, IN: Wiley Publishing, 2010)
Iwerks and Kenworthy, *The Hand Behind the Mouse*

「森の植物や動物の暮らしを再現した色使いと動きが珠玉」「光と質感」という言葉は下記より。
"Bambi," *Variety*, December 31, 1941

「ケルベロス以来最も恐ろしい猛犬」という言葉は下記より。
"The New Pictures," *Time*, August 24, 1942

「アメリカのハンターに対するかつてない最大の侮辱」という言葉は下記より。
Raymond J. Brown, "Outdoor Life Condemns Walt Disney's Film Bambi as an Insult to American Sportsmen," *Outdoor Life*, September 1942

「森の絵は、テクニカラーカメラが写した『ジャングルブック』の本物の森とほとんど見分けがつかない」「カートゥーンは何のためにあるのか?」という言葉は下記より。
"Bambi, a Musical Cartoon in Technicolor Produced by Walt Disney from the Story by Felix Salten, at the Music Hall," *New York Times*, August 14, 1942

『バンビ』が初回公開で10万ドルの赤字という説明は下記より。
"101 Pix Gross in Millions," *Variety*, January 6, 1943

映画版『空軍力の勝利』の原作。
Alexander P. de Seversky, *Victory Through Air Power* (New York: Simon and Schuster, 1943)

『空軍力の勝利』の役割については下記を参照。
John Baxter, *Disney During World War II: How the Walt Disney Studio Contributed to Victory in the War* (Glendale, CA: Disney Editions, 2014)

レッタ・スコットが描いたグレムリンとプロジェクトの背景は下記を参照。

ディディエ・ゲズ、ウォルトディズニージャパン株式会社『ディズニーミュージカルアート作品集 1940年代 パート1 ― THEY DREW AS THEY PLEASED Vol.2 1940年代に活躍した5人のアーティストの人生と、その素晴らしき作品たち』(徳間書店、2016年)

ウォルト・ディズニーとロアルド・ダールとの提携の経緯は下記を参照。
Rebecca Maksel, "The Roald Dahl Aviation Story That Disney Refused to Film," *Air and Space*, May 22, 2014

チェスター・カールトンの経歴は下記を参照。
David Owen, *Copies in Seconds: How a Lone Inventor and an Unknown Company Created the Biggest Communication Breakthrough Since Gutenberg — Chester Carlson and the Birth of the Xerox Machine* (New York: Simon and Schuster, 2004)

9
ジップ・ア・ディー・ドゥー・ダー
Zip-a-Dee-Doo-Dah

保健に関連した短編のアートワークおよび背景情報は下記を参照。
ゲズ他、前掲書

タンポンの歴史は下記を参照。
Elissa Stein and Susan Kim, *Flow: The Cultural Story of Menstruation* (New York: St. Martin's Press, 2009)

ディズニーによる『シンデレラ』映画化の過程は下記を参照。
チャールズ・ソロモン『The Art of シンデレラ

〜A Wish Your Heart Makes〜』(上田麻由子訳、角川書店、2015年)

——

ジョエル・チャンドラー・ハリスの書籍。
J・C・ハリス『ウサギどんキツネどん——リーマスじいやのした話』(八波直則訳、岩波書店、1953年)

——

『南部の唄』に関する考察は下記を参照。
Gordon B. Arnold, *Animation and the American Imagination: A Brief History* (Santa Barbara, CA: ABC-CLIO, 2017)
Jim Korkis, *Who's Afraid of the Song of the South? And Other Forbidden Disney Stories* (Bloomington, IN: Theme Park Press, 2012)
Jason Sperb, *Disney's Most Notorious Film: Race, Convergence, and the Hidden Histories of Song of the South* (Austin: University of Texas Press, 2012)

——

『南部の唄』『シンデレラ』へのモーリス・ラプフの関与、「あなたのような人にやってもらいたいのです」という言葉は下記より。
Maurice Rapf, *Back Lot: Growing Up with the Movies* (Lanham, MD: Scarecrow Press, 1999)

——

『南部の唄』に関するヴァーン・コールドウェルのメモの再現は下記より。
ゲイブラー、前掲書

——

メアリー・ブレアが描いた『南部の唄』のコンセプトアートの一部は下記より。
ケインメーカー、前掲書

——

NAACPにおけるウォルター・ホワイトの功績は下記を参照。
Kenneth Robert Janken, *Walter White: Mr. NAACP* (Chapel Hill: University of North Carolina Press, 2006)
Melvyn Stokes, *D. W. Griffith's The Birth of a Nation: A History of the Most Controversial Motion Picture of All Time* (Oxford: Oxford University Press, 2008)
Jennifer Latson, "The Surprising Story of Walter White and the NAACP," *Time*, July 1, 2015

——

ロサンゼルス港で行われた祝賀の報道。
Yank, *the Army Weekly*, June 1, 1945

——

第二次世界大戦から復員したアフリカ系アメリカ人の待遇に関する詳細は下記を参照。
Christopher S. Parker, *Fighting for Democracy: Black Veterans and the Struggle Against White Supremacy in the Postwar South* (Princeton, NJ: Princeton University Press, 2009)
Rawn James Jr., *The Double V: How Wars, Protest, and Harry Truman Desegregated America's Military* (New York: Bloomsbury Press, 2013)

——

ラングストン・ヒューズの詩「Beaumont to Detroit(ボーモントからデトロイトまで)」は以下より引用。
Langston Hughes, *The Collected Poems of Langston Hughs* (New York: Alfred A. Knopf, 1994)

——

アリス・ウォーカーは、1981年にアトランタ歴史協会での講演の中で、『南部の唄』を観た感想を感動的に語った。このときの講演はのちにエッセイとして出版された。
Alice Walker, *Living by the Word: Essays* (New York: Open Road Media, 2011)

——

『南部の唄』への反響、抗議については下記を参照。
Sperb, *Disney's Most Notorious Film*

——

「リーマスじいやの黒人英語」の引用は下記より。
"Committee for Unity Protests Disney's Uncle Remus Cartoon," *California Eagle*, August 24, 1944

——

「白人至上主義のプロパガンダ」の引用は下記より。
"Needed: A Negro Legion of Decency," *Ebony*, February 1947

——

「ディズニーをお仕置き」という題名のレビュー。
Bosley Crowther, "Spanking Disney: Walt Is Chastised for Song of the South," *New York Times*, December 8, 1946

——

ロバート・アイガーの『南部の唄』に関するコ

メントは、2010年テキサス州サンアントニオで開催された株主総会でのもの。
Paul Bond, "Iger Keeps Options Open for ABC," *Adweek*, March 11, 2010

『南部の唄』に関するウーピー・ゴールドバーグのコメントは下記より。
Kevin Polowy, "Whoopi Goldberg Wants Disney to Bring Back 'Song of the South' to Start Conversation About Controversial 1946 Film," *Yahoo Entertainment*, July 15, 2017

ウォルト・ディズニーの発言および会議の空気は、1944年7月20日、1944年8月8日、1944年8月24日に行われた『南部の唄』のシナリオ会議の議事録に記載されている。

『往診』という題名のメアリー・ブレアの絵画作品は下記より。
John Canemaker, *Magic Color Flair: The World of Mary Blair* (San Francisco: Walt Disney Family Foundation Press, 2014)

フランク・ブラクストンの経歴は下記を参照。
シート、前掲書

10
これが恋かしら
So This Is Love

1946年のレイオフについては下記を参照。
Barrier, *The Animated Man*
ゲズ他、前掲書

アメリカのテレビ史については下記を参照。アメリカにおけるテレビの普及台数は1950年に300万台に増加したが、世帯数で見ればまだほんの一握り、およそ2%ほどだった。
James Baughman, *Same Time, Same Station: Creating American Television, 1948–1961* (Baltimore: Johns Hopkins University Press, 2007)

1945年以降、仕事を続けようと考えていた女性の割合は下記を参照。
Department of Labor, Women's Bureau, *Women Workers in Ten War Production Areas and Their Postwar Employment Plans, Bulletin 209* (Washington, DC: U.S. Government Printing Office, 1946)

ミッド・センチュリー・モダン・デザインの概要は下記を参照。
Dominic Bradbury, *Mid-Century Modern Complete* (New York: Abrams, 2014)

メアリー・ブレアによる『シンデレラ』のコンセプトアートは下記を参照。
ケインメーカー、前掲書

『シンデレラ』のファッションに対するディオールの影響に関する考察は下記。
Kimberly Chrisman-Campbell, "Cinderella: The Ultimate (Postwar) Makeover Story," *The Atlantic*, March 9, 2015
Emanuele Lugli, "Tear That Dress Off: Cinderella (1950) and Disney's Critique of Postwar Fashion," *Bright Lights Film Journal*, February 15, 2018

「これが最後のチャンスです。スタジオは非常にまずい状況にあります」というウォルトの発言は下記より。
"Recollections of Richard Huemer Oral History Transcript," University of California, Los Angeles, Oral History Program (1969)

セルマ・ウィトマーの経歴は下記を参照。
Johnson, *Ink & Paint*

スタジオにおけるマーク・デイヴィスの活躍は下記を参照。
Disney Book Group, *Marc Davis: Walt Disney's Renaissance Man* (Glendale, CA: Disney Editions, 2014)

最初の応募で女性にまちがわれたことを下記にてデイヴィス自身が語っている。
Rick West, "Walt Disney's Pirates of the Caribbean," *Theme Park Adventure Magazine*, 1998

11
私だけの世界
In a World of My Own

スタジオにおける『ふしぎの国のアリス』の製作経緯は下記を参照。
Mark Salisbury, *Walt Disney's "Alice in Wonderland": An Illustrated Journey Through Time* (Glendale, CA: Disney Editions, 2016)

『ふしぎの国のアリス』へのオルダス・ハクスリーの関与は下記を参照。
Steffie Nelson, "Brave New LA: Aldous Huxley in Los Angeles," *Los Angeles Review of Books*, November 22, 2013

『シンデレラ』のレビューは下記より。
Mae Tinee, "Children Find Cinderella Is a Dream Film," *Chicago Tribune*, February 24, 1950
"Cinderella," *Variety*, December 31, 1949

『シンデレラ』は1950年の興行収入ランキング6位という集計は下記より。
"Top-Grosses of 1950," *Variety*, January 8, 1951

レッタ・スコットが描いた『シンデレラ』のイラストは下記より。
Jane Werner Watson and Retta Scott Worcester, *Walt Disney's "Cinderella"* (New York: Golden Books, 1949)

RCA制作『シンデレラ』サントラ盤の成功については下記を参照。
Bohn, *Music in Disney's Animated Features*

メアリー・ブレアによる『ふしぎの国のアリス』のコンセプトアートについては下記を参照。

ケインメーカー、前掲書

キャサリン・ボーモントが語る『ふしぎの国のアリス』制作のための実写映像の撮影および公開イベントの興奮については下記より。
Susan King, "Alice in Wonderland: Sixty Years Later, Former Disney Child Star Looks Back," *Los Angeles Times*, February 18, 2011

テレビシリーズ「ディズニーランド」は下記を参照。
J. P. Telotte, *Disney TV* (Detroit: Wayne State University Press, 2004)

ディズニーランドの開発経緯は下記を参照。

ゲイブラー、前掲書

『ふしぎの国のアリス』に対するウォルト・ディズニーの不満、「とんでもなく期待外れ」というコメントは下記より。
Richard Schickel, *The Disney Version: The Life, Times, Art, and Commerce of Walt Disney* (New York: Simon and Schuster, 1985)

12
きみもとべるよ!
You Can Fly!

第二次世界大戦後の離婚率の推移に関する考察は下記より。
Jessica Weiss, *To Have and to Hold: Marriage, the Baby Boom, and Social Change* (Chicago: University of Chicago Press, 2000)

ホワールウィンド・プロジェクトについては下記を参照。
Kent C. Redmond and Thomas M. Smith, *From Whirlwind to MITRE: The R&D Story of the SAGE Air Defense Computer* (Cambridge, MA: MIT Press, 2000)

『ピーター・パン』は1904年にロンドンで初めて劇として上演され、その後作者が小説として出版した。

J・M・バリー『ピーター・パンとウェンディ』(石井桃子訳、福音館書店、2003年)

ピーター・パンというキャラクターが初めて登場したのは下記の書籍。

J・M・バリー『小さな白い鳥』(鈴木重敏訳、パロル舎、2003年)

ティンカー・ベルが「まちがいなく反響を呼ぶ」というドロシー・アン・ブランクの言葉は下記より。
Mindy Johnson, *Tinker Bell: An Evolution*

(Glendale, CA: Disney Editions, 2013)

ウォルト・ディズニーの「ビアンカが非常にカラフルに描いています」という発言は、1940年5月20日のシナリオ会議の議事録から引用。

メアリー・ブレアによる『ピーター・パン』のコンセプトアートは下記を参照。
ケインメーカー、前掲書

レッタ・スコットによる『*On the Trial*』のためのスケッチは下記より。
ゲズ他、前掲書

レッタ・スコットが参考にした本は下記。
Jesse Walter Fewkes, *Hopi Katcinas Drawn by Native Artists* (Washington, DC: U.S. Bureau of American Ethnology, 1903)

『ピーター・パン』におけるステレオタイプの分析は下記より。
Angel Aleiss, *Making the White Man's Indian: Native Americans and Hollywood Movies* (Westport, CT: Greenwood Publishing, 2005)

『ピーター・パン』における人種差別的な風刺表現に関する解説は下記より。
Sarah Laskow, "The Racist History of Peter Pan's Indian Tribe," *Smithsonian*, December 2, 2014

アイヴィンド・アールのスタジオ入社当時の回想は下記を参照。
Eyvind Earle, *Horizon Bound on a Bicycle: The Autobiography of Eyvind Earle* (Los Angeles: Earle and Bane, 1991)

ティンカー・ベルの描画においてマーク・デイヴィスが果たした役割は下記を参照。
Johnson, *Tinker Bell*

「だけどそんなにおてんばにする必要があるか?」は、1940年5月20日のシナリオ会議での発言。

ジニ・マックが『ピーター・パン』のためにポーズをとったこと、カルメン・サンダーソンがアジア原産の牛の胆汁を使ったことについては下記を参照。
Johnson, *Ink & Paint*

エミリオ・ビアンキの技法の一部が下記に記録されている。
Kirsten Thompson, "Colourful Material Histories: The Disney Paint Formulae, the Paint Laboratory, and the Ink and Paint Department," *Animation Practice, Process, and Production* 4, no. 1 (2014)

ディズニーランドの初期の構想は、1948年から1955年のシナリオ会議の議事録および書簡に書かれている。プロジェクトに「ディズニーランド」という名称がつけられたのは1952年。
ゲイブラー、前掲書

13
いつか夢で
Once Upon a Dream

ワイドスクリーンシネマの歴史は下記を参照。
Harper Cossar, *Letterboxed: The Evolution of Widescreen Cinema* (Lexington: University Press of Kentucky, 2011)

「ローレン・バコールがソファに横たわる姿を想像して」の引用元は下記。
Charles Barr, "CinemaScope: Before and After," *Film Quarterly* 16, no. 4 (1963)

『ピーター・パン』の色彩が評価された後に、批評家がティンカー・ベルを「俗悪」と呼んだ。
Bosley Crowther, "The Screen: Disney's Peter Pan Bows," *New York Times*, February 12, 1953

セルマ・ウィトマーの制作した『ピーター・パン』の背景美術を賞賛した記事は下記。
Mae Tinee, "Disney's Peter Pan Tailored for the Modern Generation," *Chicago Tribune*, February 5, 1953

『ピーター・パン』の製作予算400万ドルは、boxofficemojo.comおよびthe-numbers.comで報告されている。

―――

ディズニーとUPAのスタイルの違いについては下記を参照。

Adam Abraham, *When Magoo Flew: The Rise and Fall of Animation Studio UPA* (Middleton, CT: Wesleyan University Press, 2012)

―――

ウォルト・ディズニー・スタジオのアーティストのほとんどは、メアリー・ブレアを含め、UPA方式には興味がなかった。「コストを抑えながらより良い作品を作る」の引用元。

ゲイブラー、前掲書

―――

『眠れる森の美女』伝説の歴史的分析は下記を参照。

Tim Scholl, *Sleeping Beauty: A Legend in Progress* (New Haven, CT: Yale University Press, 2004)

―――
1946年、ロンドンでの『眠れる森の美女』の初上映の様子は下記を参照。
Jennifer Homans, *Apollo's Angels: A History of Ballet* (New York: Random House, 2010)
Anna Kisselgoff, "Sleeping Beauty — The Crown Jewel of Ballet," *New York Times*, June 13, 1976

―――

WEDエンタープライジズの設立とディズニーランドの建設については下記を参照。

Martin Sklar, *Dream It! Do It! My Half-Century Creating Disney's Magic Kingdoms* (Glendale, CA: Disney Editions, 2013)

―――

ABCテレビシリーズについては下記を参照。

Telotte, *Disney TV*

―――

ウォルトが妹ルースに宛てた手紙は、1954年12月2日に書かれ、ニューヨーク大学ボブスト図書館ファレスコレクション内のジョン・ケインメーカー・アニメーション・コレクションおよび特別コレクションに保管されている。


―――

アリス・デイヴィスの人物情報は、筆者インタビュー、マギー・リチャードソンとジョン・ケインメーカーが記録したインタビュー、および手紙を彼らの承諾を得て使用した。


―――

アイヴィンド・アールが『眠れる森の美女』に与えた影響および「そのすべてにアイヴィンド・アールを少しだけ注入しました」ではじまるコメントは下記より。

Earle, *Horizon Bound on a Bicycle*

―――

一日に必要な作画枚数を割り当てる制度については下記を参照。

John Canemaker, *Walt Disney's Nine Old Men and the Art of Animation* (Glendale, CA: Disney Editions, 2001)

14
ダルメシアン・プランテーション
Dalmatian Plantation

―――

エリザベス・ケース・ズウィッカーの人物情報は、家族、元同僚とのインタビューおよび生前に行われ、使用許諾を受けたインタビューより取得した。


―――

スタジオへのゼロックス機の導入については下記を参照。

Barrier, *Hollywood Cartoons*

―――

ゼロックスにおいて必要だった仕様変更については下記を参照。

Floyd Norman, *Animated Life: A Lifetime of Tips, Tricks, Techniques and Stories from a Disney Legend* (Abingdon, UK: Taylor and Francis, 2013)

―――

ゼロックス機をスタジオに導入する際のアブ・アイワークスの関与については下記を参照。

Karen Paik and Leslie Iwerks, *To Infinity and Beyond!: The Story of Pixar Animation* (San Francisco: Chronicle Books, 2007)

―――

『眠れる森の美女』の製作費と損失額は下記を参照。

Barrier, *Hollywood Cartoons*

―――

ロイ・ディズニーがウォルトにアニメーション部門の閉鎖を検討するように要請したことは下記を参照。

Haleigh Foutch, "How '101 Dalmatians' and a Xerox Machine Saved Disney Animation," *Business Insider*, February 13, 2015

―――

シルヴィア・ローマーおよびサミー・ジューン・ラーナムについては下記を参照。

Johnson, *Ink & Paint*
Dodie Smith, *The Hundred and One Dalmatians* (London: Heinemann, 1956)

——

ドディ・スミスの人物情報は、ニューヨーク大学ボブスト図書館のファレス・ライブラリーおよび特別コレクションに保管されている本人とウォルト・ディズニーの間の書簡より取得した。

——

ビル・ピートに関する情報は下記より。
Bill Peet, *Bill Peet: An Autobiography* (Boston: Houghton Mifflin, 1989)

——

マーク・デイヴィスの来歴およびスタジオでの作品は下記を参照。
ジョン・ケインメーカー『ディズニー 伝説の天才クリエーター マーク・デイヴィス作品集—キャラクターからアトラクションまで 創造の軌跡を探る』(渡部岳大訳、講談社、2017年)

——

「ウォルト・ディズニーではない」というアイヴィンド・アールの発言と「二度とケンにアートディレクションをやらせない」というウォルトの発言は下記より。
Canemaker, *Before the Animation Begins*

——

ギョウ・フジカワの人物情報は、1994年10月27日にジョン・ケインメーカーが行ったインタビューより許可を得て取得。

——

ギョウ・フジカワが初期に手掛けた絵本の1つ。
Gyo Fujikawa, *A Child's Garden of Verses* (New York: Grosset and Dunlap, 1957)

——

児童文学における多様性の拡大に果たしたギョウ・フジカワの役割への称賛は下記を参照。
Woo, "Children's Author"

——

子供向け図書の均質性については下記を参照。
Nancy Larrick, "The All-White World of Children's Books," *Saturday Review*, September 11, 1965

——

『101匹わんちゃん』のレビューは下記。
"Cinema: Pupcorn," *Time*, February 17, 1961
"One Hundred and One Dalmatians," *Variety*, December 31, 1960

——

『101匹わんちゃん』の財務への影響は下記を参照。
ゲイブラー、前掲書

15
小さな世界
It's a Small World

——

ローリー・クランプの人物情報は、ジョン・ケインメーカーとマギー・リチャードソンによるインタビューおよび自伝を参照した。
Rolly Crump, *It's Kind of a Cute Story* (Baltimore: Bamboo Forest Publishing, 2012)

——

オーディオアニマトロニクス小史は下記を参照。
Matt Blitz, "The A1000 Is Disney's Advanced Animatronic Bringing Star Wars: Galaxy's Edge to Life," *Popular Mechanics*, February 28, 2019

——

ウォルト・ディズニーがP・L・トラヴァースの原作に関する権利の取得に苦労したことは下記を参照。
Valerie Lawson, *Mary Poppins, She Wrote: The Life of P. L. Travers* (New York: Simon and Schuster, 2013)

——

ペトロ・ヴラホスについては下記を参照。
Anita Gates, "Petro Vlahos, Special-Effects Innovator, Dies at 96," *New York Times*, February 19, 2013

——

ナトリウム灯およびグリーンバック技術の解説は下記を参照。
Foster, *The Green Screen Handbook*

——

「ウォルト様、手紙の枚数に驚かれませんように……」「お願いですから、どうか、もっと共感の持てる、エドワード朝の名前にしていただけませんかしら……」は、1963年にP・L・トラヴァースがウォルト・ディズニーに書いた手紙より。ニューヨーク大学ボブスト図書館

のファレス・ライブラリーおよび特別コレクションに収蔵。

ジュリー・アンドリュースの経歴は下記を参照。
Richard Stirling, *Julie Andrews: An Intimate Biography* (New York: St. Martin's Press, 2008)

「お待ちします」とウォルト・ディズニーに言われたことを振り返るジュリー・アンドリュースの回想。
Andrea Mandell, "Julie Andrews and Emily Blunt were both new moms making Mary Poppins," *USA Today*, November 30, 2018

『メリー・ポピンズ』のプレミアおよび短編『The CalArts Story』の映像は、2013年12月10日に発売された『メリー・ポピンズ』50周年記念版のボーナスコンテンツに含まれている〔日本版には未収録〕。

「カルアーツは(中略)一番残していきたいものです」というウォルトの言葉は、カルアーツのウェブサイトcalarts.eduより引用した。

「ディズニーが徹底して作り上げた圧倒的な夢の世界」という評価は下記より引用。
"Mary Poppins," *Variety*, December 31, 1963

『メリー・ポピンズ』の収益と他の長編との比較は下記を参照。
boxofficemojo.com, the-numbers.com

1964年から1965年の万博期間中に起こった抗議活動については下記を参照。
Joseph Tirella, *Tomorrow-Land: The 1964–65 World's Fair and the Transformation of America* (Lanham, MD: Rowman and Littlefield, 2013)

スケッチパッドに関する最初の記述は下記の博士論文を参照。
Ivan Sutherland, "Sketchpad: A Man-Machine Graphical Communication System" (MIT, 1963)

アイヴァン・サザランドとスケッチパッドの歴史は下記を参照。
Tom Sito, *Moving Innovation: A History of Computer Animation* (Cambridge, MA: MIT Press, 2013)

ウォルト・ディズニーの逝去については下記を参照。
ゲイブラー、前掲書

16
おいっちに、おいっちに
Up, Down, Touch the Ground

ハイディ・グデルの人物情報は、同僚へのインタビューおよび自叙伝を参照した。
Heidi Guedel, *Animatrix — A Female Animator: How Laughter Saved My Life* (Bloomington, IN: iUniverse, 2003)

エドウィン(エド)・キャットムルの人物情報は下記を参照。
エド・キャットムル、エイミー・ワラス『ピクサー流—創造するちから』(石原薫訳、ダイヤモンド社、2014年)
Paik and Iwerks, *To Infinity and Beyond!*

1972年のビデオ「コンピュータアニメーションハンド」については下記を参照。
https://boingboing.net/2015/08/05/watch-breakthrough-computer-an .html

1970年代、女性がコンピュータサイエンス関連学部卒業生の28%を占めるというデータは、アメリカ教育省全米教育統計センター公表の高等教育総合情報調査(HEGIS)「Degrees and Other Formal Awards Conferred" surveys, 1970–71 through 1985–86」より。

1975年にカルアーツに入学した女子学生の数は下記を参照。
Deborah Vankin, "Animation: At CalArts and elsewhere, more women are entering the picture," *Los Angeles Times*, May 25, 2015

雇用機会均等委員会の影響については下記を参照。
Frank Dobbin, *Inventing Equal Opportunity* (Princeton, NJ: Princeton University Press, 2009)

マイケル・ジアイモの人物情報は、筆者インタ

ビューより取得した。

17
パート・オブ・ユア・ワールド
Part of Your World

「この要領の悪い人たち」というブラッド・バードのコメントは下記より。
Keith Phipps, "Every Brad Bird Movie, Ranked," *Vulture*, June 14, 2018

続く「恐ろしく厳しかった」というコメントは下記より。
Hugh Hart, "How Brad Bird Went from Disney Apprentice to Oscar-Winner and Architect of Tomorrowland," *Fast Company*, May 29, 2015

エドウィン・キャットムルの人物情報は下記を参照。
キャットムル他、前掲書

『スター・ウォーズ』旧3部作に使用された特殊効果の歴史は下記を参照。
Thomas Graham Smith, *Industrial Light and Magic: The Art of Special Effects* (New York: Ballantine Books, 1986)
J. W. Rinzler, *The Making of Star Wars* (New York: Ballantine Books, 2013)

ピクサー設立の背景は下記を参照。
キャットムル他、前掲書
Paik and Iwerks, *To Infinity and Beyond!*

会社再建およびロイ・E・ディズニーとマイケル・アイズナー が果たした役割は下記を参照。
James B. Stewart, *Disney War* (New York: Simon and Schuster, 2005)

ピクサー・イメージ・コンピュータの歴史は下記を参照。
デイヴィッド・A・プライス『ピクサー——早すぎた天才たちの大逆転劇』(櫻井祐子訳、早川書房、2015年)

エレン・ウッドベリーの人物情報は、筆者インタビューにより取得した。

スタジオにおけるティナ・プライスの経歴は下記を参照。
Johnson, *Ink & Paint*

スタジオにおいてアラン・メンケンとハワード・アッシュマンが果たした役割、アニメーション部門でのアッシュマンのスピーチの一部、アースラのキャラクター造形に対するパフォーマー、ディヴァインの影響については、2019年2月26日にウォルト・ディズニー・スタジオ・ホーム・エンターテインメントから発売された以下のボーナス素材より引用。
The Little Mermaid: Walt Disney Signature Collection

映画におけるディヴァインの伝説的な役割は下記を参照。
"Divine, Transvestite Film Actor, Found Dead in Hollywood at 42," *New York Times*, March 8, 1988
Suzanne Loudermilk, "Divine, in Death as in Life," *Baltimore Sun*, October 15, 2000

ハワード・アッシュマンの経歴は下記を参照。
David J. Fox, "Looking at 'Beauty' as Tribute to Lyricist Who Gave 'Beast His Soul,' " *Los Angeles Times*, November 15, 1991
Joanna Robinson, "Inside the Tragedy and Triumph of Disney Genius Howard Ashman," *Vanity Fair*, April 20, 2018

ブレンダ・チャップマンの経歴は、筆者インタビューおよび下記資料に基づく。
Nicole Sperling, "When the Glass Ceiling Crashed on Brenda Chapman," *Los Angeles Times*, May 25, 2011
Adam Vary, "Brave Director Brenda Chapman Breaks Silence on Being Taken Off Film," *Entertainment Weekly*, August 15, 2012
Seth Abramovitch, "Female Director of Pixar's Brave on Being Replaced by a Man: 'It Was Devastating,'" *Hollywood Reporter*, August 15, 2012

ジェフリー・カッツェンバーグが『リトル・マーメイド』を「女の子受けする映画」と呼んだことは、以下のボーナス素材より引用した。

The Little Mermaid, Walt Disney Signature Collection

アースラを「目のごちそう」と呼んだ映画評は下記。
"The Little Mermaid," *Variety*, December 31, 1989

ロジャー・エバートが自身の評でアリエルのキャラクターを「自分を持っている」と述べた。
Roger Ebert, "The Little Mermaid," *Chicago Sun-Times*, November 17, 1989

『リトル・マーメイド』の興行収入はbox office-mojo.com および the-numbers.com. を参照。

リンダ・ウルヴァートンに関する情報は、筆者インタビューおよび以下より取得した。
Eliza Berman, "How Beauty and the Beast's Screenwriter Shaped Disney's First Feminist Princess," *Time*, May 23, 2016
Rebecca Keegan, "First Belle, Now Alice: How Screenwriter and Headbanger Linda Woolverton Is Remaking Disney Heroines for a Feminist Age," *Los Angeles Times*, May 29, 2016
Seth Abramovitch, "Original Lion King Screenwriter Apprehensive of Remake: 'I Wasn't Thrilled with Beauty and the Beast,' " *Hollywood Reporter*, December 3, 2018

ロイ・E・ディズニーがハワード・アッシュマンを「もうひとりのウォルト」と呼んだことは以下のボーナス素材より引用した。
The Little Mermaid, Walt Disney Signature Collection

『美女と野獣』の歌詞の形成におけるエイズの役割に関する視点は下記を参照。
Joanna Robinson, "The Touching Tribute Behind Disney's First Openly Gay Character," *Vanity Fair*, March 1, 2017

1980年代のエイズ患者が経験したスティグマに関する回想は下記を参照。
Natasha Geiling, "The Confusing and At-Times Counterproductive 1980s Response to the AIDS Epidemic," *Smithsonian*, December 4, 2013

ジャネット・マスリンがハワード・アッシュマンを「際立って明敏な作詞家」と呼んだ評は下記。
"Disney's Beauty and the Beast Updated in Form and Content," *New York Times*, November 13, 1991

1991年アメリカにおけるエイズ関連死者は29,850人とCDC(アメリカ疾病予防管理センター)が以下で報告している。
"Mortality Attributable to HIV Infection/AIDS Among Persons Aged 25–44 Years—United States, 1990, 1991," *MMWR Weekly*, July 2, 1993

『アラジン』の歌詞に関する論争は下記を参照。
David J. Fox, "Disney Will Alter Song in Aladdin," *Los Angeles Times*, July 10, 1993

女性キャラクターの台詞に関する情報は以下の修士論文及び記事より取得した。
Karen Eisenhauer, "A Quantitative Analysis of Directives in Disney Princess Films" (North Carolina University, 2017)
Jeff Guo, "Researchers Have Found a Major Problem with The Little Mermaid and Other Disney Movies," *Washington Post*, January 25, 2016
Oliver Gettell, "Here's a Gender Breakdown of Dialogue in 30 Disney Movies," *Entertainment Weekly*, April 7, 2016

18
闘志を燃やせ！
I'll Make a Man Out of You

リタ・シャオの人物情報は筆者インタビューより取得。

『ムーラン』における顧問としてのロバート・サン・スーシの役割は下記を参照。
Jeff Kurtti, *The Art of Mulan* (Glendale, CA: Disney Editions, 1998)

『ムーラン』の企画段階初期における脚本上の問題は、ウォルト・ディズニー・スタジオ・ホ

ーム・エンターテインメントが2004年10月26日に発売した下記のボーナス素材で議論されている。
Mulan: Special Edition

『アラジン』のジャスミンに対する批判の数例。
Roger Ebert, "Aladdin," *Chicago Sun-Times*, November 25, 1992
Janet Maslin, "Disney Puts Its Magic Touch on Aladdin," *New York Times*, November 11, 1992

スタジオでの『ポカホンタス』製作を回顧した記事は下記。
Patrick Rogers, "A True Legend," *People*, July 10, 1995
Nicole Peradotto, "Indian Summer: How Pocahontas Creators Drew on Life and Legend," *Buffalo News*, June 25, 1995
Michael Mallory, "Pocahontas and the Mouse's Gong Show," *Animation*, February 23, 2012

『ポカホンタス』の主人公を「ありきたり」と批判した記事は下記。
Owen Gleiberman, "Pocahontas," *Entertainment Weekly*, June 16, 1995

「ポカ・バービー」と揶揄した記事は下記。
Peter Travers, "Pocahontas," *Rolling Stone*, June 23, 1995

『ポカホンタス』を批判するパウアタン・レナペ・ネイションによる1996年7月1日の声明はマナタカ・アメリカン・インディアン・カウンシルのウェブサイトで閲覧可能。
https://www.manataka.org/page8.html

ポカホンタスの伝記は下記より。
Camilla Townsend, *Pocahontas and the Powhatan Dilemma: The American Portraits Series* (New York: Farrar, Straus, and Giroux, 2005)

ドリームワークス・アニメーションの起源は下記を参照。
Scott Mendelson, "15 Years of DreamWorks Animation and Its Complicated Legacy," *Forbes*, October 2, 2013

エドウィン・キャットムルの人物情報は下記を参照。
キャットムル他、前掲書

スタジオのCAPSおよび『トイ・ストーリー』の制作は下記を参照。
Pallant, *Demystifying Disney*
Paik and Iwerks, *To Infinity and Beyond!*

Renderman(レンダーマン)の有用性に関する説明は下記を参照。
Anthony A. Apodaca, Larry Gritz, and Ronen Barzel, *Advanced RenderMan: Creating CGI for Motion Pictures* (Burlington, MA: Morgan Kaufmann, 2000)

『トイ・ストーリー』の製作については下記を参照。
Burr Snider, "The Toy Story Story," *Wired*, December 1, 1995

ジョン・ラセターは12秒半の動画を作るのに5日かかったという事実は下記を参照。
プライス、前掲書

短編作品『ルクソーJr.』の制作におけるジョン・ラセターの苦労は下記を参照。
Brent Schlender, "Pixar's Magic Man," *Fortune*, May 17, 2006

「男まさりの少女像」の評は下記。
Nadya Labi, "Girl Power," *Time*, June 24, 2001

ブレンダ・チャップマンの人物情報は筆者インタビューより取得した。「私が仕事を始めたとき」で始まる発言は、2006年10月12日にジーナ・デイヴィス・インスティテュート・オン・ジェンダー・イン・メディアが主催したパネルより引用した。

「女性が言うと通らないアイデアも」で始まるコメントは下記より。
Brenda Chapman, "Stand Up for Yourself, and Mentor Others," *New York Times*, August 14, 2012

「ようやく黒人のプリンセスが現れた」で始まる評は下記。

Brooks Barnes, "Her Prince Has Come. Critics, Too," *New York Times*, May 29, 2009

各掲載作品の製作予算、収益はboxofficemojo.comおよびthe-numbers.comを参照。

『メリダとおそろしの森』は「スタンダードなプリンセスもの」になるという予想は下記より。
Ray Subers, "Forecast: Pixar Aims for 13th-Straight First Place Debut with Brave," boxofficemojo.com, June 21, 2012

アカデミー賞授賞式でブレンダ・チャップマンは娘に感謝した。
Dave McNary, "Oscars: Brave Wins Tight Animation Race," *Variety*, February 24, 2013

19
生まれてはじめて
For the First Time in Forever

ジェニファー・リーの人物情報は、以下および筆者インタビューにより取得した。
John August and Craig Mazin, "Frozen with Jennifer Lee," *Scriptnotes*, iTunes app, January 28, 2014
Jill Stewart, "Jennifer Lee: Disney's New Animation Queen," *L.A. Weekly*, May 15, 2013
Sean Flynn, "Is It Her Time to Shine?," *Newport Daily News*, February 17, 2014
Michael Cousineau, "UNH Degree Played a Part in Oscar-Winning Movie," *New Hampshire Union Leader*, March 29, 2014
Will Payne, "Revealed, the Real-Life Frozen Sisters and the Act of Selfless Love That Inspired Hit Film," *Daily Mail*, April 7, 2014
Karen Schwartz, "The New Guard: Jennifer Lee," *Marie Claire*, October 21, 2014
James Hibberd, "Frozen Original Ending Revealed for First Time," *Entertainment Weekly*, March 29, 2017

「雪の女王」の企画開発については下記を参照。
チャールズ・ソロモン『THE ART OFアナと雪の女王』(倉下貴弘・河野敦子訳、ボーンデジタル、2014年)

『アナと雪の女王』のための姉妹サミットについては下記を参照。
Dorian Lynskey, "Frozen-Mania: How Elsa, Anna and Olaf Conquered the World," *Guardian*, May 13, 2014
Kirsten Acuna, "One Huge Change in the Frozen Storyline Helped Make It a Billion-Dollar Movie," *Business Insider*, September 3, 2014

マイケル・ジアイモの人物情報は、筆者インタビューにより取得した。

雪や氷の描写に「マテリアル・ポイント・メソッド」を使用したという事実は下記より。
Zhen Chen et al., "A Particle-Based Multiscale Simulation Procedure Within the MPM Framework," *Computational Particle Mechanics* 1, no. 2 (2014)

プラサンスク・ヴェラサントンの人物情報は、以下および筆者インタビューより取得。
Todd Ruiz, "From Chonburi to the Red Carpet, Academy Award Winner Chased Her Dream," Coconuts.co, March 14, 2014
Bobby Chiu, "Developing Style," *ChiuStream*, Podcast Republic, February 2, 2017

「個性に欠けるメインキャラクターたち」という評は下記。
Scott Foundas, "Frozen," *Variety*, November 3, 2013

「記憶に残る劇中歌」がないという評は下記。
Elizabeth Weitzman, "Frozen, Movie Review," *New York Daily News*, November 26, 2013

「音楽的に薄い」という評は下記。
Dan Kois, "Frozen," *Slate*, November 26, 2013

『アナと雪の女王』の興行的成功は下記を参照。
Maane Khatchatourian, "Box Office: Frozen Crosses $1 Billion Worldwide," *Variety*, March 3, 2014

「人種に基づく選別」から始まるコメントは下記より。
Brian Truitt, "Zootopia Animal World Reflects Human Issues," *USA Today*, March 3, 2016

「ディズニー・ルネサンス最盛期の再来」という評は下記。
Peter Debruge, "Film Review: Moana," *Variety*, November 7, 2016

『モアナと伝説の海』の歴史についての議論は下記を参照。
Doug Herman, "How the Story of Moana and Maui Holds Up Against Cultural Truths," *Smithsonian*, December 2, 2016

#MeToo運動の背景は下記を参照。
Christen A. Johnson and K. T. Hawbaker, "#MeToo: A Timeline of Events," *Chicago Tribune*, March 7, 2019

ジョン・ラセターは自分の行動が「明らかにまちがっていた」ことを認め謝罪した。
Anthony D'Alassandro, "John Lasseter Expresses Deep Sorrow and Shame About Past Actions at Emotional Skydance Animation Town Hall," *Deadline*, January 14, 2019

ピート・ドクターの人物情報は筆者インタビューにより取得した。

ピート・ドクターとジェニファー・リーがラセターの役職を受け継いだ。
Brooks Barnes, "Frozen and Inside Out Directors to Succeed Lasseter at Disney and Pixar," *New York Times*, June 19, 2018

アニメーションを学ぶ女性の割合とアニメーション業界で働く女性の割合は下記を参照。
Emilio Mayorga, "Annecy: Women in Animation Present Gender Disparity Data," *Variety*, June 17, 2015

現在の女性の監督、脚本家、映画における描写に関する統計は下記を参照。
Martha M. Lauzen, "It's a Man's (Celluloid) World: Portrayals of Female Characters in the 100 Top Films of 2017," Report from Center for the Study of Women in Television and Film at San Diego State University, 2018
Stacy L. Smith et al., "Inequality in 1,100 Popular Films: Examining Portrayals of Gender, Race/Ethnicity, LGBT and Disability from 2007 to 2017," Report of the USC Annenberg Inclusion Initiative, 2018

ベクデル・テストに関する情報は下記を参照。
アリソン・ベクダル『ファン・ホーム——ある家族の悲喜劇〈新装版〉』(椎名ゆかり訳、小学館集英社プロダクション、2017年)

ベクデル・テストに合格した映画はわずか53%という事実は下記より。
Walt Hickey, "The Dollars-and-Cents Case Against Hollywood's Exclusion of Women," FiveThirtyEight.com, April 1, 2014

エピローグ
ハピリー・エバー・アフター
Happily Ever After

メアリー・ブレアによるディズニーランドのオリジナルの壁画は下記で画像を閲覧可能。
https://www.yesterland.com/maryblair.html

ナサリア・ホルト Nathalia Holt

1980年生まれ。ノンフィクション作家。南カリフォルニア大学、テュレーン大学、ハーバード大学で学び、マサチューセッツ総合病院とマサチューセッツ工科大学、ハーバード大学による共同研究拠点レイゴン研究所などで研究職に就く。サイエンスライターとして『ニューヨーク・タイムズ』、『ロサンゼルス・タイムズ』、『タイム』等に寄稿。また、カリフォルニア工科大学図書館、ハーバード大学のシュレシンガー図書館などでも執筆活動を行っている。邦訳された著書に『完治』(岩波書店)や『ロケットガールの誕生』(地人書館)がある。

石原薫 いしはら・かおる

翻訳家。国内メーカー、米系デザイン会社勤務を経て、書籍の翻訳や企業向けの翻訳に携わる。訳書に『ピクサー流 創造するちから』、『よい製品とは何か』(以上ダイヤモンド社)、『姿勢としてのデザイン』、『HELLO WORLD』、『NYの「食べる」を支える人々』、『シビックエコノミー』(以上フィルムアート社)、『未来をつくる資本主義』(英治出版)、『Sustainable Design』(ビー・エヌ・エヌ)などがある。

アニメーションの女王たち

ディズニーの世界を変えた女性たちの
知られざる物語

2021年2月25日　初版発行

著者
ナサリア・ホルト

訳者
石原薫

デザイン
三木俊一(文京図案室)

DTP
沼倉康介(フィルムアート社)

編集
伊東弘剛(フィルムアート社)

発行者
上原哲郎

発行所
株式会社フィルムアート社
〒150-0022
東京都渋谷区恵比寿南1-20-6
第21荒井ビル
Tel 03-5725-2001
Fax 03-5725-2626
http://www.filmart.co.jp/

印刷・製本
シナノ印刷株式会社

ISBN 978-4-8459-2002-0 C0074